Academia de Ciencias Políticas y Sociales

Leonardo Palacios Márquez

Tinoco: cada actuación un aporte

Prólogo
Carlos Hernández Delfino

Serie Estudios
145

CARACAS, 2022

editorial jurídica venezolana

P353

Palacios Márquez, Leonardo

Tinoco: cada actuación un aporte / Leonardo Palacios Márquez. -- Caracas: Academia de Ciencias Políticas y Sociales, 2022.
432 p.
Serie Estudios, 145

ISBN: 978-980-416-052-3
Depósito legal: DC2022001401

1. TINOCO, PEDRO (h) 2. DERECHO TRIBUTARIO 3. HACIENDA PÚBLICA
I. Título

Depósito legal: DC2022001401
ISBN: 978-980-416-052-3

Avenida Universidad, Bolsa a San Francisco,
Palacio de las Academias
Caracas 1121-A
Teléfonos: (0212) 482.88.45 - 482.86.34
Fax: (0212) 483.26.74
e-mail: academiadecienciaspoliticas@gmail.com
Página Web: www.acienpol.org.ve
Biblioteca "Andrés Aguilar Mawdsley"
Telefax: (0212) 481.60.35
Servicio on line:
Sistema de Cooperación Jurídica: www.scjuridica.org.ve
Centro de Investigaciones Jurídicas
Teléfono: (0212) 377.33.58
Servicio on line:
Proyecto Ulpiano: www.ulpiano.org.ve

Diseño de portada: Jaime Tuguez
Diagramación: Oralia Hernández

La coedición con la Editorial Jurídica Venezolana fue impresa por Lightning Source, Ingram Content.

Dedico:

A la memoria de mi padre Eneas Palacios, a quien debo la aproximación de lo que es el compromiso con el país.

A mis hijos, pasión y causa de mis días.

A mi esposa, inspiración y soporte para continuarla.

A mi generación a la cual la indolencia pretende convertirla en carbón.

ÍNDICE

Pedro Tinoco, como Presidente del Banco Central de Venezuela.

Prólogo

Es motivo de especial satisfacción ofrecer a los lectores de esta obra algunas líneas que sirvan de conexión entre ellos y el amplio desarrollo que encontrarán en estas páginas. Agradezco altamente al Dr. Leonardo Palacios, cercano y estimado amigo, la generosa oportunidad que me ha brindado de materializar esta entrega.

El Dr. Palacios es un destacado profesional del Derecho, que ha realizado aportes significativos en el campo del Derecho público y, en especial, en las áreas de derecho tributario y finanzas públicas, con énfasis en el análisis y aplicación de la normativa que regula esas materias dentro del marco general de las políticas del Estado venezolano. Abona a esa nutrida experiencia su desempeño en las instancias administrativas de los poderes públicos, pero igualmente, y de manera destacada, en el ámbito empresarial privado, en el diseño de estrategias, como asesor y como miembro de cuerpos directivos. Sus intereses intelectuales traspasan las fronteras de su profesión de abogado con especialización en Derecho Tributario. Ya conocemos su constante interés por la historia económica de nuestro país, que se expresa de manera patente en la obra que ahora nos ofrece. Su actuación como presidente de la Cámara de Caracas, está dejando una impronta visible y relevante en la defensa de los legítimos intereses de los miembros de esa corporación, en el desarrollo de importantes proyectos, incluida la renovación y regularización del Boletín de la Cámara, y en la atención permanente del funcionamiento de esa institución. Su dedicación permanente a la investigación en las materias que son de su interés inmediato, nos continuará nutriendo con nuevas entregas para nuestro beneficio y satisfacción.

Una advertencia pertinente del autor que conviene destacar al inicio de estas líneas, es que no pretende abordar al personaje a través de un ensayo biográfico y ofrece las razones que avalan esa intención cuando indica que se enfoca en las implicaciones en materia financiera y de hacienda pública de los aportes del Dr. Tinoco, con fundamento en un amplio conjunto de fuentes documentales y testimoniales.

En la obra abundan las referencias a ideas, pensadores, documentos, publicaciones y testimonios captados directamente en entrevistas y extraídos de otras fuentes. Estos materiales abonan a la construcción del contexto en el cual el autor analiza las facetas del personaje que forman el eje de su argumentación y aportan experiencias para el conocimiento de sus aristas humanas y profesionales. Fuentes que reconocen la valía del personaje, desde la perspectiva de sus motivaciones fundamentales, y fuentes que la niegan y le atribuyen intereses y actuaciones que objetivamente colidían con su pensamiento. El Dr. Palacios elabora sobre la oposición activa hacia Tinoco en la arena política y en esa narrativa se encuentran la ideología, las posiciones sostenidas por algunos críticos y los acontecimientos que ilustran aquel ambiente.

Cada uno de los capítulos está precedido por elaboraciones conceptuales, históricas y doctrinarias que dan el contorno a la inserción del pensamiento y de las contribuciones fundamentales del Dr. Tinoco en el campo fundamental que constituye el objeto de esta obra, en concordancia con las bases del concurso en el cual ella se inscribe, sin dejar de lado aspectos que fluyen a favor del conocimiento de los varios perfiles humanos, académicos y profesionales de nuestro homenajeado.

El tema predominante con relación al cual se despliegan en esta obra las diversas facetas presentes en este venezolano excepcional que fue el Dr. Pedro Rafael Tinoco Jiménez (Dr. Pedro Tinoco), lo conforman sus aportes en el área fiscal, hacendística y financiera, enmarcados en el pensamiento liberal y renovador de nuestro personaje y en su contextura personal e intelectual. Ese pensamiento quedó plasmado en la Carta de Mérida (1962, XVIII Asamblea Anual de Fedecámaras), cuando el Dr. Tinoco contaba apenas 34 años.

A este importante documento dedica el autor todo un capítulo, en el cual aborda la génesis de esa contribución, en una conveniente segmentación de períodos que apoya la comprensión de los cambios en la forma de concebir al Estado, en la economía política, en los liderazgos fundamentales y en la presencia de Venezuela en el escenario internacional. Enmarca el tratamiento del tema en la circunstancia fiscal y política de aquel momento, para de esa forma ofrecer una perspectiva de contexto necesaria a los fines de valorar el aporte de la Carta de Mérida. Nos señala el Dr. Palacios que este documento debe tenerse como fuente para comprender el contraste entre la visión intervencionista del Estado y las aspiraciones del empresariado de asentar las bases de un sistema liberal de economía de mercado, integrada al ambiente internacional. Destaca los aportes vinculados a la Carta de Mérida: la fluidificación de las relaciones internacionales de Venezuela, particularmente con los Estados Unidos, la promoción del consenso y la divulgación del contenido del documento porque no de otra forma podía estimularse la discusión sobre los grandes temas nacionales, en fin, la Carta de Mérida "es una contribución en sí misma".

Al iniciar su recorrido a lo largo del rol cumplido por Pedro Tinoco en el campo de la Hacienda Pública sostiene que no es posible dar cuenta de las finanzas públicas en los tiempos en que le tocó vivir y actuar, sin tener presente la labor cumplida por él. No hay objeciones a esa afirmación. El Dr. Tinoco contribuyó decididamente a la modernización del sistema fiscal y la administración tributaria; hizo realidad en las normas y en la práctica la aplicación de la técnica del presupuesto público por programas; dio concreción al concepto de disciplina presupuestaria, y convirtió al Ministerio de Hacienda en el organismo adelantado en materia de reforma administrativa, como lo consigna en una obra de su autoría uno de sus colaboradores más cercanos, el Dr. José Vicente Rodríguez Aznar.

El Dr. Palacios nos recuerda que a ese notable desempeño abonó la formación académica del Dr. Tinoco, su madura concepción del Estado en una economía moderna, sus conocimientos del papel de las instituciones, pero también su visión práctica sobre los principios, normas y procedimientos del presupuesto público, la materia tributaria, el crédito público y la cuestión financiera en general. La reforma administrativa para corregir un amplio conjunto de distorsiones, concentrar las funciones del Estado en aquellas que no son delegables por su propia naturaleza, dotar de eficiencia a los órganos del Poder Ejecutivo, elevar la productividad de los programas y servicios públicos, y superar el desbalance estructural de la gestión fiscal para lo cual, entre otras políticas, es menester adelantar una profunda reforma tributaria, fueron constantes en el pensamiento y la acción del Dr. Tinoco. En el capítulo correspondiente, encontraremos una bien lograda elaboración de sus ideas en la materia que comentamos, fundamentada en las rendiciones de cuenta que presentó como ministro de Hacienda (1969-1972).

Otra de las piezas notables surgidas del activo pensamiento del Dr. Tinoco fue su discurso de incorporación como Individuo de Número de la Academia de Ciencias Políticas y Sociales (10 de diciembre de 1991), que se constituye en la antesala de un amplio capítulo en el que el autor destaca las contribuciones del Dr. Tinoco en la conformación de un nuevo ordenamiento legal, consistente con la economía que debía construirse en beneficio de todos los venezolanos, porque la cuestión social fue una de sus preocupaciones permanentes.

La nueva economía requiere de un nuevo Derecho, esto es, un cuerpo orgánico de normas que den cabida y protejan la libertad económica y la libre concurrencia de mercado, lo que supone erradicar los arreglos que limitan la libre competencia, mediante una ley en contra los monopolios. Ese *dictum* del Dr. Tinoco encuentra en esta obra un desarrollo de amplios márgenes. Tinoco se pronuncia a favor de un ordenamiento que favorezca la innovación y la adopción de los instrumentos que la teoría y la práctica de los mercados aconsejen como deseables en el sistema financiero, especialmente así cuando el proceso de integración internacional de los mercados financieros cobró, en aquel momento, nuevas expresiones, con la utilización masiva de instrumentos negociables para documentar el endeudamiento de las naciones.

El nuevo orden en materia tributaria que se enmarcó en el programa de estabilización y reformas iniciado en 1989, como bien nos lo recuerda el Dr. Palacios, contemplaba la reforma parcial del Código Orgánico Tributario, la reforma parcial de la Ley de Impuesto sobre la Renta y la introducción del Impuesto al Valor Agregado. De la misma manera las reflexiones del estadista atraen la atención hacia las condiciones que deben caracterizar a un régimen tributario que favorezca la integración de las empresas venezolanas a los mercados internacionales. El autor encuentra en estas reflexiones del Dr. Tinoco un campo fértil por su propia competencia en las materias fiscales y tributarias que abre al lector la posibilidad de adentrarse en estos asuntos, con la seguridad de un tránsito provechoso a través de las muchas dimensiones del pensamiento de Pedro Tinoco.

El abordaje que hace el Dr. Palacios al tema de la reforma administrativa es igualmente amplio en su prolegómeno y converge hacia las líneas generales que definen el alcance de las reformas, de las cuales rescatamos una idea central en la concepción del Estado y de la sociedad del Dr. Tinoco y que entendemos como de miras más amplias a las que se desprenden de los objetivos siempre deseables de productividad y eficiencia de la administración pública: "… se trata de una Reforma Administrativa para estructurar una Administración Pública para el desarrollo." En esa perspectiva, se ha señalado que sus propuestas eran audaces en aquellos años pues –según lo entendemos– discutía que la propia estructura del sector público, sus amplios límites de acción, y su incidencia en la actividad económica, no conformaban un estado de cosas del cual pudiese extraerse, como objetivo final, la mayor suma de bienestar para los venezolanos y de allí la necesidad de la reforma. Resaltamos dos aspectos como ilustración de lo dicho, tratados con especificidad por el Dr. Palacios: la creación del Consejo Nacional de Empresas Públicas y la descentralización de competencias administrativas. Finalmente, acentuamos en este punto la importancia del tratamiento dado por el autor a las reformas del Dr. Tinoco cuando estuvo al frente de la Comisión para la Reforma Integral de la Administración Pública durante el primer gobierno del presidente Carlos Andrés Pérez.

Luego de una visita a los aportes de Tinoco al mercado de capitales venezolano, el autor de esta obra se adentra en el tema de la reestructuración de la deuda pública externa (1989-1992), sin ceder al escrúpulo de condensar la materia, sino más bien ofrecer un extenso panorama de consideraciones útiles y pertinentes para la comprensión de un proceso de suyo complejo e importante para el futuro de las finanzas públicas y del país.

Finaliza la obra con un cuerpo de conclusiones elaboradas con ingeniosidad en el formato de un cuestionario para una entrevista imaginaria con el Dr. Pedro Tinoco, para lo cual es natural asumir plena confianza en el conocimiento que del entrevistado tiene el entrevistador y esta es, desde luego, una garantía de objetividad.

Insistimos en la valoración de la obra que ahora presentamos como una contribución de primer orden al objeto de la convocatoria, pero igualmente, en razón de la acuciosa incorporación de elementos de contexto, conceptuales y de análisis que enriquecen su contenido.

Al concluir estas líneas hacemos propicia la ocasión para extender un especial reconocimiento a la Academia de Ciencias Políticas y Sociales por la iniciativa de convocar el Premio Dr. Pedro R. Tinoco (h) y de la misma forma por la secuencia de concursos de este tipo que ha venido realizando para ofrecer estímulos e incentivos a la investigación.

Carlos Hernández Delfino

Advertencia y Agradecimientos

Es menester por, razones de tranquilidad interna, esgrimir las razones iniciales que nos llevaron a participar en la elaboración de este trabajo que, titulamos *Tinoco, cada actuación, un aporte*. Queremos hacer esta advertencia a manera de confesión a los eventuales lectores que nos premien con su tiempo y en el ánimo de evitar el desasosiego que nos acompañara en cada momento si cedemos al silencio que impone la coyuntura no necesariamente conveniente ni muchos menos procedente, producto de una causa inhabilitante circunstancial, dimanante del respeto a la institucionalidad, sus integrantes o el protocolar estilo de su conducción.

No hacerlo por indecisión, por errática percepción confundida en respeto y que desdibuja la supercentenaria existencia de la Docta Corporación, que organiza el concurso o por la ignorancia del alcance y contenido de sus objetivos nos sumergiría al estruendo tardío de la conciencia por no manifestar oportunamente las verdaderas razones que motivaron el emprendimiento de un proyecto destinado a honrar *la memoria de los hombres prominentes de la República que hayan prestado servicios notables en la creación y desenvolvimiento del Derecho patrio o de las Ciencias Políticas y Sociales en general*. Ese reconocimiento que, también, está en función directa de la condición de que el miembro electo para incorporado a la Corporación, extensible a los homenajeados, hayan escrito alguna obra "bien reputada, generalmente, sobre Ciencias Políticas y Sociales o haber desempeñado por más de cuatro años en alguna de las Universidades de la República o en cualquier plantel autorizado para ello alguna cátedra sobre tales materias o haber sido codificador o miembro revisor de las Comisiones de Códigos creados por el Gobierno Nacional y poseer reconocida e incontestable competencia en el dominio de las Ciencias Políticas", tal como se desprende de la ley de su creación del 16 de junio de 1915.

En tal sentido, debemos comenzar manifestando que fueron varias las razones que nos impulsaron para aceptar investigar y escribir acerca de la trayectoria de Pedro Tinoco, hijo, a raíz de la cordial invitación que nos extendiera nuestro estimado amigo Humberto Romero-Muci y el empeño del sobrino del homenajeado, Carlos Tinoco Tinoco. Fue el ánimo de investigar, más que el afán de participar en un concurso, en procura del lauro previsto. Tales razones que no pretendemos tengan aceptación universal, pero que son suficientes para los fines trazados, son las siguientes:

En primer lugar, cumplir y ser consecuente con nuestra convicción en cuanto a que era y sigue siendo necesario realizar un verdadero trabajo historiográfico, orientado más hacia el formato biográfico de Pedro Tinoco que a una crónica periodística o semblanza de oportunidad, que desperdician la esencia de un personaje interesante el cual se mantuvo en la vitrina de la evaluación política y en el juzgamiento, muchas veces injusto y tergiversado de la opinión pública, en movimiento pendular entre la admiración razonado y vivido y el escarnio y vituperio, que entierra la posibilidad de acercarse al conocimiento de su actuación pública. Una forma de trabajo intelectual para aprovechar el material que de un personaje y sus circunstancias, ciertamente controversial, ofrece una cantera de hechos y material historiográfico para construir la narrativa de la historia política, económica y empresarial del siglo XX venezolano.

Sin embargo, se insiste en no derribar los escollos para dar conocer y ponderar sus aportes en el manejo de los asuntos del Estado, es decir, de la política, su trayectoria profesional, la habilidad constructiva de una referencia empresarial de los servicios profesionales, una muy reconocida actividad en la institucionalidad empresarial y su labor como banquero tanto a nivel nacional como internacional. Vale decir, el trípode de su vida, como lo referimos en el trabajo, siguiendo lo afirmado por su cercano colaborador Nelson Ortiz, el político, el jurista y el banquero. En ese mismo orden, que no responde a un rango de construcción apriorística sino a una condición inmanente a su trayectoria.

En segundo lugar, una razón íntima que nos pertenece y radica en el hecho de una creciente curiosidad de aproximarme al sentido y visión que encontraba y tenía Tinoco en esa actuación en ámbitos distintos que, coincidencialmente y gracias a la Providencia, he podido recorrer a lo largo de mi carrera profesional en la Administración Pública consultiva y ejecutiva, nacional y municipal, en el sector privado en el cual me encuentro desde hace varias décadas, miembro de varias comisiones legislativas, la elaboración y ejecución de la política fiscal y dentro de esta la tributaria de reforma de Estado, actividad docente de varias décadas con inquietud investigativa, en la asesoría parlamentaria y tránsito como integrante en representación legitima en el Poder Legislativo y la actividad en la institucionalidad empresarial. Vale decir que se siente combinar el ejercicio de la profesión con el accionar político que varios miembros, del pasado y el presente, de esta Docta Corporación han experimentado. Es una búsqueda interna afanosa e inquietante de conocer el comportamiento de un abogado con profunda inclinación a los asuntos propios del Estado, que nos permita calmar la angustia del deterioro de lo público, acaecido en los últimas décadas ante el avance de la imposición de un esquema conceptual de base autoritaria que todo lo arropa y arrasa, que genera una inicua como peligroso rechazo hacia el ámbito de los publico y hacia quien se dedica a estudiarlo, actuar en sus espacios y a pensar sobre su recuperación.

Es tratar de reflexionar, como lo hizo un destacado miembro de la Acienpol, Humberto Njaim, sobre el rechazo de los público y de quien se dedica a los públicos, lo cual representaría una antinomia y desconocimiento de esta Docta Corporación y pretensión de ocultamiento de excelsa labor de muchos de sus miembros actuales y del pasado. Ciertamente, como lo señalaba Njaim, es patente "que el par público-privado se constituye con categorías conceptuales que, al ser políticas –y precisamente por ello–, son esencialmente polémicas. Se trata de términos que no conviven pacíficamente el uno al lado del otro. Está presente una inevitable carga valorativa que condiciona a ver uno de los términos en desfavor respecto al otro".

Y acercarnos al estudio de personajes como Tinoco –y otros tantos con condiciones similares– nos permite la conciliación entre ambos espacios, a la reconstrucción de los puentes del intercambio, a la comunicación respetuosa en función de la definición de las políticas públicas y al desempolvamiento de las bases consensuales para reactivar la funcionalidad democrática.

Es una inquietud –aún insatisfecha– de encontrar razonable justificación de lo que debe ser el trabajo de un abogado, que ama su profesión y vive de ella y el deseo de trascender, de participar y dejar la impronta en procesos de importancia para el Estado. Es, pues, poder afirmar –como lo hace Alfonso Guerra en sus memorias– que la utilidad de nuestros trabajos no hay que medirla en la atención que le presten los políticos, a los cuales corresponden la toma de las decisiones. Existen otros vehículos para alcanzar alguna influencia en la sociedad. Es más importante, asienta el sevillano exvicepresidente del Gobierno, "el fijar un testimonio histórico; por muy minoritaria que sea una posición debe quedar algún testimonio de ella, lo que permite saber que no todos participaron de una conciencia colectiva errónea cuanto esta lo es".

En tercer lugar, adentrarme en el estudio de la integralidad de un ser, abarcar los aspectos humanos bajo el complejo aristado de su entorno familiar, las relaciones con su padre, el doctor Pedro Tinoco Smith, gestor de una personalidad y topógrafo inicial de los caminos que, luego, recorrería su hijo, los valores inculcados, la formación de un carácter que moldeó su forma de pensar, un fama de ser inexpugnable –casi de actitud monacal ante el silencio–, contradictoriamente a la del cercano que muchos reconocen, su metódica y tesonera condición puesta de manifiesto en sus actuaciones, el despertar del ser político, la maqueta y construcción de sus redes de vinculación con el mundo empresarial y liderazgo influyente de la época, la difícil compresión de la triada axiológica verificada en cuenta a sus sentidas inclinaciones: ser político, luego abogado y finalmente banquero, sus motivaciones de construir una plataforma política para sus aspiraciones presidenciales sin que ello significara un certeza en lograrlo, pero con la seguridad de ejercer influencia en las políticas públicas desde el Congreso Nacional y bajo el manto del desarrollismo que lo llevó a buscar el apoyo de

Marco Pérez Jiménez, quien denostó de él, sin que nadie haya efectuado un análisis del proceder de Tinoco, en cálculo político electoral, que lo colocaba en la antípodas de quienes añoraban al general y la *década militar* y el temor de quienes lo adversaban, que temían una vuelta al ruedo de la política vernácula, ya no a través de la interrupción del hilo constitucional o del clásico *coup d'etat*, sino por medio de las formas democráticas, lo cual originó la Enmienda Número 1 de la Constitución de 1961, sancionada el 11 de mayo de 1973, que prohibía "ser elegidos Presidente de la República, Senador o Diputado al Congreso, ni Magistrado de la Corte Suprema de Justicia, quienes hayan sido condenados, mediante sentencia definitivamente firme, dictada por Tribunales Ordinarios, a penas de presidio o prisión superior a tres años, por delitos cometidos en el desempeño de sus funciones públicas, u ocasión de éstas" (artículo 1).

Nuestro deseo, aún insatisfecho, nos hace destacar una tarea pendiente como es abordar el hombre en sus facetas, que suman un todo y que fue causa, consecuencia e instrumento de muchos de los cambios institucionales, de aportes que definieron su proyección y conformación, proponente de reformas necesarias en la hacienda pública, en todas sus vertientes, en el mercado de valores y en la modernización del Estado.

Un personaje que no pasó desapercibido, que dejó en su transitar –de un lado del camino– un campo fértil, permitiendo la cosecha de admiración y reconocimiento por parte de sus socios de la firma, de los empresarios y su institucionalidad, de los políticos y personas, quienes prestaron su concurso para la elaboración de nuestro trabajo y de aquellos fallecidos que dejaron su opinión en torno a Tinoco, mientras que por el otro lado del sendero se encuentra un chamizal y extensiones de chamizos, producto de ataques, denuestos, improperios y diversas formas de imputación de un lado perverso de la política y de los partidarios de la concepción del Estado, asidos en lo que hemos llamado la crónica marxista que responde a los postulados dogmáticos importados de esa ideología, de los cuales –confesamos– fuimos tentados e influenciados debido a la facilidad con que llegaban las obras de sus exponentes en nuestra temprana juventud. Otros que se ubican en ese lado que no necesariamente participan en hipótesis diferentes al Estado Constitucional.

No olvidamos lo expresado por William Hazlitt, quien en el *Siglo de las luces* afirmaba que: "la reputación de un hombre no está a cargo suyo, sino que radica en la clemencia de la prodigalidad ajena. La calumnia no requiere pruebas".

Tinoco es el ejemplo típico, susceptible de incardinarse en lapidaria descripción del escritor inglés, por ello –en nuestro criterio– subsiste la obligación de sus afectos y del historiador de proceder al estudio profundo y al trabajo historiográfico para conocer la esencia y verdadero rol de este personaje, pues a través de su actuación puede construirse la narrativa de la historia económica, empresarial y política de Venezuela en el siglo XX, conocerse los procesos constitutivos de las políticas públicas de la época, los diseñados y ejecutados, valorarse en cuanto a su fracaso y éxitos o, por el contrario, precisar las implicaciones derivadas de su omisión.

Este trabajo arrancó con la deliberada intención de acercarnos –lo más posible– a un trabajo historiográfico enrielado en los cánones de la bibliografía, abarcando tanto la época previa correspondiente al doctor Pedro Tinoco Smith como el marco vital del hijo, anterior a su irrupción en el mundo del liderazgo empresarial y su migración a los agrestes campos de la política. Habíamos comenzado a dar forma a nuestra decisión de participar en el concurso organizado por la Acienpol, pero las bases limitativas y específicas nos hizo dar un frenazo y cambiar el iter del esquema trazado.

No obstante, nuestra intención primaria de hacer una biografía y, dentro de esta, proceder a la identificación de los aportes. Ello hubiera significado apartarnos de la delimitación estricta de las bases del concurso y, en cierta forma, castrante de nuestras aspiraciones de abordar un estudio más denso de este personaje que, interesadamente, se lo ha comparado con otras personalidades históricas, presentándolo como un José Fouché criollo, una adaptación acomodaticia de Oliver Cromwell o la equiparación con Charles-Maurice-CárolusMauritius-Talleyrand-Perigord, "personaje extraño, temido e importante", hombre experto en negociación que materializaba, mediante la paciencia, la oportunidad, brevedad de la palabra, adecuación y respeto a las formas, actor histórico, que atraía en demasía a Tinoco con quien mantuvo unas conversaciones imaginarias en la prensa nacional y que nos sirvió de seudónimo para la presentación del trabajo. De su admirado Talleyrand es posible que Tinoco hiciera suya la regla de comportamiento conforme con la cual "en una negociación el otro existe".

Por consecuencia, nos ceñimos a hacer un balance de su actuación pública y privada que se tradujeran en aportes por la importancia de su realización, la eficiencia y eficacia de la hacienda pública o por la representación de modernización del Estado. Esos aportes fueron el resultado de su ingenio, la articulación de llevar a niveles de concreción los esfuerzos individuales que, en algunos casos, suponían trabajo de lustros por parte de sus colaboradores o el tino de sus creaciones, disquisiciones y reflexiones al amparo de sus conocimientos y experticia. Afirmación que, en forma alguna, desconoce ni contradice la presentación de algunas de sus actuaciones como aportes reales que son y se validan en sí mismos como tales, en materia de Derecho de la hacienda pública y otras materias conexas.

Tinoco –más que un ideólogo– era un hombre pragmático, era un hombre de acción y adecuación a los parámetros que afianzaban la búsqueda de visión del *Estado eficaz*, no puede decirse que era un filósofo o donante al pensamiento de las ideas de políticas de un pretendido liberalismo que busca la espontaneidad del accionar humano, los causes del compartimiento individual sin muchas o muy pocas limitaciones del Estado. Su obra constituye una defensa de la libertad económica y de la propiedad, ciertamente, pero que no necesariamente deben verse como postulados *per se* de la Escuela Austriaca, sino como un proceso necesario de desregulación y conformación de una institucionalidad eficaz.

Debo agradecer a mi buen y consecuente amigo, destacado historiador y profesor universitario, Gerardo Antonio Tirado Yépez, en virtud de convertirse en un paciente interlocutor, en un atento escucha ante los hallazgos de datos y fuentes en relación con Tinoco. El amplio conocimiento de Gerardo Yépez acerca de la historia empresarial –y muy especialmente sobre la historia de la banca en Venezuela– constituye un acicate para abordar temas estudiados parcialmente, inconclusos, prejuiciados, contrarios a la búsqueda de una pretendida objetividad que propugnan la asepsia en el manejo de las fuentes y la construcción de la narrativa como, por ejemplo, el tema de la crisis bancaria de 1994.

La discusión diaria –durante meses– alimentó el deseo de hacer una bibliografía, entendiéndolo en el más estricto sentido historiográfico. Una persona que me animó cuando, contrariado por el abandono del proyecto original, tuve que cambiar la trocha de la investigación, siempre dispuesto a escucharme y colaborar, por ejemplo, en el suministro de los cuadros e índices de gestión bancaria y de la madeja de relaciones que le sirven de conducto.

En modo de agradecimiento sincero a Carlos Tinoco Tinoco, quien –con su afectuoso exhorto de aproximarme a su amado tío– nos facilitó material diverso –libros, discursos y fotografías–, muchos de difícil obtención, máxime en los rigores de la inédita pandemia derivada de la COVID 19. Carlos fue uno de las personas que nos puso de relieve el sentido humano de Tinoco, quien desde nuestras primeras conversaciones nos manifestó:

> Para las personas que tuvimos el privilegio de haber sido sus familiares cercanos tengo que reconocer que no existen palabras para describir esa experiencia. El tío Pedro cómo cariñosamente lo llamábamos y por quien sentíamos un respeto y admiración reverencial porque representaba el *pater familias*, responsabilidad que asumió solidariamente y ejercía de una manera honesta, sensata, justa, disciplinada, con sabiduría y prudencia, pero muy eficazmente con su buen ejemplo. Su calidad humana y generosidad de excepción fueron, sin duda, una de sus virtudes más destacadas, su abnegado y honesto amor por el progreso y bienestar de Venezuela. En mi caso, literalmente, le debo la vida, en momentos muy difíciles siempre conté con su incondicional paciencia y compresión, tanto en lo relacionado con mi salud como por mi educación, por lo que siempre estaré agradecido por su incondicional apoyo. Me siento muy honrado de ser su sobrino y puedo orgullosamente expresar que su vida representó el testimonio de un venezolano excepcional, que no solo trascenderá como un gran aportante a la institucionalidad del país, permaneciendo su acción en el presente, en el aquí y en el ahora, como en el futuro.

No puedo dejar de agradecer a todos los amigos, colaboradores y a sus compañeros del gabinete durante el segundo gobierno del presidente

Carlos Andrés Pérez, socios e historiadores que me obsequiaron horas de su tiempo, sin apremios ni egoísmos sino con dedicación y fraterna entrega, en su mayoría a través de la plataforma Zoom, otros de manera presencial o con la elaboración de testimonios escritos que nos permitieron sumergirnos no solo en la actuación, la forma de pensar, razonar y conducirse como funcionario público, sino en aspectos muy personales que revelan el aspecto humano de este controversial personaje, una representación de una familia –Tinoco– que abarca prácticamente todo el siglo XX. Debo hacer especial mención a Carlos Hernández Delfino que fue primero en atender nuestra solicitud para reunirnos, dándonos varias horas de su tiempo e insuflando ánimo para seguir adelante.

A Javier González, por sus consejos y sugerencias.

A mi equipo de la Cámara de Comercio, Industria y Servicios de Caracas, Adriana Borrego y Jesús Augusto Rojas Hernández, quienes siempre estuvieron dispuestos a auxiliarme en momentos de apuro, entre otras cosas, para enfrentar las jugarretas de la tecnología y aliviar el agobio de la cantidad de la información que recabamos, depuramos y empleamos.

A mis socios de PTCK legal por comprender mis ausencias, animarme a la culminación de esta primera etapa no cerrada de abordar con mayor profundidad una biografía real y no por encargo de Tinoco con el fin de conocer más a este personaje y su entorno, a este hombre que todo resolvía o contribuía a resolver.

Exordio

1. TINOCO, UN APELLIDO INFLUYENTE DEL SIGLO XX

Entre las reformas planteadas y llevadas a cabo por el ministro de Hacienda Román Cárdenas (1862-1950) en 1915, durante la presidencia de Juan Vicente Gómez (1857-1935), figuró la designación del Banco de Venezuela como instituto auxiliar para todo lo relacionado con la Tesorería Nacional, sin la necesidad que ese organismo privado pasara a manos del Estado. Ese hecho marcó el inicio de la modernización del manejo de la Hacienda Pública venezolana durante el siglo XX, pero con muy pocos avances hasta 1935. A lo largo del período gomecista hubo varios ministros de Hacienda y la historia económica de ese lapso, que va desde 1908 a 1935, registra a dos sobresalientes actores como lo son Román Cárdenas y Pedro Tinoco Smith (1887-1966), este último abogado y fundador de uno de los escritorios jurídicos más importantes del país, en su paso como funcionario público logró llegar a un acuerdo con las empresas petroleras en agosto de 1934 para fijar un tipo de cambio favorable a la compra de divisas en dólares, generadas por esas mismas empresas en un momento tan difícil para la economía norteamericana, que se veía aún golpeada por la gran depresión económica iniciada en 1929. Ese tratado pasó a la historia como el Convenio Tinoco.

Con la llegada al poder del General Eleazar López Contreras (1883-1973), a raíz de la muerte de Gómez en diciembre de 1935, se van a dar otros cambios importantes en las finanzas públicas contemplados en el Programa de Febrero de 1936, entre los que resaltan la puesta en funcionamiento del Banco Central de Venezuela en 1940, la eliminación de la condición de bancos emisores a todos las demás instituciones existentes con esa facultad, la creación de la Superintendencia de Bancos, el Consejo Bancario Nacional y la nueva ley de bancos.

En esa misma línea de modernización del Estado y durante el mandato de Isaías Medina Angarita (1897-1953), se van a dictar otras leyes fundamentales y normativa para tal fin, como fueron, entre otras, la creación del Impuesto sobre la Renta de 1942 para personas naturales y jurídicas, la Ley de hidrocarburos de 1943 y la creación del Servicio Nacional de Identificación de 1941, que da inicio al sistema de identificación nacional.

Aunque hubo avances en otras áreas del acontecer nacional en el transcurso de las décadas del cuarenta y cincuenta, la relación del Estado y el manejo de sus finanzas se volvió muy obsoleta ante el ritmo avasallante de los ingresos producto de las exportaciones petroleras. Es así que se hizo necesario continuar con el proceso de reestructuración de la Hacienda Pública al punto que con el inicio del período democrático venezolano a partir de 1958 y el acuerdo de gobernabilidad entre las principales fuerzas políticas del país –conocido como Pacto de Puntofijo, alcanzado en octubre de ese mismo año– se verificaron situaciones que propiciaban un acuerdo entre las élites políticas y económicas para la gestión de los recursos del país y es ahí cuando entra en escena la figura de Pedro Tinoco Jiménez, hijo de Pedro Tinoco Smith, exministro de Hacienda.

Pedro Tinoco, hijo, nació en Caracas el 04 de octubre de 1927, su educación primaria la realizó en Suiza y el bachillerato en Estados Unidos por decisión de su padre. Volvió en 1942 y luego de revalidar sus títulos ingresó a la Facultad de Derecho en la UCV donde se especializó en 1949 en Derecho fiscal y Derecho financiero, en lo que pudiéramos llamar hoy día el Derecho de la Hacienda Pública y Derecho tributario. A partir de ese año tuvo una trayectoria vertiginosa en su ascenso a posiciones de poder tanto en lo privado como en lo público. Previo al período democrático, aparte de atender los asuntos correspondientes al escritorio jurídico de su padre, comenzó siendo adjunto y luego profesor de la Cátedra de Hacienda Pública en la Facultad de Derecho en la Universidad Central de Venezuela por renuncia de José Joaquín González Gorrondona (1910-1988) y, al mismo tiempo, escribió unos artículos en prensa en los que comentaba la Ley de Impuesto Sobre la

Pedro Tinoco Smith, el iniciador de la influencia de la familia en el siglo XX.

Renta que había sido promulgada en 1942, los cuales fueron recopilados para su primer libro publicado en 1950. Cinco años más tarde publicó “Comentarios a la Ley de Impuesto sobre la Renta”, una obra de dos tomos, que se centra en “cómo debía interpretarse y aplicarse”, según sus propias palabras.

Más tarde deja la docencia y divide su quehacer en tres actividades que logra complementar, el ejercicio privado del Derecho a través del escritorio jurídico, la banca a través de su participación en la Junta Directiva del Banco Mercantil y Agrícola y su participación en instituciones gremiales como la Asociación Bancaria fundada en 1959, así como también en la Asociación Venezolana de Ejecutivos, la Federación de Cámaras y Asociaciones de Comercio y Producción (Fedecámaras) y la Cámara de Comercio de Caracas.

Al llegar la década del sesenta se contagió del entusiasmo reinante de participar en la transformación de una nueva Venezuela que se estrenaba en democracia, despertó su inquietud política, que no abandonó hasta su muerte.

En 1969 fue nombrado ministro de Hacienda, participó como candidato presidencial en las elecciones de 1973 y en 1975 formó parte de la Comisión para la Reforma Integral de la Administración Pública, luego tuvo un receso político y se dedicó a la dirección del Banco Latino hasta 1989 cuando aceptó la designación como presidente del Banco Central de Venezuela hasta 1992. Murió en Denver, Estados Unidos, el 31 de marzo de 1993.

El objetivo principal de este trabajo es lograr identificar y analizar los aportes de Pedro Tinoco Jiménez durante su trayectoria pública y privada en lo que concierne a su labor a favor de las mejoras y transformaciones de la Hacienda Pública Nacional.

2. A MANERA DE JUSTIFICACIÓN DE ESTA INVESTIGACIÓN

Es necesario efectuar algunas consideraciones previas, a la sazón aclaratorias, justificadoras y motivacionales de este trabajo, que presentamos a consideración de esta Docta Corporación acerca de los aportes en materia hacendística y financiera efectuados, en su multifacética actuación tanto en el ejercicio privado de la profesión como funcionario público, por el doctor. Pedro Rafael Tinoco Jiménez, Pedro Rafael Tinoco o simplemente Tinoco, un malogrado personaje esencial para entender la segunda mitad del siglo XX venezolano, que todavía en el esplendor de su madurez personal, profesional y hombre público –etapa vital en la cual la capacidad creadora, intelectual y la experticia conforman un conjunto– permite avizorar la posibilidad de continuar aportando activamente con sus análisis críticos y propuestas en el diseño, discusión y ejecución de las políticas públicas, objeto de su especialidad y ocupación preferencial.

En efecto, como lo indica el escritor Rafael Arráiz Lucca (1959): “si el siglo XX es inexplicable sin la comprensión de la vida de Gómez, Betancourt y Uslar Pietri, en el terreno político, también es incomprensible sin el estudio de la pericia vital de Eugenio Mendoza Goiticoa y Pedro Tinoco”[1].

Complementamos afirmando que la investigación histórica en Venezuela en la segunda mitad del siglo XX, en lo concerniente a los temas de hacienda y finanzas públicas, no pueden emprenderse sin tener en cuenta los aportes efectuados por Tinoco en esas materias que transitan por las avenidas del presupuesto, los ingresos para el financiamiento del gasto público, en especial aquellos de fuente tributaria, el endeudamiento externo, modernización de la Administración Pública en procura de la eficiencia y eficacia, así como en otras materias afines, entre ellas el mercado de capitales.

Los aportes de Tinoco se manifiestan y pueden apreciarse en acciones que marcaron época, en los cuales tuvo, en algunos casos, participación abierta y descollante, en otros, colaboración de bajo perfil pero efectiva, así se percibe –por ejemplo– cuando asesoraba y daba apoyo a otros miembros del Gabinete en los Gobiernos de Rafael Caldera y Carlos Andrés Pérez, que desencadenaron procesos tales como sus propuestas en materia de política fiscal activa, en la conjunción de ingresos –abarcando las políticas tributarias y de Administración tributaria, presupuesto y crédito público como ministro de Hacienda, política de endeudamiento (crédito público) y monetaria en su participación en el Banco Central de Venezuela como director y presidente, amén de su rol en la economía. Aportes efectuados tanto desde el sector privado como público– en y desde el Poder Ejecutivo, Legislativo y en el Banco Central de Venezuela, que se encuentran en doctrina científica, declaraciones empresariales, memorias y cuentas ministeriales, discursos políticos y académicos.

No pretendemos realizar una biografía, con miramientos de exhaustividad de aspectos vitales susceptibles de conducir, a los fines de dar cumplimiento a las bases fijadas por la Academia de Ciencias Políticas y Sociales, evitando confusiones, generalizaciones, imprecisiones o banalidades, más propia de la crónica que de la historiografía; o, en el mejor de los casos, preterir aspectos o hechos determinantes que

1 Rafael Arráiz Lucca, *Venezolanos (de la A a la Z)*, FUNDAVAG Ediciones, Colección Calle Real 6, Caracas, 2013, p. 277.

integran la totalidad del ser biografiado, inherentes y propios a sus orígenes, afectos, carácter, debilidades, fortalezas o aquellos definitorios de su conducción y ejecutorias.

Estamos conscientes de la complejidad de un trabajo de investigación como el indicado, que se nos impone difícil "en la concepción primaria de la biografía, es decir, la representada por el protagonista interactuando con el telón de fondo", de acuerdo con el historiador German Carrera Damas (1930), ahondando en lo aseverado sobre el particular por César Zumeta (1863-1955), en cuanto a que:

> Compleja y grande es la obra del biógrafo. El fondo del cuadro es la historia de la época en el que el personaje aparecerá, y ha de ser descrita con tal verdad que se sienta el deseo y se reconozca la necesidad de que comparezca en ese escenario la luz que ha de disipar las sombras del paisaje. Delinease entonces la personalidad, se le mira avanzar demoliendo para construir sobre las ruinas de lo viejo el edificio del porvenir, y cuando el actor desaparece la escena ha cambiado y queda en pie la obra[2].

Igualmente, no preterimos, siguiendo al historiador francés François Bédarida (1926- 2001), biógrafo de Winston Churchill (1874-1965), que la biografía:

> se inscribe en el centro del gran movimiento actual de la historiografía, marcado por la revalorización del actor. Después de treinta gloriosos años dominados por la primacía de las fuerzas colectivas y de los trend seculares o multiseculares, he aquí que el sujeto ha regresado, que lo individual ha sido rehabilitado y que el hombre recupera su lugar central, como «único ser de carne y hueso» según la definición de Marc Bloch. De ahí la curiosidad que sentimos hacia los individuos concretos inmersos en su realidad, en lugar de los de los abstractos y anónimos que componen series y grupos[3].

---

2 Cesar Zumeta, *El continente enfermo*, Colección Rescate, V.III, Editorial Arte, Caracas, 1961, p. 281 citado por Germán Carrera Damas, *Aviso a los historiadores críticos..." tantos peligros como corre la verdad en manos de la Historiador..." Andrés Bello,* Ediciones GE, Caracas, 1995, p. 268.

3 François Bédarida, *Churchill*, Fondo de Cultura Económica, México, 2002, pp. 19-20.

Así, nuestro interés en los aportes de Tinoco, particularmente considerados representativos de cada faceta por él desarrollada, encierra una vocación historiográfica, es decir, el deseo de contribuir con la elaboración de parte de un período importante de la vida democrática efectiva y republicana liberal, que vivimos los venezolanos y nos convirtió en vitrina de desarrollo institucional, modernismo y progreso. Lo expresado en sí mismo representa la motivación de analizar a Tinoco como abogado, académico, banquero, empresario, dirigente empresarial, -ministro y presidente del Banco Central de Venezuela, parlamentario y político, una pluralidad de roles, accionar que tienen como denominador común que conducen a la actividad financiera, a las finanzas públicas, a la hacienda pública, a la institucionalidad del Estado y a otras formas de financiamiento alternativo, que reflejan decisiones de las políticas fiscal, monetaria y tributaria como el mercado de valores.

Por otra parte, queremos despejar cualquier descabellada intención de atribuirnos –o el presunto brindis de la eventual oportunidad a terceros– de inferir que nuestro propósito es realizar un boceto sobre las ideas que alude a la historia de su pensamiento en ejercicio de un liderazgo indiscutible en el escenario de los servicios jurídicos profesionales, organizados de manera empresarial, en su desempeño como dirigente gremial del empresariado, en general, la política y la banca. Más aún, debe descartarse la asunción de su defensa ultranza ante la historia o su beatificación como actor de primer orden de la historia económica y política del país a partir de la segunda mitad del siglo XX.

Finalmente, la investigación o las siguientes líneas nos impulsa a contribuir con la historia económica, orientada al estudio denso y particularizado de las estructuras económicas que se establecieron y desarrollaron en los tiempos de actuación pública de Tinoco.

Por tanto, podemos aseverar que nuestra motivación es la realización de un esbozo del perfil de un personaje reflejado en la segmentación de sus aportes que, según nuestro criterio, avalan el reconocimiento y atribución de trascendencia a su actuación controversial, propia de aquellos hombres que dejan impronta, despiertan pasiones y generan respuestas racionales e irracionales, sujetas a análisis densos, eludiendo las simplistas y vacuas afirmaciones de que *no podía ser de otra forma*" muy propias de la contienda política enconada.

A tal fin, guiados por el planteamiento del historiador francés Fernand Braudel (1902- 1985), en la introducción a la miscelánea de estudios en honor a Lucien Febvre (1878-1956), nos lleva a mencionar que Tinoco –al igual que el homenajeado– enfrentó la crítica de la "falsa reputación de hombre duro, intransigente, y hasta cruel. De aquellos que poseen carácter, se dice siempre que lo tienen malo…"[4].

Lo expuesto por uno de los mayores exponentes de la historiografía francesa es un punto de partida para enfrentar las afirmaciones, que desconocen la valía de Tinoco al desempeñarse como órgano directo del presidente de la República en su condición de ministro, parlamentario y presidente del Banco Central de Venezuela.

3. DOS PRECISIONES: LA NECESARIA VISIÓN DE TINOCO ANTE TERCEROS Y LA HACIENDA PÚBLICA RECIPIENDARIA DE SUS APORTES

Las actuaciones, hechos y circunstancias de un personaje como Tinoco no pasan desapercibidas. Por el contrario, son fuente de vientos que giran hacia a un lado y otros lo hacen hacia otras direcciones. Ambas corrientes, cuando se encuentran, chocan y generan torbellinos.

En este sentido, es necesario ver cada una de esas ventiscas para tener una aproximación del ser, el alcance, contenido y valoración de sus actuaciones con el objeto de contar con herramientas suficientes y adecuadas para enfrentar el trabajo historiográfico, independientemente de cuál sea su tesitura, en torno a los acontecimientos en que se ve involucrado y que haga viable el marco de su definición como aporte.

En el caso que nos ocupa, la presente investigación versa sobre los alcances de los aportes en materia financiera y hacendística de un hombre de destacada actividad pública y privada, que se representan en actos, propuestas, hechos icónicos y transitar que dejaron huellas en esos tópicos, generando corrientes de valoración y reconocimiento que se

---

[4] F., Braudel, *Presèncede Lucien Febvre en AA. VV,* Éventail *del'histoire vivante. Hommage á Lucien Febvre offert par l'amitié d'historiens, linguistes, géographes,* économistes, *sociologues, ethnologues, Armand Colín, París,* 1953, p. 5 citado por Ruggiero Romano, Braudel y nosotros, *Reflexiones sobre la cultura histórica de nuestro tiempo,* Fondo de Cultura Económica, México, 1997. p.288.

traducen en logros positivos y tangibles cuyas implicaciones factuales perduran hasta la fecha, constitutivos de aportes que evidencian resultados adecuados en las formas de conducción y concepción del Estado.

Ciertamente, posiciones opuestas a las de quienes desde hace varios lustros rigen al país, desconociendo su actuación, que puede reconocerse como positiva y demostrativa de un afán de demeritar su desempeño. En este último grupo se encuentran los herederos y factores movidos en la prédica de la crónica militante ideologizada, con menos preparación y mayor irracionalidad, por cuanto sus criterios son meras repeticiones sin razonamiento alguno, mientras que otros tienen una apreciación similar, sin que ello represente una militancia en esa corriente mencionada.

Por ello resulta importante, como punto de partida, tener presente la opinión de personas que de una manera u otra se relacionaron con Tinoco, bien sea por su cercanía profesional o de actuación funcionarial, política y legislativa. Opiniones que hemos obtenido a través de entrevistas y conversaciones con algunas de las personas que interactuaron con Tinoco en distintas facetas y etapas, así como aquellas contenidas en fuentes bibliográficas o documentales secundarias.

Reiteramos que no pretendemos hacer un trabajo historiográfico con proyección y búsqueda de la configuración biográfica de Tinoco, sino indicar cuáles son aquellos actos, debates, documentos, opiniones y propuestas susceptibles de ser considerados como aportes a la divulgación y desarrollo de las ciencias económicas, políticas y sociales que, en su caso, tienen implicaciones en materia financiera[5] y de hacienda pública, áreas de su especialización y ocupación, sobre las cuales esencialmente giró la actuación de este financiero que, sin duda alguna, es en sí mismo un conducto para el análisis y estudio de casi toda la segunda mitad del siglo XX y, si nos extendemos a su filiación sanguínea y profesional, a toda la centuria.

---

[5] De acuerdo con el Diccionario de la Lengua Española de la Real Academia, *financiero o financiera es un adjetivo que deriva del francés* ***financier,*** que alude a la hacienda pública, las cuestiones bancarias y bursátiles o a los grandes negocios mercantiles. También se refiere a una persona versada en la teoría o en la práctica de estas materias. (Real Academia Española, *Diccionario de la Lengua Española, A-G,* vigésima primera edición, Editorial Espasa Calpe S.A., Madrid, 1992, p.970.

Así se impone como prolegómeno a la identificación y análisis de los aportes de Tinoco tener como punto de partida la opinión de las personas que conocieron de cerca su trayectoria o interactuaron con él, lo que permite armar un marco referencial para apreciar las razones que condujeron a la escogencia y categorización de las acciones, propuestas y obras de este controversial venezolano.

Es necesario ver las motivaciones, las condiciones y el marco en que la actuación y las decisiones adoptadas por Tinoco se produjeron, en virtud que el análisis de los períodos históricos en los cuales se desenvolvió están fuertemente condicionados por hechos institucionales y por una realidad propia del ámbito financiero, la hacienda y las finanzas públicas, que justificaron su actuación y, en definitiva, responden a una multiplicidad de decisiones de diferentes órganos y no a simples caprichos o al dominio de una sola persona.

Por más que pueda analizarse la historia desde el punto de vista de un personaje, no es menos cierto que su actuación está fuertemente determinada por un esquema institucional y por los mecanismos de interacción con el Poder Público, la dinámica que se concreta entre ellos en un mercado de ideas y propuestas de políticas públicas en el cual existen oferentes y demandantes.

Con ello pretendemos manifestar que haremos referencia a las opiniones emitidas por actores de diferentes rangos, nivel y cercanía con Tinoco, que nos podrán orientar hacia el marco referencial indicado, continente de actos, decisiones y actuaciones que involucran, encierran o representan un aporte digno de ser identificado y tenido como tal.

No pretendemos hacer un capítulo sobre la seriedad moral en la vida pública o una ética de responsabilidad política, es decir, describir –como lo expresa Tony Judt[6] (1948-2010)– una coherencia entre acción e intención dentro de la idea general de que la política es un arte. No nos enfocaremos en las motivaciones sino en las realizaciones concretas que pueden ser centro de valoración positiva, pues conducen a la configuración de un aporte, es decir, a la determinación de una contribución para mejorar una situación en las finanzas, una ayuda para transformar y hacer evolucionar las ciencias económicas, políticas y sociales, una

---

6 Tony Judt, *El refugio de la memoria,* Pensamiento, Taurus, Madrid, 2011, p. 43.

participación efectiva y positiva para la modernización y reestructuración del Estado en función del desempeño de las finanzas y de la hacienda pública –concepto omnicomprensivo–, un legado doctrinal para la comprensión teórica de una materia.

Cuando hablemos sobre aporte nos referiremos a aquella disposición de tiempo para armar o construir una estructura organizativa de un Estado moderno, que responda con mayor asertividad a los corolarios que dan forma al pensamiento de la persona a quien se le atribuye su realización y verificación, expresados en propuestas que permitan hacer viable la concreción de los objetivos y dan inicio a la complejidad de la actividad financiera, en términos de generación de recursos, su uso y destinación para la satisfacción de las necesidades ciudadanas, así como un ambiente institucional que sirva de escenario a la realización de sus derechos fundamentales en su amplio catálogo, la posibilidad de producción de bienes y servicios y generación de riqueza, de la cual se nutre el Estado para cerrar el círculo de su funcionalidad.

En definitiva, son contribuciones traducidas en ideas, propuestas, acciones específicas, directas o propias, en otros casos, son cooperativas, es decir, su contribución resulta esencial para que otros las realizan, sin que ello le arrebate la esencia de su aporte a las ciencias económicas, políticas y sociales.

Conocer la opinión de terceros acerca de Tinoco y su actuación, en función de sus condiciones intelectivas y de su experticia, ayudan a aproximarse a la formación y emprendimiento que conducen a sus realizaciones. No importa que esos pareceres hayan sido efectuados desde la acera de su cercanía afectiva, de la realización o el producto del sesgo que impone la rutina de la irracional controversia política, que describen interesadamente a ciertos personajes con el perfil de una mítica facultad de omnipresencia para imponer y condicionar en beneficio del reducido grupo del mal, el cual se dice que representa o cuyos intereses patrocina en perjuicio de las mayorías, tal cual los libelistas franceses de los siglos XVII y XVIII con la pueril prescindencia de la institucionalidad del Estado de derecho.

En otro orden de ideas, es necesario tener en cuenta que en esta investigación damos por construida una sinonimia entre los conceptos de actividad financiera pública, hacienda pública, finanzas públicas, ciencia de las finanzas y ciencia fiscal, así como la eventual circunscripción a una determinada especialidad del Derecho que rige los aportes de Tinoco. Por tanto, a los efectos de este estudio debe tenerse presente:

a. Adaptamos el criterio de cobertura de las necesidades públicas absolutas y relativas, lo cual conduce al concepto preliminar de lo que es la actividad financiera y la estructuración de la forma de su inventario, financiamiento y maneras de satisfacción.
b. La expresión legal, autorización y habilitación para la realización de la actividad financiera en su naturaleza esencial e instrumental de cobertura y la previsión de los instrumentos necesarios para el logro de sus objetivos.
c. La definición y establecimiento de los recursos ordinarios de fuente patrimonial y tributaria, entre otros, destinados para el cumplimiento de tales objetivos.
d. La evaluación del sistema tributario para la definición de la política tributaria que propugna por la adecuación de la estructura impositiva, existente en función de la asignación de recursos, la distribución, la estabilidad presupuestaria y la equidad, es decir, favorecer el desempeño del Estado como proveedor de bienes y servicios que satisfagan las necesidades públicas, la atracción de las inversiones extranjeras y nacionales, así como también la creación de aquellos tributos, el apuntalamiento a la política económica y monetaria.
e. El análisis y determinación de las mejores fuentes de financiamiento a través de las distintas formas y mecanismos destinados a contraer deuda pública, crédito público y liquidación de activos del Estado, incluyendo la contratación y renegociación de empréstitos, la emisión de títulos de deuda pública y de intervención en el mercado.
f. La definición de las bases de la gestión del tributo, que abarca tanto las funciones operativas básicas (recaudación, fiscalización, inspección y verificación), así como aquellas funciones operativas instrumentales (registro, divulgación y formación de doctrina administrativa). En este punto se pone en evidencia el objeto de la política pública de administración tributaria, cuyos objetivos son la reducción de los márgenes de evasión

fiscal, el incentivo voluntario del cumplimiento de la obligación tributaria, la eficacia recaudatoria tendente a lograr un mayor financiamiento del gasto público y evitar la opacidad en el manejo de los incentivos fiscales o gasto tributario, amén de coadyuvar con la realización de las políticas económicas (recuperación, crecimiento y estabilidad de la economía).

g. La estructuración del gasto público dentro de los principios ordenadores que impone el Estado de Derecho relativo a su legalidad, coordinación, planificación, eficiencia y eficacia.
h. Lo relacionado con la materia cambiaria y con la definición de las condiciones atinentes a la coordinación macroeconómica.
i. Las propuestas atinentes a la organización y reestructuración del Estado con el fin de hacerlo mucho más eficiente, acorde con las exigencias de lo que se entiende por modernización a la época de su determinación, la eficiencia en términos de uso de recursos y eficacia en logros y objetivos trazados.
j. Finalmente, incluiremos aquellos aportes en materia financiera que se proyecten a tópicos bancarios, sus regulaciones y operaciones, así como aquellos, vinculados al mercado de capitales, como medios alternativos de financiamiento e inversión y los seguros.

Tinoco, un personaje dual: admiración y reconocimiento o aversión

«Me parece que en la vida de todos hay un momento en el que se necesita un cambio radical. Llegado ese momento, hay que agarrarse a él sin dudarlo, como si fuera la cola de un animal. Agarrarla fuerte, no soltarse nunca. Pero en este mundo hay personas capaces de hacerlo y otras que no».

Haruki Murakami. *La muerte del comendador*.

«Hoy tengo la certeza de que Tinoco, sin declinar en suposiciones políticas y económicas, al final había flexibilizado considerablemente ciertas versiones de la sociedad y del hombre. Esto lo llevó a privilegiar el sentido de la amistad, lo mismo que la inclinación al diálogo».

José Vicente Rangel Vale.

El expresidente norteamericano Richard Nixon (1913-1994) en su libro titulado Líderes, en el cual "recoge los perfiles y recuerdos de los hombres que han forjado el mundo moderno" y que mantuvieron interrelación con el político republicano californiano, observa:

> Los pasos de los grandes líderes son como truenos que hacen retumbar la historia. A lo largo de los siglos –desde los antiguos griegos hasta hoy, pasando por Shakespeare–, pocos temas han resultado tan fascinantes para los dramaturgos e historiadores como la personalidad de los grandes líderes. ¿Qué los hace destacar? ¿Qué explica esa electricidad peculiar, indefinible, que corre de los conductores de pueblos a los pueblos guiados por ellos? Si el papel de estos líderes resulta tan interesante, no es sólo por su dramatismo, sino también por su importancia y su influencia en los acontecimientos[7].

Esas reflexiones de Nixon no solamente pueden expresarse en función de aquellos que hayan tenido el liderazgo supremo para conducir a sus pueblos en procesos políticos constitucionales regulares o en aquellos excepcionales, que fomentaron la irrupción contra ciertos y determinados sistemas considerados inadecuados, lesivos y antihistóricos, asumiendo ¿la misión o la dirección? para la transformación y recuperación, por ejemplo, del sistema de libertades públicas, convirtiéndolo en un liderazgo histórico.

Esa forma descriptiva, sublime de liderazgo, puede servir también como vestimenta representativa de la actuación de grandes hombres, los cuales acompañaron a aquellos que originalmente estaban *destinados* a usar el ropaje elaborado con los patrones de la costura nixoniana.

---

7 Richard Nixon, *Líderes. Perfiles y recuerdos de los hombres que han forjado el mundo moderno*, Documento/118, Editorial Planeta; Barcelona, 1982, p. 9.

En el proceso de análisis e investigación historiográfica no solo debe tenerse claro el objetivo esencial del historiador de reconstruir los hechos con los cánones, la metodología y los principios epistemológicos que definen la historia como ciencia social. El propósito no es únicamente conocer los acontecimientos a través de un personaje, también es preciso obtener –mediante el estudio de la personalidad histórica– enseñanzas, experiencias y formas de concepción del Estado, que permitan tener presente el parámetro de la excelencia y la propensión al logro de metas y objetivos.

Es importante resaltar que nuestra intención previa de un acercamiento de Tinoco lo hacemos a través de sus amigos, colaboradores y adversarios en el terreno de la política con el fin de aproximarnos al conocimiento del estímulo creador, del impulso, condiciones y coyunturas, que favorecieron la verificación de los actos y hechos, que se le atribuyen en esta investigación el carácter de aportes como representaciones conceptuales y acontecimientos de valoración positiva que constituyen su objeto.

La vida tiene mucho estudio y así lo señala Ramón Guillermo Aveledo en el buril que emplea en la elaboración del prólogo de la nueva serie de "Moldes para la Fragua" del ex presidente Rafael Caldera Rodríguez (1916-2009), quien en vida también fuera miembro de la Academia de Ciencias Políticas y Sociales, indicando que:

> Conocimiento y reflexión son indispensables para comprenderla en su esencia en su trascendencia. Pero también de taller, para realizar la condición humana en el obrar. En nuestros años colegiales, el sentido de las lecciones en el aula y en el campo deportivo se resumía la letra del himno que cantábamos con emoción, "porque la vida es mar, donde el deber faro ha de alumbrar". El rumbo está señalado, pero constantemente hemos de tomar decisiones. En muchas opciones clara, en otras no. En el razonamiento mariteniano, debemos realizar y completar lo que nuestra naturaleza es un bosquejo. El ser humano, "con su propio esfuerzo de alcanzar, en el orden moral, su libertad y su personalidad. Somos obras inconclusas, a la que corresponde a asumir su propia terminación"[8].

[8] Ramón Guillermo Aveledo, «Prólogo» en Rafael Caldera, Molde para la fragua –Nueva serie, Biblioteca Rafael Caldera; Cyngular; Caracas, 2016, p.9.

En este caso no se trata de una biografía ni de un manual de ética de la responsabilidad pública, sino la importancia de resaltar los alcances, metas y objetivos conquistados por un personaje tan controversial como admirado como lo fue Tinoco, pero que, sin duda alguna, comportó en su personalidad elementos importantes que contribuyen a la elaboración de la narrativa histórica de la mitad del siglo XX.

Tinoco fue abogado y banquero, pero su pasión y propensión fue la actividad política con énfasis en los referidos roles en la materia económica, financiera y de hacienda pública, con características particulares a su forma de ser como fueron el tesón, la preparación y el interés continuo por los avances, que impone el mundo en su dinámica global.

Veamos algunos comentarios, descripciones y definiciones de técnicos y políticos acerca de Tinoco, sus condiciones y cualidades que, sin lugar a dudas, son premisas justificadoras de sus aportes, objeto de análisis de este trabajo[9].

I. TINOCO Y SUS CONTEMPORÁNEOS: TESTIMONIOS DE SU DUALIDAD

a) *Alfredo Tarre Murzi (Sanín): Tinoco ha jugado un papel importante en nuestra democracia. Banquero de éxitos, asesor de importantes grupos financieros nacionales y foráneos. Es quizás el más destacado hombre de negocios –con nexos políticos– en las últimas décadas.*

El conocido y polémico analista, Alfredo Tarre Murzi (1919-2002), conocido por su seudónimo de Sanín, político de fuste, de una mordacidad reconocida y temida, crítico acérrimo de Acción Democrática y, particularmente, del expresidente Carlos Andrés Pérez y sus dos gobiernos, en su obra «Los adecos en el poder» de 1983, al referirse al equipo de gobierno de Caldera, expresó que "…contó siempre con la colaboración de sus ministros, copeyanos e independientes; y la reunión

[9] El orden en que aparecen los testimoniales es apriorístico, en algunos casos guiados por criterios cronológicos de la inserción del testigo de excepción en una determinada época, en otras, la importancia que le atribuimos o la cercanía con el doctor Tinoco.

semanal de su gabinete fue prueba constante de trabajo en equipo y de solidaridad plena"[10], Consejo de Ministros del cual él formó parte como Ministro del Trabajo, afirmando después:

> Conocí a Pedro Tinoco desde antes de ser nombrado por Caldera su ministro de Hacienda. Fue en el gabinete un representante de la clase empresarial y un político que sabía conciliar la sólida formación profesional con la habilidad para moverse en la escena nacional. Jamás lo vi preocupado por la presencia de problemas fiscales o económicos; ni lo observé inseguro y dudoso, porque Tinoco es un verdadero cerebro electrónico a la hora de aportar la información certera, la solución adecuada, el camino útil, sin rendirse ante apremios convencionales o retóricos.
> El gabinete, con el presidente a la cabeza, oía con interés y pasión las exposiciones del ministro Tinoco; y siempre había confianza y optimismo en las recetas y fórmulas que proponían sagaz titular de Hacienda[11].

Posteriormente, el mismo autor se expresa acerca de Tinoco de la siguiente manera, permitiéndonos efectuar una cita larga como necesaria:

> El doctor Pedro R. Tinoco hijo, presidente del Banco Central de Venezuela, ha sido juzgado como el cerebro jurídico y económico del régimen presidido por Carlos Andrés Pérez. Hombre lúcido, tranquilo y sin nervios, con fama de teórico-pragmático, ha jugado un papel importante en los treinta y un años de nuestra democracia. Banquero de éxitos, asesor de importantes grupos financieros nacionales y foráneos, Tinoco es quizás el más destacado hombre de negocios –nexos políticos– en las últimas décadas. Fue ministro de Hacienda del gobierno Rafael Caldera y entonces realizó una labor encomiable. Tentado por la política siempre, lanzó su candidatura presidencial años atrás y no pudo aglutinar un movimiento independiente. Se dedicó a los negocios y pronto se convirtió en un banquero prominente. Carlos Andrés Pérez lo llamó a su lado durante la campaña electoral de 1988 y luego lo hizo su principal asesor económico, recibiendo la responsabilidad de dirigir el Banco Cen-

---

10 Sanín, *Los adecos en el poder*, Colección Criterios, Publicaciones SELEVEN C.A., Caracas, 1983, p.305.

11 Ibíd., p. 306.

tral y a cargo de coordinar las tareas de los ministros de la economía (Miguel Rodríguez, Moisés Naím, Fanny Bello, Penzini Fleury, etc.). A Tinoco se le considera el supremo orientador de la conducta económica, fiscal y financiera del régimen de CAP, y quizás por eso recibió ataques de la oposición y del propio partido del gobierno, por su responsabilidad en el lanzamiento del discutido y complejo "paquetes de medidas" de la actual administración. Tinoco ha defendido las medidas con su habitual serenidad y brillantez[12].

b) ***Carlos Andrés Pérez: Tinoco era el banquero más reputado del país y con las mejores relaciones internacionales.***

Las amistades a veces pesan y cargar sobre las espaldas el peso de los amigos no solo puede resultar incómodo, sino que exponen al cargador a muy variados e intensos riesgos. Todo depende de las lealtades, la solidaridad y agradecimiento que se tenga con respecto al amigo.

En la política –"gran devoradora de hombres", como la llegó a definir José Antonio Cova (1898-1964) en su discurso de incorporación a la Academia Nacional de la Lengua el 11 de febrero de 1952, titulado "Guzmán Blanco hombre de letras"[13] y al referirse a Juan José Abreu (1875-1950)– se dice "que no hay amigos sino aliados y circunstanciales", frase que despoja del valor de la lealtad a tan sublime actividad.

Muy pocos asumen la responsabilidad de sus amigos y colaboradores, aun sabiéndolos responsables de señalamientos de conducta inapropiada o de comisión de yerros en su actuación, lo cual no significa lenidad o complicidad. El expresidente de la República Luis Herrera Campins (1925-2007) era uno de ellos, –"con mis amigos, con la razón y sin ella"–. Otro de esta estirpe fue el expresidente Carlos Andrés Pérez (1922-2010), quien siempre asumió su amistad con Tinoco: lo escuchaba con detenimiento, le daba el trato deferente de su experiencia y conocimiento en materia de finanzas.

---

12 Sanín, *Los muertos de la deuda o el final de la Venezuela Saudita*, Segunda Edición, Ediciones Centauro, Caracas, 1989. p.303.

13 José Antonio Cova, «Guzmán Blanco hombre de letras, Discurso de incorporación a la Academia Nacional de la Lengua» en Horacio Jorge Becco (Editor) *Discursos académicos 1949-1961*, Tomo IV, Academia Venezolana Correspondiente a la Real Española, Caracas, 1983, p.89.

En sus "Memorias Proscritas", en la cual da cuenta que era un político de fuste, curtido en la diatriba y con el agudo olfato para anticipar situaciones, señala –al igual que lo narrado por Cova con respecto a Abreu– que "la política, gran devoradora de hombres, amargó sus últimos días, su existencia (...) en una época, en que las pasiones, el sectarismo y la demagogia de nuestros hombres de Gobierno..." convirtieron la inquina en la tesitura de voz dominante de una ópera dramática en la cual él era la figura central. Pérez expresaba que "la caída del Banco Latino [le] preocupaba muchísimo", pues "sabía que cerrarlo sería el comienzo de un desastre al que, además, le darían un sentido político: Banco Latino-Pedro Tinoco-Banco Central- presidente Pérez"[14].

Más adelante, el expresidente agrega:

> No tiene sentido ni vale la pena referirse a mi amistad con Pedro Tinoco y a la situación irregular del [Banco] Latino. Cuando se señala a Pedro Tinoco de ser uno de los responsables de la crisis bancaria, en el fondo lo que se busca es responsabilizar al presidente Pérez por haber nombrado a Tinoco presidente del BCV. Yo medité mucho su nombramiento. Sigo convencido de qué era lo inteligente y lo aconsejable. Era el banquero más reputado del país, con las mejores relaciones internacionales y con el mayor liderato entre el sector empresarial, sobre todo, del empresarial bancario en Venezuela. Nosotros debíamos afrontar un proceso inmediato de refinanciamiento de la deuda externa y el gobierno tenía que tener una comisión bancaria de gran respetabilidad y gran consenso en el mundo financiero internacional. No hay duda de que la Administración Pública contaba con técnicos muy reputados y muy competentes, pero sin significación y prestigio internacional, como eran mis ministros de la economía. La Comisión obtuvo resultados excelentes, extraordinarios, y en gran parte se debe a la maestría del doctor Tinoco, quien la presidió, de la competencia de quienes la integraron: el ministro Miguel Rodríguez, Carlos Hernández Delfino, etc.[15].

---

[14] Ramón Hernández y Roberto Giusti, *Carlos Andrés Pérez: Memorias proscritas*, Fuera de Serie, Libros El Nacional, Caracas, 2006, p. 401.

[15] Ibíd., p. 404.

En conversación sostenida con Carlos Blanco nos refería que, cuando se iba a designar al doctor Tinoco como presidente del BCV, él convocó una reunión para aliviar las tensiones y analizar tal nombramiento, que había generado posiciones encontradas dentro del gobierno, pues se alegaba que cómo se iba a designar al presidente de un banco como presidente del Banco Central de Venezuela. Una vez oídas las opiniones de los ministros y otros altos funcionarios del gobierno, el presidente Pérez manifestó que "Tinoco es la persona más idónea para ejercer el cargo y que no solamente era un hombre de su absoluta confianza, con preparación y trayectoria sino un hombre honesto"[16].

c) ***Gumersindo Rodríguez: Pedro Tinoco, un capitalista de mentalidad corporativa que defiende los intereses del sector capitalista, pero que reconoce que el capitalismo y el Estado son una realidad irreversible.***

Gumersindo Rodríguez (1933-2015) graduado en Ciencias Económicas en la Universidad de Manchester y postgraduado en The London School of Economics, exgobernador ante el Banco Mundial, exdirigente de Acción Democrática (AD) y fundador del Movimiento de Izquierda Revolucionaria (MIR), exministro de Cordiplan en el primer gobierno del presidente Pérez, al referirse a la debilidad política que, en su criterio, enmarcó al Gobierno del presidente Rafael Caldera por no contar con mayoría parlamentaria ni representar, de acuerdo con su percepción, cambio alguno en la definición del Estado y en la conformación de sus finanzas, resalta el papel conciliador de Pedro Tinoco en momentos en que se iniciaba en Venezuela una confrontación entre AD y Copei, propia de la dinámica de los sistemas democráticos.

En este sentido expresa:

> Caldera llega al poder con una victoria cuestionable. Caldera asume el poder con una debilidad institucional notoria. Sin embargo, no organiza un gobierno coaligado. Caldera va a gobernar fundamentalmente con el partido social cristiano. Esa debilidad, esa falta de apoyo en la sociedad, esa victoria precaria, tenía que influir en el

16 Conversación sostenida con Carlos Blanco el 28 de agosto de 2021.

> proceso de toma de decisiones importantes para la conducción del país. Me correspondió ser parlamentario miembro de la Comisión de Finanzas de la Cámara de Diputados del Congreso de la República, dónde se procesaron los más importantes aspectos fiscales del Estado: la asignación de recursos fiscales, reformas como la reforma fiscal petrolera en los años 70, etc. Fue ministro de Hacienda Pedro Tinoco, en la primera etapa. En ese periodo, se arremetió contra la administración del presidente Leoni, y concretamente, contra la administración de su ministro de Obras Públicas. Realmente fue un ataque frontal, una ruptura profunda con AD.
> Es decir, Copei quería declarar la guerra a AD, que en esa oportunidad el Dr. Pedro Tinoco trató de moderar, consciente como estaba de la necesidad de ensamblar las fuerzas parlamentarias del gobierno y de la oposición para darle viabilidad fiscal y financiera al nuevo Gobierno[17].

Al analizar la situación de las relaciones políticas interinstitucionales del presidente Caldera, el político margariteño expone que Tinoco es:

> uno de los hombres más calificados del sector empresarial privado en Venezuela. (…) No era la persona que podía producir un cambio de estructura social del país, que permitiera una redistribución de la riqueza en favor de las mayorías. Su concepto de desarrollo es diferente al que sostiene un partido que se dice popular. El esquema del Dr. Tinoco, expresado en su prédica, de un proyecto desarrollista. Se trata de intervenir en el sector capitalista, incluso receptor capitalista del Estado, y estimular la inversión de los grupos económicos, para aumentar de esa manera el producto y el empleo. Una parte del mayor producto obtenido se filtrará espontáneamente hacia abajo, a través de las leyes del mercado, para beneficio de todas las clases de la población[18].

La contundencia de la opinión emitida, "con todo el respeto y la amistad personal que [le] une a él [Pedro Tinoco]", la complementa Rodríguez de la siguiente manera:

---

17 Agustín Blanco Muñoz, *Acción Democrática. Memorias de una contradicción. Habla Gumersindo Rodríguez,* Cátedra Pío Tamayo, Faces, Imprenta universitaria, Universidad Central de Venezuela, Caracas, 1989, p.323.

18 Ídem.

Ese es el concepto desarrollista que representa el doctor Tinoco y en mi opinión él es el ideólogo más capacitado del capitalismo venezolano, porque entendió que no existe aquí un capitalismo clásico, tradicional, autónomo de libre empresa, sino un capitalismo corporativo en permanente simbiosis con el capitalismo de Estado. Definiría a Pedro Tinoco como un capitalista de mentalidad corporativa, que defiende los intereses del sector capitalista, pero que reconoce que el capitalismo y el Estado son una realidad irreversible, y que es necesario articular ambos para que en ese proceso, la transferencia de los recursos públicos del sector privado asegure un manejo eficiente de los mismos, que expanda el mercado y genere indirectamente beneficios para las grandes mayorías a través del juego de las leyes de la oferta y de la demanda[19].

d) ***Octavio Lepage: Tinoco, gran mentor de los grupos económicos.***

Uno de los fundadores de Acción Democrática, parlamentario e incluso presidente interino de la República por subrogación presidencial, Octavio Lepage (1923-2017), describió a Tinoco como "…el mentor lúcido y audaz de los grupos económicos tradicionales y de los nuevos. CAP [Carlos Andrés Pérez] casi siempre tenía en cuenta sus opiniones sobre política económica y la marcha de los negocios"[20].

e) ***José Vicente Rodríguez Aznar: su gran satisfacción, más que el poder político o económico, era sentirse importante y útil. Es uno de los venezolanos ilustres del presente siglo y la historia lo ratificará.***

En el texto "Testimonio sobre el doctor Pedro Tinoco, hijo"[21], José Vicente Rodríguez Aznar (1930-2017) –exministro de Hacienda, economista, presidente fundador de la Asociación Interamericana de Presupuesto Público, años después transformada en Asociación Internacional de Presupuesto Público (ASIP), exdirector de Presupuesto y

---

19 Ibid., p. 329.

20 Javier Conde, *La conjura final. Octavio Lepage: 60 años de lucha política*, Colección Hogueras, Editorial Alfa, Caracas, 2012, p. 101.

21 José Vicente Rodríguez Aznar, Testimonio sobre el Dr. Pedro R. Tinoco, hijo, (inédito), copia gentilmente suministrada por José Vicente Rodríguez hijo.

exdirector General de Finanzas Públicas en el extinto ministerio de Hacienda (1961-1973)– efectuó una semblanza de Tinoco en la que, entre otras cosas, expresaba:

> Nunca utilizó su autoridad de manera imperativa. Sus instrucciones parecían sugerencias. Tenía una excepcional organización y disciplina mental. Su capacidad de conocimientos le permitía captar de inmediato los asuntos más disímiles y áridos que le planteamos, atinentes a la gestión del despacho de hacienda o el Banco Central. No necesitaba que se le diera largas explicaciones para comprender y percatarse de las situaciones; por el contrario, más bien se anticipaba a su interlocutor en los planteamientos que éste le iba a informar. El Dr. Tinoco era un fanático del orden, de la disciplina y del horario. Cumplía estrictamente su agenda. Nunca llegaba atrasado a una reunión ni hacía esperar a sus visitantes, quienes quieran que fueran o el rango que tuvieran. El Dr. Tinoco cautiva con su personalidad. Contrario a su apariencia externa de rostro adusto, severo inmutable, era de trato afable, cordial, respetuoso y amable. Pero convencido de la persuasión y de la conciliación con el modo de relacionarse con sus semejantes.
>
> El doctor Tinoco no reconocía enemigos. En sus actuaciones como funcionario público tuvo críticos muy severos de su gestión gubernamental. Algunos de buena fe, eran adversarios políticos opositores ideológicos, cuyas críticas –naturales en un régimen democrático– las planteaban con altura y civismo. Otros, motivados por envidia personales, rivalidad de poder o simple deseo de figuración, se prestaban en forma cariñosa, ofensiva, insultante y grosera. A todos les trataba con tolerancia y comprensión. Jamás respondió ataques personales ni hizo uso del poder para acallarnos. Cuando por razones institucionales o legales se vio obligado a dar respuesta pública a los ataques, lo hizo con mesura, con sus argumentos y con respeto al adversario. Su conducta era para ganar amigos y no crear o estimular enemistades. La fe que logró, inclusive captando los incentivos adversarios. En algunos casos, no los pudo convertir en amigos, al menos se ganó su respeto.

La carrera funcionarial de Rodríguez Aznar estuvo, en parte, muy vinculada a Tinoco, siendo su cercano colaborador tanto en el ministerio de Hacienda como en el Banco Central de Venezuela.

En relación con las condiciones personales y conductuales se expresa acerca de Tinoco, persona apreciada, valorada y con reconocimiento por el grupo de trabajo que lo rodeaba o porque de una u otra manera reconocía sus atributos, como experto en materia de finanzas y monetario, destacando, en cierta forma, lo expuesto por Nelson Ortiz (1956) en cuanto a la tridimensionalidad de sus atributos y propensiones:

> El cúmulo de conocimientos y experiencias, así como su bonhomía y comprensibilidad, convirtió al doctor de nuevo en consejero permanente. Sus oficinas siempre estuvieron abiertas a quienes acudieron a él en busca de consejo, orientación y ayuda, a título personal. Frecuentemente recibía políticos de las más diferentes tendencias y jerarquías, empresarios, banqueros o solicitantes de créditos, líderes sindicales, funcionarios públicos, gente importante y gente modesta. A todos atendía. Su gran satisfacción, más que el poder político y económico era sentirse siempre importante y útil.

En el final de su testimonio, Rodríguez Aznar manifiesta:

> Cuando el día de su funeral, un periodista me solicitó una referencia sobre el Dr. Pedro R. Tinoco, hijo, todavía de cuerpo presente, atiné apenas a decir: Es uno de los venezolanos ilustres del presente siglo. Muchos ya lo reconocemos así y la historia lo ratificará. Amó a su patria, a su familia y a sus amigos como el que más. Su sentido de responsabilidad rayaba en la exageración; lo demostró recientemente cuando salió del hospital, enfermo, para cumplir una citación del Congreso de la República y regresó para morir a los pocos días. Dios lo tiene en su Gloria. Sus amigos lo tendremos siempre en nuestros corazones.

f) ***Miguel Rodríguez Fandeo: Tinoco, talento excepcional y una cultura ilimitada. Un apasionado por la política; aguda inteligencia con proyección internacional***[22].

Este economista (1953), de la Universidad Central de Venezuela, ha sido identificado como uno de los albaceas de la segunda gestión del expresidente Carlos Andrés Pérez y su memoria, hombre afable pero polémico, con una trayectoria académica en las Universidades de

[22] Conversación sostenida con Miguel Rodríguez el 31 de mayo de 2021.

Harvard y Yale, profesor del Instituto de Estudios Superiores de Administración (IESA), siendo el más conspicuo miembro del grupo de tecnócratas que acompañaron a Pérez en su gestión, denominado por la prensa y sectores de oposición como los *Iesa boys*.

Junto a Pedro Tinoco, se les atribuye la paternidad del programa de reformas económicas y ajuste conocido como *El Gran Viraje*. El exministro de Cordiplan y expresidente del Banco Central de Venezuela describe cómo fue el inicio de su relación con Tinoco:

> A Tinoco lo conocí, como muchos de mi generación, desde la distancia pues estamos bastante jóvenes cuando estaba en el Ministerio de Hacienda y luego candidato presidencial. El hombre de las finanzas, el gran empresario, el que polemizaba con José Vicente Rangel en televisión. Ese debate nos permitió ver la contraposición de dos concepciones de Estado y de la economía, quizás más alejada de lo que la gente piensa, en relación al conocimiento y propuestas de Tinoco, que era ajena a lo que se venía manejando en aquel entonces, mucho más cuando se estaba estudiando en la Universidad Central de Venezuela donde el pensamiento político era radicalmente en contra a su discurso.
>
> Sin embargo, la agudeza e inteligencia con que Tinoco expresaba sus ideas en ese debate nos sembró la duda por cuanto todo lo que le expresaba tenía una lógica y una fundamentación, que llamaba poderosamente la atención por la forma inteligente de su expresión, la coherencia de la argumentación.
>
> Lo cual con el transcurrir del tiempo pude corroborar al tener la oportunidad de trabajar estrechamente con él y tener la posibilidad de conocer su extraordinaria formación, no solamente jurídica sino el entendimiento de la finanzas internacionales, lo cual llegó en forma sorprendente a las mesas de negociaciones en el proceso de reestructuración de la deuda, en los cuales hablaba de tú a tú con los presidentes de los bancos acreedores con los abogados de las grandes firmas, encargados de la redacción de todos los documentos que recogían las condiciones y términos de tales operaciones. Su opinión respetada, sus observaciones siempre bien recibidas y difíciles de rebatir pues conocía perfectamente el Derecho y las regulaciones aplicables.

En relación con su apreciación sobre Tinoco, el exministro de Cordiplan y miembro del equipo negociador de la deuda expresa:

Un talento excepcional y una cultura ilimitada. Era un tipo apasionado por la política, y todo el trayecto, que inicia con la Carta Económica de Mérida, tuvo una proyección internacional. Tenía una red basta de relaciones internacionales. Venezuela le quedaba chiquita no lo digo con desdén sino significando, que era un hombre de una dimensión planetaria. Su pasión, nada oculta, por la actividad política, lo llevó a estar siempre cerca de dirigentes políticos, como ex el presidente Carlos Andrés Pérez, su primo Eduardo Fernández y Oswaldo Álvarez Paz, ambos ex candidatos presidenciales socialcristianos, lo cual lo llevó a contagiarse con el sarampión de la política.
Era un hombre muy balanceado, nunca fue un extremista, siendo liberal en su concepción económica, no era intolerante e intransigente en la defensa de la economía de mercado. Él hacía su trabajo "por debajo de la mesa", en aquellos casos en que la competencia de los aspectos tratados en una reunión, correspondía a un determinado ministro. Era un hombre que tenía una gran influencia entre los partidos políticos, y estaba consciente de sus limitaciones, sobre todo a sabiendas, que no era del agrado por parte un grupo del sector privado, especialmente, por un representante de los medios de comunicación, dado la cercanía de Tinoco con otro magnate del sector y por su relación con los grupos económicos emergentes.
Era un hombre respetado en el mundo financiero internacional, no solo por su experticia profesional y destreza en el manejo de las finanzas, sus términos y formas de negocios sino porque les hablaba a los banqueros en su mismo idioma en virtud de ser un políglota y conocer sus maneras de actuar.

g) ***Carlos Hernández Delfino: lo que no podemos de ninguna manera pasar por alto era la claridad conceptual de Pedro Tinoco, y esa claridad aparentemente no tenía demasiadas fronteras***[23].

Carlos Hernández Delfino (1945) es estadístico egresado de la Universidad Central de Venezuela (UCV), especializado en Econometría y Economía matemática en la London School of Economics, tuvo

[23] Conversación sostenida con Carlos Hernández Delfino el 17 de diciembre de 2020.

un desempeño importante y reconocido en el Banco Central de Venezuela, institución "...a la que dedique los mejores años de mi vida y yo diría que mis mejores esfuerzos, independientemente como pueden ser valorados"[24]. Tuvo una destacada actuación como Embajador Plenipotenciario a cargo de la negociación de la deuda pública externa de Venezuela (diciembre de 1990 y abril de 1992) y ministro-presidente del Fondo de Inversiones de Venezuela (1992).

Este experto en finanzas, específicamente conocedor de la deuda pública venezolana e historiador, expone una frase extraordinaria que dibuja muy bien la forma de proceder y que, por sí sola, evidencia el carácter conciliador de Tinoco, en lo que se refiere a la esencia y la búsqueda del consenso como su herramienta: "En una negociación el otro existe".

En una forma de respeto casi sacramental y con la admiración de un agradecido pupilo, Hernández Delfino lo describe del siguiente modo:

> Lo que no podemos de ninguna manera pasar por alto era la claridad conceptual del Dr. Pedro Tinoco, y esa claridad no tenía fronteras, es decir, que podía penetrar en materias ajenas a su formación de abogado; los aspectos financieros y técnicos no escapaban a su entendimiento, desde la valoración en términos de flujos descontados de los bonos de la deuda pública, hasta la conversión de deuda en capital. Era un hombre movido por una rigurosa disciplina.

La inteligencia de Tinoco vuelve a relucir cuando uno de sus más cercanos colaboradores manifiesta:

> Cuando estábamos discutiendo el tema de la conversión de deuda en capital, creamos una fórmula, que no recuerdo porque eso fue hace ya más 30 años, para asegurar que el retorno para el país en términos de inversión y el producto de esa inversión, justificarían, desde el punto de vista económico y financiero, la conversión de deuda en capital. Es decir, que si se pretende invertir en un proyecto o en una empresa, bajo el marco de esa política, el inversionista

---

24 Bernardo Fischer, Elizabeth Fuentes, Amado Fuguet, Roberto Giusti, José Pulido, Cesar Miguel Rondón y Ewald Sharfenberg, BCV. 60 años 28 testimonios, Banco Central de Venezuela, Caracas, 2021, p. 47.

> compra la deuda pública al precio del mercado y la vende a la República con un descuento prestablecido, la República le entrega los bolívares para que se concrete la inversión y se cancela la deuda. Es una manera de reducir deuda y al mismo tiempo favorecer la inversión, pero allí debe cuidarse la inflación y atenderse la cuestión de si la inversión que se está propiciando con esa conversión se podría o no lograr de todas maneras sin la conversión. Estábamos discutiendo eso en mi oficina, lo observo anotando algo en una libreta y le pregunto: Dr. Tinoco, ¿finalmente qué piensa usted de esta propuesta? refiriéndome a la formulación del esquema de conversión y él responde "Carlos, es que hay un aspecto que yo no logro entender, porque fíjese en la fórmula", el Dr. Tinoco estaba escribiendo la fórmula en términos, muy simples de entender, que nadie había visto así antes, eso salió de su pensamiento. Él convirtió en conceptos inteligibles una fórmula. Le expliqué que existen otros elementos del análisis que no estaban en la formulación y entonces, con claro entendimiento, manifestó su acuerdo con la propuesta.

Resulta interesante observar cómo los economistas admiran y valoran que un abogado pueda acceder rápidamente a la abstracción del pensamiento económico, respetando la influencia de ese profesional y reconociéndolos como interlocutores válidos, así lo fueron Carmelo Lauria (1936-2010), Oswaldo Padrón Amaré y Pedro Tinoco.

De esa manera, Hernández Delfino realza el rol de Tinoco, Lauría y Padrón Amaré, como profesionales y también en el plano personal, manifestando:

> Al momento de analizar la participación de personajes de esa talla en la actividad pública, uno tiene que mirar el asunto desde varios planos, porque si Pedro Tinoco, en vez de haber sido abogado y dedicado a la banca, hubiese escogido otra profesión, hubiese tenido un rol relevante de todas maneras, ese es el punto importante. Y lo mismo Carmelo Lauria, quien era poseedor de una mente privilegiada, nosotros fuimos muy amigos, aunque en los comienzos hubo algunas diferencias por razones de trabajo; era un hombre de una inteligencia superior y además de eso muy culto y mentalmente muy rápido. De Oswaldo Padrón Amaré recuerdo su lucidez y bonhomía; poseía una vasta cultura, jurídica y literaria, siempre estaba muy bien informado. En muchas ocasiones expresó sentimientos de

pertenencia al Banco Central de Venezuela y una genuina vocación institucional. Fue un amigo cercano de muy grata recordación.

h) ***Moisés Naím: Tinoco, un hombre fabulosamente competente.***

Hoy en día es sin discusión alguna el venezolano más universal, Moisés Naím (1952) –egresado del Instituto Tecnológico de Massachusetts (MIT)– es un laureado columnista, miembro del Carnegie Endowment for International Peace, centro de pensamiento con sede en Washington, exdirector de la influyente revista Foreing Policy y actualmente conductor del conocido programa Efecto Naím, fue una de las piezas claves en los inicios del segundo mandato del presidente Pérez.

En el libro "La rebelión de los náufragos" de Mirtha Rivero[25], que es una crónica de la segunda gestión presidencial de Carlos Andrés Pérez, se le inquiere a Naím, mientras estuvo en el gabinete, ¿quién era el coordinador del programa económico? A lo cual respondió:

> Ésa es la pregunta que sólo quienes no están en el gobierno pueden hacer. Los que estemos gobierno sabe que gobernar algo de tal complejidad, y tiene tantos matices y tantas áreas que sólo pensar que hay alguien con la capacidad, el tiempo o el poder para coordinarlo todo, es una ilusión. Es decir, Pedro Tinoco, de una manera fabulosamente competente, manejaba todo lo que eran los temas de deuda, finanzas, política monetaria. Miguel Rodríguez manejaba brillantemente sobre todo lo que era el diseño de la estrategia económica, las relaciones con los organismos multilaterales, las negociaciones con ellos y muchos programas cruciales. Y el diseño macroeconómico, por supuesto. El área de la reforma comercial, de la política de precios y todo lo relacionado con la economía real, la manejaba yo. Los temas fiscales y los de banco. Para los temas de privatización estaba Eduardo Quintero, al principio, y después Gerver Torres. Y obviamente estaba PDVSA. Entonces, ¿quién era el gran conductor de eso, el presidente Pérez?[26]

---

25 Mirtha Rivero, *La rebelión de los náufragos*, Colección Hogueras, Editorial Alfa, Caracas, 2010, p.120.

26 Anécdota referida por Miguel Rodríguez en nuestra reunión sostenida el 31 de mayo de 2021.

Más recientemente, el 3 de marzo de 2021 en la presentación de la biografía de "Pedro Tinoco: epicentro y cambio", publicada por la Academia de Ciencias Políticas y Sociales, Naím en absoluta correspondencia con lo expresado hace más de una década atrás, pero profundizada su visión sobre el personaje, producto del transcurso de los años y de las reflexiones sobre procesos económicos y políticos, los cambios y retos de la economía global y muy especialmente acerca de la forma como viene transformándose el poder, la manera que debemos analizarlo y la atención que debemos prestar a sus cambios, los retos que impone una dinámica que conduce a su degradación en distintos ámbitos y los riesgos para la humanidad[27], el exministro de Fomento sostiene que mantuvo con el expresidente del BCV, a quien no conocía antes de llegar al gobierno, una:

> relación única que es la relación de quienes están en la misma trinchera recibiendo balazos y cañonazos de todos lados, no éramos solamente él y yo, era por su puesto el gobierno completo de CAP y en particular su gabinete económico, es ahí donde uno conoce a la gente, las crisis revelan la calidad y los defectos de la gente, y así fue como fui conociendo a Tinoco y tuvimos una relación particular[28].

En su intervención elabora un retrato de Tinoco que permite conocer al hombre con su formación, con unas cualidades particulares que determinaron su forma de conducirse y de abrirse paso en el mundo profesional, empresarial y político, tres factores de una ecuación y un mismo personaje: "el banquero, el estadista, el jurista, el político, hay tantas facetas que se podrían mencionar"[29] de Tinoco que llevan a concluir que todo aquello que emprendía, en cualquier ámbito, estaba predestinado a convertirse en un aporte, en algo positivo que generaba

---

27 Moisés Naím, *El fin del poder. Empresas que se hunden, militares derrotados, papas que renuncian y gobiernos impotentes: cómo el poder ya no es lo que era,* Libros El Nacional, Debate, Caracas, 2014.

28 Intervención en la presentación de la biografía: Pedro Tinoco, epicentro y cambio en la Academia de Ciencias Políticas y Sociales en https://cutt.ly/tEj5Lcc consultada en fecha 11 de septiembre de 2021.

29 Ídem.

valor agregado en los escenarios propios a cada faceta de su integral personalidad. Era la marca Tinoco que, como los productos que se transan en el mercado –estaríamos hablando del mercado empresarial, profesional y político–, tenía sus leales consumidores o detractores, pero todos los conocían y nunca pasaban desapercibidos.

Las palabras de Naím fueron descriptivas y asertivas, sin sacrificar concisión y sencillez en virtud de lo cual las transcribimos en gran parte:

> Voy hablar de características humanas y voy a referirme a cuatro paradojas de Tinoco: la primera es que para finales de los ochenta inicios de los noventa era el venezolano más global, en Venezuela era fácil ser empresario local, el Dr. Tinoco, sin embargo, era global, parte de eso se debe a que yo viaje junto con otros miembros del gabinete y con el Dr. Tinoco a varias partes, estábamos en el proceso de vender la idea de que Venezuela estaba cambiando e iba ordenar su economía. Entonces íbamos por el mundo vendiendo el país, en el sentido más eficaz de la palabra, haciendo que la gente se interesara en nuestro país, él me invitó recién comenzando el gobierno y a varios ministros del gabinete económico a Suiza a una cosa que se llamaba el Foro Económico Mundial, yo no tenía idea de que era eso y para mi sorpresa era una reunión importante de los grandes empresarios del mundo y de los más importantes políticos de la época y el doctor Tinoco ahí estaba y era impresionante lo conocido y respetado que era Tinoco, dudo que hubiera habido otro empresario que hubiera tenido ese alcance global en las relaciones. Tenía relaciones profundas que le permitieron negociar la deuda de Venezuela, él puso a disposición del país su importante lista de contactos internacionales. Entonces, cuando se habla de Tinoco se habla de él en un contexto local, pero era uno de los venezolanos más globales que hemos tenido. La segunda paradoja es la idea de que Tinoco era un ideólogo de derecha, que era un liberal profundo y sí era cierto, pero al mismo tiempo se le notaba el pragmatismo, él tenía muy claro que en la década de la Venezuela de los 90 las ideas liberales absolutas no tenían ningún apoyo. Entonces lo vi dispuesto a realizar acuerdos, a aceptar cosas que desde una idea liberal radical y poco flexible hubieran fracasado, él lograba llevar sus ideas a cabo al entender cuál era el papel de las cosas que se podían hacer y las circunstancias que determinaban que iba a salir bien y que no.

Entonces él combinaba esas ideas liberales con el profundo pragmatismo que lo ayudaba a realizar cosas y a convertir posibilidades en realidades. La tercera paradoja es que todo el mundo hablaba de su inteligencia, pero lo que la gente no reconoce era su capacidad de leer y conocer a la gente, de manejarse en aguas turbulentas, era extraordinario en sus capacidades de conversar y convencer y de ahí aprendí que tenía dos súper poderes: el silencio y la serenidad, él no hablaba mucho pero sabía decir las cosas de manera precisa, amable y contundente y de una manera siempre pausada y serena, la serenidad en los momentos de mayor crisis es un súper poder que contribuía a que las cosas se movieran al lugar que él quería. Y finalmente la última paradoja es la idea de que Tinoco era esencialmente banquero y abogado, pero la esencia de él era ser político, era un operador político eficaz, era un político que era un notable banquero, abogado, etc., y los hechos lo demostraron, cuando había que escoger entre hacer política y lo privado, él siempre escogió al país. Para finalizar, yo quería preguntar cuál es la mejor palabra que describe a Tinoco hijo, una de las característica es poner el interés de su país por encima de los intereses personales y estoy muy consciente de que lo que digo es controversial, pero yo debo decir que en mis interacciones con él me di cuenta que tenía un inmenso amor por Venezuela y un tenaz esfuerzo porque el país fuera mejor, en el diccionario de la RAE hay una caracterización “persona que tiene amor a su patria y procura siempre su bienestar”, esa es la definición de patriota y para mí es la palabra que mejor describe a Pedro Tinoco[30].

i) ***Pedro Rosas Bravo: Tinoco tenía una excepcional organización y disciplina mental. Cautivaba con su personalidad, era de trato afable, cordial, respetuoso y amable. Era un convencido de la persuasión y de la conciliación. Su capacidad y conocimientos le permitían captar de inmediato los asuntos más disímiles y áridos[31].***

Pedro Rosas Bravo (1951), graduado en Ciencias Económicas y M.A. en Economía Cuantitativa, ha sido profesor de Macroeconomía y Comercio Internacional en la Universidad Católica Andrés Bello

30 Ídem.

31 Conversación sostenida con Pedro Rosas Bravo el 26 de mayo de 2021.

(UCAB) e investigador visitante en la London School of Economics (Inglaterra), conoció a Tinoco en marzo de 1986 y semanas después este lo designó vicepresidente de Estudios del Banco Central de Venezuela. Con esa designación "alcanzaba la más alta posición gerencial en área de Estudios Económicos, Cuentas Nacionales y Estadísticas Básicas, después de mi ingreso al Instituto a finales de 1978 y concluidos ya mis estudios de posgrado y especialización en la ciudad de Londres".

El acercamiento y el nivel de integración del equipo, en el que descollaba Tinoco, conforme con lo expresado por el autor de la biografía "Talleyrand. El poder en la Sombra" (2020), un personaje admirado por el expresidente del BVC, fue progresivo y anclados en temas específicos:

> Mi relación profesional con el Dr. Tinoco fue progresivamente estrechándose durante su estancia como director principal del BCV, ya que con relativa frecuencia se acercaba a mi oficina, una vez concluida la reunión semanal del Directorio. Nuestra conversación giraba básicamente sobre tres temas cruciales de la difícil situación económica del país: el enorme déficit financiero del sector público que propulsaba la tasa de inflación interna y la tasa de cambio del mercado paralelo, y por último, lo más importante, la conveniencia de que las unidades de investigación adscritas a la vicepresidencia de Estudios, bajo mi dirección, iniciasen a la brevedad la elaboración de un plan de reformas económicas y de estabilización macroeconómica, bajo la asesoría de expertos adscritos al FMI.

La descripción de este economista margariteño, experto en temas fiscales y monetarios, así como destacado biógrafo, coincide en mucho con la ¿definición o reseña? de la personalidad y las aptitudes de Tinoco efectuada por la totalidad de los entrevistados para la realización de este trabajo:

> Tenía una excepcional organización y disciplina mental. Su capacidad y conocimientos le permitían captar de inmediato los asuntos más disímiles y áridos que le planteaba, atinentes a la definición y gestión de la política monetaria y financiera del Banco Central en el contexto macroeconómico y coyuntural del país. No necesitaba que se le dieran largas explicaciones para comprender y percatarse de las situaciones en pleno desarrollo. Por el contrario, más bien se

> anticipaba a su interlocutor en los planteamientos que este le iba a formular.
> El Dr. Tinoco era un fanático del orden, de la disciplina y del horario. Cumplía estrictamente su agenda. Nunca llegaba atrasado a una reunión ni hacía esperar a sus visitantes, quienes quieran que fueren o el rango que tuvieren.

El exministro Rosas Bravo confirma la esencia conciliadora de Tinoco en su conducción con los adversarios políticos, tal como dejó cuenta José Vicente Rangel en el testimonio que, parcialmente, plasmamos en este trabajo. Así, expresa el exministro:

> El Dr. Tinoco cautivaba con su personalidad. Contrario a su apariencia externa de rostro adusto, severo e inmutable, era de trato afable, cordial, respetuoso y amable. Era un convencido de la persuasión y de la conciliación como modos de relacionarse con sus semejantes. Asistí con él a numerosas reuniones de alto nivel político gubernamental, presenciando difíciles discusiones sobre temas álgidos en la que los demás participantes, a veces, se trataban en forma vehemente, altisonante y hasta hiriente, todo ello por las evidentes diferencias de criterio económico entre las autoridades del partido de gobierno (AD) y los miembros del gabinete económico del presidente Pérez. El Dr. Tinoco oía y observaba; cuando al fin él hablaba, las aguas revueltas volvían a su nivel, los ánimos caldeados se enfriaban, la paz y tranquilidad se adueñaban del ambiente; exponía su opinión en forma clara y precisa. Con las frases necesarias, sin una palabra de más ni una palabra de menos, tendiendo un puente de comprensión hacia quienes sostenían criterios expuestos a los suyos; sus conocimientos y su forma de expresarlos, así como su imponente personalidad, inhibían a sus interlocutores.

j) *Fernando Martínez Mottola: Tinoco fue una pieza clave en el proceso inicial y de gran envergadura de los préstamos iniciales y de la reestructuración de la deuda*[32].

El exministro de Transporte y Comunicaciones Fernando Martínez Mottola (1954), reconocido por su labor en la privatización de la Com-

[32] Conversación sostenida con Fernando Martínez Mottola el 8 de junio de 2021.

pañía Anónima Nacional Teléfonos de Venezuela (Cantv), destaca la labor de Tinoco en los pasos iniciales de la reestructuración de la deuda, los préstamos y gestión de los condicionamientos y requerimientos del Banco Mundial, lo cual significa poner a la vista del lector su primer aporte en la gestión de renegociación de la deuda venezolana, que se tradujo en un ejercicio creativo, en cierta forma inédita, anclada en la experticia y reconocimiento de la banca internacional a este avezado abogado en finanzas internacionales.

En ese sentido, Martínez Mottola indica:

> Mis primeros contactos con el Dr. Tinoco fue en Cordiplan cuando acompañaba a Miguel Rodríguez y tenía la responsabilidad de llevar las relaciones con el Banco Mundial, específicamente, lo correspondiente a la «Carta de intención» relacionados con dos préstamos que fueron los primeros que se otorgaron a Venezuela en el marco del Plan de Ajuste. Como bien sabes, el Banco Mundial trabaja de la mano del Fondo Monetario Internacional. Esta institución se centra más en el ámbito macroeconómico, mientras que el Banco Mundial se centra en un ámbito más sectorial. A mí me asignaron la responsabilidad, primera de gobierno, el saldo *structural adjustment long* y la reestructuración de empresas del Estado. Estos dos préstamos tenían una gran importancia inicial. En esta etapa, tuve una interacción importante con el doctor Tinoco porque estos dos préstamos representan el condicionamiento de todos los sectores, es decir, de todos los ministerios y empresas públicas y yo era la contraparte en Venezuela del Banco Mundial. A él le tocaba negociar esto es Washington. Entonces, de alguna manera, mi trabajo era interactuar aquí con los distintos ministerios y el condicionamiento que exigía el Banco Mundial, y en qué manera este condicionamiento podría cumplirse. Era un trabajo arduo y complejo y el Dr. Tinoco fue un apoyo grande, más allá de su rol de presidente del Banco Central de Venezuela.

k) *Tinoco: un hombre de aguda y reconocida inteligencia que tuvo gran influencia en el presidente Pérez.*

El exministro Martínez Mottola hace una descripción de las cualidades de Tinoco, su inteligencia, el valor agregado que brindaba al gobierno por la combinación y criterios empresariales, financieros, políticos y técnicos lo cual, sin duda, es la gran columnata de aval y fuentes de sus aportes en materia financiera y hacienda pública:

> Tinoco tuvo una grandísima influencia en el segundo gobierno del presidente Pérez. En el intento que se hizo de reconstrucción nacional, que podríamos llamarlo un cambio realmente de gran magnitud en lo económico, en lo social y en lo político. Su influencia iba más allá de ser el presidente del BCV. Esa influencia se debió, en primer lugar, a su indudable inteligencia, reconocida por propios y extraños, pero también porque combinaba una visión técnica con un criterio político de primer nivel. El paso de su trayectoria en el sector privado, combinada de una manera muy talentosa y muy especial con el criterio político, el criterio empresarial y el criterio técnico, fue una pieza determinante en los cambios que realizó el presidente Pérez, el cual mucha gente no entendía. Un cambio que significaba una transformación profunda de Venezuela, como todos sabemos, en un programa de ajuste y cambio estructural de fondo, que implicaba una modificación en la conducta del venezolano, que significaba sacrificios importantes que, en las primeras de cambio, puso al descubierto una crisis que estaba soterrada y ni siquiera los más altos dirigentes del nuevo gobierno lo tenían en mente. La magnitud de la crisis quedó al descubierto una vez asumido el gobierno y esto obligó a que el grado de ajuste, de los cambios y transformación, que tendría que hacerse en los primeros momentos significaban un sacrificio mayor, pues era muy difícil entenderlo para la población, en general, pero también era difícil entenderlo a nivel de las élites. Una persona como el Dr. Tinoco desempeñó un papel primordial en el afán de explicar al sector político y al sector empresarial, dentro y fuera del país, lo que se estaba haciendo. En ese sentido, pues, tenía un peso específico muy grande más allá de los cargos que podría ocupar y eso evidenciaba la influencia que tenía el doctor Tinoco sobre el presidente Pérez: era una de las personas que más escuchaba con detenimiento e interés en esta materia económica y financiera.

l) ***Carlos Blanco: Tinoco, un tipo agudo con una personalidad casi hierática. Un personaje que traducía muchas emociones***[33].

El expresidente de la Comisión Presidencial para la Reforma del Estado (COPRE) y luego ministro de Estado de ese mismo órgano asesor, en conversación sostenida en la cual hicimos una revisión del segundo gobierno de Carlos Andrés Pérez, expresa:

> No fui cercano a Tinoco personalmente, sino que estuve en momentos importantes, digamos en el mismo ambiente de él, lo cual no significa que me viera constantemente con él. Lo visitaba de vez en cuando en el Banco Central porque me parecía un tipo muy agudo y me gustaba mucho esa personalidad casi hierática.

Carlos Blanco es una persona analítica, con orientación al logro del consenso que pudo interactuar como conductor y jerarca de un «*think tank*» público, fuente primaria de propuestas que hasta hoy son bases indispensables para la reinstitucionalización del país. Se le reconocía como una de las plumas, *orfebres de los discursos* y *forjadores de conceptos* en materia de reforma del Estado, que permitieron identificar a Carlos Andrés Pérez como un gran reformador

El exministro de la Copre, en relación con Tinoco, expresa que:

> Él no era un personaje que transmitía muchas emociones, sino que era todo el tiempo como en una misma onda, transmitía siempre una misma frecuencia, esa era la impresión que me causaba a mí. Fui testigo de la amistad y el cariño que se profesaban el presidente Pérez y Tinoco. Esa amistad se construyó a lo largo de muchos años.

m) ***Gustavo García: Tinoco, más afable de lo que representaba, centrado y sumamente inteligente***[34].

Este economista (1954) de la Universidad Central de Venezuela, con maestría y doctorado en Boston University, una de los grandes co-

[33] Conversación con Carlos Blanco el 28 de agosto de 2021.

[34] Conversación sostenida con Gustavo García Osío en fecha 3 de junio de 2021.

nocedores en temas de política fiscal, con enfoque importante en política tributaria y de administración tributaria, ha sido consultor en el Fondo Monetario Internacional y economista en jefe de la División Fiscal en el Banco Interamericano de Desarrollo (BID). Profesor en el IESA por 21 años en las cátedras de macroeconomía, moneda y banca y finanzas públicas. En los años 1997-2000 fue fundador y el primer director de la Oficina de Asesoría Económica y Financiera del Congreso de Venezuela. Fue asesor principal y economista jefe del Ministerio de Finanzas (1992-1993) y en la Oficina Central de Coordinación y Planificación de la Presidencia de la República, conocida como Cordiplan, fue director de política monetaria y financiera, conoció a Tinoco en los primeros tiempos de formación de programas de ajustes, conocido como el Gran Viraje, de la mano de su amigo Miguel Rodríguez, se expresa de él de la siguiente manera:

> Tinoco era una persona muy afable, muy cordial de trato. De entrada, uno notaba rápidamente que era un hombre agudo e inteligente. Obviamente sabiendo que había sido ministro de Hacienda, que había sido proponente de la reforma tributaria del 71, que fue la primera comprensiva que se había hecho en Venezuela. Para mí era la catedral. Muy agudo, muy inteligente.
> Salvo en la conversación informal, Tinoco nunca perdía un minuto hablando cosas banales. A la hora de la informalidad, sí. A la hora de cenar, de una conversación era un tipo sumamente agradable, inclusive con un sentido del humor muy agudo, pero cuando estaba en el plano formal no se distraía y si alguien se salía del tema, se desviaba, volvía a ponerlo con "no nos salgamos del tema". Muy disciplinado, en ese sentido y se concentraba en lo que estaba viendo en ese momento, y tú crees a veces que te está viendo y está pensando en otra cosa y está pensando en algo que dijiste y él estaba pensando en la segunda vuelta. Realmente mis dos conclusiones de esa noche fue: este tipo es sumamente inteligente y, además, mucho más afable y mucho más abierto de lo que aparenta ser, a pesar de andar siempre muy serio, con esa cara muy adusta.

n) *Carlos Stark Rausseo: Tinoco aportó la dosis de sapiencia, madurez y equilibrio que hacía mucha falta en ese gabinete*[35].

Carlos Stark economista (1950) –graduado en la Universidad del Zulia (LUZ), con maestría en Macroeconomía y Planificación del desarrollo en la misma universidad, director de Política Monetaria y Financiera en Cordiplan, ex asesor de la Comisión Presidencial para la Reforma del Estado (COPRE), representante de Venezuela ante el Directorio del Banco Mundial y viceministro de Hacienda durante el gobierno del presidente Pérez (1990-1992)– construye su narrativa descriptiva sobre Tinoco del siguiente modo:

> El Dr. Tinoco suministró la dosis de experiencia y conocimiento que hacía falta en ese momento, pues la mayoría de los que estábamos allí, estábamos siempre apurados por hacer las cosas y él siempre estaba reposado y tranquilo, pensaba antes de actuar. Por lo tanto, su rol en el gabinete fue sumamente importante como un factor de equilibrio y de profundización de lo que se estaba tratando de hacer. Al mismo tiempo, contribuyó decididamente a dar viabilidad a los procesos en los cuales estábamos involucrados, incluyendo la reestructuración de la deuda externa y algunos elementos de reforma del sistema financiero venezolano.
>
> En el caso de la reestructuración de la deuda externa, Tinoco se entendía con la banca acreedora de manera horizontal, se entendían entre pares lo cual le daba una ventaja importante a la hora de negociar, ventaja que nosotros –el resto de los que estábamos allí– no teníamos. En segundo lugar, en el caso de Venezuela, su conocimiento de los mercados financieros fue sumamente importantes a la hora de trabajar en el Banco Central con el doctor Tinoco, su presidencia, considero, que fue su momento importante y sumamente decisivo para que pudiéramos estabilizar un proceso que en un inicio comenzó bastante mal, con una alta inflación y con desequilibrios por todos lados. Así, la presencia de Tinoco en el BVC nos daba la tranquilidad de que se estaba pensando con un criterio de mediano y largo plazo y no solo con el criterio cortoplacista, que muchas veces predominó en ese momento. De manera que, en mi

35 Segunda conferencia telefónica con el Dr. Stark, celebrada el 25 de agosto de 2021.

opinión, el Dr. Tinoco fue decisivo en cuanto a darle coherencia al programa de ajustes y a impedir, en varias oportunidades, que se cometieran errores que eran previsibles, pero él los veía antes que los demás. En fin, nos aportó la dosis de sapiencia, madurez y equilibrio que hacía mucha falta en ese gabinete y, quizás, lamentablemente no tuvo más influencia de la que estoy planteando porque si lo hubieran tenido quizás no hubieran cometido los errores que se cometieron en aquella época.

ñ) ***Nelson Ortiz: Tinoco era un hombre multifacético, organizado, que hizo de la formalidad la parquedad, la concisión y la lealtad características de su existencia. Un político antes que todo***[36]**.**

Por su parte, el economista Nelson Ortiz, exfuncionario de alto nivel de Cordiplan, quien estuvo muy cerca de Pedro Tinoco como integrante del equipo de reestructuración de la deuda, que emprendió múltiples viajes con él a los fines de hacer la presentación a la banca acreedora, especialmente en temas macroeconómicos cuando el ministro Miguel Rodríguez no podía hacerlo, manifestó:

> Lamentablemente no llegué a conocer a Tinoco en su etapa de jurista, tributarista o asesor de empresas. Conocí a una persona pragmática, directa, parco, de múltiples compromisos y de agenda extensa en virtud de su múltiple vida y roles desempeñados.
> Lo conocí cuando se creó un equipo para todo el tema de la reestructuración en el cual forman parte él, Miguel Rodríguez, Edgar Leal, Carlos Hernández y yo, en una posición más junior que ellos. Debí hacer mucho sobre todo la parte macro, entonces ahí, pues, me combinaba con Tinoco, nos conocimos, trabajamos bastante en equipo.
> Era una persona muy formal que, si bien era hombre de equipo y afectuoso, se dirigía a uno de *usted*. Si algo caracterizaba a Tinoco es que nadie lo conocía de un todo. Había un Tinoco para cada una de sus facetas. Era un hombre multifacético y adoptaba fácilmente el rol que le correspondía jugar en cada circunstancia.

---

36 Conversación sostenida con Nelson Ortíz el 22 de mayo de 2021.

ñ.1) ***Tinoco, Eisenhower y Gómez.***

El expresidente de la Bolsa de Valores de Caracas, con una memoria privilegiada, complementa su aserto de la siguiente manera:

> En un viaje del equipo de reestructuración de la deuda, me acuerdo que me dijo: "mire, yo le voy a contar dos anécdotas para que usted me entienda y me conozca a mí un poco mejor. Yo admiré mucho a dos personajes en mi vida que fueron el general Eisenhower y el general Gómez. Del General Eisenhower admiraba que decía 'no escribas largo'". Tinoco era un tipo concreto, él te decía "un solo tema a la vez, un solo tema por memorándum y una sola página". Él siempre era súper preciso. Cuando alguien le gustaba se podía pasar horas conversando, era un gran conversador y de allí, pues, nació mi relación con él, conversando largo, nadie se quería sentar al lado de él en los vuelos porque realmente era un tipo con cara de bulldog, que no invitaba y podía efectivamente, a veces, ser un bulldog, pero desarrollé una buena relación con él y eso, pues, fue lo que motivó a que me invitara a que me quedara con él.
>
> La segunda anécdota tiene que ver, me la cuenta con un poco más de detalle y me dice: "mire cuando al general Gómez le llega su jefe edecán un día y le dice 'mire el General Cárdenas supimos que está llegando mañana a La Guaira, usted sabe que el general Cárdenas era el edecán de Cipriano Castro y había muerto. Bueno, como se murió su jefe me imagino que quiere venir a conspirar otra vez, a estar aquí en Venezuela, entonces mire Benemérito ya dispusimos un grupo que lo va a estar esperando en La Guaira para detenerlo en cuanto llegue, viene de Puerto Rico. Nuestros informantes de Puerto Rico nos dijeron que salió justo hace dos días y que debe estar llegando a La Guaira mañana temprano'. El general Gómez le dice, 'mire me parece muy bien que lo vaya a recibir, vaya, lo espera de mi parte, y de mi parte le dice que lo he nombrado presidente del estado Lara porque la lealtad se premia no importa a quién. Él le fue leal a mi enemigo, pero fue una persona leal y esa es la gente que yo necesito a mi lado, entonces usted va y le da mi recado'"".
>
> Para Tinoco, la lealtad era por sobre todo lo más importante, así no tuvieras razón. Esas son las dos cosas que, para mí, definen muy bien a Tinoco: decía lo preciso, por eso lo del general Eisenhower y

> la lealtad. Lo preciso en el manejo de lo profesional y la lealtad en la relación humana.
> Tinoco era un ser muy organizado, madrugador y de reuniones cortas. En mi triada de su personalidad puedo decir que él era número1 político, número2 abogado y número3 banquero. Ese era, tal vez, si tuviera que hacer un *rankig* de la trilogía de vida que llevó. Él era antes que todo un político y fue lo que le fascinó.

o) ***Bernardo Fischer: Tinoco, una referencia para sectores económicos, nacionales y extranjeros; alta conciencia de su rol como funcionario público y capacidad de liderazgo[37].***

Sin duda, Bernardo Fischer (1954) es recordado como uno de los más destacados reporteros del área económica, conocedor profundo de la economía y las finanzas, aguda sobriedad al momento de tratar la información y convertirla en noticia, considerado como un maestro por las generaciones posteriores de periodistas de la fuente.

En relación con Tinoco, expresa de entrada que "fue una figura importante en una época de transición de dos Venezuelas, que supo desenvolverse en el ámbito público y privado, con una conciencia de sobriedad que es difícil de manejar cuando se está en las esferas del poder". Su descripción como reportero de la fuente económica revela una faceta poco abordada como es Tinoco el entrevistado, el hombre que genera noticia y es noticia:

> Como reportero del área económica que tuvo ciertos contactos periodísticos con él, puedo señalar que me llamaron la atención dos hechos, a mi juicio, relevantes: alta conciencia de su rol como funcionario público y su capacidad para manejarse con éxito con un equipo donde las personalidades eran difíciles de manejar por sus profundos conocimientos profesionales, universitarios y experiencia docente. Era como ser un manager de un equipo de peloteros en un juego de estrellas.
> Tinoco en las entrevistas que tuve con él, dos veces en su residencia, y otras en ruedas de prensa en el BCV o en despachos ministeria-

[37] Opinión emitida mediante correo electrónico de fecha 3 de junio de 2021, como resultado de la conversación telefónica sostenida en fecha 28 de mayo de 2021.

les, siempre tenía plena conciencia del peso de sus palabras en las declaraciones que daba. Escuchaba con detenimiento las preguntas, a veces desorganizadas por el apuro reporteril, trataba de entender el sentido de cada pregunta y luego formulaba sus respuestas con extremada calma, medidas palabra por palabra en forma milimétrica, con una mirada fría hacia sus interlocutores y sabiendo que cada oración mal interpretada o mal expresada podría tener un título periodístico de impacto negativo de gran magnitud al ser difundida por la prensa o los medios audiovisuales de la época.
En la técnica reporteril, las entrevistas tienen dos fases muy específicas: la entrevista propiamente dicha donde el vocero se ajusta a un intercambio de preguntas y respuestas sobre el tema del cual se trata la entrevista y una segunda etapa, en donde las cámaras de TV, los grabadores, los celulares y las libretas se apagan o se guardan. Allí surge una conversación más informal en donde el entrevistado baja la guardia, se quita su armadura y aparece el ser humano. Son minutos valiosos para los periodistas. Allí el interlocutor se relaja y hay un lenguaje corporal muy útil que permite conocer al ser humano que nos dio la información e incluso conocer detalles importantes adicionales a la noticia que se busca.
En el caso de Tinoco esa segunda etapa no ocurría. Nunca bajaba la guardia. Oía con amabilidad cualquier palabra de los reporteros en conjunto o del periodista que lo entrevistaba, pero no pronunciaba una palabra de más. Era cortés y respetuoso, pero siempre con sus defensas activadas.

p) ***Gustavo Planchart Pocaterra: Tinoco era un hombre de dedicación absoluta al trabajo, con una organización y puntualidad prusiana. Si bien era un hombre de equipo a quien le gustaba delegar, dar confianza y responsabilidad a la gente*[38]*.***

Este abogado (1954), hijo de Gustavo Planchart Manrique (1925-2012), socio de Tinoco, percibió de cerca muchos de los aspectos de su desempeño como el joven socio del escritorio Tinoco –Travieso, Planchart & Núñez–, observando el estilo y la forma de ejercicio profesional del personaje foco de atención de nuestra investigación historiográfica.

---

38 Conversación sostenida con Gustavo Planchart Pocaterra en fecha 28 de mayo de 2021.

Una práctica profesional signada por la dedicación y trato deferente con sus clientes, la dedicación personalizada que se reflejaba no tanto con visitas programadas, por ejemplo, a la firma de abogados, la empresa o un banco, sino a los individuos propiamente dichos, que incluía contactos previamente organizadas producto de viajes, que él directamente sufragaba con sus recursos; el trato respetuoso hacia sus contrapartes, lo cual exigía a sus clientes de manera rigurosa sin importar exponerse al riesgo de perderlos; su manera de llevar la *agenda por minutos*; la estricta forma de manejar el conflicto de intereses y la reserva de información no solo en asuntos de causas que patrocinaba, sino de aquella que de modo privilegiado tenía en aspectos delicados en materia de política monetaria o fiscal; su forma de conducción con sus clientes, socios empresariales o profesionales; la rigurosidad en las exigencias del tiempo; su carácter directo, su humor, la labor autoasignada de abrir el escritorio y preparar el primer café cargado, que compartía con quienes llegaban a primera hora junto con él; su afán de estar al día, su empecinamiento de estar siempre a un paso de los demás; su dedicación a cultivarse; su estilo de ofrecer un *papelito* que contenía el resultado final de una negociación, un proyecto de ley o cualquier instrumento jurídico, una declaración empresarial; su sencillez entre su reducido círculo de amistades o el amplio mundo de sus relacionados; la intimidad de la familia y su matrimonio con Carmen Montilla, “que le suministraba la chispa, ese mágico ingrediente complementario en una matrimonio o relación de pareja”.

En fin, Planchart Pocaterra ofrece una agradable y extensa visión integral sobre Tinoco: el hombre, el esposo, el padre, el socio, el político, el empresario y el banquero. Vale manifestar que, de acuerdo con la fuente testimonial de un cercano colaborador, esta figura conoció la esencia de Tinoco desde que era un estudiante y también tuvo la suerte de que en el caudal de su formación profesional destacaran dos grandes tributarios: su padre y el propio Tinoco. Una amplia visión en muchos aspectos corroborados por quienes nos dispensaron una fuente testimonial de primer orden y que constituye un acicate para emprender una biografía, con todo lo que implica la integralidad de ese trabajo historiográfico. Esta forma de actuación constituye, para muchos, un aporte modélico de cómo ejercer la profesión con sentido de organización empresarial.

A los fines de ceñirnos al cometido de esta sección, veamos algunos aspectos descriptivos que definen la condición personal de los rasgos esenciales y permiten un acercamiento en la identificación y análisis de los aportes objetivos de Tinoco en los ámbitos demarcados Según Planchart Pocaterra:

> El Dr. Tinoco era un hombre de dedicación absoluta al trabajo, con una organización y puntualidad prusiana. Si bien, era un hombre de equipo a quien le gustaba delegar, dar confianza y responsabilidad a la gente, incluso más allá de lo que se pensaba podía hacer o responder, tener el conocimiento experticia sobre el tema delegado, él estaba encima y pendiente de cualquier mínimo detalle. Si hubiesen existido en su época los teléfonos inteligentes, olvídate que no hubiésemos tenido paz la gente que tuviera alrededor. Usaba constantemente papelitos y fichas. Estaba todo el tiempo escribiendo y dejando instrucciones. "Gustavo quiero verle mañana a las siete de la mañana. Cuando llegaba allá, él te decía: mire, quiero que se encargue de esto y que nos veamos dentro de tres días para conversar sobre el tema". El Dr. Tinoco llevaba un récord o registro y no se le olvida nada. Como buen gerente delegaba, pero al mismo tiempo pedía información y revisaba las cosas para que se siguiera ejecutando el trabajo. Era un hombre directo que no le gustaban los rodeos o perder el tiempo. Cualquiera de nosotros, cuando tenía interés en conversar con él, tenía que llevar preparado el tema objeto de la reunión para poder aprovecharla. Era increíble la forma de llevar su agenda, podía citarte a una reunión a las 8:07
> a.m. hasta las 8:17 am. A todos hacía saber la importancia de su tiempo, lo cual hacía que todos respetaran el tiempo concedido y su puntualidad extrema. El Dr. Tinoco siempre está en busca de las novedades bibliográficas. Si sabía que ibas de viaje, te decía: "sé que usted va para Madrid, en esta librería ubicada en tal sitio va encontrar esta obra, le ruego me la traiga y me dice, por favor, cuánto le costó para reembolsarlo". Era un lector ávido y voraz, se mantenía en el día a día de los acontecimientos nacionales y foráneos a través de revistas especializadas y de diarios extranjeros. Su conocimiento sobre temas económicos y financieros eran tan profundos que muchos pensaban y le daban el trato de economista.

El Dr. Tinoco era un hombre que quería adelantarse en todo. Cuando estaba en el Banco Latino, y yo trabajaba en la institución, comenzó el *boom* del fideicomiso. El único banco que ya llevaba una tarea adelantada era el Banco Mercantil y Agrícola, que había enviado a Oswaldo Carrillo a formarse. El Dr. Tinoco decide enviarme al exterior a conocer directamente de esta operación y contrato bancario, tanto en su esencia propia derivada del Derecho Romano como aquellos aspectos del derecho anglosajón, lo cual me llevó a Boston, incluso me envió a realizar visitas a varios países a unos megabancos, lo cual permitió crear y desarrollar en el Banco Latino un departamento de fideicomiso que creció y expandió rápidamente.

El Dr. Tinoco, más allá de lo que la gente piensa, era muy celoso con el manejo de la información cuando se desempeñaba como ministro de Hacienda, presidente de la Asociación Bancaria Nacional o del Banco Central de Venezuela. Mucha gente piensa que él informaba a sus socios o relacionados sobre los asuntos que conocía o la información que manejaba en temas cambiarios, impositivos o simplemente aspectos que pudieran depender de la decisión de su despacho, iban a estar orientados por él.

En una oportunidad, siendo yo director de una de las empresas, cuyo accionista principal era un empresario señalado como uno de los doce apóstoles, este me llamó para que conversara con don Pedro para que pudiera agilizar un reconocimiento de una deuda que tenía la empresa. Con la información en la mano le pide una reunión al Dr. Tinoco, quien me dijo que fuera a hablar con el sr…, en el Banco Central. Me dirigí a la sede del ente emisor a buscar al señor Tiburcio, en el pasillo me conseguí con José Vicente Rodríguez Aznar, quien me saluda y me pregunta que hacía por allá. Le respondí que el Dr. Tinoco me sugirió hablar con el señor Tiburcio y su respuesta fue; "si es así, eso está negado, debe verificarse un milagro para que convenzas a ese señor". De ese hecho se infiere que el Dr. Tinoco respetaba el espacio competencial de cada funcionario, sin intromisión y que efectivamente él no habló para interceder ni por el amigo ni por su socio. Así era él, un hombre adusto, pero al mismo tiempo cálido, estricto, pero empático, organizado, respetuoso de las formas y consecuente con sus amigos, por cierto, muy pocos, contados[39].

---

39 Reunión sostenida con Gustavo Planchart en las oficinas del escritorio Tinoco & Travieso el 28 de mayo de 2021.

q) ***Gehard Cartay Ramírez: Tinoco, una sobresaliente personalidad.***

Si bien este político, exgobernador de Barinas, exdiputado del extinto Congreso de la República y escritor, no hace una mención ni una descripción directa acerca de la personalidad de Tinoco. En su obra sobre Betancourt y Caldera, como constructores de la democracia, expresa –de manera genérica– que el primer gabinete del expresidente democristiano en su primera gestión estuvo ambientado, al principio, en un "… clima de enrarecimiento y radicalismo, que se presagiaba a pocos días de la toma de posesión del nuevo magistrado":

> Una situación tan compleja como aquella sólo podía encarar un gobierno de amplitud democrática. Tal fue el signo de la gestión, qué en horas iniciaba. El primer gabinete de Caldera respondía a las exigencias de amplitud política y pluralista que el cambio producido implicaba. Estaba integrado, en efecto, por sobresalientes personalidades, tanto el partido social cristiano como el sector independiente [aquí se incluía a Tinoco] e, incluso, individualidades vinculadas a otros partidos[40].

r) ***Javier González: Tinoco fue un notable personaje que se dedicó al conocimiento profundo de las finanzas públicas y la economía política, tanto en el sector privado como en el sector público.***

Este historiador venezolano (1956), egresado del Instituto Pedagógico de Caracas, investigador y con varias obras en su haber, define un marco interesante para adentrarse en el estudio de los aportes de Tinoco a las finanzas y la hacienda pública en todas sus aristas. A tal efecto expresa lo siguiente:

> La historia de Venezuela está montada sobre dos pilotes fundamentales: lo político y lo militar, además es algo indisoluble, el poder

40 Gehard Cartay Ramírez, *Caldera y Betancourt. Constructores de la democracia*, Ensayo, Editorial Dahbar, Caracas, 2017, p. 262.

político y el poder militar están unidos, quizás por aquella visión del caudillismo que tomó el poder y quiere estar siempre en el poder. Además de 180 años de vida republicana, 140 años estuvimos gobernados por militares, entonces eso no permite ver muy bien ese retablo que es la historia de Venezuela, que solo te deja con esa visión pero que tiene otros elementos, sobre todo cuando vamos a la parte de la biografía que, además, se une otro aspecto ahí, a pesar de que Tinoco compartía lo político con la parte económica. Tinoco fue etiquetado como burgués, empresario, explotador, etc., lo cual borra al personaje y este es un personaje que cuando lo revisas te das cuenta que era originalmente de familia muy modesta que al final con sacrificios de su carrera y sus estudios salió adelante. El padre fue un notable abogado, independientemente que estuvo con Gómez en su momento, más allá de eso, fue un abogado que alcanzó un importante grado de notoriedad y Tinoco hijo, que también fue abogado, se dedicó más al estudio de las finanzas públicas, de la economía política, de políticas públicas. Eso es interesantísimo porque tuvo una dualidad entre lo privado y lo público. Muy joven se vinculó a la banca, fue asesor jurídico de la Asociación Bancaria y luego fue representante en Venezuela del Manhattan Bank. Un notable personaje porque se dedicó al conocimiento de las finanzas públicas y a la economía política, tanto en el sector privado como en el sector público. Existe una visión tergiversada de que se aprovechó de lo público para beneficiarse de lo privado, cosa que no era así porque un hombre que propone impuestos quiere decir que no está beneficiando a lo privado. Es un hombre que tenía muy claro lo que representaba y significaba la libertad económica dentro de lo que era el Estado y el papel del Estado, cosa que muy poca gente lo sabe y él lo manejaba.

Además, tuvo dos aspectos interesantísimos en el organigrama gubernamental, fue ministro de Hacienda, pero también fue presidente del BCV y hay que recordar que el BCV tenía autonomía y él manejó ambas cosas, y ahí trabajo en defensa de la moneda por una parte y porque el Estado se cubriera con los impuestos. Otra cosa que llama la atención sobre Tinoco y no soy un conocedor de su trayectoria, sino que he podido investigar para conocer la historia de Venezuela, nos permite hablar de una historia desbalanceada desde el punto de vista historiográfico, porque cuando se procede a efectuar una revisión se ponen en evidencia que el 85 % de los personajes

son relacionados con el tema político-militar. Tal situación nos ha costado revertir, pero más allá de todo tenemos que rescatar al Tinoco estudioso de las finanzas y del Estado. Siempre se habla de un representante de la burguesía, pero no fue verdad, porque un hombre que se dedica a estudiar al Estado no está mirando la parte privada, además siempre tuvo interés por la realidad política, lo que lo llevó a ser candidato, pero además hay un elemento importante ahí que era el que promovía la participación de los empresarios para definir el destino del Estado, siempre pensó que el papel de los empresarios era necesario para el desarrollo de una política desarrollista.
Entonces creó ese Movimiento Desarrollista que propugnaba el desarrollo económico de la nación, siempre bajo una relación entre lo público y lo privado, esa relación entre lo público y lo privado, tenía la fiel creencia de que la política económica del Estado debe ser una política de consensos y no impuesta. Tinoco fue un hombre de Estado innovador y con preparación, pero lamentablemente las políticas públicas que propuso o avaló no obtuvieron el apoyo de las elites ni el popular. La dirigencia política se resistió a los cambios propuestos.
Por otro parte, lo que ensombreció la figura de Tinoco fue la del éxito que se tiene en Venezuela, cosa cultural del venezolano de condenar el éxito y Tinoco por ello fue calificado como burgués y oligarca y eso lo sepultó. Los historiadores deben desenterrarlo y rescatarlo. Hay que mostrarle al venezolano la importancia de esos personajes, hay que hacer sentir al venezolano orgulloso del éxito de sus coterráneos[41].

s) *Humberto Romero Muci: Tinoco fue un ciudadano presente, un venezolano comprometido con el progreso del país.*

Para este Individuo de Número de la Academia de Ciencias Políticas y Sociales (1961), expresidente de esa docta Corporación, en sus comienzos como abogado, aprendió de la sólida formación de Tinoco, siendo para él:

un hombre excepcional su condición multifacética lo ubicó como protagonista en muchos espacios de la historia política y económi-

[41] Conversación sostenida con Javier González el 26 de julio de 2021.

ca de su época. Así lo hizo como abogado, académico, banquero, diputado, ministro de Hacienda, presidente del Banco Central de Venezuela y candidato presidencial y embajador plenipotenciario del Comité de reestructuración de la deuda externa; fue un hombre innovador de enfoque modernizador, ciudadano con vocación de servicio público y comprometido con el desarrollo del país.
El doctor Tinoco descolló con tanto éxito, en tantos frentes de la actividad privada y pública, que a veces no se recuerda que su esencia fue la de un jurista brillante. Su dominio multidisciplinario del Derecho y la economía y su enfoque financiero y de negocios lo hicieron indispensable para muchos de sus clientes y lo convirtió en un icono de la profesión. Esa fue la base de su éxito como gestor bancario y como administrador de la hacienda pública. Tinoco fue un ciudadano presente, un venezolano comprometido con el progreso del país[42].

2. LOS LIBELISTAS DE LA CRÓNICA POLÍTICA MILITANTE CONTRA TINOCO DESCONOCEN SUS APORTES

En la historia cultural se han desarrollado investigaciones acerca de los denominados libelos, mediante los cuales se procedía a expresar el *arte de la calumnia*, siendo uno de los ejes temáticos del historiador estadounidense y especialista en el siglo XVIII francés Robert Darnton (1939), para quien los libelos eran "…un poderoso método de comunicación. Los gobiernos tenían razón en temerles"[43].

En algunos casos, los libelos eran utilizados para difamar a personajes o funcionarios de importancia, en otros para adular y obtener prebendas gubernamentales. Los libelos buscaban ciertos atisbos de basura –errores o fallas– de algún personaje o acontecimiento, construían toda una narrativa, que las elevaban a mitos, exagerando las condiciones de las personalidades reseñadas, atribuyéndoles características de un ser poderoso, de intenciones destructivas permanentes y con capacidad

---

42 «Pedro Tinoco. Epicentro y cambio», Acienpol, disponible en https://cutt.ly/DEkrf9w, acceso 4 de junio de 2021.

43 Robert Darnton, *El diablo en el agua bendita o el arte de la calumnia de Luis XIV a Napoleón*, Sección obras de historia, Fondo de Cultura Económica, México, 2014

lesiva de cuidado en contrato de la ciudadanía, de los intereses colectivos o de los más puros objetivos de la patria.

Los libelistas acudían al *asesinato de una reputación* mediante el uso de anécdotas, retratos y notorias, comisión delictual de un hecho que, como indica Darnton, luce sencillo, pues "hurgue usted hasta encontrar lodo y luego láncelo a alguien", reduciendo las luchas por el poder a un juego de personalidades[44].

El filósofo y escritor francés, Pierre Bayle (1647-1706), alertaba que los libelos podían eventualmente ser causa de levantamientos, no pudiéndose anticipar a sus resultados, "...pero una cosa era segura: que la lengua y la pluma de un hombre a veces son más útiles para una causa que un ejército de 40.000 soldados"[45].

La crónica política militante y sus exponentes se convirtieron en los libelistas venezolanos del siglo XX, su propósito es satanizar a los personajes, sus actuaciones, los procesos de gobierno u objetivos políticos de desempeño y, en general, todo aquello que pudiera estar vinculado o ser producto del Pacto de Puntofijo, sus autores intelectuales y ejecutantes, que generaron su exclusión o frustraron sus pretensiones de tomas del poder.

La corriente historiografía marxista estuvo representada en el país por historiadores que basaron sus investigaciones en los planteamientos del materialismo histórico, anclaje que les permitió efectuar una construcción o elaboración bajo el *presentismo radical* del siglo XIX, en el marco de la formulación de los postulados de los conceptos y principios clásicos de la doctrina formulada por Carlos Marx (1818-1883):

> que tiende a aplicar los conceptos clásicos del tiempo desde donde fue articulado (mediados del siglo XIX) a las categorías del tiempo analizado, al que se aplican los conceptos clásicos del marxismo como la lucha de clases, los procesos dialecticos o la preeminencia de los fenómenos económicos sobre todos los restantes[46].

---

44 Ibíd., p.18.

45 Pierre Bayle, *Dissertation sur les libelles difamatoires en Dictionnaire Historique et critique*, vol.15, París, 1820. P173 citado por Robert Darnton, "El diablo...", op. cit., 323.

46 Jaume Aurell y Peter Burke, «De entresiglos a la década de los setenta: la reacción frente al positivismo» en Catalina Balmaceda, Peter Burke y Felipe Soza, *Comprender la Historia. Una historia de la escritura y el pensamiento histórico*, Ediciones Akal S.A., Madrid, 2013. p.274.

La forma de concebir y escribir la historia por parte de quienes se encuentran insertos en el movimiento de la *revolución historiográfica* –verificado en el país a finales de la década del cincuenta, con establecimiento permanente de reflexión y base fija de actuación en la Escuela de Historia de la Universidad Central de Venezuela, sin entrar a efectuar valoraciones en cuanto a la metodología empleada o la renuncia a la crítica histórica– ralentizó, incluso obstaculizó y desvirtuó el estudio acerca de los emprendedores, empresarios y empresas[47] al cual se venía dedicando desde hace varias décadas la historia empresarial.

La crónica militante –que no puede considerarse en sí misma como historiografía o como disciplina con estatuto epistemológico, cuyo objeto es la forma de escribir, hacer o narrar la historia– se fundamentó en ese relato que se produce sin validación de fuentes ni estudio científico acentuado, la cual obtuvo cierto éxito en la época de la presentación de los actores económicos empresariales, cuyas ondulaciones llegan al presente, verificada en una matriz contra los agentes económicos privados a los cuales se les niega el desempeño creativo y proactivo fundamental en la creación de riqueza, aportes en el desarrollo económico y social y, por consiguiente, impulso de primer orden en la modernización del país.

[47] El director del Instituto de Investigaciones Históricas "Padre Hermann González Oropeza" de la Universidad Católica Andrés Bello, Tomas Straka (1972) ubica el surgimiento de este movimiento historiográfico en 1958 cuando se "crea la Escuela de Historia de la Universidad Central de Venezuela y el clima general de libertad, autonomía y prosperidad (financiamiento de investigaciones, de asistencias a eventos, etcétera) le permitió a un grupo de jóvenes profesores-básicamente marxistas y regresados del exilio- revaluar críticamente toda la historia que se había escrito hasta el momento e incluso ensayar un nueva versión" (Tomás Straka, «El nacimiento de la Venezuela contemporánea» en Félix Otamendi Osorio y Tomás Straka, Venezuela: República Democrática, Grupo Jirajara A.C., Barquisimeto, 2011, pp.52-3.). En este grupo de profesores, coincidían algunos, que como Federico Brito Figueroa (1921-2000) militaban en partidos, como él que era dirigente del Partido Comunista de Venezuela, que abrazó la lucha armada contra el régimen democrático, alegándose, entre otras razones, por profesores e investigadores de esa casa de estudio, valiéndose sin ser historiadores de la corriente historiográfica en ciernes, que la misma "fue en gran medida consecuencia de las agresiones criminales de Rómulo Betancourt contra el movimiento popular. La historias de los asaltos a los sindicatos perpetrados por las bandas mercenarias del gobierno…". E igual suerte corrieron los atentados cotidianos, el acorralamiento sistemático y la provocación arrogante que el régimen de Betancourt discernió desde sus inicios a las corrientes populares" (Domingo Alberto Rangel, *El paquete de Adán y Jaime,* Vadell Hermanos Editores, Valencia, 1984, p. 160).

Se niega el sentido de emprendimiento y esfuerzo para destacar que su consolidación y motivo existencial es una vocación de poder dominial, señalándolos como los constructores de una *superestructura de principios y valores*» que informan el ordenamiento regulador de la institucionalidad diseñada y construida para lograr un sistema económico de explotación, aprovechamiento y apoderamiento de los medios de producción en perjuicio de los trabajadores, amén de la mediatización del ejercicio del Poder Público, garantizando –mediante los mecanismos propios de la democracia representativa– el control de ciertas áreas estratégicas del gobierno para garantizar la captura de la renta e impedir las funciones de su redistribución.

Es el concepto de la división del trabajo, principio propio de las economías abiertas o capitalistas, que dan sustento a la empresarialidad y al derecho fundamental de libertad económica pero aplicado al ejercicio del poder.

El escritor tovareño Domingo Alberto Rangel Burgoin (1923-2012) –inspirador de la insurgencia armada contra la democracia en los años sesenta y uno de los representantes más prolijos y conspicuos de esa crónica militante– expresaba –a comienzos de la década del setenta, en una obra de gran impacto y genésica de una controversia para la época– lo siguiente:

> Dentro del Estado se realiza una perfecta división del trabajo que busca acomodar, en proporción a sus jerarquías, a los distintos participantes del control. A la burguesía, dentro de este esquema, le interesa solamente el ejercicio de las funciones estatales que se refieren directamente al manejo de la economía. Tres posiciones han atraído su atención invariablemente. Ellas son el Ministerio de Hacienda, la Presidencia del Banco Central y la Presidencia de la Corporación Venezolana de Fomento. Incidentalmente sus hombres pueden moverse hacia otras palancas para tomarlas en sus manos. Pero son aquellas tres las que más influjo despiertan en los círculos del capital[48].

[48] Domingo Alberto Rangel, *La oligarquía del dinero. Tercer tomo de capital y desarrollo*, Editorial Fuentes, Caracas, 1972, p. 386

Varias de esas crónicas, por tanto, presentan una falencia acusada de basamento en fuentes de índoles diversas, sin proceso previo de escogencia de la documentación o selección de los hechos a analizar que conduzcan a su debida interpretación y extracción de los datos, permitiendo la reestructuración del paso o el conocimiento de lo *contemporáneo*. Hechos de trascendencia que debe analizarse en la cuadrícula conceptual de las múltiples y complejas relaciones entre los agentes económicos y entre estos y el Estado, en virtud de la concepción intervencionista y del dirigismo de la economía que por varias décadas impregnó y nutrió el pensamiento y las propuestas de los forjadores de la democracia en los dos períodos que pueden identificarse por derivación de las orientaciones que guiaron las ejecutorias de los gobiernos y que definieron la determinación temporal de cada uno de ellos, siendo –actualmente– motivo de amplia discusión entre los sectores empresariales ante lo que se conoce como *planificación centralizada o central* de la economía, la cual se ha pretendido establecer de manera continua en el país desde 2007, cuyo propósito es que la dirección de la producción sea realizada por el gobierno.

Resulta interesante la argumentación de Germán Carrera Damas quien expresa que "no son escasos los ejemplos citables acerca de las flaquezas en el ejercicio del espíritu crítico en la historiografía venezolana"[49]. Como ejemplo, el historiador trae a colación a Domingo Alberto Rangel, quien, –desde una actitud ideológica militante, subsumible en lo que puede llamarse una izquierda contraria a la democracia liberal representativa– no pierde oportunidad para arremeter contra el gran empresariado y su institución, cúpula de representación de sus intereses: Fedecámaras.

En relación con el autor emeritense mencionado, Carrera Damas –por *su proyección historiográfica y aún ideológica*– formula una cáustica crítica al analizar su narración vinculada al famoso magnicidio perpetrado en la persona de Juan Crisóstomo Gómez (1860 - 1923), hermano de Juan Vicente Gómez, en el cual se señala como autora intelectual a Dionisia Bello, vinculada sentimentalmente al dictador, episodio

49 Germán Carrera Damas, "*Aviso a los historiadores...* ", op.cit, pp.58 y 144.

contenido en una de sus libros más conocidos: "Gómez el amo del poder", en este se asevera que "sólo para muestra de la constancia de los asaltos contra el espíritu crítico, vale la pena mencionar el grosero ejemplo, proporcionado por Domingo Alberto Rangel, de usos de medios secretos, por no decir mágicos, para conocer situaciones no documentadas, por la vía escrita u oral"[50].

Esos trabajos, en su mayoría, no son adecuados para hacer una investigación y poder llegar a lo medular de aspectos propios de la historia económica y, dentro de esta disciplina, la historia empresarial.

Las crónicas y cronistas militantes no contribuyen a analizar el proceso de formación de la empresa, producto de la conjunción de la función empresarial de los titulares o personificación de los factores de producción que la conforman –los dueños de los recursos, el inversionista y los trabajadores–, noción económica a partir de la cual debe comenzarse el estudio de la empresarialidad y la formación de la riqueza de un país.

En fin, se requiere una investigación con asepsia que conjure la visión distorsionada y prejuiciada que se cierne sobre los empresarios y las empresas como simple depredadores del Estado, sin análisis importantes acerca de las "bases cuantitativas de la economía venezolana"[51] que evidencian su contribución al desarrollo del país en términos, por ejemplo, del Producto Interno Bruto (PIB), inversión, valores captados por el sector petrolero, inversión que permitan la elaboración crítica y formulación de una historia causante, delimitante o resultante de acontecimientos, actos, hechos y de importancia histórica como materia prima de un análisis de un período, una expresión colectiva de un sector específico –en nuestro caso y a los efectos de este trabajo del sector empresarial– y el rol directivo, liderazgo o influencia intelectual de personajes –como en el caso de Pedro Tinoco– que dejaron su impronta en las políticas públicas a través del diseño, propuestas y ejecución, así como en los instrumentos que las materializaron (leyes, reglamentos,

---

50 Ídem.

51 Vid., Asdrúbal Baptista, *Bases cuantitativas de la economía venezolana. 1830-2008*, Fundación Artesanogroup, Caracas, 2011.

resoluciones o planes de coordinación y planificación, documentos de trascendencia que influyeron en ellas), acontecimientos que desencadenaron o de los cuales formaron parte, que constituyen un marco de fuentes para determinar si el tránsito vital de una persona arroja o no la existencia de actuaciones u obras que por su importancia e influencia posterior puedan ser considerados como aportes susceptibles ser destacados.

La sola mención de Pedro Tinoco –en función de la pretensión de análisis de cualquier etapa de la vida republicana en la que él haya participado, tanto desde del sector privado con importantes irradiaciones en lo público, desde ese ámbito como alto jerarca de la Administración Pública que permite, sin forjamientos, atribuirle el dominio del conocimiento del manejo de los asuntos del Estado por su preparación y visión amplia del país y la funcionalidad de sus instituciones– genera sentimientos encontrados: en algunos nace una expresión que absorben voluntades, en otros surge el rechazo, esas manifestaciones se transforman en antípodas de apreciación y valoración entre aquellos que atribuían valor y reconocimiento a sus aportes y quienes se hundían en su negación y denuestos, mayormente motivados por razones políticas, muy alejada de lo técnico hacendístico y financiero.

El polo de valuación cimentado en el demérito de su actuación y el despropósito de su desempeño respondió a la inquina de la pluma de factores ideológicos y de ciertos sectores representativos de una literatura propagandista, para algunos erráticamente de una marcada historiografía marxista que durante décadas ha impregnó la forma de hacer la historia, la narrativa de la historia venezolana.

Grupo de intelectuales y políticos inscritos en las corrientes ideológicas de un pensamiento marxista de diferentes matices, provenientes en su mayoría del movimiento insurreccional que atentó durante la década del sesenta, apenas abierta las compuertas para el establecimiento del sistema democrático que fueron excluidos del Pacto de Puntofijo, firmado por las principales fuerzas políticas de entonces –Acción Democrática, Copei y Unión Republicana Democrática–, lo cual fue –para algunos– la destilación de la multiplicidad de factores indiciarios de la sagacidad, visión política y vocación de trascendencia personal e histórica de Rómulo Betancourt (1908-1982), amén de su afán por darle sostenibilidad y viabilidad al proyecto de restitución del régimen de libertades públicas y la búsqueda de saldo de errores del pasado cometidos con respecto a las fuerzas institucionales la Iglesia Católica, los militares y los grupos económicos que venían operando, formándose y consolidándose en las décadas anteriores.

Así se fueron estableciendo –de manera complementaria– los factores necesarios para definir un sistema de valores sobre la base consensual que garantizara la estabilidad económica, política y social del país. Fue en ese último sistema en el cual descolló Tinoco con aportes tangibles y aquellos que deben buscarse con el fin de determinar su existencia en el contexto de su actuación pública, por haber sido un promotor y divulgador silente, prestar asesoría y orientación en y desde la función pública, respetando la esfera competencial de otros funcionarios. En este último supuesto pueden citarse los procesos de reforma tributaria, la renegociación de la deuda pública, el programa de ajustes económicos, la reestructuración de la deuda y la privatización de la Cantv.

Ese caleidoscopio de fuerzas ajenas a los postulados del pacto consociacional del 31 de octubre de 1958 que, arremetiendo por distintas vías contra la institucionalidad democrática, fueron poco a poco construyendo su narrativa y buscando en forma constante representaciones e ideologizaciones negadoras de todo aquello positivo que pudiera expresar *el espíritu del 23 de enero* o deconstructivas de las ejecuciones del *puntofijismo*.

De ese modo Pedro Tinoco es presentado como la insignia y el prototipo de los desafueros del ejercicio del Poder Público, de las desviaciones de la democracia representativa, "que es la única forma operativa de organización política y jurídica del Estado"[52], anclada –por un lado– en los partidos políticos, sobre todo de aquellos dentro de la alternancia predispuesta en el Pacto de Puntofijo, mediante el otro pilar del régimen político escogido –como es el sistema electoral– "a través de los cuales se procede a la reducción de la complejidad social y se

[52] Javier Pérez Royo, *Curso de Derecho Constitucional, Decimotercera edición*, Marcial Pons, Madrid, 2012, p. 543.

posibilita la formación de la voluntad de la sociedad como voluntad política"[53].

Tinoco se convirtió, así, en el blanco perfecto para arremeter contra el *statu quo* y atacar por mampuesto al régimen de libertades públicas desde los primeros años de la democracia liberal representativa, pretiriendo y siendo a la vez un crítico enjundioso de las políticas públicas en el encuadramiento de lo que, en principio, puede considerarse la ejecución inmediata del pacto político celebrado para un período de gobierno, es decir, para el quinquenio 1959-1964 y la ejecución complementaria con una Declaración de Principios y Programa Mínimo de Gobierno[54], suscritos por los candidatos presidenciales, así como un factor activo y concurrente en el emprendimiento institucional en búsqueda de la modernización del Estado.

Los ataques se concentran en endilgarle a Tinoco el epíteto de *gestor en grande, buscador o cazador de renta*, refiriéndose con ello "a quien busca colocarse, y lo logra, en posición que le permite obtener por su actividad 'una ganancia superior a la que un mercado competitivo produciría'; el que busca 'crear para sí, o que el Estado cree en su favor, situaciones donde pueda beneficiarse de esas ganancias superior –situaciones de renta–'"[55].

En el esquema principista de la economía del mercado es Domingo Alberto Rangel (1923-2012), específicamente en relación con la división del trabajo, quien expone que representantes de la burguesía:

> Ocupando el vértice junto con el ejército en un complejo militar industrial que sirve el sistema como totalidad mundial, a ver compartir el ejercicio del poder con otros factores. Dentro del Estado se realizó la perfecta división del trabajo en proporción a sus jerarquías, a los distintos participantes en el control. A la burguesía, dentro de este esquema, le interesa solamente el ejercicio de las funciones estatales que se refieren directamente al manejo de la

53 Ídem.

54 Rafael Caldera, *De Carabobo a Puntofijo. Los causahabientes*, Biblioteca Rafael caldera, Cyngular, Caracas, 2016, p. 137.

55 Diego Bautista Urbaneja, *La renta y el reclamo. Ensayo sobre petróleo y economía política en Venezuela*, Editorial Alfa, Colección Trópicos/Economía Política, Caracas, 2013, pp. 27-28.

> Economía. Tres posiciones han atraído la atención invariablemente. Ellas son el Ministerio de Hacienda, la Presidencia del Banco Central y la Presidencia de la Corporación Venezolana de Fomento. Incidentalmente sus hombres pueden moverse hacia otras palancas para tomarlo en sus manos. Pero son aquellas tres la que más influjo despierta en los círculos del capital[56].

Así, por ejemplo, en debate en la Cámara de Diputados el dirigente del Movimiento al Socialismo (MAS), Germán Lairet (1936), expresó:

> Porque, en último terminó ¿qué es el doctor Tinoco? La mejor forma de definirlo es con el calificativo de gestor, un gestor en grande, un hombre que utiliza el poder del dinero, el poder económico, sea nacional o internacional, y el poder político, para promocionar negocios, operaciones financieras. Para ello no requiere de una moral. Igual sirve al Estado que a la empresa privada. No requiere de un credo político. Igual sirve a los copeyanos que a los adecos. No requiere de una sólida ideología. Por eso adquiere un galimatías como el desarrollismo, que no es el movimiento teórico, hoy ya muerto, elaborado por hombres como Prebisch o Kaplan, trabajadores intelectuales, investigadores, sino una degeneración, mucho más próxima al negocio que a la idea. Sólo requiere de socios, de audacia y oportunidades[57].

La izquierda radical, en la vocería de Pedro Duno (s/d-1998), militante del Partido Comunista que –al igual que Germán Lairet– fue un connotado miembro de la insurgencia de los años 60 y, especialmente, del Carupanazo[58], intento cívico militar de derrocamiento del gobierno de Rómulo Betancourt, acaecido el 4 de mayo de 1962, coincidente

---

56 Domingo Alberto Rangel, *"La oligarquía..."*, op.cit, p. 386.

57 Congreso de la República: *Diario de Debates de la Cámara de Diputados, Tomo V,* Vol.1, marzo-julio de 1975, p. 216 citado por Héctor Malavé, *Los extravíos del poder. Euforia y crisis del populismo en Venezuela,* Colección Ciencias Económicas y Sociales, XXXII, Ediciones de la Biblioteca, Universidad Central de Venezuela, Caracas, 1987, p.400.

58 Vid., Agustín Blanco Muñoz, *Venezuela 1962. El Carupanazo. La chispa que no incendió la pradera,* Cátedra UCV Pío Tamayo, Colección Historia, Caracas, 1994; y La conspiración cívico-militar: Guairazo, Barcelonazo, Carupanazo y Porteñazo, Ediciones FACES/UCV, Caracas, 1981.

con la realización de la XVIII Asamblea Anual de Fedecámaras en la cual se catapultó Tinoco, rompiendo los límites temporales de ese encuentro empresarial, que lo convierten como uno de sus más egregios ideólogos, lo describe como un ser calculador y frío que, luego de las elecciones de 1973, saludó a *las fuerzas vencedoras*, agregando que:

> ... se pone de su lado, marcha y se coloca a la cabeza de la columna que avanza; desde ese momento deja de ser un perdedor, organiza, propone, dirige, es factor de unidad de sectores, de individuos como de intereses, está en todas partes, diligente, activo, pensante, se vuelve el centro e ideológico del grupo como es siempre quien propone la vida justa, la manera adecuada, la combinación aceptable. Don Pedro Tinoco es ahora factor decisivo del Gabinete Invisible, es el jefe de los Doce Apóstoles, el Pedro.
>
> Duro, tenaz, invencible, sobre esta piedra se puede construir un templo. Audaz, implacable, sereno, recibe el castigo y luego pasa al ataque, con todos los recursos, seguro, con cierta pesadez provechosa. Ya lo habíamos visto en las pantallas de televisión discutir con José Vicente Rangel: no se defendía, atacaba; no respondía, interrogaba y así, aun cuando tuviera Rangel la razón, asistido por la verdad y la justicia, fue derrotado por Tinoco; el espectador quedó con la impresión de qué se trataba de problemas técnicos que Rangel no dominaba y que el contrincante tenía razón porque hablaba con entera autoridad, se comportaba con absoluta seguridad. La firmeza de una voluntad por encima de la razón, la pasión por un destino de poder por sobre cualquier cosa, una actitud nietzscheana en un país profundamente afectado por el oportunismo y la vacilación. Zaratustra en el reino de Hamlet[59].

Más adelante, el filósofo marxista señala en su opúsculo:

> El poder del Dr. Tinoco en el gobierno no proviene de que sea un personaje inescrupuloso o hábil, su fuerza no viene de virtudes o defectos individuales, se trata de que los planes acordados entre el gobierno de C.A. Pérez y las empresas extranjeras encuentre a las

[59] Pedro Duno, *Los doce apóstoles. Proceso a la degradación política*, Vadell Hermanos Editores, Valencia, 1975, pp. 86-7.

labores del Dr. Tinoco a un colaborador eficaz. Si no existiera Tinoco, cualquier otro estaría cumpliendo su papel, se trata de llenar una "necesidad histórica". Por esta razón, cierta propaganda que trata de presentar nuestro héroe como el súper-malvado, en súper-tramposo, el culpable de todos los daños del país, puede ser peligrosa porque serviría para enmascarar la realidad que vivimos. Acción Democrática, Copei, el mismo presidente Pérez, si ven la figura de Tinoco muy golpeado, no tendrán escrúpulos en entregarlo a los tiburones; las empresas multinacionales que usan a Tinoco como socio y testaferro, tampoco tendrán escrúpulos en arrojarlo a las fieras. Por esta razón es necesario ver con entera claridad que Tinoco es el instrumento de hoy, de una política y de intereses muy poderosos: por detrás del Apóstol Pedro está el reino de las Empresas mixtas, como ha llamado a Venezuela Domingo Alberto Rangel (Sic)[60].

Al inicio del segundo gobierno, marzo de 1989, de Carlos Andrés Pérez (1922-2010), Tinoco ejercía un papel preponderante en la planificación económica, incluso muy calladamente durante la campaña electoral. Era, sin duda alguna, susceptible de ser incluido junto con los debutantes jerarcas de la Administración Pérez II en el selecto y controversial grupo calificado como tecnócratas, a pesar de ser un hombre de más edad, comprobada experticia y actuación política previa.

Con ello se aprecia que fue el guía central del programa económico que, según algunos cronistas y voceros, la dirigencia de Acción Democrática desconocía cuando:

Todavía no habían terminado de digerir el nombramiento de los tecnócratas, cuando veían cómo se desdoblaba el pergamino de un programa que aseguraban se les había mantenido oculto durante más de un año de campaña electoral, un programa en el que –estaban segurísimos– algo habría tenido que ver la mano oculta de Pedro Tinoco...[61].

Los tecnócratas eran descritos con calificativos que iban desde la sorna a la caracterización adosada en su pretendida arrogancia intelec-

---

60 Ibíd., pp. 90-1.

61 Mirtha Rivero, "*La rebelión de...*", op.cit,.77.

tual, producto del celo de alguno de los políticos tradicionales que en su mundo y concepción de la acción gubernamental dimanaba de su vida limitada, ya para la época truncada e inconveniente del escenario exclusivo del partido, como individuos que:

> podían ser debutantes en los pasillos de la política, pero dominaban el arte de pararse en un estrado a desplegar argumentos y defender tesis; eran expertos en hacer frente a auditorios duchos y avezados. Además, el presidente [Carlos Andrés Pérez] había sido muy explícito en su discurso inaugural y contaban con su franco respaldo[62].

La periodista Ross Mary Gonzatti, que cubría la fuente económica para ese entonces, respetada por equipo de ministros, directores generales o sectoriales, coordinadores de proyectos y asesores, conocidos como los tecnócratas con quienes mantenía relación cercana y camaradería no solo por ser contemporánea, sino debido a su estilo moderno de reportar y a su habilidad para manejar e interpretar gráficas, diseñar infografías, que daban soportes a sus notas publicadas en *El Diario de Caracas*, el manejo de su jerga y conocimientos de las propuestas, los describió:

> Hechos los locos convirtieron el Parque Central en su sede por definición. Se desplazaban por la torre oeste, asiento natural de los tecnócratas tomando en cuenta que allí está, precisamente, en el ministerio encargado de la planificación y coordinación, vulgo Cordiplan. Otros cuantos infiltrados en Fomento y hasta hubo algunos que tomaron Hacienda por asalto, a pesar de ser este último despacho tecnófobo por excelencia.
> Llegaron calladitos como quien no quiere la cosa, a cuenta de jóvenes y bien inteligentes organizaron sus oficinas y la atestaron de papeles. Son oficinas más bien asépticas, donde por suerte no pusieron la típica foto de familiares que suelen rayar en lo cursi, ni el afiche del presidente de turno con la banda tricolor cruzándole el pecho...
> El tecnócrata por excelencia se caracteriza por andar siempre cargado de papeles de trabajo, planes encarpetados, proyectos voluminosos y documentos bien ordenados en su maletín. Cada aseveración,

62 Ídem.

> cada afirmación, declaración o información suministrada por un tecnócrata va acompañado de por lo menos un gráfico de barras perfectamente diseñado...
> Salpica en su discurso de expresiones en inglés, y lo peor de todo es que Cornell, Harvard, Yale o [MIT] los convirtieron en lo que los americanos llaman workaholics... salen más tarde que todos los demás, almuerzan apurados hamburguesa en el *fast food* más cercano o se quedan masticando sándwiches o pastelitos de queso. No perdonan fines de semana, Carnaval o Semana Santa para reunirse a trabajar…
> Mientras el tecnócrata está afinando el documento que se entregó al Congreso, antes de darlo a conocer a los medios (porque se trata de un tema delicado), el político ya le sacó veinte copias y la repartió a todos los periodistas de prensa, radio y televisión y, encima, declaró sobre el contenido del documento… (Sic)[63].

A pesar de su edad, experiencia comprobada y reconocida tanto a nivel ministerial como parlamentario, era fácil ser incardinado en el grupo de los tecnócratas, bautizados así por la prensa, por los dirigentes y militantes de los partidos, que se sintieron desplazados por este grupo de disciplinados y preparados profesionales que, a diferencia de los burócratas tradicionales, convirtieron los helados pasillos ministeriales en frenéticos espacios que sacudían la modorra de gestión y proyección pública, en los cuales se observaban posiciones encontradas de admiración o rechazo.

No obstante, los tecnócratas lo reconocían como uno más de ellos, con ascendente y respeto, expresándose del doctor Tinoco como un hombre que "de una manera fabulosamente competente, manejaba todo lo que eran los temas de deuda, finanzas, política monetaria"[64].

Se creó una matriz crítica contra los tecnócratas que comenzó para construir fortificaciones de ataque contra el presidente Pérez y su gestión, buscando señalarlos como centro genésico de los males y crisis de un programa económico e institucional que afectó y tocó duramente

---

63 La cita es del ex Ministro de Fomento Moisés Naím en. Mirtha Rivero, "*La rebelión de…* ". op.cit., p. 120.

64 La cita es del ex Ministro de Fomento Moisés Naím en. Mirtha Rivero, "*La rebelión de…* ". op.cit., p. 120.

intereses creados décadas atrás, incluso, anteriores a 1958, con anuencia y promoción de los partidos políticos, intereses de aquellos que en la narrativa de los excluidos del Pacto de Puntofijo señalaban estar patrocinados y protegidos por Tinoco.

A la jerga política venezolana –que se iba nutriendo con el devenir de los años, los procesos políticos de carácter diverso y que incluían, entre otros, los vocablos de *gobiernos de la guanábana, encamburados* y *conectados*– se agregaron con sentido peyorativo el de *tecnócratas* y sus derivaciones, empleadas como sinónimos, igualmente despectivos, los de *Iesaboys, Chicagoboys* o *yuppies*.

Esa categorización fue uno de los medios utilizados por los sectores afectados para establecer formaletas de opinión y para señalarlos como responsables de un paquete de medidas alejado de la realidad venezolana, indicados como una suerte de contenedores de ideas foráneas ajenas a nuestro medio, con acusada inexperiencia, improvisación e insensibilidad social pero dotados de una gran arrogancia. En fin, de un grupo de muchachos sin experiencia en asuntos públicos y conducción del Estado[65].

---

65 Una fuente con "identidad reservada" expresó a Mirtha Rivero: Los tecnócratas hicieron un buen trabajo. Hay que estar consciente de eso. Lo que se refiere a reorganización del aparato gubernamental, de verdad, verdad que le metieron el hombro, porque lo que ellos heredaron era terrible: los modos de administrar que se encontraron eran bien singulares. Despel otado. Sólo lo de las Cartas de Crédito fue un gran lío. Les habían dicho que eran los dos mil quinientos millones de dólares lo que había que pagar a dólar preferencial, pero cuando se pusieron a ver las cuentas descubrieron que no era así, que eran seis mil y pico. Ellos se encontraron con este desbarajuste y tuvieron que organizarlo. Yo escuché que el de spelote era tanto que había Conc ejos municipales que tenían deuda externa. ¡Insólito! Entiendo que a lo mejor ese desorden contribuyó a que menospreciara n a los trabajadores del Estado. Quizás eso potenció en ellos la idea de que las cosas organizadas por el partido o por los partidos en general no servían para nada, que el gerente público era más ineficiente, malo, y que, como gustaban decir, no tenían vo cación de logros sino vocación de poder. Uno entiende eso. Y hasta comparto que sea verdad que había funcionarios muchos-- que andaban calentando un puesto y no estaban preparados para desempeñarse tal y como lo exigía el momento, pero... es que la actitud de los tecnócratas era tan, tan arrogante... Con esto no estoy justificando lo que hizo el partido con Pérez, pero es que ellos eran tan prepotentes... Llegaron atropellando de manera intelectual a los que de una u otra manera estábamos allí como funcionar ios, no dejaban hablar a nadie, ellos era lo que tenía la razón, y la verdad era la de ellos. Así como dicen que trataron a los del CEN [se refiere la fuente consultada por la autora al Comité Ejecutivo Nacional de Acción Democrática], trataban a

Tal categorismo no solo alimentó la *antipolítica*, es decir, esa forma de ataque cruento y sistemático en el que participaron sectores económicos de naturaleza diversa y con posibilidad de proyección e inducción sobre la colectividad, consistente en desconocer –desde el sistema electoral– el rol de los partidos como vasos comunicantes entre el Estado y la sociedad, la conformación y definición de la institucionalidad democrática, los procesos de formación y ejecución de las políticas públicas y, en general, enrostrar las culpas de todos nuestros males al sector político, al país político, a los partidos y sus dirigentes, pretendiendo desconocer las causas y los factores del deterioro, llevándolo al reduccionismo de que la culpa exclusivamente era de la política, los políticos y los partidos, sino que permitió airear y remozar el *antitinoquismo* militante.

Ya la adjetivación demeritoria no tenía su origen en los intereses que representaba Tinoco, a los cuales se les daba el carácter de pecado original, mácula indeleble, que era imposible borrar por fuerza y deseo de sus adversarios, atadura que busca su inhabilitación para ejercer sus derechos políticos que, con carácter privativo, consagraba la Constitución de 1961, legitimándole para ser elegible y apto para el desempeño de funciones públicas.

El eco de las antípodas conceptuales entre lo político y lo técnico se hizo rutinario. Así Luis Raúl Matos Azocar (1946), exministro de Cordiplan (1984-1986) y exministro de Hacienda (1995-1997), al efectuar críticas acervas a las políticas económicas en las cuales participó y dejó su impronta Pedro Tinoco, al calificarlo de *factor de perturbación económica*[66], efectuó las siguientes afirmaciones:

---

los emple ados públicos. No terminaban de entender nunca-- y muchos no lo entendieron que su misión era vendemos a nosotros el programa, hacer que funcionara, no hacernos quedar como unos huevones, no era demostrarnos que éramos ignorantes. ¡Si con los otros era que contaban para echar pa´lante! Todos lo que estamos allí trabajando como cuadro medio notamos el menosprecio, la subes timación. Pero y ¿quién éramos los ministerios? El personal lo ha aportado el partido. Entonce nosotros?, ¿quién conformaba el personal de s, no sólo el dirigente político partidista se sentía golpeado; se sentía desplazado también el funcionario que había entrado por el partido, que ficha del partido, y que a pesar de que trabajaba dentro del ministerio y estás siendo tratado como si no form arás parte del gobierno. (Mirtha Rivero, *"La rebelión... "*. op. cit , p. 165). 55.

66 Sanín, *"Los muertos de la... "* op.cit. p.305. Sanín, era el seudónimo utilizado por Alfredo Tarre Murzi (1919-2002), político de fuste, de una mordacidad reconocida y temida, crítico

> Uno de los errores conceptuales más graves que se está cometiendo en Venezuela es el de pensar que es legítimo lo económico e ilegítimo lo político. Eso significa pensar que el mundo podemos dividirlo desde aquel viejo concepto de que la tecnología es nuestra: o sea, los tecnócratas, cuando opinan no tienen criterios políticos o viceversa. La realidad es que la tecnología también muerde, según lo hemos comprobado en Venezuela[67].

Ya no eran, pues, solo los excluidos *puntofijistas* sino también los militantes y dirigentes de los partidos del *establishment*, como en el caso de Matos Azócar, con pretensiones de ser calificados y reconocidos como políticos de actuación técnica, que figuraban como corifeos de la conjunción de "cliché y matrimonio (que) hacen un matrimonio unido por el consagrante periodístico"[68], dejando clara procedencia de lo afirmado desde el siglo XVIII por el escritor inglés William Hazlitt (1778-1830) para quien:

> la reputación de un hombre no está a cargo suyo, sino que radica en la clemencia de la prodigalidad ajena. La calumnia no requiere pruebas. Las maliciosas imputaciones lanzadas contra un carácter dejan una mancha que ninguna refutación posterior puede destruir. Para crear una impresión desfavorable, no es necesario que ciertas cosas sean verdaderas, sino que hayan sido dichas. La imaginación es una textura tan delicada que aún las palabras la hieren[69].

Hacia finales de la década del setenta, Tinoco había afirmado a Alfredo Peña (1944-2016), en entrevista que le realizara en su carácter de exministro de Hacienda y ante el planteamiento acerca de "que los partidos que han gobernado el país han 'montado' sus maquinarias políticas a través de la burocracia estadal", lo siguiente:

> La afirmación es cierta, pero no totalmente. En el caso de nuestros dos mayores partidos, su paso por el gobierno les ha permitido

acérrimo de Acción Democrática y, particularmente, del Presidente Carlos Andrés Pérez y sus dos gobiernos.

67 Ídem.

68 Alfonso Guerra, *Una página difícil de arrancar. Memorias de un socialista sin fisuras*, Editorial Planeta, Madrid, 2013, pp. 79-80.

69 Ídem.

> expandir y afianzar su maquinaria política. Pero no puede basarse solamente en eso su éxito político. Este ha dependido fundamentalmente de su mensaje y de lo que han representado en cada oportunidad histórica. Por lo demás, ese es uno de los vicios intrínsecos de la democracia y se observa por parejo en el mundo occidental[70].

Desde aquel entonces, consecuente con su pensamiento plasmado en la propuesta de reforma del Estado que lideró en la Comisión de Reforma Integral de la Administración Pública (Criap), aseveró que:

> lo que no es ni aceptable ni conveniente es politizar la Administración Pública al nivel técnico y operativo. Allí los cargos deben ser llenados de acuerdo con la capacidad y experiencia requerida para cada actuación y los ascensos deben ser por méritos. Esa es la única fórmula para asegurar suficiencia y darle mayor servicio al pueblo[71].

---

[70] Alfredo Peña, *Entrevistas. Democracia y Reforma del Estrado*. Editorial Jurídica Venezolana, Colección de Estudios Políticos/1, Caracas, 1978, p.298.

[71] Ibíd., p. 299.

El perfil de un tecnócrata

Uno de los jóvenes ministros, con los cuales se relacionó Tinoco a su regreso a la actividad pública, Moisés Naím, en testimonio ofrecido a Mirtha Rivero y que se plasmó en su obra titulada "La rebelión de los náufragos", que analiza el segundo gobierno del presidente Pérez, hechos, procesos y causas de la crisis que motivaron su irregular e inédita salida del poder, se refiere a las características de los miembros del gabinete ministerial:

> Ahora, preguntar ¿Quién era el zar de la economía en Venezuela? .... Repito: dime a cuál decisión te refieres, a que área en específico, y yo te digo quien coordinaba. Porque hay que tomar en cuenta que ese era un gobierno de profesionales exitosos con personalidades muy fuertes e independientes. ¿Es posible imaginar a alguien que, de verdad logre coordinar a Tinoco, Rodríguez, Naím, o la misma Eglé de Blanco, que, como ministra de Hacienda, era una persona importante dentro del gabinete?[72].

Lo indicado con anterioridad permite enervar la opinión de que la motivación de su desempeño, ya bien actuando como órgano directo del Presidente de la República en su condición de ministro, parlamentario o Presidente del Banco Central de Venezuela, era exclusivamente la consecución de objetivos contrapuestos a los intereses nacionales, derivado a la madeja de compromisos asidos al haber sido un exitoso abogado consultor y asesor financiero de grupos económicos inversionistas nacionales y extranjeros, que pueden perfectamente aislarse de acuerdo con las condiciones y exigencias del momento en que se corresponde actuar.

---

72 Mirtha Rivero, *"La rebelión...,"* op.cit , p. 121.

Vale manifestar que su exitosa condición profesional y reconocimiento en el mundo de las finanzas en el país y allende sus fronteras lo inhabilitaban, según detractores, *a fortiori* de participar en la definición y ejecución de políticas públicas. En su caso, por ejemplo, la fiscal (en todos los eslabones), la monetaria y la regulación financiera.

Ese criterio de inhabilitación conforme al cual en un régimen democrático resulta contradictorio a su esencia la participación de élites por cuanto responden a los intereses de las minorías que representan y no de las mayorías o aquel conforme al cual los tecnócratas no pueden acceder a posiciones de responsabilidad de hacedores de políticas públicas en virtud de que es un rol reservado únicamente a los políticos de profesión, de dedicación exclusiva o de aquellos cuyo desempeño y fuente de conocimiento es el activismo partidista, pues ni siquiera los funcionarios de carrera, ingresados muchos por razones de clientelismo político, acceden a la alta jerarquía de los organismos en los cuales se encuentran, la mayoría de las veces, sin cumplir con los requerimientos de los registros especiales de información y asignación de cargos existentes en la Administración Pública.

Un tema que ha llevado al absurdo, en los últimos lustros, de desprestigiar a todo aquel que por su formación sea susceptible de ubicación en una determinada clase social –sesgo marxista, que venimos arrastrando–, demeritándolo en las aspiraciones de optar por un cargo de representación popular o incorporarse en la estructura burocrática del Estado. Tema que –no por simplista– debe ser tratado como de reciente data, pues desde los orígenes de la democracia –como en la literatura en la antigüedad, un ejemplo es la “República” de Platón– el tópico ha sido abordado constantemente.

Desde el siglo pasado, dentro del marco de la especialización económica, el tema se ha circunscrito en torno a la gerencia pública de la sociedad moderna, entre conceptos aparentemente contrapuestos, régimen tecnocrático y político, más genéricamente circunscrito a la polémica entre cuál debe tener la preeminencia del político sobre el técnico o viceversa.

El régimen tecnocrático y el régimen político, conforme con Doménico Fisichella (1935) –académico y político italiano–, pueden ser definidos:

> Cómo aquel [el tecnocrático] en el cual el político indica, sobre la base de su competencia, tanto los medios como los fines de la acción social. Al contrario, régimen político es tanto aquel en el que el político indica como en relación con sus criterios, medios y fines como aquel en el que tendencialmente se encarga a quien es competente la indicación de los medios entre los que el político escoge en relación con fines políticamente determinados[73].

Esa vieja discusión no ha sido ajena a los señalamientos directos e indirectos de nuestro centro de atención en este trabajo descriptivo e investigativo y obra legada: Tinoco, autor, causa eficiente, responsable ocasionador, moldeador de actos y hechos positivamente calificados como aportes a la modernización y rectificación del Estado, que analizaremos selectivamente.

El andamiaje empleado es la voluntad de abordar hechos descollantes de este venezolano cuya denominación de origen familiar y de expansión fue la de un jurista integral, que le permitió impregnar con asertividad, consistencia y tino las distintas facetas de actuación con formación exquisita, liderazgo sobrio y particular, con una personalidad compleja y un carácter inexpugnable, que constituía un campo magnético de admiración y respeto, esencia de su peculiar ascendente entre sus colaboradores, su círculo intelectual, profesional y en la intimidad de aquellos quienes pueden arrogarse la condición de haber sido sus amigos cercanos o correligionarios en la época en que incursiona en la arena del activismo político.

No obstante, como la magnetita, elemento de la corteza terrestre que atrae o repele en función de la orientación de los imanes en su entorno –otros actores–, Tinoco en su crústula –escenario de su tránsito vital multifacético, expresado en relaciones de índole multidisciplinaria, internas y transfronterizas– generó todo tipo de renitencias irracionales tanto por el hecho de ese liderazgo acusado y sus condiciones innatas como por su esfuerzo representado por la traza de los derroteros, que pensaba debían transitar para enrielar sus objetivos predefinidos,

---

[73] Doménico Fisichella, Directores) , « Tecnocracia Diccionario de Política, l »z, en Norberto Bobbio, Nicola Matteucci y Gianfranco Pasquino Siglo Veintiuno Editores, México, 2000, p. 1554.

estudiados y milimétricamente calculados, que dan cuenta de disciplina y no fría ni perversa forma de conjeturar, que le permitió conjurar todo aquello que le resultaba contrario a su pensamiento sistemático y constante, su rigurosa y tesonera forma de emprender.

Cada actuación conocida, privada y pública, un aporte en lo financiero, en las finanzas y hacienda pública

Resulta mezquino de muchos de sus detractores, por una parte, y difícil aceptar, por la otra, el desconocimiento a los aportes realizados por Tinoco. Recibir con automática procedencia la descontextualización de sus actuaciones y adherirse sin resistencia intelectiva a las descalificaciones de índoles diversas, vituperios de amplio cuño, las más de las veces proferidos producto del fragor del debate de la menudencia rutinaria de la política vernácula a quien fue un actor que desempeñó un rol abierto en distintas obras de gobierno, que pusieron en evidencia su cualidad de interpretación en la resolución de las tramas en escenarios propios del Poder Ejecutivo, Legislativo o en "la persona jurídica pública de naturaleza única, como fue definido el Banco Central de Venezuela en la ley de 1992"[74], destaca la importancia del ente emisor, a pesar que su actuación como presidente, estuvo sujeta a la ley de 1974.

No puede pasar desapercibido ni mucho menos tergiversado los acontecimientos en los que participó, aun no del todo desentrañados, ponderados o precisadas las consecuencias e implicaciones que de ellos derivaron.

No es posible, por una adjetivación zahiriente, desconocer el binomio entre hechos y contribuciones, tales como haber sido:

a) Abogado que inicia su carrera profesional en 1948 y culmina en 1992, paradigma del ejercicio profesional privado exitoso y reconocido desde el nicho de una empresa de servicios profesionales, con reputación nacional e internacional, como lo sigue siendo el Escritorio Tinoco, Travieso, Planchart, Erminy y Asociados, siendo socio principal y su director.

[74] República de Venezuela, Gaceta Oficial Número 35.106 de fecha 4 de diciembre de 1992.

b) Profundo conocedor de las finanzas públicas –en todos sus aspectos– y la política monetaria.
c) Profesor de Economía Política y Hacienda Pública, que dictó entre 1951-1955 en la Facultad de Derecho de la Universidad Central de Venezuela en sustitución de José Joaquín González Gorrondona (1910-1988), quien había fundado la Escuela Libre de Ciencias Económicas, la cual "comenzó a funcionar de manera relativamente improvisada y como un apéndice de la Facultad de Derecho con la cual compartía aulas y estudiantes"[75], correspondiendo a Arturo Uslar Pietri (1906-2001) su transformación en Facultad.
d) Conocedor denso del Impuesto sobre la Renta, eje central del sistema tributario nacional, cuyos comentarios publicados en 1950 y 1955, sin duda, representan una enjundiosa obra en torno a una compleja contribución que ha sido difícil de superar.
e) Banquero de oficio: presidente del Banco Mercantil (1968-1969) y del Banco Latino (1975-1989).
f) Líder gremial de ese sector prioritario nacional, fue presidente de la Asociación Bancaria Nacional durante el período 1961-1963, institución que a partir de 1972 pasó a denominarse Asociación Bancaria de Venezuela y que, desde su fundación en 1959, representa los intereses de la banca nacional.
g) Dirigente empresarial que deja su impronta en un documento *considerado como trascendental*: «La Carta de Mérida», presentada en la XVIII Asamblea Anual de Fedecámaras, que refleja el pensamiento del sector privado organizado para la época en torno al rol que debe desempeñar el Estado en la economía, criticando de manera acerva el intervencionismo reductor de la iniciativa privada y evidenciando su concepción liberal económica y política, el cual –como veremos– cobra todavía vigencia.

---

75 Tomás Enrique Carrillo Batalla y Rafael J. Crazut, *Análisis y ordenación de la obra económica de José Joaquín González Gorrondona, Tomo II,* Colección Historia del pensamiento económico venezolano, Nº 5, Academia Nacional de Ciencias Económicas, Caracas, 1993, p. 607. p. 77-8.

h) Diputado al extinto Congreso de la República (1969-1973), asumiendo el trabajo parlamentario ajustado a las modernas concepciones y transformaciones de las funciones legislativas, control de los actos del Ejecutivo y las políticas –representación, deliberación y la orientación política[76]–.
i) Ministro de Hacienda del primer gobierno de Rafael Caldera durante el período del 11 de marzo de 1969 y 12 de abril de 1972.
j) Candidato presidencial (1973) con un proyecto político concreto, avanzado e incomprendido para su tiempo.
k) Abanderado de un pensamiento liberal sin ambages u ocultamientos, que marcó sus acciones y propuestas.
l) Académico con figuración pública y privada.
m) Jerarca *bancocentralista* a quien correspondió definir políticas monetarias e instrumentales para contrarrestar la inflación y otras vicisitudes, así como impulsor de medidas para su expansión –la creación de la Casa de la Moneda– y su modernización.
n) Proponente convencido y entusiasta de la reforma de la Administración Pública, dentro de una visión posterior más amplia, como fue la reforma integral del Estado.
ñ) Arquitecto del refinanciamiento de la deuda que permitió avances importantes y metas macroeconómicas incontrastables.

Ese venezolano, Pedro Rafael Tinoco, quien fue objeto de denuestos de manera sistemática, producto de la diatriba política, atacó la exacerbación del Estado intervencionista mediante la política fiscal y monetaria que origina importantes distorsiones en la economía, la ineficiencia de su instrumentación mediante la constitución de empresas públicas –institucionales, sociedades mercantiles y asociativas–, la pesadez de una burocracia asfixiante, contraria a un derecho humano de nueva generación que hoy conocemos como el *derecho al buen gobierno* y el *derecho a la buena administración*, el desorden de las finanzas públicas que confundía el gasto social con despilfarro sin control, so

[76] Vid., Ramón Guillermo Aveledo, *Curso de Derecho parlamentario*, Colección República de todos, Universidad Católica Andrés Bello, Caracas, 2018, pp. 95-99.

pretexto de atención de sectores económicamente débiles y un abandono del gasto de inversión en creación de activos, que es lo que denota la verdadera riqueza o rentabilidad de un país.

Las críticas formuladas por Tinoco a la conformación institucional dentro de la planificación indicativa propia a una economía mixta –contenidas en diversos documentos a los cuales iremos haciendo referencia y que por razones de rigor metodológico estarán indicadas en la bibliografía empleada como fuentes de investigación– evidencian un mortero constructivo de su pensamiento y una visión de avanzada que –si se compara con la concepción de los actuales responsables de la políticas públicas del Estado, apalancado en la planificación centralizada de la economía, en contraste con la economía abierta y de mercado que propugnaba tercamente desde de sus comienzos profesionales– arroja como resultado, a primera vista y de forma empírica, racionalidad de sus críticas y asertividad de sus propuestas, avizoramente descriptiva de la profunda crisis en la que nos encontramos sumergidos desde varios lustros.

En consecuencia, formateadas en una visión preclara de lo que debería ser el Estado democrático moderno que, desde aquellos tiempos en que se esgrimieron razones para su reforma integral, se advertía el crecimiento desmedido de la estructura y una especie de fagocitosis de las células de la libertad y de la propiedad que, dentro de la concepción liberal que él propugnaba, son seminales de todos los demás derechos fundamentales del ciudadano y las empresas.

La evidencia sobrevenida es la estructuración de un Estado paralelo al Constitucional, engorrosamente urdido en un ordenamiento lesivo a los derechos fundamentales consagrados en la Constitución y aquellos previstos en los tratados y convenios internacionales con naturaleza supraconstitucional.

Los críticos –coetáneos de Tinoco y en sus distintos roles burocráticos, probablemente acentuados más en su persona que en sus propuestas y ejecutorias– son los mismos que posteriormente, incluso décadas después de su muerte, participaron proactivamente en la profundización de los males que argüían y servían de rasgamientos de vestiduras que fueron causas eficientes de imposibilidad de buscar opciones consensuadas de restablecimiento de la funcionalidad de la institucionalidad democrática, generando la debacle del Estado de derecho diseñado en la Constitución de 1961 dentro de las orientaciones y parámetros del pacto consociacional *puntofijista*, propiciando un oscuro desenvolvimiento de la actuación en el ejercicio del Poder Público en todas sus contenidas y materias competenciales.

Por consiguiente, resulta indispensable abordar ciertos acontecimientos y sus expresiones discursivas, narrativas o documentales que reflejan los aportes tangibles y no enervados de Tinoco, sin preterir la dificultad de acometer un análisis historiográfico de todos esos hechos que se guardan para las biografías.

El recientemente fallecido político José Vicente Rangel Vale (1929-2020) fue una de las personalidades que mantuvo una dura y frontal controversia con Tinoco durante la actuación política de ambos. Es importante destacar el rol que desempeñó Rangel en las trincheras parlamentarias como defensor de los derechos políticos de los factores extremistas, excluidos de la celebración del Pacto de Puntofijo, derivado por razones de estrategia y sobrevivencia del sistema que recién se establecía en Venezuela, atentaron contra la vigencia del régimen de libertades públicas amparado en la formalidad del indicado acuerdo instrumental y viabilidad celebrado entre las fuerzas políticas AD, COPEI y URD.

La labor parlamentaria del desaparecido dirigente trujillano, que se convirtió en la voz del pasado en defensa de los derechos políticos de quienes se sentían perseguidos y amenazados por la seguridad del Estado y que respondió en legítima defensa ante los ataques que se fueron estructurando bajo distintas formas de violencia política, se proyectó en el transcurso del tiempo en una matriz que pretendió mantener la supeditación de la estructura gubernamental del Estado a los designios de la diligencia empresarial, específicamente de una suerte de monstruo institucional parasitario que ahogaba la institucionalidad democrática, cuya entelequia se materializa en Fedecámaras del cual uno de sus voceros más calificados y emblemáticos fue, sin duda alguna, Pedro Tinoco.

En más de un debate político, escenificados en la época en que fungió Tinoco como ministro de Hacienda y posteriormente como miembro del parlamento, fueron duras las críticas efectuadas por Rangel en contra de su gestión y, específicamente, evidenciando su afán de identificarlo como un gran gestor de abierta en procura de los intereses oligárquicos y financieros que pretendían dominar el aparato estatal.

Así, en fecha 24 de abril de 1975, el entonces diputado Rangel Vale intervino en la sesión de la Cámara de Diputados "para manifestar que no interesaba el debate ritualista y formal que periódicamente escenificaban los dos partidos del sistema, sino el debate sobre el lado oculto del régimen, que no es el debate sobre el lado visible que hemos visto desarrollarse en estos días".

En torno al movimiento desarrollista que propugnaba Tinoco se expresó en los siguientes términos:

> Esa experiencia ha fracasado, además, porque partía de la base de una concepción exclusivamente tecnocrática del funcionamiento de la sociedad y el Estado. Se pensaba que con una tecnoestructura que funcionase dentro un cuadro sin problemas políticos y sociales, y radicados estos problemas a través de la represión, podría desarrollarse un país; pero resulta que los tecnócratas puros han fracasado en el mundo: no pudieron prever la crisis ecológica, no pudieron prever la crisis energética como no pudieron prever la crisis de los recursos alimenticios. Nosotros estamos ante el fracaso de esa pura manifestación tecnocrática, que, como apoyatura intelectual y práctica, ha pretendido impulsar la política desarrollista.

El representante parlamentario de la izquierda, en la misma intervención y conforme con el resumen referencial efectuado por el Individuo de Número de la Academia de Ciencias Económicas, Héctor Malavé Mata (1930-2020) manifestó:

> dijo tener derecho a hacer juicios morales y otras valoraciones sobre la situación que se planteaba, se refirió luego a Pedro R. Tinoco por considerar lo que él representa hoy a nivel de la cúpula de intereses económicos muy importantes que está gravitando sobre el actual gobierno, y manifestó que el líder desarrollista era el mismo, al mismo tiempo imputado, presidente de la subcomisión de la Legislación de la Comisión de Finanzas la Cámara de Diputados, como Presidente de la Comisión de Reforma Integral de Administración Pública y Presidente del Banco Latino. En su condición de presi-

dente de aquella subcomisión tenían a su cargo "estudiar todos los proyectos legales en materia económica y fiscal "que eran introducidas a aquel Cuerpo, y en su calidad de presidente de la Comisión de Reforma Integral de la Administración Pública había elaborado el proyecto sobre el Sistema Nacional de Empresa del Estado[77].

*A pesar de*lo señalado en algunos pasajes del discurso efectuado en el seno de la Cámara de Diputados del extinto Congreso de la República, nos encontramos una mención de Juan Carlos Zapata (1960) –en su controversial biografía "Dr. Tinoco. Vida y muerte del poder en Venezuela"[78]– en la que da cuenta de los duros debates entre Rangel y Tinoco, algunos escenificados en contiendas electorales.

Uno de esos hechos se encuentra relatado en una obra en la que se esgrimen testimonios en torno a Tinoco por parte de una serie de personas que, de una u otra manera, estuvieron vinculados con él, ya bien sea de la misma trinchera profesional, política y técnica o como contraparte en la controversia acérrima a la cual hemos hecho referencia.

En su libro, Juan Carlos Zapata hace mención de un acto que estuvo organizado por la Universidad de Carabobo, el cual no pudo materializarse debido a la violencia y el estruendoso golpeteo de pupitres por parte de los alumnos, que gritaban "Tinoco, farsante asesino de estudiantes", acompañados por el lanzamiento de cohetes y otros objetos contundentes, que condujo a la suspensión del encuentro y a las heridas sufridas por dirigentes del Movimiento Político Desarrollista. Ese hecho sirvió de plataforma electoral a su candidatura a la presidencia de la República. Tinoco y su grupo de apoyo tenían el firme convencimiento que toda la estrategia de *saboteo* se debía al Movimiento al Socialismo (MAS) y a Rangel, quien era su abanderado presidencial.

Este suceso nos permite resaltar , sin que ello signifique pronunciarnos sobre la veracidad de la autoría material e intelectual de los hechos, cómo después de transcurrido varios años de esa agria controversia –y de los efectos de los acontecimientos parcialmente

---

77 Congreso de la República: *Diario de Debates de la Cámara de Diputados*, Tomo V, Vol.1, marzo-julio de 1975, p. 216 citado por Héctor Malavé, "*Los extravíos... ",* op.cit, pp.413-5.

78 Juan Carlos Zapata, Dr. Tinoco. Vida y muerte del poder en Venezuela, Editorial Alfa, Caracas, 2008, pp.2612.

mencionados en el citado libro que nunca fue publicado– Zapata trajo a colación palabras del controversial político trujillano, que debimos insertar en el capítulo "Tinoco un personaje dual: admiración y reconocimiento o aversión", pero que decidimos hacerlo en este para resaltar el valor de la tolerancia y la convivencia política para la democracia, pues anotaba lo siguiente:

> Nuestra relación jamás fue fácil. Siempre estuvo caracterizada por el disentimiento. Mis juicios, en este caso, son míos y de nadie más. Es lo que probablemente me permite acercarme al personaje de carne hueso que conocí, que adversé y respeté, en el que pude apreciar singulares cualidades. Quizás lo más importante de Tinoco –con el tiempo lo comprobé– es que no temía a la polémica. Se sabía un personaje que despertaba, al mismo tiempo, antagonismos y solidaridades: se le odiaba o se le cuestionaba con ardor, o se le admiraba con devoción. Con él no había término medio, salvo en el reconocimiento de que era un hombre capaz, estudioso, organizado, de fino carácter y asombrosa capacidad de trabajo. En este particular habría consenso.
>
> Pero generalmente los hombres públicos no se les juzgan por sus virtudes sino por sus defectos. Sólo cuando el tiempo transcurrido, cuando las pasiones se atemperan, cuando la huella física apenas es un trazo difuso, los veredictos logran cierta ecuanimidad.
>
> (...)
>
> Con el tiempo he comprendido muchas cosas en el contexto de esa relación que se deslizó hacia una franca amistad. Una de ellas es que la calidad humana cuenta mucho. Para algunos la imagen de Tinoco era la de un personaje distante, gélido, implacable, depositario de pasiones a duras penas reprimidas. También fue esa la imagen que de él tuve por años. Hasta que amigos comunes crearon un clima apropiado por el diálogo entre nosotros.
>
> Tengo la impresión de que operó el mismo fenómeno que en mí: un duelo interior por dominar reticencias y prejuicios y, de igual manera, una entraña curiosidad por indagar acerca de quién durante años fue adversario político. Pudimos forjar así una buena relación, en el filo de la navaja, conscientes ambos de que cada quien tenía una posición ante la vida, los fenómenos sociales y el hecho económico, pero que esa misma circunstancia obligaba a dialogar.

No vaciló en calificar de fascinante esa forma de aproximación de los hombres que no hicieron concesiones de ningún género salvo en la posibilidad de conversar. Se trató de una aventura de la palabra y la recepción. Tinoco era conversador prodigioso cuando decidía «soltarse». Acumulaba anécdotas, referencias históricas, semblanzas de personajes, todo ello en el marco de una fina ironía.
Hoy tengo la certeza de qué Tinoco, sin declinar en suposiciones políticas y económicas, al final había flexibilizado considerablemente ciertas versiones de la sociedad y del hombre. Esto lo llevó a privilegiar el sentido de la amistad, lo mismo que la inclinación al diálogo.
En cierta manera, todos, después de vivir intensamente, terminamos siendo diferentes a lo que el comienzo fuimos. La vida es un buril invisible que deja profunda huella en el ser humano. Para bien o para mal. Por acrisolar a virtud o acentuar vicios. El Pedro Tinoco con que me encontré a la caída de la tarde en un diálogo y tendido, atemperada las pasiones, era un ser cálido, sensible, con un vasto conocimiento de los hombres y del país. Es la imagen que conservo de él. Justo cuando alguna otra obra de los gigantes de su memoria se empeña en marcar la figura con tonalidades que al final de su existencia el mismo rechazó (...) y hasta se burló en más de una oportunidad[79].

Esta larga cita del libro inédito sobre el Tinoco, que según la fuente consultada es de noviembre de 1993, resulta indispensable para destacar los aportes que representó su actuación desde distintas áreas y escenarios, público y privado, impulsado por una marcada orientación por la modernización y la estructuración de un sistema político eficiente y eficaz, que permitiera la producción y el desarrollo de Venezuela.

La cita acerca de Tinoco, que lo representa justamente como el artífice consistente y consecuente con un pensamiento, define su actuación en el mundo empresarial como banquero, dirigente empresarial, abogado de alta reputación y político, actividades que resumen una serie de virtudes intelectuales y permiten conocerlo, como un hombre con una visión clara, consciente de su rol y que aprovechó una oportunidad

[79] Ibíd., pp.262-4.

esencial, poseídas por muchos pero que la desaprovecharon, para erigirse en una referencia en cada uno de los ámbitos donde actuó.

Tinoco, hijo continuó en el marco inicial de actuación –el cual definió su padre Pedro Tinoco Smith– con su participación descollante y vinculaciones importantes en el mundo empresarial y político. Por ejemplo, el llamado Pacto Tinoco que, sin trazarse, plasmarse o definirse en cláusulas compromisorias –expresión de instrumentación de un negocio jurídico complejo mediante vínculos obligacionales– permitió adelantar un elemento fundamental y típico de actuación de la banca central entre el Estado y las empresas petroleras, la cual fue posible por la experticia, valores de confianza y credibilidad, representaba la posesión del estado empresarial y cívica de su progenitor.

El párrafo descriptivo sobre Rangel destaca los aspectos fundamentales que hacen a los hombres grandes y elevarse sobre el promedio, tales como son el estudio, el trabajo tesonero, la persistencia, el entrenamiento en la observación, la formulación de propuestas y, sobre todo, la actuación consistente con planes que se han trazado previamente, quizás abonados o enriquecidos por las experiencias que se le han brindado en la vida.

Fue Tinoco, sin duda alguna, un beneficiario de la labor de su padre, de la estructuración de un importante nicho profesional, anhelo de cualquier profesional del derecho, como es un escritorio exitoso representante de las mayores y más importantes causas, emprendimientos, proyectos y figuración en un mundo en el que comenzaba la globalización dentro de ciertas y determinadas características, sobre todo condicionadas por momentos bélicos.

Sin embargo, no se conformó con ser un privilegiado y amantillado hijo de una prominente figura como fue su padre, como pudiera decirse en forma aviesa para menospreciar a quien tuvo el valor de tomar el riesgo y seguir adelante en una gestión importante a través del ejemplo, el trabajo y el mundo de las relaciones con el fin de forjar su propio camino, también exitoso y reconocido, incluso, por sus más enconados adversarios, tal como hemos visto recientemente con las palabras citadas José Vicente Rangel.

No cabe duda, a los hombres públicos se les ataca y se les reconoce sus virtudes, en el paso por la política se procura resaltar aquellas acciones negativas, muchas veces aisladas, derivadas de decisiones que se consideran prudentes y oportunas al momento que se toman, desconociéndose las cualidades de aquellos grandes hombres que han hecho de la acción pública una vida, una pasión y una comprometida dedicación.

Es por ello que resulta de interés esta nueva forma de establecer conocimientos a través del hombre, de sus aportes, su trayectoria profesional y ciertos aspectos importantes que de la vida pública pueden llevarse a la vitrina del ejemplo y los moldes para seguir adelante en la gestión y conformación de una generación comprometida con el destino del país.

Ya no es una visión integral, de la biografía tradicional, en la que se ponen en juego las razones y sin razones, condicionamientos o elementos que influyen en el carácter de las personas, sino que se hace mucho más ágil a través de sus aportes y su instalación en momentos particulares, susceptibles de ser subsumidos en coyunturas y aspectos que van haciendo de sus aportes, con el transcurso del tiempo, elementos esenciales para el entendimiento del camino transitado para bien o la deformación que se pudo haber originado por no haber seguido las orientaciones que sus autores, en forma oportuna y pertinente, definieron sobre un tema particular.

Los aportes de Tinoco en materia financiera y hacendística

1. «CARTA ECONÓMICA DE MÉRIDA» O LA «CARTA DEL CONSENSO INTERNO»

1.1. La «Carta» fue producto del consenso, pero generó disenso

La historiografía económica y empresarial venezolana encuentra en la «Carta Económica de Mérida. Tesis fundamental de los sectores empresariales para el desarrollo económico» –mencionada generalmente como la «Carta de Mérida»[80]–, uno de los aportes más conocidos y resaltantes de Tinoco.

Esta declaración de principios fue emitida en julio de 1962, en la *ciudad de los caballeros*, durante la XVIII Asamblea Anual de Fedecámaras.

Mucho se dice sobre ella, pero poco se ha escrito sobre su proceso de formación, discusión, aprobación, características e implicaciones. Se acostumbra a hablar acerca de ella como un documento importante, sin entrar a analizar los aspectos indicados; se menciona que es un aporte de Tinoco; se le sataniza, pero no se escudriña el origen y la significación que revistió este importante pronunciamiento empresarial; para algunos es un r*ecetario*, un *conjunto de recomendaciones*, pero para quien se le atribuye su autoría es una *tesis fundamental*, la *base de un gran entendimiento nacional*, entre otras caracterizaciones.

Ese documento no constituye una posición doctrinaria, "pleno de conceptos y de referencias estadísticas" como lo observa Ramón

---

[80] En el análisis de este documento hemos empleado la versión que aparece la página web de Fedecámaras, la cual no presenta enumeración en virtud de lo cual haremos las citas correspondientes haciendo referencia a la «Carta económica de Mérida», la «Carta de Mérida» o simplemente la «Carta». https://www.fedecamaras.org.ve/wp-content/uploads/2016/05/Carta-economica-de-Merida.pdf , consultada el 17 de noviembre de 2020.

Escovar Salom (1926-2008) sin demeritar, en ningún momento, su importancia y trascendencia:

> Es más bien un convenio casero de recetas de buen gobierno. Es básicamente un manual para ofrecerle al Estado los consejos del prudente administrador. No decía nada nuevo la Carta de Mérida del orden conceptual. Pero fue la primera declaración escrita y el primer reconocimiento formal de la democracia política hecha por el sector privado[81].

Más adelante, en sus reflexiones sobre la democracia, el jurista barquisimetano indica que "la Carta de Mérida fue una prueba de madurez. Desde ese momento el sector privado venezolano se colocó en un nivel intelectual superior al de la mayor parte de sus congéneres en América latina y en otros países emergentes"[82].

A los fines de un adecuado análisis sobre «La Carta de Mérida» con el propósito de destacar su importancia para emprender la labor historiográfica económica y empresarial venezolana, es menester una aproximación a la complejidad del entorno institucional-económico, político y social que enmarcó su elaboración y aprobación, así como la esencia y naturaleza del organismo cúpula patronal.

En suma, resulta indispensable para el conocimiento de la concepción del Estado el papel instrumental de su actividad financiera y el núcleo conceptual de Tinoco en lo referente a la esfera económica, la iniciativa privada y las finanzas públicas en todas sus etapas, a quien se le reconoce su autoría y, como veremos, su defensa y difusión.

Asimismo, nuestro interés se encamina a mostrar cómo un tratamiento político e ideológico ha pretendido tergiversar lo que en la Carta se proponía en cuanto a fórmula de prosperidad y aprovechamiento de las potencialidades de Venezuela. Potencialidades no solo concentradas en una naturaleza pródiga, sino en la necesidad de incorporar a los distintos segmentos de la sociedad venezolana en fórmulas desarrollistas. Es el caso de quienes, amparados en el marxismo, una modalidad muy

---

81 Ramón Escovar Salom, *Los demonios de la democracia*, Los Libros de El Nacional, Fuera de Serie, Caracas, 2006, p. 98.

82 Ibíd., p. 99.

particular de estudiar la historia en acompañamiento con un proyecto político, se dedicaron a tergiversar los asuntos tratados –en forma de propuesta– en la Carta que –para esta ocasión– servirá de guía para las reflexiones que siguen.

El pronunciamiento posicional del empresario no puede desvincularse de los asertos contenidos en la producción bibliográfica coincidente con *el florecimiento de la historiografía militante*, que se alimenta de la mordacidad y de la subjetividad de posiciones políticas de coyuntura, sin evidenciar una metodología y usos de fuentes que avalen la narrativa.

De acuerdo con el historiador German Carrera Damas, la *historiografía militante* se ubica entre 1959 y 1979, aun cuando la crónica de activismo político –con pretensiones historiográficas– se ha extendido en el tiempo. La historiografía mencionada tuvo una gran influencia en los exponentes de las Ciencias Sociales, lo cual acarreó en criterio de Carrera Damas:

> el virtual colapso de importantes áreas de enseñanza y el estudio de la economía política y la sociología, y tiende a suscitar una deformación teorizante, acrítica y desentendida de preocupaciones técnicas y metodológicas, que disminuye la significación del historiador profesional[83].

Es necesario examinar el contexto que contribuya con la elaboración de la historia de esos años fundacionales de la democracia representativa y destacar el valor de la «Carta económica de Mérida», sobre todo aquellos aspectos que evidencian un aporte de naturaleza hacendística y de los cuales derivan enunciados de política fiscal, el cual debe verse de manera integral e incorporando los acontecimientos que mediaron en su gestación, aprobación y en los efectos posteriores que se nos presentan en las actuaciones y propuestas efectuadas por Tinoco en esa mismas áreas, demostrando consecuencia en el pensamiento y en su concepción del Estado, ya reflejadas en esa declaración.

---

[83] Germán Carrera Damas, *Historia de la Historiografía venezolana. (Textos para su estudio)*, Tomo I, Ediciones de la Biblioteca de la Universidad Central de Venezuela, Caracas, 1996, p. 40.

1.2. Los antecedentes y el entorno de la «Carta económica de Mérida». El «Pacto de Puntofijo» y la disidencia antidemocrática

Al momento de trazar el marco referencial de la génesis de «la Carta de Mérida» debemos identificar dos períodos, que marcan un camino sinuoso por el que transitan liderazgos, concepciones acerca del Estado e incidencia en la actividad económica, convirtiéndose para algunos en otros factores de producción, aparición y sustitución de elites, actores políticos y cambios en las relaciones internacionales de Venezuela con otros países. Todos elementos condicionantes de ese marco de referencia, que signaron tanto la actividad empresarial y política del país –a partir de los años 60– como escenarios de actuación versátil de Tinoco.

Un primer período comprendido entre 1945 y 1948 que, si bien tuvo un origen alejado de las formas y procedimientos democráticos, posterior e inmediatamente condujo al establecimiento de un ordenamiento constitucional que llevó a la instauración de un Estado de Derecho. Por otra parte, el período comprendido entre 1959 y 1998 correspondiente al restablecimiento de la República liberal democrática.

Ambos períodos de gobierno evidencian la continuidad de una concepción y visión de gobernar –sentido amplio como expresión de la actuación de los órganos del Poder Público constituido– con un decenio de ruptura en su ejecución, representado por la *década militar* que tuvo como característica esencial el intervencionismo estatal, lo cual no puede descartarse al escudriñar el sentido e importancia de la posición dogmática empresarial contenida en la «Carta económica de Mérida».

Este es el primer documento que debe tenerse como fuente para evidenciar el contraste entre el fortalecimiento del Estado, el dirigismo económico e interventor y las aspiraciones de un sector empresarial que propugnaba, por lo menos tímidamente, por la configuración de un esquema liberal de economía abierta o de mercado desprovistos de regulaciones. Sin que ello lleve a preterir cómo, efectivamente, el sector económico creció bajo el manto protector de condiciones crediticias favorables y de incentivos de índole diversa que, con el transcurrir los años, se convirtieron en una opacidad de gestión pública y consecuencial crisis de las finanzas públicas a las cuales tuvo Tinoco que enfrentarse en los años finales de la década del ochenta y principios del noventa, la cual pudiéramos calificar como la *década de rectificación* de la *década pérdida*, período este último caracterizado por una deuda externa inconmensurable e insoluta, déficits fiscales estructurales, debilitamiento de los sistemas tributarios y alta inflación.

La participación del Estado, como manifestación de una economía mixta en el que juega un papel importante la dupla e interacción entre este y la iniciativa privada, ha sido motivo de ardua discusión entre los economistas de pensamiento liberal y aquellos que piensan que no todo se le puede dejar a la *mano invisible del mercado* y a las leyes de su motricidad, más cuando se trata de establecer políticas públicas propias de asignación de bienes públicos –sentido económico y no jurídico–, articulación de mecanismos de redistribución de la renta en beneficio de los sectores económicamente más débiles de la población.

La vigencia de las políticas intervencionistas –aupadas por los *padres fundadores* de la democracia venezolana en uno de los períodos señalados en los que se pasaba de una sociedad rural a una urbana, con parámetros de consumo y relaciones complejas de la sociedad con el espacio geográfico resultantes de la acción del Estado y del influjo de la renta petrolera– cobró vigencia en el período 1945 y 1948 y se fortaleció en la etapa aural de la democracia, diez años más tarde. Haciendo especial mención que se instituyó un empresariado marcadamente adherido a la actuación del Estado sobre cuyos rieles avanzó en la actuación de su giro económico peculiar y propia a cada eslabón de la cadena económica, es decir, en los sectores tradicionales de la economía –primario, secundario y terciario–.

Así, por ejemplo, en una comunicación analítica suscrita por Manuel Pérez-Guerrero (1911-1985), dirigida al derrocado presidente de la República Rómulo Gallegos (1884-1969), resaltaba –entre otros aspectos– la política financiera, la orientación y sentido del gasto público, la estructura de las bases económicas fomentadas por el Estado en el gobierno democrático presidido por el escritor y su rol en la dura etapa de reconstrucción de la postguerra:

> En lo que se refiere a intervención del Estado en la economía, es corriente la doble tendencia contradictoria de quejarse, por una parte, de la exagerada intromisión oficial y por la otra, de las fallas

del gobierno de no emprender determinadas iniciativas en el campo económico, originadas ambas actitudes menos en concepciones económicas que en distintos y contrapuestos intereses individuales o de grupo. Lo cierto es que, ya no la teoría, sino la simple práctica de la gestión gubernativa, ha llevado el Estado en su esfuerzo en pro del bienestar colectivo a penetrar sectores cada vez más amplios y más complejos de la vida económica de los pueblos, ora a título exclusivo, ora en concurrencia con la iniciativa privada. Esta trayectoria, sin duda alguna, no ha culminado, aún en sus objetivos finales[84].

En su discurso de toma de posesión, pronunciado en fecha 13 de julio de 1959, Rómulo Betancourt –"en respetuoso acatamiento de lo dispuesto por el soberano Congreso, que fijó la fecha de hoy para la iniciación del régimen constitucional"[85] y "sobrecogido el ánimo por la magnitud y responsabilidad de la tarea por venir, planteada a los venezolanos de hoy en términos de reto"[86]– alertaba acerca de la situación comprometida del erario, las dificultades de índole presupuestal, la obtención de ingresos de fuentes diversas, los escollos para la estructuración del gasto con la rigideces propias de un fuerte endeudamiento y las complejidades para iniciar la negociación de nuevos empréstitos con que iniciaba su gobierno, aseverando:

> Y es que la coyuntura actual venezolana, sin que alcance a darle asideros a la desesperanza derrotista y negativa, presenta facetas que no deben ocultarse al país. El pueblo venezolano ha preferido siempre conocer no la mentira piadosa, ni la media verdad elusiva, sino la verdad cabal y escueta, directamente dicha, porque del conocimiento de ella extrae reservas de energías para afrontar, tramontar y vencer las dificultades.
>
> El país fue dejado por la dictadura al borde de la bancarrota. Las deudas impagadas suman cantidades cuya magnitud aún no ha sido precisada cabalmente, y ello indujo al gobierno saliente a contraer

---

84 Simón Alberto Consalvi, Manuel Pérez Guerrero *el 18 de octubre, el 24 de noviembre de 1945/1948. Un documento que (no) hizo historia, pero es historia;* Fundación Rómulo Betancourt, Colección tiempo vigente 11, Caracas, 1998, p.29.

85 Manuel Caballero (Selección, prólogo y notas) *Rómulo Betancourt. Leninismo, revolución y reforma*, Tierra Firme, Fondo de Cultura Económica, México, 1997, p. 240.

86 Ídem.

> un crédito con bancos del exterior, que excede de los seiscientos millones de bolívares, y que sería utilizado por el Gobierno constitucional si así lo creyere conveniente. El nuevo gobierno habrá de continuar analizando seriamente el origen de esas deudas, pero ya parece evidente que los compromisos vencibles para el ejercicio fiscal 1959¬1% excederán de los quinientos millones de bolívares. La reforma a la Ley del Impuesto sobre la Renta realizada por el gobierno provisional, que el nuestro no se propone modificar en la actual coyuntura económica con el aumento de cargas impositivas, impedirá que el desbalance de la Tesorería Nacional llegue a un límite suscitador de alarmas. Es un hecho indiscutible el que no encontraremos, por la política hacendaria de despilfarrar lo que no desfalcaron, practicada por los hombres de la dictadura, un erario público en condiciones de abundancia, sino de estrechez. Ello reclamará del Gobierno constitucional, para equilibrar las finanzas del Estado y para señalarle una tónica nueva al país, una política de austeridad. El «nuevorriquismo» derrochador desaparecerá de las costumbres oficiales. Lo ornamental y suntuario en las obras públicas será radicalmente eliminado"[87].

Esa descarnada presentación de la situación fiscal en que recibía el país –que pudiera pensarse es la reiteración de una costumbre inveterada de los nuevos gobiernos que se estrenan de efectuar una visión retrospectiva, que arroja un resultado negativo, pesimista y de condena al o a los gobiernos anteriores– debe analizarse años después a través de distintas fuentes historiográficas, esencialmente a través de los boletines, informes o las memorias y cuentas de los ministros.

Así para el año 1962, en el que se produce la «Carta económica de Mérida», el Ministro de Hacienda Andrés Germán Otero (1909-1976) –en la Memoria y cuenta sobre la gestión de ese despacho para ese ejercicio fiscal, presentada al Congreso Nacional en marzo de 1963 y en acatamiento de la previsión constitucional de rendición de cuentas– informaba cómo los desequilibrios en las finanzas públicas, que acentuaron la crisis a inicios del gobierno de Betancourt y tuvieron su origen aproximado en el año de 1953, generaron un desequilibrio tendencial

[87] Ibíd., pp.250-1.

marcado entre los ingresos y los gastos, lo cual condujo al empleo del endeudamiento asistemático fuera de las fronteras del sistema del crédito público. El desequilibrio fiscal acusado se prorrogó y se puso en evidencia en los periodos fiscales de 1958 y 1961, con una merma importante de los niveles de recursos disponibles en Tesorería[88].

El economista Carlos Hernández Delfino, quien con mayor profundidad ha investigado y escrito acerca de la historia del endeudamiento público en Venezuela y que –además– tuvo una estrecha cercanía con Tinoco en varias de las actuaciones que fueron fuentes de algunos de sus aportes, objeto de esta investigación historiográfica– avala lo expresado por el ministro Andrés Germán Otero al detallar:

> Cuando la Junta de Gobierno asumió los poderes públicos, el 23 de enero de 1958, la situación fiscal era crítica, debido, por un lado, a la disminución de los ingresos fiscales y, por el otro, a las exigencias del inicio de la etapa democrática, unidas a las cargas presupuestarias heredadas del régimen perezjimenista. Las prácticas fiscales de la dictadura militar excluían del manejo presupuestario importantes componentes del gasto de inversión, con lo cual, a partir de 1958, comenzaron a identificarse obligaciones que no habían sido presupuestadas. En aquel año, más de un tercio de los egresos públicos fueron aplicados al pago de la deuda de la dictadura y de allí la resistencia de algunos a apoyar el reconocimiento de esas obligaciones. El déficit fiscal se financió con las reservas del Tesoro, parte de las cuales provenían de las concesiones petroleras otorgadas por el régimen depuesto[89].

En este sentido, en la indicada Memoria de gestión y Cuenta del despacho, el ministro señala:

> Las causas de tal situación de desequilibrio eran múltiples, pero para los últimos años pueden señalarse entre las más importantes la

---

88 República de Venezuela, Ministerio de Hacienda, *150 años del Ministerio de Hacienda. Exposiciones de Motivos de las Memorias del Despacho durante el periodo 1830-1980,* Tomo V 1947-1980, Caracas, 1982, pp. 557.

89 Carlos Hernández Delfino, Economía y finanzas en la Venezuela democrática: la ruta del endeudamiento, en Félix Otamendi y Tomás Straka (Editores), "*Venezuela: República Democrática...*". op. cit, p. 510.

cancelación efectuada entre 1958 y 1960 de cuantiosas obligaciones contraídas con anterioridad a 1958 y la política compensatoria desarrollada en los mismos años con el fin de neutralizar las corrientes depresivas de la actividad económica, manteniendo elevados niveles de gasto público, con lo cual se llegó al casi total agotamiento de la Existencia de Fondos del Tesoro y a la acumulación de elevadas obligaciones de Deuda Pública con vencimientos a corto plazo.
No obstante, con el objeto de estabilizar la posición de las Finanzas Públicas y restaurar la confianza en los inversionistas privados, en 1961 y 1962 el Ejecutivo Nacional puso en práctica una serie medidas tendientes a superar el desequilibrio fiscal sin que ello significara un freno en el desenvolvimiento económico fiscal, para lo cual se redujeron los márgenes de gasto público de consumo y se incrementaron las percepciones por ingresos ordinarios, utilizando el efecto redistributivo de la imposición con fines expansivos, toda vez que el excedente de ingresos se aplicó en buena parte al financiamiento de programas de desarrollo económico y de estímulos a nivel de empleo.
El titular de las finanzas –luego de una revisión sucinta del desenvolvimiento de la economía venezolana a través del comportamiento y movimiento de algunos indicadores durante el ejercicio fiscal de 1962, que abarcó el comportamiento del control de cambio, los estímulos de índole diversa a la agricultura, la construcción y la reactivación– señalaba como logro de su gestión el haber "contribuido a que se pueda apreciar una reanimación en la producción favorables en la situación bancaria y crediticia y mejora del consumo exterior"[90].

Finalmente, de manera conclusiva y con cierto nivel de satisfacción, el jerarca de las finanzas públicas, a pesar del reconocimiento de que "existen algunos elementos depresivos en el cuerpo de la economía venezolana", "auguraba una pronta reactivación total, por lo que es de esperarse que en plazo prudencial se logren niveles más aceptables de crecimiento general", lo cual se pone de manifiesto "en el mejoramiento de los niveles del Producto Interno Bruto que, a juzgar por las

90 República de Venezuela, Ministerio de Hacienda, "*150 años del Ministerio de Hacienda. Exposiciones de Motivos...* ", op. cit, p.557-8.

estimaciones preliminares que se han hecho, parece experimentar un crecimiento alrededor del 6% durante el año 1962 comparado con crecimientos del 1.7% y 1.4% para los años 1961 y 1960"[91].

Por otra parte, lo expresado acerca de las complejidades financieras cobra mayor determinación cuando se trata de una etapa en la cual, además, se verificaron otros factores perturbadores de la estabilidad constitucional como fue el asedio que impuso un aristado condicionado a un proceso político que recién repuntaba, del cual los cronistas con actuación militante ideológica habían sido parte importante o seguían vinculados a posiciones de abierta contradicción con las implicaciones principistas y de actuación, que derivaron del Pacto de Puntofijo, siendo excluidos y segregados por su inspirador Rómulo

Betancourt (1908-1981), quien justificaba tal proceder para garantizar el arranque y sostenibilidad del sistema institucional.

En la alocución de toma de posesión, a la cual se ha hecho referencia, el presidente Rómulo Betancourt con relación a la exclusión del Partido Comunista de Venezuela del

Pacto de Puntofijo –denominado así porque fue celebrado en el inmueble residencial de Rafael Caldera (1916-2016) el 31 de octubre de 1958 y, posteriormente, su no inclusión en la coalición de gobierno– la justifica de la siguiente manera:

> Las conversaciones celebradas por mí para la integración del gobierno se han circunscrito a los partidos políticos Copei y Unión Republicana Democrática. Fueron esas dos colectividades y Acción Democrática, la que me postuló a la Presidencia, las suscriptoras del pacto tripartito del 31 de octubre de 1958. De ese pacto fue excluido el Partido Comunista, por decisión razonada de las organizaciones que lo firmaron. En el transcurso de mi campaña electoral fui explícito en el sentido de que no consultaría al Partido Comunista para la integración del gobierno y en el que, respetando el derecho de ese partido a actuar como colectividad organizada en el país, miembros suyos no serían llamados por mí para desempeñar cargos administrativos en los cuales se influyera sobre los rumbos de la política nacional e internacional de Venezuela. Esta posición es bien conocida

---

[91] Ibíd., passim.

> de los venezolanos; y la fundamentaron los tres grandes partidos nacionales en el hecho de que la filosofía política comunista no se compagina con la estructura democrática del Estado venezolano, ni el enjuiciamiento por ese partido de la política internacional que deba seguir Venezuela con los mejores intereses del país.
> La forma como ha sido integrado el gobierno no responde a un ánimo excluyente y su gestión estará signada por una actitud continuada, firme, de convivencia democrática. Porque la unidad nacional que ayer contribuyó a erradicar a la dictadura y a garantizar el tránsito hacia la constitucionalidad, se requiere ahora, con similar urgencia, para organizar el país sobre bases estables y justicieras[92].

Una controversial decisión que trastornó el desempeño institucional y amenazó constantemente el empeño de consolidación del régimen democrático, cuyas consecuencias se extendieron hasta el presente en virtud que los factores excluidos del «acuerdo consociacional tripartido»[93] y de la integración de alianza para gobernar comenzaron a tejer un proyecto continuo –y por espacios imperceptibles– de demolición de la institucionalidad democrática en todos los niveles políticos territoriales y en las distintas esferas burocráticas del Estado[94].

---

92 Manuel Caballero, *"Rómulo Betancourt. Leninismo...,"* op. cit , pp.249-250.

93 Los convenios consociacionales son aquellos, conforme lo expresa el intelectual colombiano 95 . Mauricio Plazas Vega, "que procuran, además definir, las condiciones en que, después de los regímenes usualmente autoritarios a los cuales procuran poner fin, ha de operar una fase transitoria, con limitaciones y restricciones para los partidos políticos y la actividad política, que conduce a una plena afirmación de la democracia liberal (Mauricio Plazas Vegas, El Frente Nacional Temis, Bogotá, 2013, p. 49.)

94 El ejemplo, más significativo es lo acontecido en la institucionalidad militar, muro de contenc ión y pilotaje de sustentación del régimen político de base autoritaria y afiliación de tergiversación abierta de las formas democráticas, moldeadoras de una sinonimia constructiva ideológica entre la abstracción de pueblo como expresión de lo popular y la s fuerzas armadas, que soberanía popular . materializan interesadamente la consulta y el ejercicio de la Un sesudo e imperceptible proceso de penetración de las fuerzas armadas, que comienza desde el mismo momento de la insurgencia armada, con enraizamient o en la década de los años cuarenta y cincuenta, tal como expresa Thays Peñalver: "...los militares venezolanos nunca habían vivido, ni entendido, ni respetado la democracia, y, en segundo lugar, porque el Partido Comunista se había infiltrad allí hasta la m édula". Más adelante, expresa la autora: "El Carupanazo, el Porteñazo, el Guairazo y todos los golpes comunistas no fueron sino el producto decantado de una inmensa conspiración militar que había comenzado en la década de los cuarenta y principios de los c incuenta". (Thays Peñalver, Caracas, 2016, pp. 31 y 34). La conspiración de los 12 golpes, La hoja del norte , Para otros, como

Una marcada tendencia a construir la historia por quienes buscaron afanosamente el poder, primero, a través de la «boca del fusil»[95] y luego, después del fracaso de la insurrección armada, mediante la convocatoria de la soberanía popular a través del ejercicio del sufragio.

La motivación, de una u otra forma, es resultado de la óptica relacional sedimentado en el criterio de la producción que entabla la lucha entre clases dominantes y oprimidas, una vinculación tensionada, trabada entre el capitalista y el trabajador, con el objetivo terminal centrado en la erradicación de los vicios de la democracia representativa.

Es claro que estas posiciones de la crónica política ideológica señalan que la génesis de las crisis, condiciones objetivas y fuente de la lucha revolucionaria, son el empobrecimiento de la población y la conversión de Venezuela en Estado satelital de los Estados Unidos de Norteamérica, que busca el control de sus riquezas naturales –esencialmente el petróleo, que ha sido el hilo conductor del desenvolvimiento económico, político y social desde comienzos del siglo pasado– bajo el pretexto de preservar la independencia y la democracia.

Por tanto, esta matriz de opinión ideológica militante de progenie marxista reduce el motivo existencial de Fedecámaras a ser el instrumento institucional destinado a la definición y mantenimiento de una estructura superior de un ordenamiento propicio al control del Estado y a la captura de las fuentes generadoras de la renta nacional en función de parámetros del aprovechamiento del grupo dominante en perjuicio de las grandes mayorías.

Luis Alberto Buttó, "desde finales de los años 70, sectores de la fuerza armada nacional ramificados a lo largo de sus cuatro co mponentes, pero con primacía en la fuerza madre, el Ejército, conspirado contra el sistema democrático instaurado a la caída de la dictadura encabezada por Marcos Pérez Jiménez" (Luis Alberto Buttó, «Nuevo profesionalismo militar de seguridad interna e intervención política de militares populistas y radicales en Venezuela» en Domingo Irwing G., y Fréderique Langue, a. *Ensayos históricos vinculados Militares y poder en con las relaciones civiles y militares venezolanas* 2005, p.152)

95 Es una frase muy manida de la autoría de Mao TseTung , contenida en "Problemas de guerra y estrategia. La historia de guerra del Kuomintang : "Todos los comunistas tienen que comprender la siguiente verdad: "El poder político crece (otros dicen nace) del ca ño (boca) del fusil. Nuestro principio consiste en que el partido es el que dirige el fusil, y jamás se permitirá que éste lo dirija ". (Mao TseTung, *Obras escogidas* , Tomo II, Editorial Platina, Buenos Aires, 1959, p. 39)

La organización patronal se le ha atribuido y censurado la pretensión de implantación de expresiones institucionales y de gobierno que instrumentan el dominio a través de la democracia representativa, desplegada en comandita con el poder del capitalismo imperial ejercido por los Estados Unidos. A sus directivos se les ha acusado de ser los voceros calificados para tal fin, los intérpretes de la nueva realidad institucional y dinámica sociopolítica surgida a partir de 1958, que culminó con una etapa en la cual fue muy cuestionada la participación de la nación norteña no solo en Venezuela sino en América Latina.

Una nueva etapa de la cual surgieron los partidos políticos como actores y conductos comunicacionales entre la sociedad civil y el Estado, convertido en un sistema cuyas columnas eran la organización de masas destinadas a la lucha del poder y a ejercerlo en un esquema de supremacía constitucional, basamentos del ordenamiento político en virtud que rige el funcionamiento del Poder Público, cuya legitimidad y desempeño dependen de los partidos políticos.

La investigación histórica venezolana ha sido, en parte, el resultado de la elaboración de esa corriente historiográfica que sirvió de cercha conceptual para asumir posiciones ideológicas con las que se pretendían–con la conquista de objetivos en la etapa culminante de la segunda República liberal democrática– desvanecer lo que representó la conformación programática y soporte del Pacto de Puntofijo, denominado por Juan Carlos Rey (1936-2020) *sistema populista de conciliación* y que fue concebido como "una peculiar cultura y el conjunto de reglas informales de juego político que se desarrollan en Venezuela a partir de 1958, insistiendo en el objetivo básico de preservación del orden socio-político que a través de todo ello se busca"[96].

Sin duda, lo expresado llevó al inicio tardío del estudio sistémico de la historia empresarial como área que cobra importancia dentro de la historia económica y que adquiere estatuto epistemológico como una rama importante de la historia, a pesar que en otras latitudes viene desarrollándose desde hace aproximadamente 200 años[97], teniendo como

---

96 Juan Carlos Rey, *El futuro de la democracia en Venezuela,* Facultad de Ciencias Jurídicas y Políticas, Universidad Central de Venezuela, Caracas, 1998, p.292-3.

97 María Eugenia Romero Ibarra, "La Historia Empresarial", en *Historia mexicana,* Vol. LII, nº 3, enero-marzo, El Colegio de México A.C., México, 2003, pp. 806.

objeto de análisis las empresas y a los empresarios[98], vale decir, "estudia la evolución histórica de sistemas empresariales, emprendedores y empresas"[99].

1.3. Fedecámaras y la «Carta económica de Mérida» en la narrativa de la crónica ideológica militante

En ese juego de satanización y contraposición entre polos antitéticos, resulta evidente que se resalte a Fedecámaras como destinario y representación del medio institucional destinado a la ejecución de la estrategia de dominio y explotación social, circunstancia esta que condiciona no sola la vista de la «Carta económica de Mérida» sino la trayectoria de Tinoco.

La organización patronal, desde su fundación el 17 de julio de 1944, "en plena Segunda Guerra Mundial y a 159 años de haberse creado el Real Consulado"[100], ha desempeñado un rol importante en la representación legítima y determinante del empresariado, una expresión clara de lo que en ciencia política se denomina un *grupo de interés* de cuya constitución atrajo una serie de consideraciones tendentes a presentarlas, de manera distorsionada y dentro de las posturas ideológicas acusadas, como el eje central en la construcción de un régimen de explotación económica y social del capitalismo.

La actuación de estos grupos, denominados también *grupos de presión* no necesariamente resultan contrarios al Estado de derecho

---

98 En ese sentido, Alejandro Cáceres (1980), integrante de un nueva generación de historiadores, profesor de Historia empresarial en la Universidad Católica Andrés Bello, resalta la importancia de esta novel disciplina, haciendo referencia específica a la industria petrolera, resintiendo que "la historiografía contemporánea venezolana poco se ha ocupado de estudiar a la industria en lo interno", avalando su aserto en lo expresado por Ruth Capriles y Marisol de Gonzalo, quienes indican, en la cita efectuada por el mencionado profesor, que no se ha publicado suficiente trabajo para reconocer el sector económico del cual ha dependido la economía venezolana desde 1920… y la mayor del trabajo publicado tiene que ver con la dependencia del fisco y de los otros sectores respecto al petróleo y a la hipertrofia del Estado administrador y distribuidos de esa riqueza." Alejandro Cáceres, *Londres en Caracas y La Haya en Maracaibo. Retos empresariales de Royal Dutch Shell en la industria petrolera venezolana entre 1943-1956*, Academia Nacional de la Historia/ Fundación Bancaribe, Caracas, 2018, p. 13

99 Geoffrey Jones y Zeitlin, *The Oxford Handbook of Business History*, Oxford Publishing Press, Oxford, 2008, p.1., citado por Ibid., p. 14.

100 Fundación Polar, *Diccionario de Historia de Venezuela* , Tomo EO, Caracas, 1988, p.1173.

y perjudicial para la democracia cuando, constituidos formalmente o de hecho, representan en ejercicio de los derechos fundamentales de organización y participación un instrumento de protagonismo dentro de la funcionalidad e institucionalidad del sistema y, por consiguiente, concebidos para defender los derechos e intereses grupales e incidir en los procesos de definición, elaboración y ejecución de las políticas públicas.

Son organizaciones que coadyuvan con el sistema de pesos y contra pesos entre los órganos del Poder Público, favoreciendo tanto su eficacia como el ejercicio de una contraloría efectiva sobre la gestión gubernamental y la veeduría de los derechos fundamentales de sus afiliados o representados. Hasta tal punto es reconocida su existencia que el ordenamiento establece la tutela judicial efectiva en materia de intereses difusos.

Por otra parte, han servido de escenario para el inicio y formación del liderazgo circunscrito a la naturaleza del sector focal del grupo de interés que luego y, eventualmente, puede trascender a uno de impacto general y conductor de procesos políticos, entendidos como gestión gubernamental.

Es aquí donde se pone en evidencia los aportes de Tinoco en la elaboración de la «Carta Económica de Mérida» y de relieve la importancia de su rol protagónico, liderazgo sectorial primario, que coadyuvó a Fedecámaras a consolidar su participación como protagonista en el nuevo elenco de actores surgidos con el restablecimiento de la democracia. Un desempeño exitoso que luego lo catapulta a una carrera pública, equidistante entre logros y reconocimientos, acusaciones y denuestos, explayada en el Poder Ejecutivo, en el Poder Legislativo y en el Banco Central de Venezuela.

El objetivo esencial y existencial de Fedecámaras es:

> defender y promocionar la libre empresa, defendiendo el desarrollo y la diversificación de la economía nacional, basado en el sistema de la empresa privada y de la libre iniciativa, dentro de un orden jurídico que provea y garantice los derechos del hombre, así como también, apoyar y defender las cámaras agremiadas"[101].

[101] «Fundación y Evolución», Fedecámaras, en https://cutt.ly/AEka3oy, consultada en fecha 16 de abril de 2021.

Historiográficamente, reconoce y centra su labor en:

> Buscar y perfilar una identidad gremial patronal que no solo armonice los intereses de sus miembros componentes, sino que, además, los defienda ante los poderes públicos, motorizando el desarrollo nacional y fortaleciendo, con su presencia activa, el sistema de democracia representativa. Esto ha sucedido, confirmando la constante histórica de las OP [Organizaciones Patronales] en Venezuela de politizar sus funciones, es decir, de asumir a plenitud su papel en las decisiones del Estado sobre todo en materias que incumben a sus intereses gremiales[102].

Este perfil institucional hizo viable el entendimiento del pronunciamiento asambleísta del organismo cúpula empresarial, el cual se ha convertido –junto con la «Carta Económica de San Cristóbal» de 1948 y las «Cartas de Maracaibo» (1945 y 1980)– en referencias historiográficas para analizar el desempeño de Fedecámaras desde su creación hasta la presente fecha, permitiéndonos, como agregado, tener una aproximación de cómo sirvió de escenario a Tinoco para su formación y evolución de su liderazgo, sin duda indiscutible y a veces controversial, que actuó, al principio y entre el empresariado, como una fuente de adquisición de conocimiento sobre la gerencia de lo público y, por consiguiente, un conocimiento de la funcionalidad del Estado que, luego. se constituyó en plataforma de su proyección como avezado burócrata –en el sentido *weberiano* del término– y que fue legitimado por el sector de su origen.

La «Carta económica de Mérida» requiere como premisa y punto de arranque para su análisis tener presente las múltiples acepciones del sustantivo que la preside, pudiendo definirse como el documento elaborado por la cúpula empresarial mediante la cual se fija posición, por primera vez de manera contundente y con ánimo de ser reconocido, como parte esencial del sostén del *consociacionalismo político* que generaba. Por sí mismo una expansión a los sectores económicos y sociales del cual Fedecámaras, por su peso institucional, ya era parte esencial al momento de su celebración[103].

---

102 Fundación Polar, "*Diccionario...*", op.cit, p.1173.

103 El respeto y espacio de la sociedad ganada por la organización cupular empresarial ya era reconocido por ese gran hombre, inevitable en la Historia política del país y el cual es

Tal como su adjetivación indica, fue un análisis y una propuesta de *realismo económico*, condición esencial –según el organismo patronal– para que exista progreso social, exigiendo al Gobierno adoptar "una política definida de desarrollo nacional, subordinando todos sus esfuerzos a este gran objetivo. De lo contrario, continuaremos haciendo esfuerzos dispersos que, en definitiva, nada resuelven, y perderemos quizás la oportunidad histórica de construir un país donde los hombres puedan ver con la esperanza del futuro"[104].

La declaración empresarial se produjo dieciséis meses después de la suspensión de algunas garantías de los derechos individuales y políticos, así como la restricción de los derechos de huelga y de libertad económica o empresarial, lo cual ocurrió el mismo día de la promulgación de la segunda Carta Magna democrática[105].

---

actor esencial en la puesta en este acto de puesta en escena de la obra sobre los aportes de Tinoco. Me refiero al presidente Rómulo Betancourt, quien en los albores de la democracia pergeñó el perfil de, *Fedecámaras* ya desde sus primeros tiempos:

Con un claro concepto del deber social, tenemos que hacer un llamado a la razón y ver si podemos sentar las bases definitivas para realizar en Venezuela la verdadera reforma social de contenido real que implique un de un aumento efectivo en el nivel medio de vida de nuestra población. No podemos seguir viviendo esperanzas o de ilusiones y tenemos que sustituir la promesa por la realización efectiva punto es esta la tarea fundamental de nuestra generación de ello debemos toda nuestra dedicación y todo nuestro esfuerzo. (Rómulo Betancourt. "*Antología Política, Volumen Séptimo. 1959-1964*", op.cit, p. 197.)

104 Carta de Mérida.

105 El presidente Rómulo Betancourt mediante Decreto N. ° 455 de fecha 23 de enero de 1961 publicado en la Gaceta Oficial de la República de Venezuela N. ° 26.463 de esa misma fecha, procedió a la suspensión de las garantías a los derechos fundamentales: a la inviolabilidad del hogar y de la correspondencia; libre tránsito; a reunirse, pública o privada y a manifestar pacíficamente. Asimismo, se restringió en todo el territorio nacional lo concerniente a las garantías a los derechos de libertad económica o de empresa y al derecho de propiedad.

De esta manera el Ejecutivo Nacional frente a "los actos de rebelión", a la actitud "más agresiva y hostil a la convivencia democrática", así como también la actuación de "grupos vinculados al régimen dictatorial depuesto el 23 de enero de 1958 y a sistemas totalitarios de gobiernos imperantes en algunos países americanos persisten en su criminal propósito de derrocar por la fuerza al Gobierno Constitucional y democrático que libremente se ha dado el pueblo venezolano".

El Gobierno de Betancourt procedió al establecimiento de una «Estado de emergencia, suspensión y restricción de garantías», cuyo antecedente en esa misma gestión gubernamental, fue el Decreto N. ° 403 del 28 de noviembre de 1960, dictado con fundamento en la Constitución de 1953, publicado en la Gaceta Oficial N. ° 26.418 del 28 de noviembre de 1960. (Vid., Cámara de Comercio de Caracas, *Evolución de la Restricción de la Garantía Económica de 1960 a 1985,* Caracas, 1988).

Pedro Tinoco, Director de la Cámara de Caracas, en plenitud de su liderazgo empresarial junto a Ramón Imery y Felix Martínez Espino

1.4. ¿Cuál es la naturaleza de la «Carta económica de Mérida»? Las condicionantes internas y externas de su preparación y elaboración. Una declaración de principios en medio de una situación convulsa

En relación con el objetivo perseguido por los sectores habilitados, que prestaron su concurso para su aprobación, se plantean dos interrogantes.

La primera, si la intención resultante de la Asamblea de Mérida, plasmada en la «Carta económica», fue desde un principio la expresión única o consentida por todos los sectores que conforman la institución, de ratificación de principios y objetivos consustanciados a su existencia; la confirmatoria de ser una institución fundamental de interlocución con el Estado[106]; la determinación del problema fundamental a largo

[106] En conferencia dictada por Tinoco, el 9 de agosto de 1962 en la Bolsa de Comercio de Caracas-ahora Bolsa de Valores de Caracas- en relación a esta declaración sobre la cual volveremos en virtud que trasluce su impronta en ella y proyecta su pensamiento condicionante de su actuación futura, expresó:

plazo –*estructura de producción* y *estructura de empleo*–, el problema inmediato a corto plazo: "reducción en las inversiones nacionales, reducción de la inversión privada extrajera, reducción de la inversión pública, reducción de nuestras reservas internacionales y déficits presupuestarios"; "la necesidad de fijar como objetivo nacional una política de desarrollo económico" y la indicación de los sectores fundamentales de la política de desarrollo.

La segunda, por el contrario, si es la expresión de un acuerdo intergrupal endógeno que, luego de un arduo debate, condujo a lo que pudiera denominarse el *consenso interno de Mérida*[107].

En esa última interrogante debe destacarse que fue preciso solventar escollos de fuerte animadversión al gobierno, es decir, debió superarse una eventual dicotomía entre quienes sostenían enfrentar al gobierno, imbuidos en viejos prejuicios y añoranzas del régimen depuesto, y aquellos que buscaban contribuir al fortalecimiento de la recién nacida democracia. Una etapa a la cual José Toro Hardy (1942) denomina *Dolores de parto de la democracia*:

> La democracia nació en medio de fuerte dolores de parto. El cambio de rumbo del país acarreó un deterioro en sus principales indicado-

Este planteamiento que hacen los hombres de empresa del país, debería ser objeto del más detenido estudio, tanto por el Gobierno Nacional y los partidos políticos, como por toda la colectividad. Creo que podría ser la base para un gran entendimiento nacional, que permitiera iniciar un gran esfuerzo creador al cual contribuyeran todos los venezolanos. (Cámara de Comercio de Caracas, *Boletín Número 583*, Año XLI, Junio, Empresa El Cojo, S.A., Caracas, 1962, pp.16.193).

107 Es aquí donde vale la pena rescatar el significado del vocablo «carta» y resaltar que una de acepciones, desde el punto de vista del Derecho Internacional, como instrumento concluido entre sujetos objeto de esa rama del Derecho Público es sinónimo de convención, acuerdo o pacto.
Así, dentro de la posible tensión entre el mundo empresarial y el político, entre los nuevos actores y los herederos del régimen depuesto se consumó un pacto o manifestación de voluntades, que llevó al convenio de voluntades, producto de la intervención de los Estados Unidos, dentro del *«giro copernicano»* en su política exterior, imbuida, entrado el siglo XX, por su configuración potencia mundial, producto de varios acontecimientos de índole diversa que aceleraron tal conversión, condicionado por la necesidad de acceder al petróleo venezolano e incidir en las políticas públicas de regulación e imposición del nuevo gobierno. (Vid., Víctor Rodríguez Cedeño, Milagros Betancourt Catalá y María Torres Carzola, *Diccionario de Derecho Internacional,* Los libros El Nacional. Caracas, 2011, p. 80).

res económicos. Difícilmente el sistema hubiera podido mantenerse de no ser por la férrea determinación de Betancourt y el clima de unidad que surgió del Pacto de Puntofijo.
Ese primer quinquenio de la reciente etapa democrática venezolana fue el único periodo, en el cual no se produjo ningún trauma de importancia en los mercados petroleros internacionales. Quizás por ello el país le tocó vivir una etapa severa de depresión económica. De allí en adelante, durante el mandato de cada uno de nuestros presidentes, los citados mercados petroleros sufrieron en algún momento serios desajustes que, de alguna forma u otra reflejaron en un incremento importante en los ingresos fiscales, aportado por el sector de los hidrocarburos[108].

El economista venezolano traído a colocación expresa en torno al período 1958-1963 que:

Quizás el indicador más adecuado para medir la actividad y productividad desarrollada en el territorio nacional es el producto territorial bruto, valorado a precios de 1957, el PTB creció entre 1958 y 1963 a un ritmo promedio del 4,3%, menos de la mitad del crecimiento que este indicador había experimentado entre 1950 y 1957. Como consecuencia de ello el producto per cápita, que había crecido a una tasa anual del 4,9% de 1950 a 1957, tuvo durante el lapso 1958- 1963 un crecimiento del orden de apenas 1%[109].

El político venezolano Ramón Escovar Salom describe el ambiente tenso que debió enfrentar el presidente Betancourt en las relaciones de su gobierno con el sector privado:

El sector de los negocios, llamado más tarde de un modo más filosófico, la empresa privada, influido por viejos prejuicios en parte y por natural prevención ante los efectos económico de la democracia, no tenía definida una posición. Algunos de sus componentes simpatizaban en privado con un Golpe de Estado derechista. Otros, más cautos, esperaban. De allí la importancia (...) de la gestión

[108] José Toro Hardy, *Fundamentos de Teoría Económica. Un análisis de la política económica venezolana*, Editorial Panapo, Caracas, 2005, p. 589-90.
[109] Ibíd., 576.

del representante personal del presidente de los Estados Unidos, el Embajador Moscoso. De las discusiones de esté con empresarios de Caracas comenzó a salir la silueta de una exposición doctrinaria que reconociera la posibilidad concreta del problema democrático y la de la negociación del desarrollo.
Este fue el ambiente en que se inició la llamada Carta de Mérida, en 1962, aprobada por la XVIII Asamblea Anual de la Federación Venezolana de Cámaras y Asociaciones de Comercio y Producción[110].

La aserción del político barquisimetano permite elaborar varios escenarios en torno a las actividades instrumentales, mediales y previas para la elaboración de la «Carta económica de Mérida». Un catálogo elaborado con el ánimo de delimitar el cercado de sus antecedentes factuales, que definieron un desenvolvimiento incrustado en medio de una convulsión política, comprometidas finanzas públicas y la afanosa búsqueda de lograr las bases de concertación adecuadas para lograr la sostenibilidad del sistema democrático recién estrenado.

Una primera premisa, *post* lectura de la prosa de Escovar Salom, es la existencia de dos bloques en el sector empresarial, específicamente en el sector agremiado, que es el escenario de más fácil ubicación e identificación de banderías y facciones postulares, en muchos casos desde la óptica de la racionalidad, que deriva de una evaluación del entorno, coyuntura o propuestas de políticas públicas, por ejemplo; en otros casos, producto de la defensa de intereses peculiares y, por tanto, de importancia exclusiva solo para una de ellas, es decir, de mantenimiento de espacios y privilegios.

En el primer grupo se incluyen aquellos que guardaban prejuicios y recelos contra Betancourt debido a su pasado y a su paso por el Partido Comunista Costarricense, su plataforma de proyección política –Acción Democrática– y las ejecutorias de su gestión al frente de la Junta Revolucionaria de Gobierno (1945-1946), que facilitaron la construcción de una fachada disruptiva en sus orígenes[111] y que permitió la amalgama de una disidencia, la cual incluye varios subgrupos:

---

[110] Ramón Escovar Salom, *"Los demonios....,"* op.cit, p.98.

[111] Dejemos que sea el propio Betancourt, que exprese las razones que hicieron que el denominado «*trienio adeco*» o simplemente el «trienio» haya sido *"un régimen que vivió pe-*

(i) Aquellos que por motivos aparentemente ideológicos se centraron en la animadversión a la posición mantenida por el reciente electo Presidente de la Republica y su partido, vocación abiertamente opuesta a los años del *gomecismo* químicamente puro –entiéndase la gestión y consolidación ocurrida entre 1908 y 1935– y sus derivaciones –que abarca los gobiernos de Eleazar López Contreras (1893-1973) e Isaías Medina Angarita (1897-1953), regímenes que trascurrieron en un década signada por grandes cambios y la generación de nuevos actores (económico, políticos y sociales)–.

(ii) Otros que pugnaban por la preservación de intereses económicos claramente definidos, nacidos al amparo de Juan Vicente Gómez Chacón, bajo protección gubernamental o participación directa en posesiones inmobiliarias, actividades económicas –en general– y aquellas vinculadas al otorgamiento de concesiones, que se iniciaron bajo el influjo del petróleo en la economía.

(iii) Por quienes buscaron mantener su influencia política, motivados por el fortalecimiento de algunas figuras que escalaron el poder. Este último subgrupo estuvo configurado por herederos de "los andinos en el poder"[112] y sus beneficiarios[113].

---

ligrosamente" por haberse negado a "*administrar el statu quo*", y por no haber procedido a realizar: *un simple cambio de hombre en el timón, pero dejándose intocadas las bases sobre las cuales se asentó el régimen depuesto, una nueva autocracia pudo seguir dándole al país, siquiera por un tiempo más, la paz inmoviliza de la injusticia estratificada y el desorden profundo con apariencia de orden. Pero resulta ingenua la creencia en que un cambio tan resuelto como el que se produjo, hacia la democratización de política y la reforma económica, hubiera podido realizarse sin desesperada resistencia de los grupos reaccionarios y sin lo intentos revanchistas de quienes habían sido desplazados del usufructo incontrolado del poder*. (Rómulo Betancourt, *Venezuela, Política y Petróleo*, Fondo de Cultura Económica, México, 1956, p.461.)

En igual sentido, expresa Cartay Ramírez, al referirse a la difícil situación demarcaba la crisis posterior al 23 de Enero de 1958, que había un factor que tanto Betancourt como Caldera estaban conscientes de su existencia: "*la desconfianza que en ciertos sectores despertaba todavía Betancourt. El primero en reconocerlo así era el propio jefe de AD.*" Gehard Carthay Ramírez, "*Caldera y Betancourt...* ", op.cit, p.176.

112 Título de una obra de Domingo Alberto Rangel, *Los andinos en el poder. Balance de Historia contemporánea 1899-1945*, Vadell Hermanos Editores, Caracas, 1974.

113 El mismo Betancourt, en su obra cumbre ya citada, al querellarse con cinco décadas anteriores en las cuales "*ningún gobernante civil había ejercido la Presidencia de la República,*

Un segundo grupo de empresarios, no necesariamente vinculados a Betancourt y a Acción Democrática, apostaron por el restablecimiento del régimen democrático o, simplemente, abandonaron el nicho del regionalismo andino, a pesar que se aprovecharon de los avances y de la empresarialidad que se generó en los años cuarenta y cincuenta o aquellos que se vieron afectados por la situación fiscal comprometida a fines de la *década militar*, que los lanzó a una situación difícil por la morosidad y negativa del gobierno de Pérez Jiménez de cumplir con los compromisos adquiridos con el sector construcción.

Además, no puede dejarse a un lado la Guerra fría, una condicionante de primer orden de la geopolítica y de las relaciones de Venezuela tanto con terceros países como a nivel interno, entre el Estado y los agentes privados, más cuando los actores principales de este enfrentamiento global e inédito se involucraban en resguardo de su preeminencia en sus *zonas de influencia.*

Un enfrentamiento que, en criterio de Richard Nixon, era la tercera guerra mundial, "la cual lleva un tercio de siglo librándose, y comenzó en aquellos últimos días de la segunda guerra mundial". Es "una guerra total. Se libra en todos los niveles de la vida y de la sociedad". Agrega el expresidente republicano que "el poderío militar, el poderío económico, la fuerza de voluntad, la fuerza de las ideas galvanizantes de una nación, y la claridad del sentido de sus propósitos, cada uno de estos factores es vital para la determinación del resultado final", puntualizando que es:

> ...la primera guerra verdaderamente global. No hay ni un rincón de la tierra que esté a salvo de ella. Los Estados Unidos y la Unión Soviética han llegado a ser dos potencias mundiales, y todo aquello que afecta el equilibrio entre estas dos potencias en cualquier punto del globo, afecta dicho equilibrio en todo el globo. Los soviéticos

---

como vino a ocurrir en octubre de 1945, ninguna persona nacida fuera de Los Andes. Andinos y tachirenses, fueron Castro, Gómez, López Contreras y Medina Angarita", agrega: *A las fuerzas que tradicionalmente se oponen en la América Latina a los gobiernos democráticos y de avanzada -hacendados de criterio feudal, núcleos influyente de ejército del clero, capitalistas nacionales y extranjeros hostiles a la sindicación obrera, a la moderna tributación ya la vigilancia de estado sobre los modos de explotación de las riquezas naturales- se añadió el elemento aleatorio del regionalismo resentido.* (Rómulo Betancourt, "*Venezuela...* ", op.cit, p. 462.).

comprenden lo anterior. Nosotros también debemos comprender, y debemos aprender en términos globales[114].

La Guerra Fría –a pesar de abarcar diferentes aspectos de la vida social y más allá de las presiones vigilantes realizadas bajo la tensión continua, como fuerza motriz, en el campo de la diplomacia– se centró en el petróleo y en su importancia estratégica para la defensa y seguridad de las potencias involucradas.

El año de 1958 fue de relaciones tensionadas y de movimientos estratégicos en torno al surgimiento de movimientos nacionalistas, tanto en Irak como en Venezuela. Sobre este particular, Salcedo Ávila expresa:

> El acontecimiento marcaría aún más profundamente al negocio de los de hidrocarburos, entre otras razones porque el nuevo gobierno democrático asumiría la vanguardia el nacionalismo petrolero, siendo pionera en la ruptura de fifty-fifty (que ella misma estableció como estándar en 1948), y también asumiendo liderazgo como principal arquitecto y promotor de la cooperación entre los países exportadores de petróleo (esfuerzo que fructificaron precisamente en el antes mencionado cartel petrolero [Organización de Países Exportadores de Petróleo –OPEP–)].
>
> Sin duda alguna, el establecimiento de estos regímenes no podía agradar a las grandes compañías que para ese entonces monopolizaban la producción y el comercio del crudo. Ellas sabían que estos nuevos actores buscarían tarde o temprano disputarles parte de ese poder que ejercían sobre el negocio petrolero. Tampoco podía complacer a los gobiernos en los mayores países consumidores, sobre todo por las implicaciones que ese nacionalismo pudiese tener sobre su acceso y disponibilidad energética, elementos esenciales de seguridad nacional[115].

---

114 Richard Nixon, *La verdadera guerra. La tercera guerra mundial ha comenzado...*, Documentos/15, Planeta, Madrid, 1980, pp.28-9.
En relación al tema de la «*Guerra Fría*» y sus implicaciones en todos los aspectos de la vida cotidiana de las grandes potencias y su influencia, actuación y penetración en todos los ámbitos sociales, véase también, a los efectos de tener una visión general a Robert Mcmahon, *La Guerra Fría. Una breve introducción*, Historia/Alianza Editorial, Madrid, 2009, y, específicamente, con respecto a América Latina, Vanni Pettina, *La Guerra Fría en América Latina*, El Colegio de México, México, 2018.

115 Gustavo Enrique Salcedo Ávila, Divididos sobre el petróleo. Estados Unidos y la política petrolera nacionalista del gobierno de Betancourt en *Revista Politeia*, N.° 53, Vol. 37,

Esta circunstancia no puede soslayarse tomando en consideración que, para ese año, Venezuela llegaría a ser nada más que el tercer socio comercial de Estados Unidos, sexto mercado y el segundo país por receptor de inversiones privadas estadounidense a nivel mundial.

El secretario de Estado John Foster Dulles (1888-1959) –al poner en relieve la importancia que tenía Venezuela para su país, en discurso pronunciado en Washington el 27 de marzo de 1959 con motivo de la Conferencia Nacional de Organizaciones sobre Política Comercial Internacional– aseveró que "el petróleo venezolano ayudó a ganar la Segunda Guerra Mundial. Sostuvo nuestros esfuerzos en la guerra de Corea. Venezuela importó de Estados Unidos bienes por un valor aproximado de un millardo de dólares en 1957. Nosotros importamos de Venezuela $ 900 millones de dólares", lo cual llevó al alto funcionario a afirmar que "nuestra seguridad nacional no se vería beneficiada si tuviésemos que darle la impresión a los venezolanos que tenemos la intención de reducir drásticamente nuestras compras de ellos"[116].

No obstante, en 1958 la Junta de Gobierno venezolana, presidida por Edgar Sanabria (1911-1989), procedió inconsulta y subrepticiamente –formas ajenas a las de gobernar en democracia representativa– a incrementar la alícuota o tipo impositivo del Impuesto sobre la Renta a la industria de los hidrocarburos, sometiéndola a mayor presión impositiva, generando una fuerte protesta por parte de Thomas Clifton Mann (1912-1999), encargado de asuntos económicos del Departamento de Estado.

Las relaciones de los Estados Unidos con el Caribe adoptaron otro cariz, posterior a los sucesos acaecidos en la Latinoamérica con motivo de la visita de Nixon y, en especial, a Caracas, que afloró una más propia entre dos oponentes, más que aquellas que corresponden a países amigos, actuando en marco de cooperación y reciprocidad.

Los asesores en asuntos latinoamericanos de la Casa Blanca, recuerda Otoniel Morales, consideraron que tenían que revisarse en el

---

Instituto de Estudios Políticos, UCV; Caracas, 2014, p. 53. https://cutt.ly/pEkdYYV, consultada en fecha 19 de mayo de 2021.

116 Ibíd., p. 56.

menor tiempo posible la política exterior estadounidense con respecto a la América Latina-El Caribe, pero sin abandonar los principios elementales de las políticas de Contención del Comunismo y Guerra Fría, es decir, los proyectos anticomunistas surgidos de la Décima Conferencia Interamericana de 1954 que fue celebrada en Caracas[117].

Encuentro que, por cierto, sirvió de escenario para que el gobierno de Estados Unidos condecorara a Marcos Pérez Jiménez con la *Legion of Merit*, el máximo reconocimiento que se otorga a personalidades extranjeras.

El ya citado especialista Salcedo Ávila de la Universidad Simón Bolívar, en el ensayo sobre la postura de los Estados Unidos y la política petrolera nacionalista del gobierno de Betancourt, apunta lo siguiente:

> Como era de esperarse, la subida del impuesto sobre la renta generó gran revuelo entre las compañías. Duke Haight, presidente de la Creole (la empresa más grande, filial de la Standard Oíl de new Jersey) protesta airadamente, que muchos pensaban que iban a ser expulsado de Venezuela. Según él la industria habría sufrido un durísimo golpe que "alteraba drásticamente el clima para las inversiones extranjeras". Recriminó que la acción fuese tomada "completamente en desprecio derechos adquiridos e ignorando obligaciones morales, si no legales, de negociar". El clima de confianza y comprensión con Miraflores parecía destruido, confirmando los temores que muchas sentían hacia la oposición antiperezjimenista[118].

Ese fue un clima de crispación paulatina que encontró Rómulo Betancourt al inicio de su gestión en el año de 1959, las cuales profundizaron más las reticencias hacía él y que los sectores económicos, tanto nacionales como extranjeros, ya mantenían. Tal circunstancia había generado una preocupante animosidad hacia el recién estrenado mandatario y en la cuales ejerció Tinoco su función gremial tanto en la Asociación Bancaria Nacional como en Fedecámaras.

---

117 Otoniel Morales, « Venezuela y Los Estados Unidos de América durante la política de Guerra Fría entre 1954-1992 » en Alejandro Cardozo Uzcátegui (Dir.), *Venezuela y La Guerra Fría*, Editorial Nuevos Aires, Universidad Simón Bolívar, Caracas, 2014, p.182.

118 Ídem.

El abogado e historiador Luis Manuel Marcano Salazar expresa que:

> ...aún estaba latente en el ánimo del grupo constitutivo de la estructura de poder interna venezolana, iglesia, empresarios, ejército, el recuerdo del Trienio y el temor de las amenazas contra la institucionalidad del régimen de los sectores de derecha e izquierda[119].

En apoyo de su aserto, el citado autor trae a colación lo expresado por Diego Bautista Urbaneja:

> ...Esa *situación* de la nueva democracia introduce en el período del programa democrático un elemento cuya importancia es imposible exagerar. La estabilidad política del régimen se convierte en una obsesión, o en términos más precisos, en la primera prioridad a ser atendida. Esto significa también que se convierte en el criterio a partir del cual determinar, tanto el orden jerárquico del resto de los objetivos económicos, sociales, culturales, contemplados en el programa como la forma de su realización[120].

Las condiciones de liderazgo y la esencia de estadista de Betancourt se pusieron en evidencia para hacer frente a la situación señalada y superar esas tensiones que tenían repercusiones internas en el manejo de los aspectos vinculados a la imagen que se tenía del gobierno y a la búsqueda afanosa de consenso que permitiera dar ejecución plena al Pacto de Puntofijo, celebrado en octubre de 1958 y que permitió definir las bases mínimas de un gobierno de coalición.

Ese esfuerzo comenzó el propio año de 1958, tal como lo expresó el historiador Manuel Caballero (1931-2010):

> A lo largo de todo el año 1958, Betancourt deberá hacer un despliegue de habilidad política como acaso nunca antes: Es maquiavelianno, el hombre de poder, se muestra entonces en todo su esplendor.

---

119 Luis Manuel Marcano Salazar, *La política exterior del gobierno Rómulo Betancourt 1959-1964*, Libro Breve, N 245, Academia Nacional de la Historia, Caracas, 2009, p. 146.

120 Diego Bautista Urbaneja, *Pueblo y petróleo en la política venezolana del siglo XX*, pepe. 197-198 citado Ídem.

> No haber actuado así hubiera sido suicida porque estaba rodeado de enemigos. Él, como ningún otro líder, encarna el partido político, es la política, cosas que una propaganda pertinaz había demonizado ad nauseam durante los 10 años de la dictadura[121].

Evidente, por tanto, que las relaciones del gobierno de Betancourt fueron difíciles desde un principio ante los distintos actores políticos –los partidos, tanto el suyo, los consocionados como los excluidos del pacto–, los sectores militares, los jóvenes y, por supuesto, el empresarial, parte del cual buscaba acicate en la frontal diplomacia de Dwight Eisenhower (1890-1969).

A pesar de la coincidencia plena del trigésimo cuarto presidente de los Estados Unidos y Betancourt, en relación con la amenaza de Cuba y en medio de la Guerra Fría, podría decirse, siguiendo al historiador venezolano Edgardo Mondolfi (1964), que el tono que dominó las relaciones entre ambos presidentes "fue casi, sin excepción, de repetidos desencuentros", citando –por ejemplo– el tema relacionado a la sustitución por parte de los Estados Unidos de las importaciones de azúcar de Cuba y la ampliación de la cuota de este producto proveniente de República Dominicana, lo cual generó un impasse con el gobierno de Venezuela, que se tradujo en una fuerte nota de protesta basada en la posición dubitativa del gobierno estadounidense con respecto a la sanciones económicas impuestas por la Organización de Estados Americanos y la interpretación al Tratado de Reciprocidad Comercial, efectuado por el gobierno nacional para adecuarlo a la nueva realidad del país, en franco proceso de intensificación del desarrollo industrial, lo cual requería una revisión mediante su renegociación[122], tópico este que generó ruido en las relaciones diplomáticas entre ambos países.

---

[121] Manuel Caballero, *"Rómulo Betancourt. Leninismo... "*, op.cit, p. 29.

[122] Edgardo Mondolfi Gudat «La relación Venezuela Estados Unidos durante el último medio siglo » en Tomás Polanco Alcántara, Simón Alberto Consalvi y Edgardo Mondolfi Gudat, *Venezuela y Estados Unidos a través de 2 siglos*, Cámara Venezolana Americana de Comercio e Industria, Caracas, p.X.

1.5. Tinoco, artífice del consenso. Su primera huella en la «Carta económica de Mérida»

Las difíciles relaciones diplomáticas entre ambos países dieron pie a que salieran a la luz pública las diferencias acusadas entre sectores disidentes empresariales y el gobierno de Betancourt, haciéndose eco, incluso, en la prensa de Estados Unidos.

El economista Héctor Malavé Mata, en relación con la molestia de las empresas petroleras y el inicio de una campaña para lograr revertir la política petrolera del gobierno de Betancourt, asienta:

> En los años iniciales de la década del 60, precisamente en el comienzo del gobierno presidido por Rómulo Betancourt, fue ratificado oficialmente el principio de no más concesiones junto a las compañías petroleras como evidente desacuerdo con la decisión gubernamental, solicitaron por medio de sus publicistas y gestores como la definición de una política sustitutiva del viejo régimen de concesiones. Una corriente de opinión promovida por las mismas empresas exigía que el gobierno declarara su política en torno a la materia[123].

Así, por ejemplo, un editorial del *The New York Times* titulado "Flare up in Venezuela" ("Protestas en Venezuela") impulsó a Tinoco a enviar una comunicación de fecha 12 de julio de 1961 para desmentir lo expresado por el diario.

La comunicación de Tinoco, procediendo en su carácter de presidente de la Asociación Bancaria Nacional, fue publicada en la sección «Letters to The Times» –en la edición correspondiente al sábado 29 de julio de 1961– la cual, a pesar de su extensión, reproducimos íntegramente ya que avala nuestro afán de evidenciar su posición reiterada y orientada a la búsqueda de un consenso en torno a una posición compresiva de la situación nacional y de apoyo para minimizar la endeble estabilidad política:

> Economía de Venezuela. El banquero analiza los factores de su actual recesión.

---

[123] Héctor Malavé Mata, *Formación histórica del autodesarrollo de Venezuela*, Liceduka Libros, Caracas, 1980, p. 248.

En su reciente editorial "Protestas en Venezuela", esboza los graves problemas que enfrenta el actual Gobierno y menciona "la siempre peligrosa animosidad de la pequeña, adinerada y reaccionaria comunidad industrial y bancaria que prosperó en la peor forma de dictadura, pero que resiente un gobierno verdaderamente democrático como el del presidente Betancourt". La declaración no refleja con precisión la situación política y económica real de Venezuela.
Por el contrario, el sistema bancario comercial ha cooperado continuamente con el gobierno en la colocación de emisiones del Tesoro. La última emisión colocada por el fisco en estos tiempos difíciles fue suscrita por los bancos en veinticuatro horas.
En Venezuela la parte más importante de la riqueza del país, nuestro petróleo y otros recursos minerales, es propiedad de la nación. Todos los ingresos son recibidos por el gobierno. Nuestro gobierno recibe más de mil millones de dólares al año de las empresas petroleras y mineras, lo que le otorga un ingreso per cápita que es el más alto de América Latina. La propiedad privada está bien diversificada en una creciente clase media de reciente creación y sin prejuicios coloniales.
Se aceptan reformas sociales.
Es injusto llamar reaccionaria a nuestra comunidad industrial y bancaria. Las reformas sociales han sido aceptadas durante mucho tiempo y nadie propone su abolición. Para el año 1944 teníamos en vigor una de las leyes laborales más ilustradas del mundo, dando a los trabajadores un sistema de seguridad social, un impuesto sobre la renta progresivo y una ley de reforma agraria sensata.
Todas estas leyes fueron puestas en vigencia por un gobierno liberal que se decía representaba a nuestra clase media y existía antes que cualquiera de los partidos políticos que asumían la representación de la clase trabajadora en nombre de la reforma social que gobernaba Venezuela. Hemos criticado algunas de las políticas fiscales y económicas del actual gobierno. Esta crítica se ha expresado no por pérdida de privilegios, ya que el actual gobierno no ha puesto en marcha ninguna nueva medida importante de reforma social que pudiera interpretarse como una pérdida de privilegio, sino como consecuencia de una preocupación patriótica por el destino de la nación. Nuestra nación. Toda Venezuela, no solo la comunidad industrial y bancaria, está preocupada por la situación económica.

El porcentaje de nuestro presupuesto invertido en el desarrollo de nuestra economía ha
disminuido sustancialmente como consecuencia del increíble aumento de los gastos no productivos del gobierno. Estamos consumiendo imprudentemente capital derivado del mal uso de activos, petróleo y minerales sin reinvertirlo en beneficio de las generaciones futuras.

Gasto deficitario

Nuestro presupuesto, a pesar de los ingresos de nuestro gobierno, que son más altos que los de la mayoría de las demás naciones latinoamericanas, permanece desequilibrado. Hemos venido aplicando políticas inflacionarias de gasto deficitario que han contribuido a una cierta desconfianza en nuestra moneda y en la estabilidad de nuestra economía.

Venezuela atraviesa un período difícil de recesión y desinversión que ha creado un considerable problema social de desempleo. Esta es la consecuencia de muchos factores: falta de respeto debido a los procedimientos legales; falta de una política económica bien definida que establezca límites a las actividades del gobierno en el sector privado; una política petrolera rígida que se está revisando actualmente; y una sucesión de medidas a menudo contradictorias que afectan a la economía y que han creado un clima de duda e inseguridad en la mente de los inversores.

Creemos firmemente que la libertad política solo puede basarse en la libertad económica. Somos conscientes de que solo se puede alcanzar una verdadera estabilidad política y social mejorando el nivel de vida de nuestra población. Este es un objetivo nacional que pueden compartir todos los venezolanos y que bien merece ser entendido y alentado.

Pedro R. Tinoco, Jr.

Presidente de la Asociación Bancaria Nacional. Caracas, 12 de julio de 1961[124].

[124] La Asociación Bancaria Nacional fue fundada el 8 de junio de 1959, y con la reforma de sus estatutos en el año de 1972 pasó a denominarse Asociación Bancaria de Venezuela. Su primer presidente fue Feliciano Pacanins Acevedo y posteriormente Pedro Tinoco en el periodo comprendido entre 1961-1963. («Asociación Nacional Bancaria» Asobanca, https://cutt.ly/qEkEQWx, consultada en fecha 19 de mayo de 2021.

El editorial del influyente diario neoyorkino no puede desecharse o tacharse de falsedad, pues en aquellos días se jugaba intensamente en una cancha de incertidumbre e inestabilidad en la cual se producían posiciones encontradas entre el gobierno de Betancourt y el sector empresarial, más abiertamente en lo que corresponde a las medidas económicas, que se venían adoptando en ejecución de una concepción de Estado que requería la asimilación suficiente tanto por parte de los empresarios nacionales como de los inversionistas extranjeros, especialmente en el sector petrolero.

La comunicación de Tinoco evidencia a un joven gremialista que entiende el rol que debe desempeñar para lograr, en momentos difíciles, el restablecimiento de la democracia, cuyo fin era que la institucionalidad empresarial ganara espacio e influencia en los sectores gubernamentales. Entendió que el camino no era el enfrentamiento, pues agudizaría más la crisis económica y financiera y, por consiguiente, la de los empresarios.

Es el despunte de Tinoco y el comienzo de su reconocimiento propio en el ámbito de las finanzas nacionales, que luego lo proyecta como un calificado vocero y reconocido experto en las relaciones internacionales, pues se va abriendo camino hacia una fulgurante carrera funcionarial y un asentado liderazgo en el sector, pero lo más importante es que refleja condiciones de operador institucional dentro del ambiente caldeado y de incertidumbre generada por la conducción política del gobierno en medio de una difícil situación de las finanzas públicas, el asedio de la extrema izquierda y derecha y la división del partido de gobierno, acaecida en la convención reunida en Caracas entre el 08 y el10 de julio de1960[125], entre otros factores.

La historiadora González Deluca recuerda que la década de 1960:

> fue la primera en todo el siglo XX, y podría decirse la primera de toda la historia de Venezuela, que se inició bajo un gobierno elegido por votación popular. Pese al entusiasmo político que ese hecho provocaba en la mayoría de la población, para el comercio y para

125 Manuel Vicente Magallanes, *Los partidos políticos en la evolución histórica venezolana*, Caracas, 1977, p.474.

los intereses empresariales el audio popular no conformó un clima en el que sus actividades económicas pudieron desarrollarse con tranquilidad[126].

Más adelante expresa:

para el gremio mercantil los 60 no fueron años fáciles, por varias razones. Por una parte, estaban las dificultades para encontrar una forma plenamente compatible con sus intereses de insertarse en la política económica, que se apoyaba en el trípode la planificación estatal, los estímulos a la industrialización y la integración regional de mercados. Por otra parte, la identificación pública de los comerciantes con una imagen perversa de capitalismo –lo que no era nuevo pero tal vez más insistente en ese período– colocó al sector en una posición que no favorecía la defensa activa de esos intereses.
El discurso populista, que entonces contaba con gran respaldo, tendía a señalar a los comerciantes como responsables de las situaciones críticas –alzas de precios, escasez de artículos– que afectaron, sobre todo al comienzo, la capacidad adquisitiva de la población[127].

Las distintas instancias de agremiación empresarial comenzaron a alzar sus voces, empleando sus distintos medios de divulgación, emitiendo pronunciamientos y dirigiendo sus actuaciones tendentes a efectuar consideraciones críticas y propuestas alternativas a las distintas políticas públicas y medidas de ejecución que venía adoptando el gobierno nacional.

Una situación verdaderamente compleja que estuvo dominada por una reducción en las exportaciones petroleras, una política en marcha de no más concesiones, disminución de las inversiones en el sector, caída de los precios petroleros lo cual generó reacciones de las operadoras que emplearon los distintos mecanismos que tenían a su alcance, entre ellas, valerse de las tensiones en las políticas diplomáticas que marcaban las relaciones entre los Estados Unidos y Venezuela.

---

126 María Elena Deluca, *Los comerciantes de Caracas. Cien años de acción y testimonio de la Cámara de Comercio de Caracas,* 1994, p.537.

127 Ibíd., pp.539-9.

Existía coincidencia en el diagnóstico de la situación, pero no había establecido las bases consensuales en la determinación de las causas y en las soluciones necesarias que deberían adoptarse para hacer frente a la inestabilidad económica y política. Existía una importante fuga de capitales que tenía su origen en la situación del sistema bancario nacional.

En medio de esa crisis fiscal y de la salida de capitales se aprobó una reforma en diciembre de 1960 de la Ley del Banco Central, la cual limitaba la capacidad de conceder préstamos al gobierno y establecía la prohibición de la compra de obligaciones por una cantidad superior al doble de su capital y reservas.

De igual manera la referida ley especial procedía a la reducción de la representación del sector privado en el directorio del BVC, lo cual provocó una fuerte oposición de la Cámara de Comercio de Caracas, Fedecámaras y del Consejo de Economía Nacional, entre otros organismos representativos del sector económico privado.

Se produjo también –como decisión para reducir el déficit fiscal– una disminución de los salarios en la Administración Pública y un aumento de los derechos sobre importaciones consideradas de lujo, lo cual ocasionó de manera inmediata efectos nocivos y distorsivos en el sector empresarial, específicamente en el comercial.

De igual modo podemos traer a colación la promulgación en marzo de 1960 de la Ley de Reforma Agraria, que generó críticas por parte de los organismos gremiales por cuanto consideraban que existían limitaciones arbitrarias al derecho de propiedad, desestimulando la producción y la productividad del sector agrario.

No puede olvidarse el otorgamiento al presidente de la República de la habilitación para dictar medidas extraordinarias en materias económicas y financieras, en el marco de la Ley de Medidas Económicas de Emergencia del año 1961, que le permitía –entre otros asuntos– la regulación de precios, lo cual suscitó quejas generalizadas de los comerciantes que consideraban la vulneración de sus derechos económicos.

La réplica de Tinoco al *New York Times* da cuenta que Venezuela no pasa desapercibida para los Estados Unidos, que sus empresas comienzan a tener inquietud en torno al desenvolvimiento del gobierno, que existe interés en las políticas públicas que se vayan adoptando, especialmente en materia petrolera, lo cual es un objetivo esencial de la Guerra Fría.

No en vano el influyente diario neoyorkino se hacía eco de informaciones dc *turbulencias* y *explosiones* en las finanzas y en las relaciones del sector privado con el gobierno a las cuales le salió al paso Tinoco, hecho este que reviste importancia para destacar su rol en la elaboración de la «Carta económica de Mérida», que no solo es una mera posición dogmática empresarial sino la expresión de una concepción de un modelo económico, la ratificación de la existencia y peso institucional del máximo organismo cúpula, cuya "labor es más compleja y política, es nuestra máxima representación", como describe a la institución Conde Jahn (1917-2003) –en contraposición a la limitada del Consejo Nacional de la Industria (Conindustria)– es "un error creer que, aisladamente, podríamos hacer más que Fedecámaras"[128].

Los Estados Unidos tuvo en cuenta que las relaciones producto de la Guerra Fría imponía el cambio de actores, de una necesaria concurrencia y entendimiento de quienes aparecían como los históricos opositores del depuesto régimen dictatorial, haciéndolas más fluidas con el gobierno emergente de la soberanía popular.

Se requería un nuevo teatro de relaciones políticas, distintas a aquellos con los cuales el gobierno estadounidense acostumbraba a tratar, debiendo buscar nuevas formas y narrativas en un marco cada día mucho más complejo.

Tanto la diplomacia estadounidense –con momentos estelares de compresión y buena relación, así como con bruscas bajas de las mismas con Venezuela y que estuvieron trazadas por el ritmo del petróleo y de las conflagraciones mundiales– como la conducción política de Betancourt requerían una imagen alejada de aquella sostenida por el entonces presidente de la República ante los Estados Unidos, tal como se aprecia en uno de sus pronunciamientos de 1941:

> Resulta evidente que en nuestro país existe un viejo resentimiento hacia Estados Unidos. Sus capitanes de empresa han considerado tradicionalmente nuestros pueblos como "tierra de nadie". Hasta

---

128 Conindustria. Conindustria 30 años: La estrategia de Venezuela en la industria, p.27.

> ahora, muy escaso beneficio hemos obtenido de la explotación de nuestras fuentes naturales de riqueza, porque la parte del león se la llevo siempre el inversionista radicado en Wall Street. El aparato diplomático, y en ocasiones hasta militar, de Estados Unidos, respaldó más de una vez esas prácticas exhaustivas de las riquezas latinoamericanas y el trabajo de los latinoamericanos, utilizada por las grandes empresas yanquis.
>
> No contentos con explotarnos, los capitanes empresas extranjeras –y sus ganapanes criollos, subastadores de plumas y conciencias– han venido sosteniendo la tesis de que, si no perecemos, de hambre y de inanición, es por la generosidad suya al valorizar nuestra fuente de riqueza.
>
> Ambas concepciones deben ser liquidadas, y en plazo perentorio. Ni podemos continuar siendo campo de explotación controlada; ni las inversiones extranjeras en nuestros países –necesitadas de poblaciones que no disponen de reservas propias de capitales para el desarrollo de sus fuentes potenciales de riqueza– pueden seguir considerándose como una generosidad que se nos dispensa[129].

1.6. La diplomacia estadounidense, Tinoco y la gestación de la «Carta económica de Mérida», su segundo aporte

La diplomacia estadounidense identifica rápidamente que una de las vías más expeditas para estrechar las relaciones con el gobierno de Betancourt y garantizar una política energética más favorable a sus empresas e inversionista –habida cuenta, la importancia que reviste el petróleo en la economía venezolana y su configuración como factor desencadenante de procesos económicos– es el sector empresarial, más concretamente Fedecámaras por su naturaleza y el rol que desempeña en el complejo tablero en que se ha convertido Venezuela. La cercanía de su máximo evento, la Asamblea Anual, concitaba en aquel entonces el interés del gobierno y del país, la intervención del presidente de la República en su desarrollo acompañado por los ministros del Gabinete

[129] Rómulo Betancourt, «Entendimiento con Estados Unidos no debe ser entrega a Estados Unidos, artículo publicado en Ahora el 18 de junio de 1941» en Rómulo Betancourt, *Antología Política*, Volumen Segundo 1936-1941, Editorial de la Fundación Rómulo Betancourt, Caracas, 1995, p.518.

Económico era un medio seguro de que la inquietud y las preocupaciones de Estados Unidos tenían un conducto y una caja de resonancia y, por consiguiente, activación de los gobernantes.

El temor a los comunistas por parte de los empresarios venezolanos, la ruptura de relaciones diplomáticas el 03 de enero de 1961 entre los Estados Unidos y Cuba, su proclamación como República Socialista el 01 de mayo de 1961 y los vientos favorables a un acercamiento con Venezuela –la asunción al poder de los demócratas– facilitaron el juego diplomático de Teodoro Moscoso (1910-1992), encargado de llevar adelante la estrategia diplomática, pues se caracterizaba por ser un puertorriqueño con valores y adhesión proactiva a la concepción del Estado Libre Asociado, un político latino que entendía perfectamente el sentir de los hispanoamericanos y hablaba el mismo idioma de los representantes del gobierno.

Durante el período constitucional que Rómulo Betancourt ejerció la presidencia de la República, los EE.UU. tuvieron como embajadores extraordinarios y plenipotenciarios a Edward John Sparks (19 de abril de 1958 hasta el 15 de abril de 1961), Teodoro Moscoso (23 de mayo de 1961 hasta el 21 de noviembre de 1961) y Charles Allen Stewart (14 de marzo de 1962 hasta el 28 de noviembre de 1964).

No obstante, quien mayor influencia y beneficio trajo a la administración de Rómulo Betancourt fue Teodoro Moscoso, un arquitecto de consensos. Fue el gran constructor del dique. En sus declaraciones al Congreso norteamericano, el embajador expresa:

> Sí, vine Washington y me sorprendió aprender que me estarían considerando para el cargo de Embajador de los EEUU en Venezuela. Yo supongo que la única razón que alguien tuvo mi nombre en mente fue quizá el hecho que yo era amigo del presidente de Venezuela desde hace tiempo y, desde luego, estaba en la buena estima del Partido Demócrata[130].

---

130 John F. Kennedy Presidential Library and Museum, Archives Moscoso, Teodoro: oral history interview - JFK #1, 5/18/1964 (Digital Identifier JFKOH-TEM.01) https://cutt.ly/0W5bknP, consultado el 1 de mayo de 2021.

Un conocedor de los asuntos públicos y diplomáticos, como lo fue Escovar Salom, reconoce como positiva la actuación de Moscoso en los términos siguientes:

> Los grupos de izquierda vieron con desconfianza a Moscoso por ser este un típico producto del Estado Libre Asociado de Puerto Rico. Muchos subestimaron su importancia, pero el hecho es que contribuyó a educar a la clase dirigente para que esta entendiera que podría vivir y prosperar dentro un compromiso limitado. Desde ese momento nadie podría seguir pensando como algunos nostálgicos burgueses de Caracas, a principios 1959, qué Betancourt tenía un pacto secreto con el Kremlin. Algunos civiles y otros militares, educados ambos en las tradiciones autoritarias, en el simplismo intelectual y en la ignorancia política, voceaban y repetían esta sospecha que habían divulgado en el pasado los dictadores en combinación con alguno de los dirigentes de las empresas petroleras[131].

La gestión diplomática de Moscoso representó un alivio para el gobierno de Betancourt, fue una oxigenación importante tanto para recomponer el tema de las relaciones con los Estados Unidos como a nivel interno con la institucionalidad empresarial. Esto permitió, sin duda, lograr el «consenso interno de Mérida» entre la dirigencia gremial, traslucir unidad y soporte al gobierno, todo bajo el manto de una declaración aspiracional y de principios.

Como aval de lo expresado, resulta conveniente tener a la mano para su revisión detallada las entrevistas efectuadas a Moscoso por *Leigh Miller*, el primero respondió varias preguntas cuyas respuestas convienen conocer para destacar la importancia que se otorgaba al nombramiento de este diplomático, así como el rol de primer orden que significó su gestión diplomática en nuestro país.

Es una material invaluable que hay que leer con detenimiento, pues constituye una visión extraordinaria de un período, fuente temática de varios aspectos que son fundamentales para seguir adentrándose en el estudio de la diplomacia de EE.UU hacia América Latina –en general– y nuestro país en particular. Es preciso mencionar que las entrevistas

[131] Ramón Escovar Salom, "*Los demonios...* ". op. cit., p.152.

abarcan la temática de Venezuela y las actividades de los grupos de extrema izquierda, la entrega de Moscoso para asistir al gobierno de Betancourt a solventar la crisis que enfrentaba *(I much prefer to devote my time to assisting the government of Venezuela which at that was going through a very critical crisis...)*, la construcción de la imagen del expresidente como aliado económico y político de los EE.UU., las relaciones cercanas y la recíproca admiración entre los presidentes Betancourt y Kennedy, el americanismo y las controversias que se generaron en Colombia con la visita del asesinado expresidente, así como sus visitas a nuestro país –amén de la que dispensara Betancourt de vuelta en 1963–, la ejecución y evolución de su propuesta de *Alianza para el Progreso*, su rol en esta política pública internacional, que de acuerdo con el presidente Kennedy: *You are going to be the director of the coordinator of this. I don't want you to be called assistant secretary, assistant administrator. I want you to have the top job at the alliance* ("Vas a ser el director del coordinador. No quiero que te llamen subsecretario, administrador adjunto. Quiero que tengas el puesto más alto en la alianza"), la crisis de Bahía de los Cochinos, etc.

La «Carta de Mérida» no fue de generación espontánea, no fue un recorrido fácil para que se llevara a cabo su aprobación. Fue bregada en lo interno con el influjo y tutela de los Estados Unidos, que tenía la imperiosa necesidad de asegurarse la preeminencia en el mercado petrolero y el suministro seguro de Venezuela con base en un ordenamiento proclive a la inversión extranjera, lejos de esquemas radicales de confección nacionalista y la tranquilidad de contar con un aliado sólido en el proceso de industrialización, que se logró posteriormente. Ello sin olvidar que Cuba se convirtió en objetivo estratégico para la política exterior norteamericana, un factor perturbador de importancia.

Por consiguiente, resulta evidente el carácter icónico de la declaración de Mérida en su doble naturaleza de instrumento consensual, a su vez con doble compartimiento en cuanto a lo que representa tanto para el empresariado como para los Estados Unidos y como manifestación concreta aspiracional: conducción económica y reafirmación de la importancia de los entes gremiales que integran la globalidad de la representación empresarial en Fedecámaras.

En ese complejo juego el resultado fue la conformación de un cimiento empresarial, nacional y extranjero que sirvió de base de sustentación al gobierno de Betancourt y alivio de los Estados Unidos al contar con una institución de trayectoria y ascendencia como Fedecámaras, que a través de una declaración que trasluce identidad y visión monolítica podría formular las premisas de una política petrolera:

> que tiene importancia fundamental para el desarrollo de nuestra economía. El petróleo es nuestra principal fuente de riqueza y tendrá que suplir gran parte de los medios materiales para el desarrollo. Tenemos que tener un claro concepto de nuestra riqueza petrolera como instrumento de desarrollo nacional. No podemos continuar aplicando una política petrolera, que, si bien puede ser defendida desde un punto de vista teórico, no constituye una forma efectiva al desarrollo de la economía[132].

De esa forma, los Estados Unidos lograban condiciones favorables que facilitaran la reanudación de las relaciones con Venezuela y ganaba terreno en el campo de lograr llamar la atención en la elaboración de la política petrolera menos hostil a sus empresas e inversionistas.

En el contexto de esta compleja relación con múltiples intereses, jugó un papel importante Tinoco, un n abogado relacionado con importantes inversionistas de los sectores comerciales, financieros e industriales, nacionales y foráneos. Un hombre que conocía sus intereses y requerimientos en el país, que manejaba el lenguaje internacional de los negocios, que conocía los vericuetos del mundo empresarial en el cual era respetado y en el que se venía abriendo paso.

En aquel momento se imponía la presencia de actores con cualidades para ejercer una vocería calificada y experta, oportuna y con capacidad de actuación, susceptible de establecer una narrativa y, por consiguiente, un diálogo pertinente con el gobierno, máxime cuando este hurgaba en los vericuetos de la institucionalidad naciente en procura de apoyo –no solamente con sus aliados naturales del sector político sino también del sector empresarial– en momentos tan difíciles, como

---

132 Carta económica de Mérida.

los hemos indicado de manera descriptiva, acerca de la situación en las que se encontraban las finanzas públicas, que condicionaban en forma restrictiva la actuación del gobierno.

Es aquí donde surge la figura de Tinoco como expresión precisa de lo que representa un vocero y un operador, que hizo posible el «consenso interno de Mérida» entre las banderías de los dirigentes gremiales y de los empresarios que hacían vida en los entes que conforman el organismo cúpula empresarial.

El propio Tinoco, en conferencia gremial verificada dos meses después de la Asamblea Anual de Fedecámaras en Mérida, apunta en ese sentido:

> El diálogo iniciado recientemente entre nuestros grandes partidos políticos, tanto de gobierno como de oposición, parece demostrar que existe por lo menos la convicción de la necesidad de llegar a ese mínimo de convivencia. Para poder iniciar una actividad fructífera en el campo económico, es indispensable que lleguemos a crear en el país un clima de seguridad y estabilidad. Sólo con confianza en el porvenir es que podemos impulsar un verdadero esfuerzo creador[133].

Es la pericia de Tinoco, su preparación académica, su habilidad profesional para manejar y entender los negocios estructurados en esquemas complejos de organización, financiamiento y expansión, en el caso de los inversionistas extranjeros le permitía hablar el *idioma de los negocios*. Su experticia en el sector financiero –bancario y bursátil– de importancia en medio de la crisis financiera y en épocas de regulaciones restrictivas cambiarias y, obviamente, su conducción en el entreverado gremial le permitió jugar un papel fundamental tanto en el camino a la XVIII Asamblea Anual de Fedecámaras, –instrumental y previo a la declaración– como en su elaboración, ganándose merecidamente el reconocimiento de ser su autor.

Este es el segundo aporte de Tinoco en relación con la «Carta económica de Mérida», que es de ineludible reconocimiento, un amigable

---

[133] Pedro T. Tinoco J., «Un programa económico para Venezuela». (Conferencia dictada en la Bolsa de Comercio de Caracas) en *Boletín de la Cámara de Comercio de Caracas*, Año XLI, Número 586, septiembre, 1962, Caracas, p. 16.187.

componedor de intereses para un consenso necesario, para la elaboración de un acuerdo que comporta una importancia mayor que ser una mera declaración de principios, que trasciende al hecho de ser una bitácora sugerida al gobierno para articular las políticas públicas de instrumentación de la gestión gubernamental y con ello convertirse en un pilar para la estabilización del país.

1.7. Tinoco, divulgador de la «Carta económica de Mérida», su tercer aporte

La «Carta económica de Mérida» se aprueba, como se ha visto, en una situación de dificultad signada por unas relaciones difíciles del gobierno en su entendimiento con los empresarios y una dificultad de estos para comprender la nueva institucionalidad y el nuevo liderazgo, provenientes de un novel gobierno que representaba la exigencia de una forma de actuación diferente, ajena a los pasillos de un gobierno cerrado al debate, a la discusión y a los procesos de consulta, que no tenía necesidad ni obligación para ello, como la derrocada dictadura, pues todo lo dictaba la voluntad de quien ejercía el poder.

Lo expresado llevó a Tinoco a erigirse, en su albacea, en celoso guardián de sus postulados y en uno de los más decididos divulgadores de su contenido.

El instrumento de expresión y fijación de un análisis económico –no comportó una posición crítica acérrima–, un enfrentamiento radical que, en medio de la crispación política, pudo haber conducido a centrar condenas a la actividad u orientación política gubernamental en lugar de formulaciones y sugerencias para definir punto de agenda, que generaran la apertura a una discusión pública y debate, propia de la democracia, sobre la conducción del país.

A pesar de las condiciones viables para hacerlo, se presentaba una coyuntura que era aliciente suficiente para proceder de manera radical, pudiendo dejar a un lado –como sucedió veinte años después– las exigencias ajenas al objetivo existencial del grupo de interés, legitimado constitucionalmente. Existía un marco institucional primario para sostener una orientación distinta a la que traslució la «Carta económica de Mérida» como era el hecho de la vigencia parcial de la Constitución, reverbero fundacional de las bases consensuales que permitieron erigir el régimen de libertades públicas y máxima realización del Pacto de Puntofijo. Es esta una de las premisas básicas para analizar y aproximarse a las orientaciones, alcances, contenido y significación de la declaración empresarial.

Por el contrario, se centró en observaciones, sugerencias y aspiraciones del sector empresarial en relación con la política económica en función del resto de las políticas públicas que inciden sobre la actividad económica y el desarrollo del país.

En su opúsculo el "Estado eficaz", Tinoco manifiesta, en suerte de apéndice producido una década después, que:

> Durante años he ponderado la importancia de orientar la acción del Estado hacia el desarrollo económico. Esta ha sido una tarea que he realizado en la prensa, en la radio y en la televisión, en asambleas y foros, fuera del gobierno, en el ejercicio de las funciones de diversa naturaleza, políticas y gremiales, o desde el gobierno[134].

La «Carta económica de Mérida» constituyó un espaldarazo, sin obsecuencia ni servilismo al gobierno de Betancourt, difícil conocer si la mayoría del empresariado –sin ambages y de manera prístina– apoyaban abiertamente al gobierno, si algunos habían superado las reservas de la imagen de gobierno de tendencia izquierdista y contraria a la iniciativa privada, que se alimentó en los tiempos de la «Junta Revolucionaria de Gobierno» y la presidencia de Rómulo Gallegos (1884-1969).

El periodista Juan Carlos Zapata, en su libro que genera opiniones encontradas, expresa sobre el "Dr. Tinoco" que:

> ...se le reconoce la autoría de la Carta de Mérida, aunque, para hacer justicia, aquí no hay que restarle méritos a la contribución de otro luchador por las ideas del mercado, la empresa privada, la economía abierta y la transparencia, Nicomedes Zuloaga, ni tampoco a quien fuera asesor y productor de documentos y papeles de trabajo Joaquín Sánchez Covisa, un olvidado de la historia. Zuloaga

[134] Pedro Tinoco, *El Estado eficaz*, Colección Los desarrollistas, N.º 8, Italgráfica C.A., Caracas, p. 54.

y Covisa dirigieron en los años sesenta la revista Orientación Económica, pionera en temas para la discusión[135].

El referido periodista cita a un reconocido colega suyo de la época, José Gerbasi (1921-1978), quien en la edición del diario *El Nacional*, correspondiente al día primero de junio de 1962, escribe que luego de titular «Declaración neoliberal en puertas»:

> La primera plenaria fijada para el viernes conocerá seis puntos de divergencia entre dos grandes corrientes que han comenzado a definir en esta Asamblea de Fedecámaras, debido fundamentalmente al documento de la Comisión Uno –sobre desarrollo económico– que podrá ser considerado como una Declaración de Principios de Fedecámaras[136].

Esas dos corrientes enfrentadas en el máximo evento anual de la cúpula empresarial llegaron a un acuerdo en virtud que un hombre de la ascendencia y prestigio en ciernes de Tinoco, inserto en la corriente que el periodista identifica como neoliberal, tuvo la destreza de armonizar las posiciones de ambas tendencias y ofrecer una declaración que –piensan muchos– fue el resultado de un fácil recorrido inicial por el sendero de una base consensual.

Igual que lo expresado, en relación con la búsqueda de una coincidencia previa, la huella tanto de Tinoco como de los Estados Unidos se refleja en el texto, pues muestra aspectos que se traducen en una suerte de advertencia, sutil pero explícita, sobre los inconvenientes de la intervención progresiva del Estado en la economía y un tratamiento particular en el tema petrolero, que era parte de una agenda más llevada por una orientación económica que política, condicionada a la trasformación que venía experimentado Cuba como un centro transmisor de perturbaciones para los Estados Unidos en plena Guerra Fría.

Los documentos contentivos de las declaraciones de principios, propuestas o críticas a las políticas públicas fueron el resultado de un trabajo intelectual en el que participaron dos o más personas, incluso de aportes de instituciones.

---

135 Juan Carlos Zapata, "*Dr. Tinoco...* ", op.cit, p. 329.

136 Ibid., p.334.

No tenemos duda de lo expresado por Zapata. Una declaración en la cual se manifiesta un conocimiento del Estado, con críticas y propuestas basados en principios constitucionales, que informan de lo que pudiéramos llamar en la actualidad la Constitución económica. Una experticia en el manejo de los conceptos propios a las políticas fiscal, monetaria y tributaria evidencian el concurso de un hombre de la talla intelectual de Joaquín Sánchez-Covisa Hernando (1915-1974) –abogado y economista, docente universitario con amplio conocimiento en Economía política, Teoría económica y Teoría monetaria– quien tuvo disquisiciones importantes sobre estos temas condensadas en la obra "Economía, Mercado y Bienestar", publicada en 1974. Fue asesor de la Cámara de Industriales de Caracas y de la Cámara Venezolana de la Construcción, lo cual le permitió –seguramente– una actuación directa en la redacción de la «Carta económica de Mérida»[137], conjuntamente con Nicomedes Zuloaga y Tinoco, teniendo este un ascendente importante entre los redactores debido a las circunstancias señaladas en el numeral anterior y por ser uno de sus grandes defensores y difusores. Es posible que Sánchez Covisa y Zuloaga, militantes de la corriente liberal, hayan tenido injerencia importante en la redacción del documento, aun cuando sus nombres no estén señalados como coautores en los documentos del evento, en los boletines y órganos de difusión de las entidades gremiales como la Cámara de Comercio de Caracas ni en la prensa de la época, salvo en el señalamiento efectuado por Zapata en su libro con fundamento en fuentes no identificadas, lo cual –de cierta forma– resta valor a la autoría reconocida a Tinoco.

En conversación con Gustavo Planchart Pocaterra, este señaló que Tinoco era "un hombre extremadamente organizado y disciplinado", que, en circunstancias complejas, reuniones en las cuales se discutían cosas de su interés, ocupación o preocupación se incorporaba y manifestaba:

> Voy a preparar un borradorcito. Y al día siguiente el Dr. Tinoco tenía el «borradorcito», que contenía una propuesta bien pensada y

---

137 Vid., Contraloría General de la República, José Muci Abraham (Presentación), *Obra Jurídica de Joaquín Sánchez Covisa*, Ediciones de la Contraloría General de la República, Caracas, 1976, p.9.

> desarrollada impecablemente, que él llamaba un «papel de trabajo», que contiene –decía– unas ideas generales que va a servir para la discusión o el punto de arranque para realizar el trabajo[138].

Tal circunstancia, indica Planchart, puede justificar un escenario conforme al cual el *borradorcito* o *papel de trabajo* haya sido redactado por el doctor Tinoco dejando, de esta manera, su impronta. Esta descripción reafirma –por vía de una actuación reiterada y conocida– la autoría del multifacético abogado e influencia intelectual de la declaración empresarial, así como en muchos otros documentos de esbozos de políticas públicas.

Sin embargo, sin desconocer la extraordinaria formación y excepcional inteligencia que se le reconoce a Tinoco, José Toro Hardy manifiesta en una grata conversación sostenida en su residencia que, "en la «Carta de Mérida», yo creo que las figuras claves fueron Sánchez Covisa y Pedro Tinoco. La orden de Tinoco fue crear el consenso. Pero las ideas, quienes estaban proponiéndolas, creo que intelectualmente la clave era Joaquín Sánchez Covisa"[139]. La historiografía de la historia empresarial encuentra sus fuentes bibliográficas en los boletines, comunicados, declaraciones y reseñas de las instituciones gremiales o de las obras que se han elaborado sobre las empresas, empresarios e instituciones. Esa historiografía da cuenta del rol determinante en la preparación de la Cámara de Comercio de Caracas, que condujo a la elaboración de esta importante declaración, citada recurrentemente como aval del desempeño institucional de Fedecámaras y, más importante aún, por constituir uno de los aportes que enmarcan la huella de Tinoco en la Historia de la segunda mitad del siglo XX. Así Feliciano Pacanins Aveledo (1885-1975), expresidente durante el período (1948-1963) de la centenaria Cámara del país, expuso en sus memorias:

> Como contribución de la Cámara a la XVIII Asamblea de "Fedecámaras" (Mérida 1962), elaboramos un documento estudio "De la política tributaria venezolana en relación con el desarrollo

---

[138] Conversación sostenida con el Dr. Gustavo Planchart Pocaterra en fecha 28 de mayo de 2021.

[139] Conversación sostenida con José Toro Hardy en fecha 21 de mayo de 2021.

económico nacional". Se terminó por primera vez por parte del sector privado, los verdaderos índices de la presión tributaria, la presión fiscal y la presión financiera y su incidencia en el crecimiento de nuestra economía. En este estudio de vastas repercusiones en la opinión pública, se puso de manifiesto que en Venezuela las presiones impositivas antes referidas se equiparan a las presiones correspondientes en países con mayor grado de desarrollo que el nuestro y sobre todo, con unos recursos procedentes de su dominio fiscal, incomparablemente menores[140].

La Cámara de Comercio de Caracas[141], en su órgano de divulgación, reseñó la importancia de la Carta de la siguiente manera:

---

140 Feliciano Pacanins, *51 años al servicio de Venezuela*, Empresas "El Cojo" C.A., Caracas, 1970.

141 La instrucción gremial empresarial de mayor solera en el país, tuvo una participación determinante en la elaboración de la declaración de principios analizada. En efecto, el Directorio Ejecutivo de *Fedecámaras* extendió una invitación a la Cámara de Caracas, la cual "tomó a su cargo la elaboración de un estudio intitulado "Análisis de la Política Tributaria en relación con el desarrollo económico nacional", que fue aprobado por unanimidad en la Asamblea Anual de Mérida, pasando por consiguiente a formar parte de la doctrina general del más alto organismo de nuestra economía privada, en esa materia" (Cámara de Comercio de Caracas, Boletín Número 585, Año XLI, Agosto, Empresa El Cojo, S.A., Caracas, 1962, pp.16.0109-140).
Un informe que le permitió a Fedecámaras establecer (i) la existencia de una presión fiscal que se traducía en forma negativa en el desarrollo económico nacional, que mostraba una tendencia al alza conjuntamente con la fiscal y financiera que afecta tanto "a la economía de nacionales y residentes, como al grado de salud económica de la industria petrolera, así como gestión de gasto "incompatible con las exigencias de este mismo desarrollo" en virtud que su composición se destinaba a gastos de consumo de escaso valor productivo y en detrimento de los gastos de inversión; (ii) no existe compensación entre la recaudación extraordinaria de los ingresos percibidos por el Estado por concepto de los impuestos derivados de la actividad petrolera y minera y la presión sobre la actividad económica no petrolera y minera; (iii) Consideran de "necesidad perentoria la ejecución de una reforma administrativa, que disminuya el costo de la Administración Pública, mejore el nivel de eficiencia y libere fondos que engrosen la partida de Gastos de Capital"; (iv) exclusivamente por este camino y nunca por el de incrementar los impuestos que pesan sobre el contribuyente venezolano, será posible que el ahorro público y el privado puedan cubrir las ineludibles y crecientes necesidades de inversión que nos impone el desempleo actual y una población en aumenta acelerado".
Culmina Fedecámaras, con la conveniencia de un "examen del refinen tributario del sector petrolero y la consideración de la débil situación petrolera de la industria en los mercados del exterior", estableciéndose para tal fin estímulos para mejorar la situación competitiva en los mercados internacionales y creando una propensión a la inversión" (Ibíd., p. 16.136)

> Con este título se aprobó en Mérida un extenso documento que resume las aspiraciones más cálidas de nuestros hombres de empresa. Este Boletín se complace en insertar las principales conclusiones de dicho volumen.
> El referido estudio fue precedido de una exposición que comprende la tesis fundamental, por los hombres de empresa que están obligados a contribuir a la orientación del país. Se hace un análisis del panorama nacional y de diversos problemas económicos y sociales, para concluir en la necesidad de fijar como objetivo una política de desarrollo.
> Las conclusiones que se insertan dan una clara idea de la importancia del documento[142].

En correspondencia con el examen histórico-historiográfico que hemos emprendido, es necesario destacar que el mismo se centra en la determinación de aquellas actuaciones o los hechos cuya verificación hayan tenido como causa su desempeño académico, profesional, político y funcionarial que constituyen los aportes de Tinoco, el propósito es tratar de aproximarnos en que consistió su impronta en la elaboración e importancia de la «Carta de Mérida», más cuando existen pluralidad de actores individuales e institucionales a los cuales se les reconoce un cierto grado de participación.

No hay duda de su preparación profesional y del conocimiento de los aspectos medulares de la actividad empresarial, mostró una visión sistémica que engloba distintos aspectos de la misma, analizados y experimentados desde distintos espacios como abogado, empresario y dirigente gremial.

La visión inquieta y el despierto intelecto que pudo llevarlo a participar desde la elaboración –suponemos a nivel de coautor– a su divulgación perseverante hasta convertir la declaración en una fuente historiográfica de primer orden, tanto para el estudio y la narrativa histórica de la organización patronal que la emite como para el análisis e investigación de un convulso período de nuestra vida republicana.

La ascendencia e influencia de Tinoco en la elaboración de esa "declaración con una visión a grandes rasgos del panorama nacional,

142 Cámara de Comercio de Caracas, "*Boletín Número 583, Año XLI...* ", op. cit, pp.16.037-44.

tratando de señalar cuáles son los problemas sociales y económicos fundamentales de nuestro país", puede inferirse del contenido y oportunidad de la conferencia que él dictó el 9 de agosto de 1962 en la Bolsa de Comercio de Caracas –ahora Bolsa de Valores de Caracas– a pocos días de la realización de la mítica Asamblea Anual en la cual se aprobó y dio a conocer al país[143].

En su disertación se percibe a un Tinoco identificado plenamente con el contenido

de la declaración de principios, consustanciado con cada uno de los temas a los cuales se apuesta por su autoría o, por lo menos, al director ejecutivo del organismo cúpula que imprimió con su huella intelectual, reflejada por sus observaciones, sugerencias y críticas al borrador que fue preparado, quizás, en un concierto orquestado para seis manos diestras y acostumbradas a mencionar fórmulas, recomendaciones o tallar figuras propositivas en los moldes de las concepciones e ideas, que algunos pudieran ver como una manifestación temprana de formulación de recetas de liberalismo económico, de émulos y discípulos tropicales de los autores de la Escuela austriaca de la Economía: de Ludwig von Mises (1981 - 1973) o de Friedrich Hayek (1899-1992), Premio Nobel de 1974.

Sin embargo, Ramón Escovar Salom al preguntarse si ¿hay una filosofía en la declaración del sector privado venezolano en 1962? Responde:

> No puede afirmarse que sea una doctrina del liberalismo económico en ninguna de sus formas típicas. Es, si se quiere, un liberalismo atípico, que se aplica en unos casos y en otros no.
> Una contradicción es patente. Por un lado se le exige al Estado un deber y una actitud fundamental en el desarrollo. Por el otro se hace visible la necesidad de limitar su presencia.
> ¿Cómo prescindir del Estado cuando éste recibe, como lo reconoce el documento, más del 70% de los ingresos?[144].

De cualquier manera, se encuentra en la «Carta de Mérida» ideas que proyectan el convencimiento pleno de sus redactores y de su mentor acerca de la defensa del sistema capitalista.

---

143 Ibíd. pp.16.187-93.

144 Ramón Escovar Salom, "*Los demonios de la democracia...*", op. cit, p. 102.

Un Tinoco consciente, seguro de sí mismo y con una definición precisa de los pasos necesarios para lograr su proyección como figura pública de trascendencia, expresada está en resultados tangibles –apreciados o renegados–, en propuestas y políticas que se expresaran en acciones, compromisos o políticas de Estado, las cuales estuvieran identificadas con su apellido tal como, por ejemplo, sucedió en 1934 con el denominado «Convenio Tinoco», que recogió la impronta de su padre Pedro Tinoco Smith cuando se desempeñaba como ministro del Interior en 1934[145], quizás el hijo sintió plena complacencia con la creatividad y chercha del venezolano al bautizar como *tinoquitos* a los mini-billetes (11,5 x 5.5 cm) de 1 y 2 bolívares, emisión ordenada el 05 de octubre de 1989 por el Directorio del Banco Central de Venezuela, acogiendo la propuesta del doctor Tinoco como presidente del instituto emisor como una forma inmediata de hacer frente a la escasez de monedas[146].

No fue Tinoco un improvisado en los asuntos públicos, no llegó a ocupar posiciones de relevancia por fuerza del azar sino por fuerza interna, por premeditación y plan estratégico, que impulsa a la transformación de las circunstancias, creadora de situaciones y cantera de oportunidades que le permitían poner sus cualidades, condiciones intelectivas y ese liderazgo enigmático al servicio del país. En fin, el cuidado en la escogencia de palabras y el empaque de presentación de sus acciones en un fino cálculo para lograr sus objetivos de incidir y plasmar su impronta en la historiografía de la historia económica, empresarial y política de Venezuela.

---

145 El denominado *«Convenio Tinoco»* fue la parte culminante de las conversaciones celebradas entre los representantes de los banqueros liderados por el también banquero e historiador Vicente Lecuna (1870-1954) y las más importantes empresas petroleras para buscar la forma más propicia de aumentar el cambio y fortalecer las exportaciones agrícolas. El referido convenio representaba la participación del Estado en las resultas de las conversaciones sostenidas entre los banqueros y las empresas petroleras, que condujeron a la celebración de un *«acuerdo de caballeros»* mediante el cual aquellas se comprometían a vender al gobierno "el sobrante de sus giros en dólares que no pudieran vender a los bancos, los principales compradores de esos giros. El gobierno se obligaba a no poner en circulación los dólares adquiridos de esta forma y a emplearlos en la importación de oro. Los bancos se comprometían a comprar giros a 3,90 bolívares y a venderlos a 3,93" (María Elena González Deluca, "*Los comerciantes de Caracas.…*", op.cit, p.256).

146 Víctor Torrealba «La escasez de Monedas de Níquel y los Tinoquitos», Monedas de Venezuela, en https://cutt.ly/OEkTTGr, consultada el 23 de abril de 2021.

Pedro Tinoco Smith, el iniciador de la influencia de la familia en el siglo XX.

La declaración de principios gremiales emeritenses de 1962 constituye –todavía– una referencia y un fundamento discursivo de la actual dirigencia gremial ante el debilitamiento del Estado de Derecho que experimenta el país y los avances en la instauración de una planificación centralizada, que restringe los derechos de propiedad e iniciativa privada, comprometiendo cada día más la libertad económica. En la mentalidad de los teóricos, que influyeron en los autores de la «Carta económica de Mérida», se encuentran presentes el interés en preservar la libertad económica y la propiedad, como derechos fundamentales seminales de todo el catálogo de libertades estructurados por generaciones. Una sosegada lectura de la «Carta económica de Mérida» conduce ineluctablemente a atribuirle haber sido la bitácora de Tinoco, su catecismo en el cual fijo principios y valores que se reflejan en sus narrativa discursiva y su desempeño parlamentario en la Cámara de Diputados (1969-1974), en gestión como Ministro de Hacienda (1969-1972), como activista político en sus propuestas electorales y políticas en su movimiento desarrollista o, simplemente, como académico en el esbozo de las tendencias del Derecho en tiempos de globalización o de la necesidad de una reforma integral del Estado, tal como se evidencia en su discurso de incorporación a la Academia de Ciencias Políticas y Sociales en 1991.

La «Carta económica de Mérida» es un patrón que sirvió para la costura del traje funcionarial y de servidor público que exhibió Tinoco en los diversos escenarios indicados. Protagonismo que se advierte aún en la conferencia que dictara en la Bolsa de Comercio de Caracas –actual Bolsa de Valores– cuando expresa:

> vivimos muchos años impresionados (...) con una aparente riqueza. Inconsciente le fuimos restando importancia al esfuerzo creador y nos hicimos la ilusión de que bastaba con una adecuada repartición de esos bienes de razón puesto que nuestra economía había venido creciendo a una sorprendente rata ascendente que nos hacía envidia de todos los países de nuestro continente.
>
> Hoy en día una serie de infortunadas circunstancias adversas nos han hecho caer en la realidad y darnos cuenta que no era verdadera esa leyenda del dorado. Nos hemos visto obligados a enfrentarnos a la dura realidad. Tenemos que darnos perfecta cuenta de que en Venezuela tenemos tremendos problemas sociales y económicos por resolver. Bástenos considerar que casi la mitad de nuestra población no logra satisfacer plenamente las necesidades intrínsecas de un ser humano. No creo que sean muchos comentarios al respecto. Todos conocemos ese cinturón de miseria que rodean a nuestras ciudades y a la situación de nuestros campos es aún más precaria[147].

En esta conferencia aparece un Tinoco susceptible y empático con la realidad social del país. Todo lo contrario, a lo expresado por la crónica militante, que lo presentaba como un ser motivado a la búsqueda de la captura de la rentabilidad del Estado en perjuicio de las mayorías desfavorecidas de la población. El polifacético personaje que nos ocupa expresa, evidenciando que no deja a un lado o le resta importancia a lo social, lo siguiente:

> Con un claro concepto del deber social, tenemos que hacer un llamado a la razón y ver si podemos sentar las bases definitivas para

[147] Cámara de Comercio de Caracas, *Boletín Número 586*, Año XLI, septiembre, Empres El Cojo, S.A., Caracas, 1962, pp.16.187.

> realizar en Venezuela la verdadera reforma social de contenido real que implique un aumento efectivo en el nivel medio de vida de nuestra población. No podemos seguir viviendo de esperanzas o de ilusiones y tenemos que sustituir la promesa por la realización efectiva Es esta la tarea fundamental de nuestra generación de ello debemos toda nuestra dedicación y todo nuestro esfuerzo[148].

Transcurridos once años de la emisión de la «Carta económica de Mérida» y en un programa de opinión conducido por Carlos Rangel (1929-1988) y Sofía Ímber (1924- 2017), el primero hace referencia a un artículo de José Vicente Rangel Vale –en el cual reconoce la autoría intelectual de Tinoco– y describe la declaración de la siguiente forma:

> El neocolonialismo desarrollista. La doctrina o doctrinas de Fedecámaras elaboradas a través de sus XXVIII Asambleas Anuales y especialmente en la llamada Carta de Mérida, cuyo principal autor intelectual es el Dr. Pedro R. Tinoco, agente conocido del imperialismo norteamericano y de la oligarquía que le sirve en Venezuela, puede sintetizarse en un calificativo definido y conceptualizarte: neocolonialismo desarrollista o el desarrollismo neocolonizante. En materia petrolera, esa doctrina postula de uno u otro modo la continuidad de la explotación extranjera primaria, la degradante subordinación de nuestra economía, a la estrategia del cartel internacional a base de una supuesta incapacidad nuestra de operar y administrar la industria de los hidrocarburos…"[149].

Más adelante, Carlos Rangel –al referirse a las declaraciones de Rangel Vale– afirma:

> No, ellos no son tan ingenuos como para decir que el documento diga eso, lo que dice José Vicente y que es una cosa grave y que requiere respuesta, es que, aunque el documento diga lo que diga, sus consecuencias prácticas son que Fedecámaras promueve, gestiona activamente la mediatización de la industria nacional por capitales extranjeros[150].

---

148 Ibíd., p. 16.193.

149 Entrevista de Sofía Ímber y Carlos Rangel a Pedro R. Tinoco en Radio Caracas Televisión. Programa: Buenos día 11 de mayo de 1973. https://cutt.ly/BEkTMoS

150 Ídem.

A lo cual ripostó Tinoco:

> Lo que le pasa a José Vicente, lo mismo que les pasa a los comunistas venezolanos, es que les molesta profundamente la Carta de Mérida, porque la Carta de Mérida significa una toma de conciencia por el empresariado venezolano. Hasta el momento de la Carta de Mérida, Fedecámaras se había caracterizado fundamentalmente por plantear exclusivamente cuestiones en función de sus intereses directos, actuaba exclusivamente como organismo gremial, de defensa y promoción de los intereses específicos de los agremiados. En la Carta de Mérida, Fedecámaras le plantea por primera vez al país un programa de desarrollo, le presenta al país el deseo, el propósito de que el país en su consenso, en todos sus órdenes y en todas sus gentes, progrese y crezca. Es evidente que esta toma de conciencia, este propósito de promover un desarrollo independiente, nacional, que nos haga salir del atraso y de la miseria que es el caldo de cultivo donde pueden tratar de vivir y fomentar sus intereses políticos los comunistas, tuvo que molestar mucho al Partido Comunista entonces y a su buen discípulo, el comunista José Vicente Rangel de hoy. Y los sigue molestando[151].

Quedó así para la posteridad una declaración de principios, que fue el resultado de un proceso y que rompió la formulación propia de los comunicados, pronunciamientos o cartas de las Asambleas Anuales de Fedecámaras celebradas hasta 1962. Fue un camino difícil conducido con inteligencia por Tinoco y con la colaboración de la diplomacia norteamericana. Una declaración que lleva implícita un consenso interno del empresariado y de otros sectores del país.

Como afirma Toro Hardy, Tinoco "se hace visible en la «Carta de Mérida». Él tenía un pensamiento bien estructurado"[152].

La «Carta económica de Mérida» tiene la dualidad de ser un aporte de Tinoco al país, a la institucionalidad empresarial y ser el hecho que da inicio a una carrera pública y de búsqueda de poder de un ser "consciente de su trascendencia y que de sus acciones se desprendían actos que implicaba su responsabilidad", tal como nos lo comentó en

151 Ídem.

152 Conversación con José Toro Hardy celebrada en fecha 21 de mayo de 2021.

conversación sostenida con el destacado y reconocido periodista de la fuente económica Bernardo Fischer[153].

Y otra foto del padre (tipo carnet). Leyenda: Pedro Rafael Tinoco Smith.

1.8. Los aportes de Tinoco en la «Carta económica de Mérida», una contribución en sí misma

No queda duda que la «Carta económica de Mérida» tiene la influencia de Tinoco en:

a) Su etapa de gestación, en la cual realizó importantes gestiones de intermediación entre los sectores empresariales, nacionales y extranjeros, incluido el gobierno de Estados Unidos –con posiciones antagónicas en relación con el gobierno de Betancourt– que fueron superándose a partir de la llegada a la Casa Blanca de Kennedy y la labor proactiva de Teodoro Moscoso como Embajador Plenipotenciario en Venezuela.
b) La elaboración de su contenido temático con el concurso de un intelectual de prestigio y asesor gremial como fue Joaquín Sánchez Covisa.
c) La construcción de las bases consensuales que permitieron su aprobación, representan en la actualidad una parte de la narrativa a la cual se acude para la defensa institucional del empresariado y el realce del compromiso de Fedecámaras con el país como ente político de representación ante el gobierno en temas de interés nacional, carácter este predominante y de peso con el cual él también contribuyó. En la Introducción de la declaración se expresa que el propósito de la XVIII Asamblea Anual "es presentar solamente un esquema básico, donde se formulen directrices que sirvan para conciliar y guiar las numerosas y diversas colaboraciones que impone la realización del Desarrollo Nacional".
d) La divulgación y defensa de su contenido hasta varios años después de su aprobación, convirtiéndose en el albacea de esta

[153] Conversación sostenida con Bernardo Fischer el 1 de junio de 2021.

importante declaración empresarial; relevancia que se pone en evidencia cuando, por cualquier motivo inherente al debate político, la crónica política militante convierte en su objeto de ataque tanto al instrumento declarativo como a quien se tiene como autor y motor.

La «Carta económica de Mérida» representa el sentir del sector empresarial, que en consenso la discute y aprueba, pero es en la voz contundente y en el pensamiento agudo, organizado y sistémico de Tinoco, que cobra importancia.

Sus actuaciones, declaraciones, discursos, propuestas y ejecutorias expresan los corolarios y postulados de la declaración que lleva su múltiple impronta.

La «Carta económica» se convirtió en el catecismo, en la bitácora y en el plan de acción de política pública de Pedro Tinoco, tal como veremos en aspectos relacionados a su visión de la economía presupuestaria, la dinámica de la presentación del instrumento aprobatorio de los gastos y su correspondencia con la estrategia de obtención de los ingresos de fuentes diversas para su financiamiento, transformaciones de gran entidad que se enfrentaron a la resistencia del cambio funcionarial, que luego permitió una legislación de un régimen presupuestario moderno.

La visión del Estado eficaz fue su lucha central para lograr una Administración Pública que encuadrara su actuación dentro de los grandes lineamientos de política, inspiradores de resoluciones que guiaron sus decisiones y que permitiera a los ciudadanos el ejercicio pleno de sus derechos, esto es porque centraba una lupa para analizar con detenimiento el desarrollo de la actividad financiera en cada una de sus etapas, genéricamente resumidas en presupuesto, ingresos, ejecución del gasto público, endeudamiento y control, que condujeron a una efectiva realización de la prestación de servicios y esquemas de control efectivos sobre la gestión en todas las actividades, la articulación de las políticas públicas y la configuración de una burocracia capacitada y bien formada para definir, elaborar y ejecutarlas.

1.9. La estructura de la «Carta económica de Mérida»

A continuación daremos una somera visión de la estructura de esta declaración de principios[154] que se constituye, quizás, en la primera fuente de importancia para adentrarse en el conocimiento de la vida de Pedro Tinoco, sus inicios de proyección gremial, a pesar de haberla iniciado con la presidencia de la Asociación Bancaria Nacional (1961-1963), el comienzo de la consolidación de un liderazgo que le deparó reconocimiento entre sus pares como su vocero e interlocutor válido por parte del sector político y fontanar para aproximarse a su pensamiento, que encontraron realización en sus acciones y propuestas en los ámbitos del Poder Ejecutivo, Legislativo y en el ente emisor, algunas veces como actor principal y otras como mentor e inspirador de los grupos de técnicos involucrados que encontraron en él un guía experto.

Todo lo anteriormente mencionado tiene una influencia determinante y, por lo tanto, se pueden valorar como aportes en materia financiera y de hacienda pública, de ese modose reflejará en el desarrollo del análisis de sus actividades en el sector público y privado.

La declaración de principios de naturaleza económica presenta la siguiente estructura:

I. Una Introducción en la cual se expresa que "se hace necesario iniciar esta declaración con una visión, a grandes rasgos, del panorama nacional, tratando de señalar cuáles son los problemas sociales y económicos fundamentales de nuestro país".

II. Panorama Nacional.

A. La realidad social venezolana.

1. Magnitud de los problemas sociales.

En este numeral se manifiesta la preocupación por el hecho de que la población venezolana no alcanza el nivel de vida tan solo con su

[154] Queremos dejar constancia que las observaciones o explicaciones a la Carta económica de Mérida, se harán de manera general, dada la deficiencia en la revisión del instrumento descargado de internet.

condición de ser humano, destacando que la mitad de los habitantes tienen un ingreso per cápita insuficiente.

Se incluyen como elementos determinantes de la situación social –que preocupa al sector empresarial– los índices de analfabetismo, el ausentismo o asistencia escolar y el grave problema del desempleo, que evidencian la difícil situación venezolana.

2. Agravación de los problemas en los últimos años.

No precisan los asambleístas a qué años se refieren si, por ejemplo, aluden a la *década militar* o a los años 1958-1962. Los empresarios acusan el estancamiento de la economía y las etapas del proceso social, señalando el lento crecimiento de 1,5 % anual en proporción al incremento poblacional del 4%.

Las consecuencias de esas condiciones eran una disminución alarmante del Producto Territorial Bruto *per cápita*. La pérdida del bienestar de la población, producto de la insuficiencia notoria de recursos, la ignorancia como la enfermedad y la miseria, nivel de desempleo que se traduce en el estancamiento de la economía y en el crecimiento de la población.

B. Posibilidad actual y real de solución.

En la declaración, los empresarios sostienen que la gravedad del país impone una reflexión sobre la capacidad de resolverlo, lo cual en un análisis preliminar detallan que Venezuela dispone de una capacidad real para generar los recursos necesarios en la solución de los problemas económicos y sociales.

En este sentido, establecen las siguientes premisas y decisiones, las cuales deben plantearse y definirse políticas públicas cónsonas con las exigencias de resoluciones inmediatas para solventar el grave problema social que acusaba el país:

1. Insuficiencia de la política redistributiva del ingreso nacional por medio del impuesto sobre la renta, en virtud que el importe general de recaudación por esa contribución en el sector privado nacional, con exclusión expresa de las empresas petroleras y mineras, era inferior al 10% del monto del presupuesto.
2. Utilizar la contratación colectiva que ha permitido a los trabajadores alcanzar desarrollo y prosperidad, un nivel medio de vida

en el caso de los trabajadores de la industria petrolera y minera, que no tienen que envidiar a los sectores laborales de los países más desarrollados.

3. La importancia de contar con el sector empresarial, que se ha convertido en un motor de desarrollo ya que fomenta un progreso vigoroso y distintas soluciones de sus problemas sociales, teniendo presente que Venezuela tiene una posición privilegiada, pues cuenta una actividad petrolera que genera riqueza.

III. Análisis de los problemas.

El objetivo terminal de la «Carta económica de Mérida» era conjurar el peligroso retroceso social.

A. El problema fundamental a largo plazo.

1. Análisis de la estructura de la producción y el empleo.

a) Estructura de la producción.

Los redactores de la «Carta» señalan que las estructuras de producción de aquel entonces estaban con un fuerte anclaje en la industria petrolera, que representaba el 29% del Producto Territorial Bruto (ahora PIB), el 55% del ingreso fiscal, el 80% de las divisas y el 2% de las inversiones.

Por su parte, la industria minera –señalan los empresarios– contribuyen con un 2%, el sector industrial (industrias de la construcción y la electricidad) con un 18% y el sector agrícola apenas con un 7%.

b) Estructura del empleo.

Los asambleístas señalan que el sector agrícola es el que ocupaba el mayor porcentaje de la población laboral, representando un 34%.

Un 24% de la población estaba empleada en los sectores de prestación de servicios requeridos por la comunidad, incluyendo el gubernamental.

La industria local, incluyendo la construcción y la electricidad, ocupaban el 18% y el comercio un 10% con respecto a la población laboral activa.

El sector petrolero que de modo reiterado es destacado por la «Carta económica de Mérida», entre otras razones, por su importancia como fuente de ingresos y por la inquietud generada entre las empresas estadounidenses en virtud de las políticas petroleras nacionalistas diseñadas por el gobierno de Betancourt, siendo la declaración una forma concertada de aminorar las presiones y lograr un apoyo importante para la consolidación de la democracia.

En el sector petrolero –de acuerdo con los empresarios– se hallaba empleada el 2% de la población activa, a pesar de la importancia de la producción; mientras que en el sector minero solo ocupaba el 0.5%.

c) Conclusiones del análisis.

En esta parte cierre de la declaración, después de hacer una enumeración y aproximación acerca de las causas que originaron la crítica situación económica y social del empresariado, se procedió a efectuar unas propuestas, demostración de querer ser tomados en cuenta, resaltar que se trata de un sector con peso específico y trayectoria suficiente como para involucrarse en la discusión y debate de las políticas públicas. En este orden culminaron con lo siguiente:

- ✓ La necesidad de diversificar la base de la economía venezolana, abandonando el esquema de mono producción, fuente fundamental que no genera empleo, lo cual expone a Venezuela a depender de condiciones exógenas, absolutamente ajenas a las decisiones que debe adoptar el gobierno en la definición de la política fiscal, es decir, de los problemas que comporta la definición de un presupuesto racional sobre bases económicas viables sujeto a lo que en la actualidad se denomina reglas fiscales, tendentes a la generación de estabilidad y sostenibilidad económica, así como la correcta verificación de las funciones de asignación de bienes públicos, estabilidad y reducción del déficit fiscal.
- ✓ Debe realizarse una cuantiosa y continua inversión de capital, teniendo en cuenta las necesidades esenciales y las características particulares de cada uno de los sectores.
- ✓ Los recursos de capitales con los cuales contaba el país para esa época, en criterio de los asambleístas, eran suficientes para hacer frente a las necesidades públicas. Llama la atención la baja tasa de ahorro de capital, insuficiente para el desarrollo económico.

✓ En criterio de los redactores de la «Carta económica de Mérida», la captación de mano de obra resulta prioritaria en virtud que la industria y la agricultura requieren de mano de obra especializada, premisa esencial a los efectos del diseño de un programa de industrialización a gran escala.

B. El problema inmediato, a corto plazo.

En este acápite, los empresarios señalaban que existía en el país un fuerte malestar económico, pues el progreso era mucho más lento y se propendía a una peligrosa tendencia al estancamiento. Los índices económicos permitían denotar un problema creado por la reducción de las reservas internacionales y el déficit presupuestario, que se constituyen en escollos para el desarrollo de la economía nacional, objeto de ocupación de los asambleístas.

Entre las causas que se identifican como configuradoras del malestar económico acusado se encuentran las siguientes:

✓ Reducción en las inversiones privadas nacionales.
✓ Reducción de la inversión privada extranjera.
✓ Reducción de la inversión pública.
✓ Préstamos derivados de operaciones crediticias.

IV. Necesidad de fijar como objetivo nacional una política de desarrollo económico.

A. Conclusión del examen del panorama nacional y del análisis de los problemas fundamentales a largo plazo de los problemas inmediatos que confrontamos.

En esta sección de la «Carta económica de Mérida» se pone en evidencia la importancia que tiene conocer sus antecedentes, el marco institucional y político internacional, aspectos que encierran un conocimiento obligado de la forma en que se gestó y la relevancia de las gestiones preparatorias e instrumentales que hicieron posible el consenso y su configuración como causa eficiente para al crecimiento y estabilidad económica.

Los empresarios dan cuenta de su preocupación cuando expresan que el desarrollo económico es capaz de crear empleo y elevar el nivel de bienestar de la población, teniendo como objetivo "ser capaz de unir a todos los sectores del país que deseen construir con su esfuerzo a una obra de contenido realmente nacional". Estas propuestas se expusieron bajo las siguientes características:

1. Es amplio y patriótico, estando por encima de las diversas circunstancias de los partidos políticos.
2. En él están interesado todos los venezolanos y de su éxito se beneficiarán igualmente todos ellos.
3. Es capaz de crear conciencia nacional, es decir, la mística de cada quién estará contribuyendo con su aporte individual a la solución de los grandes problemas del país.
4. Dará esperanza a las grandes masas desposeídas de que se puede lograr, si contribuyen con su esfuerzo, a mejorar de manera efectiva su nivel de vida.

B. Unificación del esfuerzo.

En este corolario se pone de manifiesto la importancia que le hemos dado al aporte originario desplegado por parte de Pedro Tinoco, quien hizo posible el consenso necesario para el pronunciamiento de los asambleístas, así se le considere como simples recomendaciones o consejos de un buen administrador, aun cuando se le escatime el reconocimiento de aporte e importancia doctrinaria y técnica.

Lo expresado se presenta con meridiana claridad cuando se habla de la necesidad de abrir *una verdadera unificación del esfuerzo nacional.*

Es un instrumento mediante el cual se busca hablar al país con el objetivo de que todos los sectores se adhieran a sus postulados y propuestas, expresar una crítica de altura a través de una pluralidad colectiva y no de una singularidad o parcialidad del grupo no gubernamental, que se oye a sí mismo.

Por el contrario, es la muestra de una organización que se involucra en la definición de lo que pueda representar el desarrollo económico. Es esta la razón por la cual se indica que es la primera manifestación contundente del empresariado en la búsqueda del reconocimiento y la historia le había brindado una plataforma para exigirlo.

La reiteración en la utilización del plural en frases como *nuestro fisco*, *unidad del proceso económico*, *visión integral del problema*, *la interdependencia de los factores que obliga a llegar a conclusiones generales antes de pretender aplicar medidas concretas a problemas individuales* y *la real unificación de esfuerzos* son apelaciones que hacen los asambleístas al país y al gobierno y para llegar a ello hubo de lograrse el «consenso interno de Mérida».

C. Bases jurídicas-constitucionales. Libertad económica, iniciativa privada y seguridad jurídica.

En este apartado se pone en evidencia el carácter de la concepción liberal, se destaca la importancia de la necesidad de una economía abierta dando prioridad a la libertad económica, a la iniciativa privada y de contratación, conjuntamente con la defensa del derecho de propiedad, derechos seminales de todo el catálogo de derechos fundamentales. La seguridad jurídica es un valor esencial para los asambleístas, quienes rescatan la esencia del Estado de Derecho para brindarle al ciudadano el conocimiento de los deberes que hacen posible la vida en común.

Los ciudadanos, afirman los empresariados en su declaración, no pueden ser expuestos a una discrecionalidad abierta funcionarial, que lesionen o impidan los derechos de libertad de emprendimiento social o económico, estableciendo escollos a la acción creadora, a la función empresarial generadora de riqueza.

Aquí comienzan a verse –de forma concreta– los aportes de Tinoco, ya no en la parte de instrumentación o generación que domina la escena para el consenso, sino la del abogado conocedor del ordenamiento jurídico que se desempeña inserto en la corriente liberal de la economía y del Estado, haciendo menciones importantes de un pensamiento jurídico moderno que se orienta en la búsqueda de la figura de gobiernos constitucionales, racionalidad de la autoridad y desconocimiento a la institucionalidad.

Así, en sus disquisiciones sobre el "Estado eficaz", Tinoco hace las siguientes afirmaciones:

> La instauración de un régimen normativo de contornos definidos proporcionaría el ciudadano que trata con la administración, un marco de referencia que le permitiría saber, con cierto grado de certeza, dentro de qué parámetros va a ser resuelto su caso. De esta manera se evitaría amor aparte, que el capricho del funcionario se

sustituye a la pauta y se reducirían, además, como la posibilidad de corrupción administrativa. Las decisiones no dependerían de la buena o mala voluntad del funcionario cuánto del esquema normativo del cual tiene que subordinar su acción[155].

Entiende Pedro Tinoco que la libertad y el respeto a la propiedad, en función de la empresarialidad, requieren de una transparencia normativa por cuanto:

> La ambigüedad de los instrumentos jurídicos y la ausencia de normas legales o reglamentarias, asientan, "determina que las decisiones sean resultantes, en muchos casos, del capricho o de la posición subjetiva de los encargados de tomarlas.[156].

D. Las bases para el óptimo aprovechamiento de los recursos productivos: las actividades dedicadas a la producción y distribución de bienes y servicios.

1. Libertad de iniciativa y de empresa.

En este sentido destacan los asambleístas, bajo la orientación de Tinoco, la necesidad del respeto de la libertad de iniciativa y de empresa para el aprovechamiento de los recursos como el incremento de la producción y la satisfacción de las necesidades.

Acá se establece uno de los postulados de la economía mixta, conforme con la cual debe existir coordinación entre la acción estatal, la iniciativa y el esfuerzo creador privado en función de la búsqueda de la rentabilidad:

> La más reciente teoría de la posguerra nos muestra dos ejemplos claros que pueden servirnos de valiosa lección. Por lado, el fracaso económico de Inglaterra laborista, al intentar un ensayo socialista que disminuyó la iniciativa individual y llenó de controles estatales la economía. Del otro, el llamado "milagro alemán", que nos demuestra como pueblo, dentro de un clima de libertad económica y de sanas políticas monetarias y fiscales, logró superar una situación mucho más grave que la nuestra, gracias a la acción conjunta de todo el conglomerado social. No nos empeñemos en poner en

---

155 Pedro Tinoco, *"El Estado ... "*, op. cit, p.85

156 Ibid. p, 84.

práctica las medidas que han fracasado, no sólo en Europa, sino también en Bolivia, dentro de nuestro propio continente. Aprovechemos la experiencia de otros países y encaminemos a Venezuela por la vía por la cual ella puede realmente lograr elevar el nivel de vida de todos sus habitantes y crear una economía prospera sobre bases sólidas. En este noble y patriótico objetivo le incumbe al Gobierno la tarea fundamental de crear el clima propicio de libertad y seguridad, para que se desarrolle al máximo la iniciativa privada y que todos los venezolanos trabajen con vigor y perseverancia en la conquista de un futuro mejor.

La cita *–in extenso–* resulta indispensable en consideración a la existencia de un marco de restricción y suspensión de ciertas garantías, que amenazaba con un ordenamiento yque enraizaría el intervencionismo estatal, el cual venía siendo propuesto por los *padres fundadores de la democracia*, que ahora integraban la coalición gobernante para el año en que se produjo la «Carta económica de Mérida».

El organismo cúpula empresarial propugnaba para que se adoptaran las siguientes medidas:

2. Ahorro y formación de capitales.

a) Estímulo del ahorro.

El cual debería ser el producto de una política monetaria sana que asegurara la estabilidad del valor del bolívar, condiciones de paz y seguridad interna en pro de la generación de nuevos capitales que estimularan el ahorro.

b) Estímulo a la inversión nacional.

La cual fue considerada por los redactores de la carta y los asambleístas que la aprobaron como un elemento importante para el desarrollo económico del país, ya que debían lograrse la libertad, seguridad y estabilidad jurídica.

c) estímulo a la inversión extranjera.

Estimular la inversión extranjera como fórmula determinante para complementar la escasez de recursos de capital que promoviera la inversión, la posibilidad de crédito del exterior para desarrollar el proceso interno, fortalecimiento de la capacidad de ahorro interno y asistencia técnica en los sectores de producción, incorporando al proceso productivo nacional todas las novedades que permitieran un desarrollo económico.

E. Las bases para la óptima administración de los recursos fiscales

En esta parte de la «Carta económica de Mérida» se hizo énfasis en dos temas fundamentales: se adelantan los redactores de la Carta –en la que se evidencia la influencia de Tinoco en este aspecto– cuando advierten la condición delimitada de la renta petrolera, la cual no puede ser considerada como recurso fiscal ordinario. Ella tiene en realidad el carácter de producto de la venta de un bien capital que no existe sino en cantidades limitadas y que se agotará por su explotación.

Así las cosas, Fedecámaras reitera la necesidad de una planificación adecuada de la inversión de los recursos propios del Estado mediante un proceso presupuestario –preocupación de Tinoco– que permita un adecuado inventario de las necesidades que deben ser satisfechas, estableciéndose parámetros de jerarquización y la sistematización de prioridades, logrando de esto modo una mayor efectividad del gasto.

La «Carta económica» representa un primer paso y el punto de despegue a la configuración de sus aportes en cuanto a la racionalización de la actividad financiera activa, que deriva de la armónica relación entre ingresos y gastos, buscando su destino y naturaleza y no su fuente u origen, pues lo contrario implicaría una dispersión de esfuerzos. Las materias sobre las cuales el Estado debe volcar su atención son:

a) El Estado debe centrar su atención en la función de asignación de bienes públicos, reduciendo su intervención en áreas que pueden estar perfectamente reservadas y desarrolladas por la iniciativa privada. Resulta obvio, como el conocimiento de un hombre de las finanzas y la hacienda pública, que en la Colonia la actividad presupuestaria y las herramientas con que cuentan para hacer efectiva la función de asignación de bienes públicos, lo cual refleja un sentido y concepción liberal del Estado y su rol en la economía. Es una visión que implica evitar el intervencionismo, que asfixia y limita la generación de capital, rentabilidad e inversiones y conducen a su vez a limitaciones a la libertad económica y a la generación de inseguridad jurídica dada la posibilidad de otorgamiento de atribuciones de facultades discrecionales a los funcionarios, que es la única manera de mantener un régimen de economía intervencionista extrema como la instaurada en otros países de tendencias socialistas.

1.10. Los objetivos de la «Carta de Mérida» en palabras de Tinoco

Veamos los objetivos y visión de la «Carta económica de Mérida» a través de las palabras del propio Tinoco, expresadas en diferentes oportunidades y espacios. Una declaración empresarial que comporta el carácter de cimiento inicial de sus aportes liberados al fortalecimiento de la institucionalidad del país, bajo la visión colectiva de la institucionalidad empresarial que se tradujo en realizaciones concretas y tangibles para su desarrollo.

Una con influencia determinante y positiva a las ciencias políticas, sociales y económicas, así como factor desencadenante de procesos de adopción de medidas administrativas de contenido diverso en ejecución de políticas públicas y legislativas, que contribuyeron a la modernización del país.

a) Conferencia dictada en la Bolsa de Comercio de Caracas el 19 de agosto de 1962.

En conferencia dictada por Tinoco el 9 de agosto de 1962 en la Bolsa de Comercio de Caracas –actual Bolsa de Valores de Caracas C.A.–, al abordar el tema de la importancia, características y contenido de «La Carta económica de Mérida», este inicia manifestando:

> Vivimos muchos años impresionando nuestro país con una aparente riqueza. Y conscientemente le fuimos restando importancia al esfuerzo creador y nos hicimos la ilusión de que bastaba con una adecuada repartición de sus bienes para que todos los venezolanos pudieran vivir en una relativa y aceptable abundancia. Esta creencia tiene una base de razón puesto que esta economía había venido creciendo a una sorprendente rata ascendente que nos hacía envidia de todos los países de nuestro continente[157].

[157] Pedro R. Tinoco hijo, *"un programa ... "*, op.cit, 16.187.

> Hoy en día una serie de infortunadas circunstancias adversas nos han hecho caer a la realidad y darnos cuenta que no era verdadera esa leyenda del Dorado. Nos hemos visto obligados enfrentarnos a la dura realidad. Tenemos que darnos perfecta cuenta de que en Venezuela tenemos tremendos problemas sociales y económicos por resolver. Bástenos considerar que casi la mitad de nuestra población no logra satisfacer plenamente las necesidades intrínsecas de un ser humano. No creo que sea necesario mucho comentario al respecto. Todos conocemos ese cinturón de miseria que rodea nuestras ciudades y la situación de nuestros campos es aún más precaria. En nuestra población rural encontramos que aproximadamente el 34% de nuestra población apenas logra producir aproximadamente el 7% de nuestro producto nacional[158].

Más adelante, Tinoco –al continuar la disertación sobre esa propuesta de «programa económico» trazado por el empresariado– efectúa las disquisiciones acerca de la agravación de los problemas planteados, destacando su importancia:

> Considero que esa toma de conciencia con la realidad no los ha venido a dar la carta económica de Mérida, aprobada por la Federación venezolana de cámaras y asociaciones de comercio y producción, como tesis fundamental de la Federación para la solución eficaz de nuestros problemas económicos y sociales en su decimoctava asamblea, celebrada hace unos meses en la ciudad de Mérida. Esta Carta viene a ser un verdadero programa económico para Venezuela, que basado en el análisis objetivo de nuestra realidad ofrece una solución integral y nos da un programa coherente de medidas eficaces para lograrla.

En el desarrollo de su exposición, Tinoco manifiesta que el texto es "…un verdadero programa económico para Venezuela, basado en el análisis objetivo de nuestra realidad", "destacando los aspectos fundamentales de este documento que puede tener una importancia trascendente de nuestra vida nacional":

> a. Destaca que la forma más clara y objetiva, el alto grado de conciencia social y de pensamiento nacional logrado por los empre-

158 Ídem.

sarios de nuestra patria. La Carta Económica de Mérida parte del problema social venezolano y acepta en la forma más categórica el concepto del deber social. En ella se busca como finalidad lograr en Venezuela el verdadero progreso social, o sea, el aumento real del nivel medio de bienestar de nuestra población. Ella además acepta el reto que implica para todos nosotros los problemas sociales fundamentales el país y señala como la tarea fundamental de esta generación de venezolanos su solución[159].

b. Los planteamientos que se hacen son soluciones nacionales y que ella no se define en intereses sectoriales o individuales. No es un documento gremial, es una solución para el país. Ella está basada en la creencia de que el interés general de la colectividad coincide exactamente con los intereses de los empresarios, sus intereses gremiales, es decir, que los empresarios de Venezuela tienen que deponer ante los intereses sectoriales, sus intereses gremiales ante los intereses generales del país, y que sólo estarán sirviendo bien a sus intereses particulares cuando estén sirviendo bien a los intereses generales de Venezuela[160].

c. La Carta tiene importancia porque señala con absoluta claridad que nuestros problemas sociales tienen por base la falta de producción, las desigualdades de distribución y es un hecho cierto que hemos venido acentuando últimamente la tendencia tratar de resolver nuestros problemas sociales a través de simples medidas de distribución, olvidando que la única manera real de elevar los ingresos y el nivel de vida de las clases desposeídas, es a través del incremento de la producción de bienes y servicios el país[161].

d. La Carta Económica de Mérida presenta como la única y verdadera solución de nuestros problemas sociales al desarrollo económico. Ella expresa en la forma más categórica la necesidad de fijarnos como objetivo nacional, una política de desarrollo económico. En la Carta Económica de Mérida, se expresa al respecto que el desarrollo económico puede ser verdaderamente un objetivo nacional, es decir, una finalidad compartida por todos los venezolanos y que sea capaz verdaderamente de unir hacia una meta positiva el esfuerzo de todos…[162]

---

159 Ibíd. P.16.188.

160 Ídem

161 Ídem

162 Ibíd. P. 16.189.

e. Finalmente, resalta que el documento, concebido como propuesta nacional; debe insertarse en un concepto "importantísimo en el desarrollo, la necesidad de la inversión. Es imperativo, por consiguiente, estimular el ahorro, la formación de capitales y la inversión de los mismos"[163].

En la parte conclusiva de su conferencia, Tinoco expresa:

es el programa económico que requiere el país. No es el producto de la aplicación de doctrinas foráneas, sino el resultado del análisis objetivo de nuestra propia realidad para señalar el camino por el cual podremos lograr el máximo aprovechamiento de nuestros recursos. Este planteamiento que hacen los hombres de empresa del país, debería ser objeto del más detenido estudio, tanto por el Gobierno Nacional, los partidos políticos y por toda la colectividad. Creo que podría ser la base para un gran entendimiento nacional, que permitiera iniciar un gran esfuerzo creador al cual contribuyeran todos los venezolanos.
Con un claro concepto del deber social, tenemos que hacer un llamado a la razón y ver si podemos sentar las bases definitivas para realizar en Venezuela la verdadera reforma social de contenido real que implique un aumento efectivo en el nivel medio de vida nuestra población. No podemos seguir viviendo de esperanzas o de ilusiones y tenemos que sustituir la promesa por la realización efectiva. Es esta la tarea fundamental de nuestra generación y a ella debemos toda nuestra dedicación y todo nuestro esfuerzo[164].

1.11 Tinoco defensor de «La Carta económica de Mérida»

Cuando se analiza la carta económica de Mérida desde el punto de vista historiográfico, la discusión o debate político, el lector puede percibir a Tinoco no solo como su autor sino como uno de sus grandes defensores.

En un programa con Sofía Ímber y Carlos Rangel, un reconocido espacio televisivo denominado Buenos días, en su condición de candidato presidencial del Movimiento Desarrollista, Tinoco asume la

[163] Ibíd. P. 16.190.
[164] Ibíd. p. 16.193.

Pedro Tinoco divulgando la Carta de Mérida.

defensa de la «Carta económica de Mérida» ante los ataques del candidato por el Movimiento al Socialismo (MAS), José Vicente Rangel, quien en diversas materias le formulaba críticas, ataque que tuvo como centro de querella la declaración de Mérida.

Así, por ejemplo, Sofía Ímber refería:

> Yo estoy segura que dice que sí, señaló Sofía. Estoy segura...Y sería tan interesante como el que realizaron José Vicente y tú. A propósito de José Vicente, –agregó Sofía– esta noche, ya como candidato presidencial, Pedro Tinoco va a hablarle a Fedecámaras en el cierre de la Asamblea. Pedro Tinoco en Fedecámaras está como en su casa porque además es un poco autor, hace diez años de la famosa Carta de Mérida. Y los ataques que se le hagan a Fedecámaras, son ataques que se le hacen indirectamente a Pedro Tinoco. José Vicente

> Rangel dice lo siguiente: "El neocolonialismo desarrollista. La doctrina o doctrinas de Fedecámaras elaboradas a través de sus XXVIII Asambleas Anuales y especialmente en la llamada Carta de Mérida, cuyo principal autor intelectual es el Dr. Pedro R. Tinoco, agente conocido del imperialismo norteamericano y de la oligarquía que le sirve en Venezuela, puede sintetizarse en un calificativo definido y conceptualizarte: neocolonialismo desarrollista o el desarrollismo neocolonizante. En materia petrolera, esa doctrina postula de uno u otro modo la continuidad de la explotación extranjera primaria, la degradante subordinación de nuestra economía, a la estrategia del cartel internacional a base de una supuesta incapacidad nuestra de operar y administrar la industria de los hidrocarburos...

A lo cual respondió lacónica pero contundentemente Tinoco: "Ese párrafo lo considero yo importantísimo", haciendo énfasis en la misma, deletreando ese último vocablo. Agregando a reglón seguido:

> Creo que es digno del análisis por todos los que están viendo este programa y por todos aquellos que tengan luego la oportunidad de estudiarlo. Revela cómo José Vicente Rangel ha aprendido en tan poco tiempo a utilizar la misma terminología, el mismo lenguaje de los viejos comunistas venezolanos. Tú agarras una Tribuna Popular de hace diez años y ves una editorial de Gustavo Machado sobre la Carta Económica de Mérida y te encuentras exactamente hasta los mismos adjetivos. El muchacho como comunista, aprendió rápido y hay que reconocerle ese mérito a José Vicente. Lo que él está diciendo no es ninguna novedad del MAS. Es lo que dijo el Partido Comunista sobre la Carta Económica de Mérida cuando esa Carta Económica salió en el año de 1963.

Por su parte, en el transcurso del programa, el conductor Carlos Rangel requería de la opinión de Tinoco sobre los ataques del candidato del MAS:

> Vamos a continuar con las imputaciones que José Vicente Rangel le hace a Fedecámaras –dijo Carlos–y en cierto modo a Pedro Tinoco, puesto que la doctrina de Fedecámaras es básicamente la Carta de Mérida de la cual fue autor Pedro Tinoco. Vamos a leer lo que dice José Vicente: "En materia de transformación del campo

venezolano, esa doctrina propugna la expansión y profundización del capitalismo importador y tributario, en base de grandes empresas mecanizadas, concentradas, que utilizan insumos importados, máquinas importadas, tecnología importada y margina al campesino, impulsándole a la ciudad para convertirlo en un habitante desarraigado, flotante, sin oportunidad. Carne de cañón de la miseria, de la desesperación y víctima de la represión, de la persecución y de la agresión del sistema". Esa es otra acusación grave porque ese proceso está a la vista. Los campesinos venezolanos se vienen a la ciudad y, en efecto, las granjas mecanizadas emplean menos campesinos que las que no lo están ¿Qué responde Pedro Tinoco a esa acusación?

En relación con esa pregunta, Tinoco respondió:

Ahí la respuesta es realmente elemental. Lo que parece estar proponiendo el Dr. José Vicente Rangel es que volvamos a la etapa del machete y la escardilla, que se empleen centenares de personas para, con su sudor y su esfuerzo, con una muy baja remuneración y el rendimiento de su trabajo muy escaso, que sea así como deba ser la producción agrícola en Venezuela. Que nosotros no sigamos el ejemplo de aquellos países que han logrado altos niveles de productividad agrícola, donde el campesino devenga con su esfuerzo un ingreso suficiente para poder vivir en el mismo nivel del que tiene un empleo industrial. Ahí se ve que a pesar de que en nuestro debate anterior, José Vicente Rangel negaba a Egipto como país socialista y expresaba su admiración por la Unión Soviética, que él lo que desea para Venezuela es un campesinado muy parecido al campesinado egipcio que trabaja sin maquinaria, solamente con los elementos más rudimentarios y que de las pocas lecciones que ha aprendido de la URSS, de que hay que llevar las máquinas al campo para facilitar y hacer más rendidor el trabajo del hombre, como que no lo ha asimilado muy bien. Ahora, no puede resolverse con sentido moderno el problema del desempleo en el país manteniendo a la gente en el campo haciendo un trabajo ineficiente con bajos salarios. Debe quedarse en el campo el que pueda trabajar en el campo con todas las ventajas de la tecnología moderna, con máquinas, para que puedan ganar salarios altos.

En otra interrogante, centrada en materia petrolera y que también versó sobre «La Carta económica de Mérida», Carlos Rangel le formula a Tinoco la siguiente pregunta:

> Como esto se refería a petróleo –dijo Carlos– y en cierto modo Pedro ya ha respondido a la cuestión petrolera, vamos a pasar a una materia muy delicada que es la de la industrialización, sobre lo cual dice José Vicente que la doctrina de Fedecámaras consiste, además creada por ti en la Carta de Mérida, dice José Vicente, consiste esencialmente en no sólo permitir y facilitar sino gestionar activamente el concurso del capital extranjero en condiciones de sometimiento a sus intereses y designios. Esa es la acusación que se le hace a Fedecámaras y es grave. ¿Qué respondes tú a eso?

A lo cual Tinoco respondió:

> Lo que demuestra eso es que José Vicente Rangel ha leído exclusivamente los comentarios que sobre la Carta de Mérida hacía Tribuna Popular. Y que no se ha leído la Carta de Mérida en sí. No conoce el documento. El documento no dice eso. El documento lo que propugna...

El conductor interrumpe a Tinoco para acotar:

> No, ellos no son tan ingenuos como para decir que el documento diga eso –comentó Carlos– lo que dice José Vicente y que es una cosa grave y que requiere respuesta, es que aunque el documento diga lo que diga, sus consecuencias prácticas son que Fedecámaras promueve, gestiona activamente la mediatización de la industria nacional por capitales extranjeros. ¡Claro que la Carta de Mérida no dice eso!

A esta acotación de Carlos Rangel, Tinoco manifiesta:

> Lo que le pasa a José Vicente, lo mismo que les pasa a los comunistas venezolanos, es que les molesta profundamente la Carta de Mérida, porque la Carta de Mérida significa una toma de conciencia por el empresariado venezolano. Hasta el momento de la Carta de Mérida, Fedecámaras se había caracterizado fundamentalmente por plantear exclusivamente cuestiones en función de sus intereses directos, actuaba exclusivamente como organismo gremial, de defensa y promoción de los intereses específicos de los agremiados. En

> la Carta de Mérida, Fedecámaras le plantea por primera vez al país un programa de desarrollo, le presenta al país el deseo, el propósito de que el país en su consenso, en todos sus órdenes y en todas sus gentes, progrese y crezca. Es evidente que esta toma de conciencia, este propósito de promover un desarrollo independiente, nacional, que nos haga salir del atraso y de la miseria que es el caldo de cultivo donde pueden tratar de vivir y fomentar sus intereses políticos los comunistas, tuvo que molestar mucho al Partido Comunista entonces y a su buen discípulo, el comunista José Vicente Rangel de hoy. Y los sigue molestando.

Luego pasan al tema de finanzas públicas, el cual se concretó con la siguiente pregunta efectuada por Carlos Rangel:

> En materia de finanzas públicas y esto es muy importante porque Pedro Tinoco ha sido ministro de Hacienda y ha propuesto sobre los impuestos, esa doctrina de Fedecámaras, de la cual es autor Pedro Tinoco, propone que los impuestos para las empresas deben ser moderados, con muchas exoneraciones, mientras que debe haber abundantes impuestos indirectos al consumo de las mayorías...

La respuesta del entrevistado no se hizo esperar, fue contundente en la defensa de su aporte doctrinario empresarial: «Eso no está dicho en la Carta de Mérida». Y ante el comentario de Rangel acerca de que "...tal vez estuvo implícito en tu gestión de ministro», Tinoco agregó: "Ahí, evidentemente, en sus apresuradas lecturas de los titulares de Tribuna Popular, José Vicente Rangel como que incurre en errores y contradicciones".

La entrevista parcialmente transcrita, como puede observarse, se centró en los temas abordados por la «La Carta económica de Mérida», los cuales como postulados, recomendaciones o lineamientos generales fueron instrumentados por Tinoco a lo largo de su actuación pública. Esas líneas maestras de la narrativa *tinoquista* pueden, dentro del contexto referencial del instrumento doctrinario empresarial, contextualizarse por su divulgación y defensa en los siguientes aspectos:

a. Después de 10 años de aprobada «La Carta económica de Mérida» y de su intervención en la Bolsa de Comercio de Caracas, implícitamente y proyectando su propuesta electoral, la caracterización que esbozó en aquella disertación en cuanto "...una tesis vital, vigorosa, dinámica y que responde a una realidad nacional..."

b. El desarrollo integral como eje conceptual de su línea discursiva.
c. La posibilidad de tener una industria petrolera nacional de alta calidad gerencial y técnica.
d. *Siempre* estuvo en el centro del ataque de la crónica ideológica militante, de manera directa o, por mampuesto, a través de la crítica abrasiva e irracional a «La Carta económica de Mérida».
e. La asunción de la paternidad de «La Carta económica de Mérida» y la construcción de la simétrica relación entre Fedecámaras y su liderazgo, es decir, la simbiótica relación entre uno y otro. Equivale a decir que son expresiones sinónimas doctrina de Fedecámaras, «Carta económica de Mérida» y Tinoco.
f. Ratificación de que la declaración de Mérida fue el resultado del consenso, ya que sus postulados constituyen premisas susceptibles de ser consideradas para la época como bases de entendimiento nacional.
g. Las finanzas públicas –en la vertiente de los ingresos de fuente tributaria– no pueden basarse en una imposición alta de la industria petrolera, lo cual es una vía directa a la *sobre dependencia* del país del petróleo.

1.12. «La Carta económica de Mérida», un aporte para las finanzas y la hacienda pública

La «Carta económica de Mérida» no solamente representa una posición coyuntural de los empresarios en torno a las políticas públicas –adoptadas por el gobierno del presidente Rómulo Betancourt en la parte inicial de la reinstauración de la República liberal democrática– sino una concepción que se explaya sobre los distintos aspectos que derivan de la consagratoria del Estado de Derecho. Es la posición de un sector importante de la sociedad, el cual define una serie de orientaciones fundamentales que van a guiar su posición desde 1962, año de su emisión, en las discusiones sucesivas de las distintas políticas públicas que inciden o convergen sobre aquellos aspectos mencionados en el instrumento principista aprobado en la XVIII Asamblea Anual de Fedecámaras que, como vimos, tuvo antecedentes que evidencian una etapa previa a la discusión, marcada por la controversia que solo pudo superarse a través del establecimiento de bases consensuales.

Tales orientaciones, reiteramos, resultan indispensables para entender las posiciones futuras del empresariado y de quienes siendo sus representantes, voceros y defensores de la carta emitida actuaron luego en la defensa de sus postulados, que se reflejaron en las políticas sometidas a consideración de los distintos órganos del Poder Público.

Un trabajo interesante, que escapa del alcance y contenido de la presente investigación, sería establecer un inventario de todas aquellas propuestas efectuadas por el empresariado y que tuvieron anclaje en los principios, orientaciones y definiciones previstas en la «Carta de Mérida», así como su efectiva recepción en los distintos instrumentos normativos y en las políticas públicas que materializan la funcionalidad del Estado venezolano.

El marco de discusión, elaboración y aprobación de la «Carta económica de Mérida» –así como su posterior divulgación y defensa– estuvo caracterizado por una concepción intervencionista del Estado y, en consecuencia, un debate –no del todo verificado– sobre cómo debía entenderse la planificación indicativa y cuáles eran sus límites, la determinación de las actividades que pueden ser objeto de la misma como derecho esencial del Estado derivado del régimen económico y social previsto en la en la Constitución de 1961, de eficacia relativa en virtud de la restricción de la garantía económica decretada el mismo día de su promulgación.

Al Estado se le reconoce la posibilidad de planificación de la economía en varios aspectos del ámbito nacional, en otros de carácter regional y, en algunos casos, sectorialmente. Sin embargo, ello no implica que le sea jurídicamente procedente una planificación absoluta, una intervención que haga nula el ejercicio de la iniciativa privada.

El Estado busca planificar, cuenta para tal fin con un conjunto de instrumentos y técnicas que permiten una actuación dinámica, por ejemplo, de la política fiscal que se traduce en estricta vinculación entre los órganos del Poder Público en función del Plan de la Nación, el establecimiento de responsabilidades y formas de control de gestión que, en tiempos del ministro Pedro Tinoco, llevó a la aprobación del presupuesto por programas, instrumento *ad hoc* para la consecución de tales objetivos.

Esa dinámica –que representa distintas formas de obligación y vinculación entre los órganos del Poder Público, manifestaciones de la actividad administrativa con contenido de incentivación que, en el caso específico de la materia tributaria, se traduce en incentivos y beneficios fiscales y, en general, de la actividad financiera a través de subsidios directos y cruzados– requiere de formas de mediación, interlocución y definición de bases consensuales para lograr los objetivos del crecimiento y desarrollo económico, valores esenciales que adoptan los empresarios en la «Carta económica de Mérida».

De lo que se trata –en ese ámbito intervencionista estatal acusado y temido por los empresarios de aquel entonces, imbuidos por esa visión tergiversada, que generó desconfianza hacia Betancourt y su estructura partidista, que le da parte del soporte gubernamental, de una transición que arrancó no solamente con la sustitución y migración de élites, sino con fuerte resistencia proclive a soluciones no democráticas de aquellas que venían con anterioridad a 1959– es de lograr el equilibrio entre la actuación macroeconómica del Estado y el reconocimiento de ámbitos y espacios microeconómicos en los cuales se desenvuelven y desarrollan las relaciones entre los particulares en ejercicio de la libertad de empresa y la iniciativa privada.

El Estado, a través de las políticas públicas y del reconocimiento de la posibilidad de planificar de manera indicativa y no imperativa de las planificaciones centralizadas de las economías cerradas o socialistas, tiene la previsión de la concepción que acentúa las formas de asignación de recursos públicos, la distribución de la carga pública y la redistribución del ingreso, que se traduce en bienes y servicios con parámetros cada día mayores de limitación al ejercicio de la iniciativa privada.

En este sentido, el sector económico privado tiene decisiones y formas conductuales que van reflejando una incidencia en la economía, es decir, que las decisiones de las empresas y de los núcleos familiares inciden en todo lo atinente a la generación y producción de bienes y servicios.

Mientras que el Estado actúa de manera global en la economía, induciendo al comportamiento de ella en su conjunto y condicionando la generación de empleo, la producción, el crecimiento y la estabilidad económica, el nivel de los precios y la inflación. Aquí encontramos un primer aspecto importante de la «Carta de Mérida» y, en consecuencia, de Tinoco, partiendo de que efectivamente tuvo una labor de filigrana en la conformación del consenso para su aprobación y luego su difusión, así como su observancia al momento de definir y ejecutar políticas públicas.

Se establece, por tanto, como forma de definición de la actividad presupuestaria y de su gestión en términos de ejecución del gasto, así como de aquellas políticas necesarias para garantizar la funcionalidad del Estado, la observancia de un clima adecuado de libertad y seguridad propia del Estado de Derecho y que está ajeno a su existencia, tomando en consideración que el régimen de autoridad de los órganos del Poder Público tienen que defender las instituciones públicas y privadas sin menoscabo de los derechos fundamentales del ciudadano, sin que exista la justificación de limitaciones del orden público sino que esté para que pueda garantizar el desarrollo económico, medida que debe lograrse dentro de un ambiente de paz y tranquilidad, como preconiza la «Carta», a los fines de lograr la mejor defensa de las instituciones y el desarrollo económico.

Este primer aporte se traduce, en términos de políticas públicas, en un valor que se destaca y resalta con fundamento en el texto constitucional –de atropellada eficacia– que duró desde el año de 1961 hasta los inicios de la década de los 90, período que, por lo menos, desde la formalidad comenzaron a dejar sin efectos los decretos anclados en la restricción de garantías. Un segundo aporte de la «Carta económica», visto de manera general, es la fijación de las aspiraciones del sector empresarial y, por lo tanto, de las exigencias para lograr las bases consensuales como son el hecho de que de los recursos públicos deben estar orientados, para lograr la producción efectiva y distribución real de bienes y servicios, por los criterios de libertad económica, el ahorro y la formación de capitales, lo cual se logra a través del estimulación de preservar los excedentes de renta y la inversión nacional y extranjera, definiendo de esta manera los objetivos que –de conformidad con el artículo 223 constitucional, aplicable *rationae temporis*– garantizan la protección de la economía nacional, la elevación del nivel de vida de la población y el desarrollo económico.

Aporte esencial, que define no solamente una aspiración sino una valoración de la actividad presupuestaria del Estado, es que el gasto público debe ser de inversión y permitir el cumplimiento de las funciones propias de la asignación de bienes públicos, pero también la posibilidad del establecimiento de inversiones en materia de infraestructura que incrementen la demanda interna de bienes y servicios, lo cual genera una corriente de dinamismo de la actividad económica y, por lo tanto, de crecimiento que se traduce y se refleja en los índices macroeconómicos en temas de consumo y producción.

No menos importante, aunque resulta obvio y se da por sabido, es la insistencia de una conformación racional de los estímulos dentro de la actividad de fomento que realiza el Estado.

En este sentido, destaca la necesidad de su redimensionamiento permanente, es decir, una política de adecuación para estar encima de las necesidades públicas, buscando determinar la efectividad de la iniciativa privada ante una intervención extensiva del Poder Público, lo cual no solamente genera opacidad sino también limitaciones al ejercicio de la libertad económica.

Quisiéramos destacar, dentro del concepto de hacienda pública y el objeto que define este trabajo de investigación, lo atinente a la política fiscal y a la sostenibilidad fiscal que propugna tanto la «Carta económica de Mérida» como Tinoco, quien expresó ocupación y preocupación en su labor como ministro de Hacienda y –posteriormente, en el segundo gobierno de Pérez– como parte importante del equipo que llevó adelante los reajustes en materia macroeconómica para el saneamiento de la política fiscal.

La política fiscal es aquella política pública que busca la administración de los ingresos de diferentes fuentes para financiar y ejecutar el gasto público, buscando se cumplan las funciones que tiene asignado el Estado bajo la técnica de cometidos y fines, funciones instrumentales que se verifican mediante la actividad presupuestaria y que, en definitiva, conducen al concepto esencial de lo que debe entenderse por ser sostenibilidad fiscal.

Una de las definiciones más adecuadas y descriptivas de este principio es el contenido en la "Exposición de motivos del proyecto de Ley 230", aprobado por el Congreso colombiano y traído a colación por la doctrina de ese país:

> La sostenibilidad fiscal se refiere a la consistencia de los planes de gasto e impuesto de largo plazo con los objetivos de la política monetaria y la acumulación de capital en la economía. Una situación fiscal es sostenible cuando garantiza de manera continua la capacidad de pago de las obligaciones contraídas por el gobierno. Más específicamente, para establecer la sostenibilidad de la posición fiscal debo responder a interrogantes sobre si los ingresos sector público son suficientes para financiar los programas de gasto o para sostener una determinada dinámica de gasto público, sin comprometer otras metas importantes de la política económica, principalmente la estabilidad de precios y la acumulación de capital[165].

En este sentido, cobra importancia la manifestación empresarial en cuanto a que "la política fiscal debe también contribuir al objetivo del desarrollo nacional", estableciendo como principios –que involucran a la iniciativa privada y que generan los objetivos propios de una política fiscal activa, en la vinculación de ingresos y gastos, en su incidencia con la actividad económica pública– los siguientes:

El equilibrio presupuestario, evitando los déficits fiscales, que por políticas erráticas o su omisión generan distorsiones importantes, específicamente la patología de la inflación, que puede configurarse de manera estructural y que compromete el futuro del país, conllevando a que las clases de menos recursos financien quiénes tienen posibilidad de ahorro o son titulares de importantes enriquecimientos.

El redireccionamiento del gasto público hacia fines productivos y de inversión, reduciendo el gasto corriente e improductivo que va en proporción del crecimiento desmedido del Estado y generando grandes

165 Exposición de motivos del Proyecto de Ley 230 de 2002 en Gabriel Rosas Vega, Mauricio A. Plazas Vega y Sergio Bernal Castro, Sostenibilidad fiscal. Aspectos jurídicos y económicos, Instituto Colombiano de Derecho Tributario, Bogotá, 2013, p.23.

pasivos laborales y obligaciones para poder mantener una dinámica burocrática, que sostiene su intervención incremental en la economía, en perjuicio del desarrollo económico.

Otro principio fundamental que deriva de la Carta de Mérida es la permanencia y seguridad jurídica de la normativa tributaria, valores que fueron una constante en la actuación pública de Tinoco, en la divulgación del Derecho tributario, tanto desde el punto de vista de la interpretación de la ley consagratoria de la imposición a la renta, proyectista y responsable de la política tributaria, así como parte del equipo económico del cual era un soporte importante, eficiente promotor de las bondades de la reforma impositiva propuesta en el año de 1989.

Las reformas son inevitables, necesarias y convenientes en la medida en que vayan acompañadas de una visión general del Estado, asidas a una articulación con la política monetaria y la política económica, siendo un elemento fundamental de la política fiscal, pero justifica las modificaciones continuas y asistemáticas de la estructura impositiva para cubrir brechas que en el fondo generan resistencias y son un aliciente a la evasión fiscal.

Por otra parte, la Carta de Mérida expresa criterios de valoración de la racionalización del sistema impositivo en tanto y en cuanto se busque el desarrollo económico dentro de los parámetros de vigencia y conformación de la estructura impositiva sin la necesidad de recurrir a la creación de nuevas especies, las cuales generan un incremento de la presión fiscal, afectando la generación de valor agregado y del producto interno bruto o, como se denominaba entonces, del Producto Territorial Bruto.

El gran aporte en materia de política fiscal, entendida en la forma que hemos visto de

la combinación activa de ingresos y gastos, debe estar orientada al desarrollo económico, expresada como una forma de incrementar la inversión pública y la privada, generando de esta manera un alza o incremento de la demanda interna y sin perjuicio de las posibilidades de ahorro, de inversión y estabilidad económica, procurando –en definitiva– el equilibrio presupuestario y el desarrollo económico estructurado en el esfuerzo continuo de los agentes económicos conjuntamente con el Estado.

Pedro Tinoco con Eugenio Mendoza y Carlos Guinand Baldo.

Pedro Tinoco, Ministro de Hacienda, acompañando al Presidente de la República, Dr. Rafael Caldera, y al Gabinete Económico en el auditorio de la Cámara de Caracas.

Tinoco, actor principal de las finanzas y la Hacienda Pública

1. TINOCO, PASIÓN Y DOMINIO DE LA HACIENDA PÚBLICA

Resulta difícil referirse a la hacienda pública, a las finanzas públicas y la materia financiera en la segunda mitad del siglo XX y no tener presente a Tinoco. En el entendido que –si bien existen tesituras en relación con la definición, alcance y contenido de esos vocablos– puede hacerse una relación con temas afines: presupuesto, tributos, crédito público, deuda pública, gasto público, control fiscal, eficiencia, eficacia, modernización del Estado, inflación, banca central, masa monetaria, fideicomiso, ajuste fiscal, renegociación de deuda, banquero y todo aquello que conduce a las materias indicadas en aspectos sustanciales como formales. Se agregan a este listado las materias que forman especies de los géneros que representan cada vocablo que conforman objeto de tratamiento por las políticas públicas.

La versatilidad de su actuación, de una u otra manera, estuvo vinculada a los temas esenciales tanto de la ciencia de las finanzas y de la hacienda pública como del derecho, que establece los principios ordenadores y valores que desarrollan el sistema financiero del Estado en todas sus etapas y subsistemas.

El conocimiento de Tinoco sobre el Estado –como entelequia que concentra el poder normativo y de actuación que se expande e incide sobre sus ciudadanos, su intervención en la economía y en los procesos en los que esta se manifiesta, las instituciones y las políticas que estas diseñan y ejecutan– era extraordinario.

Tenía un conocimiento denso, teórico, una visión práctica y dinámica sobre los principios, instituciones y procedimientos requeridos para la determinación de las necesidades y los ingresos necesarios para sus financiamientos –la actividad presupuestaria–, los procesos de obtención y recaudación de los mismos –el sistema tributario y el endeudamiento público–, el gasto público, su ejecución y control, los procedimientos de la gestión del presupuesto nacional y sus funciones en la economía financiera pública, la administración del patrimonio del Estado, las dinámicas de las relaciones fiscales intergubernamentales y la preocupación de su reorganización para garantizar su eficiencia y eficacia, que se tradujera en equidad, proclive al crecimiento y estabilidad económica.

En igual sentido, lo financiero nos lleva de la mano a la intermediación financiera y, por consiguiente, a la banca y las operaciones que le son propias, al mercado de valores y a los seguros.

En fin, un dominio de las políticas públicas y las medidas que derivan de ellas, que abarcan lo que hoy día constituye, con toda la ambigüedad que comporta, la regulación normativa, el sistema financiero público y el privado. Su conocimiento abarcaba lo que el Derecho Constitucional moderno denomina la Constitución Económica y Financiera, así como aspectos de la Constitución Económica y la ejecución complementaria de ella.

El denso conocimiento y dominio de los aspectos indicados es destacado por José Vicente Rodríguez Aznar, quien acompañó a Tinoco –primero– como ministro de Hacienda, ocupando los cargos de Subdirector de Presupuesto, director general de Presupuesto y Director de Finanzas Públicas y, posteriormente, cuando en febrero de 1989 fue designado como Presidente del Banco Central de Venezuela, ocupando la Primera Vicepresidencia del instituto emisor.

El referido funcionario, al destacar esas circunstancias, expresa que las mismas "lo constituyen en la única persona que ha tenido el privilegio y honor de haber estado junto al Dr. Pedro R. Tinoco, hijo, en las dos oportunidades que desempeño importantes tareas ejecutivas de gobierno"[166]. Destaca Rodríguez Aznar que:

> El Dr. Tinoco tenía clara conciencia de las funciones y responsabilidades que deben cumplir los distintos niveles jerárquicos de las

[166] José Rodríguez Aznar, *"Testimonio sobre..."*, op. cit, p.2.

> instituciones. Decía que la máxima autoridad del organismo debía ser el definidor de políticas, de estrategias y de metas, cuyo cumplimiento a supervisar directamente; además debía ejercer la representación institucional a los más altos niveles en el país y en el exterior. La implementación operativa y la gestión interna para atender las funciones y responsabilidades del organismo, debían estar a cargo de cada una de las unidades técnicas, legales y administrativas, pues para eso existía el personal especializado en su respectiva área de acción[167].

Esa descripción nos evidencia la tenacidad y el empeño de Tinoco de adquirir un conocimiento amplio del Estado, sus finanzas, su funcionalidad institucional y el rol que desempeña en la economía, afirmación que no necesariamente significa una concepción intervencionista. Lejos de tenerla, su pensamiento se orientaba a una economía abierta, a una expansión de la actividad económica bajo el impulso de la iniciativa privada. El propio Tinoco se calificaba de liberal.

Hay una anécdota extraordinaria de Tinoco, que no solo avala ese dejo de orgullo de autodenominarse liberal sino también la integración, la maravillosa empatía e integración con los jóvenes una vez les veía inteligencia, experta disposición y seriedad al trabajo. En las conversaciones sostenidas con Miguel Rodríguez y Pedro Rosas por vía telefónica y por las plataformas telemáticas utilizadas para tal fin, como una suerte de letanía que refleja admiración y agradecimiento, estos recordaban como Tinoco –con guasa y picardía– les decía: "Yo he sido desde hace mucho tiempo liberal, los neoliberales son ustedes"[168].

El doctor Rodríguez Aznar que, como hemos visto, fue una de las personas más cercanas a Tinoco en su tránsito por la Administración Pública y en el desempeño de lo que representaba para él *leitmotiv:* el poder en forma de expresión creativa, transformadora y deseo de incidir en los asuntos del Estado, expresa:

---

167 Ídem.

168 Anécdota entre varias, contadas por Pedro Rosas Bravo, quien entre 1989 y 1990 acompañó Tinoco en el BCV como Vicepresidente de Estudios Económicos, fundamentalmente mantenidas en las conversaciones sostenidas vía Zoom los días 22 y 26 de mayo de 2021 y en varias conferencias telefónicas.

> Su labor como ministro de Hacienda fue elogiada por los más diversos sectores políticos, gubernamentales, empresariales y laborales. Reordenó y modernizó el sistema fiscal y la administración tributaria; profundizó la implementación del presupuesto por programas, logrando darle vigencia legal en 1971, que no la tenía desde que en 1961 se inició el sistema, predicó y práctico la prudencia y la racionalidad en el uso de los fondos públicos e hizo del Ministerio de Hacienda el organismo piloto de la Reforma Administrativa iniciada en ese período de gobierno, dotándolo de una estructura organizativa moderna y ágil[169].

Esta opinión nos permite tener un punto de partida para abordar los aportes de Tinoco en materia de las finanzas del Estado, su conocimiento y la búsqueda de las vías para lograr la eficacia de la gestión financiera. Un hombre que no solo fue el ideólogo del moderno empresariado, el forjador de una posición más activa y pugnaz de la institucionalidad gremial sino el que fue capaz de izar las banderas de la modernización de las finanzas en la visión global, dinámica e integrada, no solo como proveedor de recursos para el gasto público sino como instrumento de planificación indicativa y control de gestión.

En la presentación al Congreso de la República de su primera "... Memoria razonada y suficiente sobre la gestión del Despacho en el año civil inmediatamente anterior y sobre sus planes para el año siguiente", cuenta de los fondos manejados conforme con lo establecido en el artículo 197 de la Constitución de 1961, realiza un análisis crítico de las características de la Administración financiera del Estado, reflejando la recurrente opinión pública que concentra una característica esencial sobre la ineficiencia y la baja productividad de los servicios públicos"[170], lo cual lleva al ministro de Hacienda Pedro Tinoco a referirse a la posición que el sector público venezolano ha ocupado en los últimos años frente al desarrollo económico y social[171].

---

169 José Vicente Rodríguez Aznar "Testimonio…,", op.cit, p. 5.

170 República de Venezuela, Ministerio de Hacienda, *150 años del Ministerio de Hacienda. Exposiciones de Motivos de las Memorias del despacho durante el periodo 1830-1980*, Tomo V, Ediciones de la Presidencia de la República, Caracas, p. 770.

171 Ídem.

De su lectura, y enfocándonos en el tema de la administración financiera pública, podemos evidenciar la recurrente mención de Tinoco a la participación de la iniciativa privada conjuntamente con el Estado para promover y lograr el desarrollo económico, alcanzar satisfactorios niveles de bienestar colectivo, el redimensionamiento del Estado y la diversificación de las fuentes de ingreso, haciendo énfasis en la ampliación de la base tributaria mediante una actualización del sistema tributario y una modernización dela Administración tributaria.

Las ideas de Tinoco, expuestas en esta fuente documental, pueden resumirse de la siguiente manera:

1. El Estado ha venido asumiendo una serie de responsabilidades de manera progresiva y en atención a los requerimientos de la población, independientemente de que ellos sean o no de la racional incumbencia estatal o de que existan o no adecuadas posibilidades financieras para ello[172].

2. En Venezuela, –para aquella época y lo cual se extiende hasta el presente– el Estado participa, según el cuentadante ministro:

> activamente en el cumplimiento de las indelegables funciones estatales, como son la administración general, la defensa nacional, el orden público, la administración de justicia y las relaciones internacionales, y también en los programas agrícolas, industriales, educacionales, sanitarios y médico-asistenciales que conjuntamente con las obras necesarias en infraestructura, son muy importantes para promover el desarrollo[173].

3. El Estado sin jerarquización de las necesidades, sin definición de prioridades ni resultados satisfactorio ha gastado recursos en áreas en las que el sector privado puede concurrir con él o en sectores cuya naturaleza es propia de la actividad de los particulares.

4. El Estado se ha dedicado a programas de escasa productividad social con un volumen de recursos importantes, cuya utilización hubiese sido preferible y más eficiente destinarlos a programas que cobran mayor atención.

---

172 Ídem.

173 Ibíd., 771.

En su criterio, dentro del análisis crítico que realiza en su primera rendición de cuentas al Congreso de la República y que reitera en las Memorias y Cuentas de 1970 y 1971, alerta sobre la:

> necesidad de evaluar la gestión pública bajo el criterio de que si es preferible transferir la acción del Estado de aquellas áreas donde no se requiere su presencia, para concentrar mayores esfuerzos en aquellos campos, donde su participación es decisiva para el desarrollo económico y social y para el mantenimiento del orden jurídico e institucional[174].

5. Existe una inadecuada organización administrativa del sector público para cumplir eficientemente sus funciones, en virtud lo cual señala Tinoco que:

> la ampliación y extensión de las actividades públicas no han sido acompañadas de una adaptación acompañadora estación de la maquinaria administrativa del Estado, ni de sus procedimientos, ni tan siquiera de su ordenamiento jurídico, que permitiera cumplir cabalmente con dichas nuevas funciones. Se puede decir, sin caer en exageración, que el Estado ha cometido una serie de tareas sin estar suficientemente preparado y organizado para ello[175].

6. Algunas deficiencias encuentran sus causas, en criterio de Tinoco, en:

> el número de organismos, que duplican esfuerzos en la consecución de un mismo objetivo; o diferentes organismos con responsabilidad en el cumplimiento de un mismo programa, sin que exista la debida comunicación y coordinación entre ellos; o también, organismos con responsabilidades similares cuyos esfuerzos anulan por tener conceptos o criterios diferentes acerca de sus respectivas funciones[176].

7. En mérito de las causas se hace necesario proceder a:

> un replanteamiento de la actividad del Estado, donde se definen con mayor precisión las responsabilidades que le corresponden en la

[174] Ídem.

[175] Ídem.

[176] Ibíd., p. 772.

promoción del desarrollo económico y social del país donde se establezca la jerarquización de prioridades entre distintos programas gubernamentales[177].

8. En temas de obtención de recursos suficientes y disponibles para lograr un gasto público eficiente con resultados satisfactorios de la acción financiera, Tinoco señala la necesidad de que "la comunidad aumente su participación en el desarrollo del país y logre el cumplimiento de la responsabilidad que a cada ciudadano le corresponde como integrante de la misma"[178].

9. En ese sentido propone:

ampliar de la base tributaria al expandirse la actividad económica y lograr que todos lo que deben ser contribuyentes cumplan con sus obligaciones tributarias; alcanzar un mejor cumplimiento a las obligaciones financieras con organismos públicos; racionalizar las tarifas para que cubran eventualmente los costos de los servicios, salvo en aquellos casos en que se justifique el subsidio a la población; contemplar también el pago de algunos servicios gubernamentales que actualmente se prestan gratuitamente, aunque este pago fuera selectivo de acuerdo con las posibilidades económicas de los de beneficiario, etc.[179].

10. De manera complementaria, Tinoco propone estimular la iniciativa privada para aprovechar todo el potencial del país en su propio beneficio y para su propio progreso, incrementándose simultáneamente el producto territorial y el ingreso fiscal.

En este orden de ideas, este personaje controversial dentro del panorama político institucional del país –que, como hemos indicado, concita admiración y respeto, pero también odios y resquemores y en ambos casos reconocimiento a su aguda inteligencia para el análisis de la situación del Estado, conocimiento para abordar los temas con sencillez y para exponer sus ideas– presenta una serie de aportes indispensables para ser objeto de estudio, análisis y desarrollo de una historia e histo-

[177] Ibíd., p.773.

[178] Ídem.

[179] Ídem.

riografía de las finanzas públicas en Venezuela, centrada en el aspecto de actividad financiera, crédito público, presupuesto, sistema tributario, organización del Estado, tanto la vertiente de la Administración en general y de la financiera en particular, así como propuestas importantes en materia de banca central que llevaron a adoptar decisiones importantes en la intervención y condicionamiento de los agregados monetarios, mecanismos y formas de intervención para recoger la liquidez y reestructurar un mecanismo macroeconómico ordenado y armónico, que debe ser objeto de análisis.

2. LA CONCEPCIÓN DE TINOCO DE LA ACTIVIDAD PRESUPUESTARIA

La actividad financiera en el Estado de Derecho se caracteriza porque todas las etapas que la conforman tienen como condicionamiento general y denominador común –como expresión de la esencia que lo representa– la política pública, abarcando distintas materias que están sometidas al «Bloque de Legalidad» e integran todo el sistema financiero público, regido por los principios ordenadores contenidos en la denominada Constitución financiera. Esta división de la preceptiva constitucional, de reciente data, establece las distintas formas de armonizar y coordinar ese sistema a los fines de garantizar la verificación de los cometidos y propósitos del Estado.

En consecuencia, el conjunto de actos que se cumplen para que el Estado pueda realizar sus fines –previa y genéricamente definidos en la Constitución y las leyes que la desarrollan y ejecutan, tales como aquellas fijadas en los instrumentos que expresan el contenido de la política fiscal– deben responder a una articulación interna en los elementos de cada subsistema y una coordinación externa entre cada uno de ellos.

Es una labor compleja en la cual cada improvisación, visión asistemática, contrariedad al ordenamiento o inobservancia de las reglas fiscales[180] conllevan a desajustes macroeconómicos y óbices al libre

[180] Las reglas fiscales, de acuerdo a los economistas Moreno, Sosa y Zambrano, "son restricciones que se imponen a las políticas fiscales para restringir su discrecionalidad a límites que permitan garantizar, fundamentalmente, la sostenibilidad de las finanzas, a largo

desempeño de la actividad financiera, generando crisis de institucionalidad que inducen a la población a sopesar las bondades y ventajas del sistema democrático, acelerando el deterioro institucional.

Por ello, la elaboración y formulación del presupuesto de las necesidades públicas colectivas, la determinación de las exigencias normativas que implican desembolsos fijos derivados de apartados presupuestarios que, en términos porcentuales, establece el legislador para destinar al gasto público corriente que rigidizan la actividad financiera y dan poco margen de actuación al Poder Ejecutivo; la estimación de ingresos ordinarios y extraordinarios de fuente diversa debiéndose incluir, en esta etapa, la gestión administrativa recaudatoria –sentido lato– de la estructura tributaria vigente; la ejecución y control del gasto público y, en general, la coordinación macroeconómica.

El presupuesto es, como dijera el economista Gerhard Colm (1897-1968), "el centro nervioso, y desempeña en ella el papel del mercado en la economía privada de la economía pública" en la cual:

> las resoluciones sobre la disposición de bienes y servicios, sobre la distribución y el pago de los mismos, son adoptados por la organización política, es decir por la colaboración de los órganos parlamentarios, ejecutivos y administrativos, según las normas constitucionales de cada país. Estos órganos posibilitan la expresión de las fuerzas sociales, inclusive la representación de los diferentes sectores interesados, y facilitan también la exteriorización de la opinión pública, que luego influyen en las decisiones del gobierno[181].

---

plazo, y/o la estabilización macroeconómica a corto y mediano plazo. Son, en esencia, mecanismos de compromiso de disciplina y señalización de contenido y dirección de las políticas fiscales para el resto de la economía que, al funcionar efectivamente, además, se constituyen en factores de gobernabilidad y estabilidad política" (María Antonia Moreno, Santiago Sosa y Luis Zambrano Sequín, « Reglas fiscales: estado del arte e inferencias para el caso venezolano » en María Antonia Moreno, Santiago Sosa y Luis Zambrano Sequín (Editores), *Reglas fiscales para Venezuela; en la búsqueda de disciplina, estabilidad y sostenibilidad en las finanzas públicas,* Colección Visión Venezuela, AB Editores, Caracas, 2021, p.47).

181 Gerhard Colm, «Proyección del Presupuesto. El Presupuesto del Estado, el Plan Financiero y el Presupuesto de la Economía Nacional» en Wilhelm Gerloff y Neumark Fritz (Directores) *Tratado de Finanzas*, Librería El Ateneo, Argentina, p.229.

El exdirector del Departamento de Asuntos Fiscales del Fondo Monetario Internacional, Vito Tanzi, apunta que en toda sociedad organizada hay que asignar un papel al gobierno, el cual debe:

> desempeñar funciones que, por una u otra razón, no se llevarían a cabo en absoluto o se cumplirían en forma insatisfactoria si se dejase en manos del sector privado. Como documento económico, el presupuesto es la expresión más importante de ese papel. A través del presupuesto el gobierno trata de poner en práctica o promover sus objetivos, y una política presupuestaria eficaz será coherente con el papel asignado al gobierno y a la vez permitirá que se evalúe claramente hasta en qué punto los objetivos deseados se están persiguiendo o llevando en la práctica. Tradicionalmente, la actividad presupuestaria se le ha atribuido varias funciones o cometidos en relación a su naturaleza e importancia[182].

En nuestro medio encontramos varios estudios enjundiosos en materia de presupuesto, unos generales y otros sobre temas específicos de la preceptiva presupuestaria. A los efectos de una definición del presupuesto como punto de partida para destacar el impulso de Tinoco a la modernización de su elaboración, formulación y su control, lo cual significó ingresar al país –con una década de retrasado– en la era de los sistemas de gestión moderno.

Así, por ejemplo, José Joaquín González Gorrondona (1910-1988) –a quien Tinoco sustituyó en la Universidad Central de Venezuela para dictar la Cátedra de Hacienda Pública y proseguir una "…breve, pero intensa carrera docente"[183]– denota que "…la Teoría General de la

---

182 Vito Tanzi, *Parámetros de política fiscal en la formulación de presupuestos* en A. Premchand y A.L. Antonaya (Editores), Fondo Monetario Internacional, Washington, 1988, p.10.

183 El historiador Rafael Arráiz Lucca, en su biografía de Tinoco, señala:
En su breve, pero intensa carrera docente, le tocó sustituir a José Joaquín González Gorrondona en la Cátedra de Hacienda Pública, ya como profesor Titular designado. También fue titular de la Cátedra de Economía Política en la Facultad de Derecho, aquella fundada por González Gorrondona y Arturo Uslar Pietri en 1936. (Rafael Arráiz Lucca, "*Pedro Tinoco...* ", op.cit, p. 37).

Hacienda (...) que toda ella desemboca en el Presupuesto, porque en realidad allí incide su primera y última finalidad" para, luego, agregar:

> Definir el presupuesto es más bien una cuestión que depende de las condiciones subjetivas del individuo que lo intenta. Usted encontrará en cualquier texto que se ocupe de finanzas, definiciones de lo que debe entenderse por presupuesto; podríamos decir que existen tantas definiciones de presupuesto como autores de esta materia; cada uno define según su peculiar manera de entenderlo y concebirlo; pero si esto es cierto o es menos verdad que en todas esas definiciones podemos encontrar dos elementos comunes. Ellos son: a) que el presupuesto es un acto de previsión y b) que el presupuesto es un auto de autorización.[184].

En el caso específico de lo que corresponde a la provisión, el citado académico señala que "el Estado prevé con antelación, dentro del lapso determinado, generalmente un año, lo que ha de recabar por concepto de ingreso, y lo que ha de gastar, esto es lo egresos"[185].

La autorización la centra González Gorrondona en "...el hecho ínsito, en el mismo presupuesto, por el cual se autoriza a los personeros del Poder Ejecutivo para efectuar el cálculo de los ingresos, dentro del año establecido, y de permitirle, dentro de un lapso determinado el que realice los gastos previstos"[186].

Por su parte, el malogrado y recordado profesor, funcionario y luego asesor de la Procuraduría de la República, profundo conocedor de la actividad financiera en todas sus etapas y de los pocos juristas venezolanos que abarcó su estudio sistemático y dejó obra escrita, Luis Roberto Casado Hidalgo, define al presupuesto como:

> un instrumento legal en el cual sistemática y anticipadamente se calcula los ingresos y se autorizan los gastos que habrían de producirse en un cierto período de tiempo. Su principal función es por ende la de fijar el gasto público dentro del límite de los recursos previstos en este determinado período tiempo, y desde el punto de vista constitucional define el contenido y los alcances del principio de la

---

184 Tomás Enrique Carrillo Batalla y Rafael J. Crazut, *"Análisis y..."*, op.cit, p. 607.

185 Ibíd., p.611.

186 Ídem.

reserva legal del gasto público contemplado en el artículo 228 del texto [constitucional]; esta noción debe ser retenida porque incide profundamente en la naturaleza jurídica del presupuesto[187].

Lejos, muy atrás, quedó la discusión suscitada en la doctrina nacional y extranjera sobre la naturaleza jurídica del presupuesto y su estructura interna, que conducía a la controversia de si correspondía o no a una ley material o si, por el contrario, era simplemente una mera autorización emitida por parte del Poder Legislativo.

Lo cierto del caso es que, emitiéndose por el órgano legislativo correspondiente, se trata de una ley, pues era –conforme con el artículo 162 de la Constitución de 1961– un acto sancionado por "... las Cámaras como cuerpos colegisladores". La Ley de Presupuesto, mucho más en la época de actuación de Tinoco donde existía una verdadera discusión democrática de las previsiones, distribuciones del gasto público y las autorizaciones, un sistema de pesos y contrapesos entre el Congreso de la República y el Poder Ejecutivo, una gestión presupuestaria conjunta que comporta una estructura y un contenido diferente a lo que corresponde a las leyes orgánicas, ordinarias o especiales que, bajo la abstracción y la generalidad, establecen obligaciones (cometidos y fines) y definen una serie de facultades atribuidas a los órganos del Poder Público del Estado o de los particulares, proclamando sanciones al incumplimiento de la normativa en ellas establecidas.

No obstante, la Ley de Presupuesto constituye un acto fundamental, inherente y consustancial al Estado de Derecho, es el reflejo de la funcionalidad del control y de la colaboración entre los órganos del Poder Público[188]. Existía, bajo la vigencia de la Constitución de 1961 y durante la existencia de la República liberal democrática, una separación efectiva y mecanismos de colaboración, más no de sumisión, en torno a la función que corresponde a cada uno de ellos, pero era una efectiva división flexible de poderes mediante un esquema de colaboración, reforzada con la existencia de un régimen bicameral en la cual

---

187 Luis R. Casado Hidalgo, *La preceptiva presupuestaria en el derecho venezolano en Libro homenaje al Profesor Antonio Moles Caubet,* Tomo II, Universidad Central de Venezuela, Caracas, 1981, p.698.

188 La Constitución de 1961 en su artículo 117 establecía lo siguiente: Artículo 117. Cada una de las ramas del Poder Público tiene sus funciones propias; pero los órganos a los que incumbe su ejercicio colaborarán entre sí en la realización de los fines del Estado.

se derivaba un control en el Senado en representación de los Estados y del Distrito Federal y la Cámara de Diputados en representación a los electores de cada Estado y los Territorios Federales.

De esta manera se verificaba una discusión abierta que mantenía el control político y financiero sobre el Ejecutivo Nacional, función que se ha ido acentuando con el transcurso del tiempo, pasando a un segundo lugar, imponiendo la búsqueda de mecanismos alternativos para evitar que la función legislativa no pase a un segundo lugar, con preeminencia de la dinámica de control que comporta el parlamento en los últimos tiempos.

En este sentido, se define: (i) la función de asignación mediante la cual se permite a la ciudadanía que acceda a ciertos bienes públicos –sentido económico– a los cuales no se accede a través de las reglas de oferta, vale decir, mediante el mercado. Es el Estado quien debe proveer y garantizar bienes como la justicia, seguridad, defensa, gobernabilidad, crecimiento económico y la seguridad jurídica en términos –este último– de valor esencial del ordenamiento jurídico; (ii) la estabilidad que debe proporcionar el crecimiento del sector privado, la generación de mayor valor agregado nacional, reducción del déficit fiscal, evitar el despilfarro público y un control efectivo sobre la inflación y (iii) la distribución de la carga impositiva entre las diferentes capacidades contributivas o económicas –progresividad vía ingreso– y luego la redistribución por medio del gasto público a favor de los sectores menos favorecidos de la sociedad.

Las referidas funciones establecen una estrecha vinculación entre los sistemas presupuestario y tributario en tanto a la forma como debe enfrentarse el financiamiento del gasto público, reducir el déficit fiscal y el endeudamiento, logrando una disciplina fiscal y, por consiguiente, favoreciendo el crecimiento y la estabilidad de la economía.

La eficacia y eficiencia de la actividad financiera no debe mezclarse con su esencia de actividad instrumental o medial, en la concepción de algunos autores, que propugnan por un contenido neutro en el sentido de que no debe ser el producto de una visión ideologizada o la concreción de una determinada categoría conceptual del Estado que preside la gestión financiera. Esta premisa no se ajusta a la realidad, pues es un esquema de finanzas públicas en un ambiente de normalidad institucional, sometida al Derecho y a las reglas técnicas fiscales, positivadas o no la estructura del presupuesto, la definición de las fuentes de financiamiento, por ejemplo, de fuente impositiva no petrolera y el destino del gasto público permiten a los operadores financieros –calificadoras de riesgos, instituciones multilaterales, inversionistas, etc.– una lectura en relación con las finanzas del país, su estabilidad, sostenibilidad, proyección de crecimiento y otros agregados fiscales.

La anterior aseveración encuentra aval en cuanto a que la actividad financiera refleja la orientación de cada gobierno, la concepción que se tenga del Estado por parte de los responsables de la política, sin que haya significado desconocimiento a la Constitución de 1961, que rigió el período de actuación de Tinoco en tanto ministro de Hacienda, parlamentario, director del Banco Central de Venezuela y su presidente, en virtud que no predeterminaba la orientación que debía tener el gobierno en cuanto a la orientación de su actividad y funciones. Lo importante era el sometimiento a la legalidad atributiva de competencias y potestades, a los principios y valores generales del sistema democrático pero no existía, reiteramos, una preconcepción de la orientación política, salvo en cuanto la observancia de los pilares principistas y valores del Estado de Derecho.

Es esencial se procuraba lograr, tal como lo señalan Matías Riutort y Luis Zambrano Sequín (1950):

> una formulación y ejecución de una política fiscal eficiente para garantizar un ajuste adecuado ante las perturbaciones aleatorias que impactan con frecuencia a la economía. De hecho, la existencia de esas limitaciones profundiza los efectos perversos de los shocks originales. La alta volatilidad de los ingresos, la rigidez nominal de los gastos corrientes y las restricciones para generar un financiamiento adecuado de los déficits fiscales y canalizar los superávits, son obstáculos que conspiran contra la posibilidad de diseñar medidas fiscales orientadas a promover la estabilidad. Eliminar, o al menos reducir, el carácter pro cíclico de la política fiscal en Venezuela constituye uno de los principales retos para aquellos que se preocupan por el diseño y ejecución de la política económica nacional[189].

---

[189] Matías Riutort y Luis Zambrano Sequín, Volatilidad de la política fiscal en Venezuela, *Temas de coyuntura*, N.35/junio 1997, Instituto de Investigaciones Económicas y Sociales, UCAB, Caracas, p. 7, https://cutt.ly/lEkUSBI, consultada en fecha 29 de agosto de 2021.

Una aproximación a estas reflexiones –seguramente– constituyeron ideas recurrentes en la inquieta inteligencia de Tinoco, un criterio primario de la cual partió para hacer la propuesta de la conversión del presupuesto tradicional de esencia contable en uno por programas, insertándose en las corrientes que venían desarrollándose desde los principios de la década de los 60 para establecer con mayor claridad lo relativo a la administración y gestión del sistema presupuestario.

En criterio de Rodríguez Aznar, quien trabajó bastante el tema y fue uno de los propulsores que permitió su incorporación en nuestro ordenamiento:

> la principal forma de administración del presupuesto es relativo a la cuestión que se plantea en cuanto al tipo de administración presupuestaria que mejor puede adaptarse a las necesidades de la planificación económica debiéndose formular la pregunta y la respuesta adecuada en torno a cuál debería ser el alcance de las funciones que dan pie a la definición de la gestión presupuestaria.

Hemos de recordar que, al analizar la Carta económica de Mérida, observamos cómo el Estado venezolano se perfiló en la profundización de la planificación, inserta en la planificación indicativa que no es más que la forma mediante la cual el Poder Ejecutivo y sus órganos se vinculan a una propuesta, otorgando beneficios, estímulos o incentivos para que los agentes económicos privados se adhieran, destinen su actividad empresarial y su rentabilidad en función de los objetivos para lograr el cumplimiento del plan estratégico global, plan de la nación o planificación estratégica nacional. A diferencia de lo que sucede con la planificación centralizada en la que existe una imposición de estrategia para mediatizar la iniciativa privada utilizando distintas formas de intervención económica a través de limitaciones, prohibiciones o condicionamientos que lesionan seriamente la libertad y la propiedad.

Efectuada esta aclaratoria podemos expresar –en relación con la naturaleza y función de la formulación presupuestaria para la época en que se desempeñó Tinoco como ministro de Hacienda y siguiendo a Rodríguez Aznar– lo siguiente:

> Si el sistema presupuestario se adaptase a la planificación es inevitable que asimile alguna de las características principales de los planes. Las modalidades fundamentales de los planes son su empleo de programas o proyectos como unidades funcionales, la importancia que se le asigna a su insumo material y a los resultados o beneficios y a su costo en relación con los beneficios. El análisis de costo y beneficio desempeña una importante función en la elección de los proyectos. Éstos son también los atributos de un presupuesto por programas. En todas las fases de la actividad presupuestaria –formulación, asignación de fondos, ejecución y evaluación– se concentra la atención en los proyectos y actividades de los costos de estos con relación a sus beneficios[190].

En este trabajo citado de Rodríguez Aznar, publicado en agosto de 1965 y en el que muchas de sus ideas "son reflejo de la opinión personal del autor, en gran parte el trabajo es la síntesis de numerosas discusiones, reuniones y entrevistas tenidas en la Dirección General de Presupuesto por sus funcionarios", se señala que:

> A diferencia del presupuesto tradicional, que se limita a destacar los desembolsos en efectivo, un presupuesto dirige la atención hacia las realizaciones físicas o efectivas. El objetivo general de un presupuesto por programa es alcanzar el logro de una meta determinada con una inversión mínima de tiempo y dinero. La medición de costos unitarios, en consecuencia, asume una importancia fundamental para esta concepción del presupuesto pues no solo sirve como criterio para determinar la eficacia en la ejecución de los proyectos sino también contribuye a establecer, durante un espacio de tiempo, ciertas normas útiles para las ulteriores actividades de planificación y programación[191].

La configuración de un Estado eficaz fue una constante en la ocupación y preocupación de Tinoco, quien estuvo siempre orientado a que

---

190 José Vicente Rodríguez Aznar, *El sistema de presupuesto por programas y su aplicación en Venezuela*, Ministerio de Hacienda, Dirección General del Presupuesto, Oficina de Programación Presupuestaria. Caracas, 1965, p. 37.

191 Ídem.

la Administración Pública patria acogiera los conceptos y las normas esenciales de la moderna ciencia administrativa que, para aquel entonces, se centraba en la búsqueda de la obtención de mayores resultados que se tradujeran en una efectiva gestión de la recaudación de los ingresos de fuente tributaria y no tributaria, así como en una estructura racional del gasto público[192].

Expresaba en sus reflexiones sobre la necesidad de la reforma de las regulaciones en materia de la actividad financiera que:

> desde un punto de vista político, la noción del gasto que ordinariamente tiene la administración es en esencia como una noción volumétrica. Los resultados de las gestiones cumplidas por los diferentes gobiernos, por las varias instituciones oficiales y por la multitud de funcionarios, se expresan por lo regular, en términos de volumen[193].

Sin embargo, resentía que la Administración no tuviera presente los conceptos de costo, de rendimiento y de eficacia que eran, como hemos visto, la esencia del presupuesto por programas.

No es de extrañar el empeño de Tinoco de perseverar en la reforma del régimen presupuestal venezolano y lograr que el mismo fuese una herramienta orientadora para las realizaciones, fuente de información para la gestión de control de su ejecución y bisagra con la planificación indicativa que venía realizándose desde el gobierno de Betancourt[194].

---

192 En la introducción de obra "Elementos de economía presupuestaria. Con un apéndice sobre la reforma del sistema presupuestario venezolano. Ideas para una estrategia", el economista José Vicente Rodríguez Aznar, destacado especialista de la técnica presupuestaria, realiza un reconocimiento Tinoco en los términos siguientes: Al doctor. Pedro R. Tinoco, que mientras ejerció la cartera ministerial en el despacho de hacienda, no sólo fue simplemente receptivo a los planteamientos que le hiciéramos para avanzar en el proceso de reforma presupuestaria, sino que constantemente nos hizo valiosos indicaciones y sugerencias para las tareas que cometimos, demostrando con hechos ser un convencido de la necesidad de modernizar la administración pública, para hacerla más eficiente. (José Vicente Rodríguez Aznar, *Elementos de economía presupuestaria*, Ministerio de Hacienda, dirección de Finanza, Caracas, 1973, p. XXI.)

193 Pedro Tinoco, "*El Estado...* ", op.cit, p.12.

194 Durante el gobierno de Rómulo Betancourt se comenzó a hablar de la planificación quinquenal, premisas necesarias para la continuidad administrativa, el desarrollo económico y social del país.

En esta materia, es necesario tener en cuenta el aporte que realizó Tinoco en el año de 1971 cuando presentó al Congreso de la República el primer presupuesto elaborado con arreglo a la moderna técnica administrativa que recomendaba las Naciones Unidas, como era el presupuesto por programa, en el cual cada gasto se vincula, en forma directa,

---

Traemos a colación, dos intervenciones del Presidente Betancourt, que evidencian la importancia de la planificación y de cómo era necesario, cambiar los parámetros de elaboración y formulación de la Ley de Presupuesto, que venían relievándose y que entendió Tinoco en lo medular del sistema presupuestario, y su relación con la planificación.

La planificación permitía dentro de la concepción betancourista la posibilidad de mantener la continuidad administrativa, esencia fundamental para garantizar el desarrollo económico. Así en conferencia de prensa, celebrada en el Palacio de Miraflores, el 23 de enero de 1963 con corresponsables norteamericanos, Betancourt expuso toda una serie de consideraciones en torno a la importancia de la planificación, entre otros temas, expresando en respuesta a una pregunta de uno de los periodistas lo siguiente:

En cuanto a la continuidad administrativa, tenemos el Plan de la Nación, que está elaborado y abarca el periodo 1963-1967. Este plan es no solamente una necesidad nacional para la planificación del desarrollo económico y social del país, sino que también es el resultado del compromiso adquirido por todos los países, que formamos la Organización de Estados Americanos en la reunión de Punta del Este. Han surgido por ahí críticas de un sector de la oposición diciendo de que cómo es posible que se presente un Plan de la Nación por un gobierno que va a entregar el poder. La respuesta es muy clara. Nosotros estamos obligados a eso por necesidad de orientar el desarrollo económico y social del país y además por un compromiso internacional que adquirimos en Punta del Este [se refiere Betancourt a la «Declaración a los pueblos de América y a la Carta de Punta del Este- Alianza para el Progreso», Memorial Política de México, en http://www.memoriapoliticademexico.org/Textos/6Revolucion/1961-DPA-APE-APP.html Consultada el 3 de septiembre de 2021). Por una parte, el próximo presidente puede revisar ese Plan de la Nación y transformarlo y modificarlo. Ésa no es una camisa de fuerza que le dejo de herencia a mi sucesor, sino como un camino abierto, utilizando y aplicando la experiencia que hemos hecho, con sus aciertos y con sus errores, en esta etapa de gobierno. (Rómulo Betancourt, Antología Política, Volumen Séptimo, Fundación Rómulo Betancourt, Universidad Pedagógica Experimental Libertador, Caracas, 2007, p. 343).

Tarea dura fue-cuando la Nación reclamaba que en forma inmediata se atendieran sus problemas y se le diera respuesta a sus necesidades represadas en el curso de una década -la de atender sólo a lo perentorio e inaplazable mientras se planificaba y proyectaba una acción creadora global.

La situación será diametralmente distinta para el próximo gobierno, y como una demostración más del sentido previsto y de la capacidad realizadora del régimen democrático. Se le dé un Plan de la Nación, para ser ejecutado en el próximo cuatrienio, que ha sido laborado con seriedad técnica y ha merecido veredicto favorable, en sus lineamientos fundamentales, del llamado Comité de los Nueve, asesor del programa Alianza para el Progreso. Se le dejan proyecto de obras ya elaborados e indicación precisa de sus posibles formas de financiamiento. (Ibíd., p. 424).

a una meta de Presupuesto que se distribuye en función de los distintos programas acreditados que se aspiran realizar. A cada programa se le asignan recursos en proporción a los resultados que en cada caso se estiman posibles.

No obstante, si bien Tinoco admitía que el presupuesto por programa permitía realizar un control –que interesaba no solamente al Estado sino a la colectividad, ya que procuraba determinar y medir la eficiencia de la gestión, facilitando el otorgamiento oportuno de reconocimiento y otorgamiento de estímulos a los funcionarios responsables de la administración de los fondos públicos dentro de la normativa que establece y orienta la carrera administrativa–, aun así no estaba conforme, pues –si bien es cierto– que se dejaba atrás un sistema presupuestario primitivo por uno más moderno y complejo, todavía subsistían fallas en la elaboración como en el control de su ejecución[195].

La visión global que tenía Tinoco con la vinculación estricta entre el presupuesto y el programa con la contabilidad de costos resulta innegable. Un conocimiento que favorecía al Estado ya que podía contar con elementos suficientes para mejorar la eficacia de la Administración pública, permitiendo una gestión importante en la determinación y la recaudación de los recursos patrimoniales y tributarios, por ejemplo, así como un control que hace posible la vigencia de los principios de transparencia, la responsabilidad y la oportunidad del servicio al ciudadano, *leitmotiv* de su acción reformadora del Estado.

El propio Tinoco da cuenta de este logro, que permitió en 1976 la definición de un nuevo y moderno régimen presupuestario, desprendido de las disposiciones de la vieja Ley Orgánica de Hacienda Pública de 1918, generando un aporte y guardando las lógicas distancias temporales, institucionales y de realidad del país con el legado del ministro Román Cárdenas.

En la Memoria y Cuenta del Ministerio de Hacienda, presentada al Congreso de la República correspondiente al ejercicio fiscal 1971, expresó:

> Todas aquellas actividades vinculadas con la formulación, ejecución y control del presupuesto, progresivamente han sido comple-

[195] Ibíd., pp.14-16.

mentadas con el desarrollo de acciones que han permitido lograr mejoras en el área de la administración presupuestaria y por lo tanto en la utilización racional de los recursos públicos.
Una de esas acciones determinó la incorporación en el texto legal de la Ley de Presupuesto para el año 1971, de algunos aspectos que representan avances en la utilización del sistema de Presupuesto por Programa.
No obstante, de estos avances, aún se conserva una eficiencia representada por la inexistencia de un ordenamiento legal en materia presupuestaria que supere ciertos elementos jurídicos, administrativos, institucionales y contables que no corresponden a las condiciones en las cuales debe desarrollarse una administración moderna con criterios de programación.
A fin de cubrir tal vacío, actualmente un grupo de expertos en la materia, constituido por ex directores de Presupuesto, encamina sus labores en el sentido de redactar un proyecto de Ley Orgánica de Presupuesto y su Exposición de Motivos, donde se sintetizan, tanto las experiencias logradas en el país, como aquellas de origen internacional que nuestro medio permite asimilar. Como punto final del proceso se realizaron consultas entre diferentes expertos en Administración Pública y en algunos otros que, aunque actualmente no permanecen en ella, poseen conocimientos y capacidad suficiente para sugerir lo mejor[196].

Comenzaba con el apoyo de Tinoco el camino a la modernización de la actividad financiera, a la articulación de las políticas públicas con incidencia en el campo económico, buscando la asignación de los recursos públicos cada vez más escasos antela exponenciación de las necesidades en función de propósitos concretos y no a unidades administrativas, que actuaban aisladas y descoordinadas, exigiendo una justificación y razonamiento en las acciones, negociaciones o compromisos que se fueran a realizar en cada ejercicio fiscal. La eficiencia pasa a convertirse en un parámetro de valoración de metas y medición de la eficiencia de las realizaciones y bases cuantitativas para la proyección de metas.

196 República de Venezuela, Ministerio de Hacienda, *150 años del Ministerio de Hacienda. Exposiciones de Motivos de las Memorias del Despacho durante el periodo 1830-1980*, Tomo V 1947-1980, Caracas, 1982, pp.842-3.

La persistencia de Tinoco, generada en un equipo de amplia experiencia y conocimiento técnico, permitió que el diseño del sistema presupuestario estuviera cimentado y apoyado en decisiones de tipo organizacional en el Ministerio de Hacienda con la creación de la Dirección General de Finanzas Públicas, la Dirección General de Rentas y la Dirección de Servicios.

En el caso de la primera unidad directiva se le asignó "la planificación racional del gasto público en orden nacional y regional, en función de la regionalización", teniendo bajo su supervisión la Dirección Nacional de Presupuesto, la Dirección de Crédito Público y Tesorería Nacional, describiendo el ministro Tinoco que esas:

> cuatro unidades que deben funcionar bajo una estrecha coordinación, por cuanto en ellas se efectúa la investigación macro y microeconómica aportando módulos de acción, cuantificados y calificados, en el contexto financiero-fiscal; se dirige y coordina la administración presupuestaria a nivel nacional, incluyendo, los ministerios, institutos autónomos, empresas del estado y entidades regionales; se estudia el mercado monetario interno y externo para conocer las posibilidades de obtener recursos extraordinarios en las mejores condiciones de intereses, plazos, fuentes y colaterales, a fin de financiar los programas de inversión para los que los recursos ordinarios son insuficientes, y de acuerdo con los límites de endeudamiento; por último, se realiza la función presupuestaria de Caja, centrando su acción en garantizar que los flujos monetarios del sector público se produzcan normal y oportunamente a fin de colocar las obligaciones del Estado, dentro de un cronograma de pagos estable de acuerdo con las percepciones de ingresos[197].

En igual sentido, reafirmando su aporte en materia presupuestaria y coordinación, en correspondencia normativa, disposición y organización administrativa centrada en la planificación en conjunto con el presupuesto, Tinoco expresa en su rendición de cuentas:

> En relación con la administración financiera, la reforma obligará a la implementación más acelerada del sistema del presupuesto-pro-

[197] Ibíd., p. 777.

> grama a todos los niveles de la Administración Pública. Como consecuencia lo anterior, se entrega de lleno a la programación racional del gasto en las áreas restantes. De igual modo, la planificación del ingreso se asentará en el Manual de Metodología Estadística en preparación, a fin de estimar toda la categoría de rentas en base a sus propias peculiaridades y poder lograr así un índice de aproximación más realista en las estimaciones anuales. Estas experiencias aportarán los elementos indispensables para la política fiscal planificada, instrumento de primer orden en el proceso de desarrollo nacional y regional en curso[198].

Se realizaba de esta manera una vieja aspiración de los hacendistas venezolanos para hacer efectivo esta metodología presupuestaria, cuya formulación venía de finales de la década de los años cincuenta, acentuándose la crítica a la tradicional forma de elaboración y discusión del presupuesto que alejaba la posibilidad de articulación de una eficaz política fiscal, impedía contar con una fuente de información para los operarios financieros públicos, la definición de una política tributaria en función de la adecuación de la estructura impositiva en correspondencia con las funciones de asignación, distribución y crecimiento económico, la dificultad del control de la ejecución del gasto y la medición de efectividad en simétrica relación con la planificación[199].

Este aporte de Tinoco a la hacienda pública ocurría medio siglo después al efectuado por Román Cárdenas, pero en esta oportunidad en un régimen democrático que transitaba el inicio de su segunda década de restablecimiento, sin contar con el apoyo dócil de un Congreso como el de Juan Vicente Gómez, sino más bien activando las formas de manejo parlamentario en ambientes de recia oposición y debilidades institucionales.

La Ley Orgánica de Hacienda Nacional del 04 de junio de 1918 recogía la influencia de los hacendistas Frederick Winslow Taylor (1856-1915) y Henry Fajol (1841- 1925), quienes fundamentaron la organización científica del trabajo, destacando la responsabilidad de los

---

198 Ibíd., p. 779.

199 Comisión Económica para América Latina (Cepal), *El presupuesto fiscal como instrumento de programación de desarrollo económico, (versión provisional)*, General E7CN.12/521, 25 de abril de 1959 en https://cutt.ly/yEkIvt0, Consultada el 30 de agosto de 2021.

trabajadores en la planificación de su labor, y la eficiencia como elemento económico de primer orden, así como las premisas de la gestión para lograr esos objetivos, lo cuales eran aplicables tanto en la empresa privada como en el sector público. Esa ley, así concebida, buscaba definir "la magnitud del patrimonio del Estado y el conjunto de derechos y acciones que le serían potestativas para asegurar su conservación y aumento"[200].

Ahora su reforma, en lo que al régimen presupuestario se referiría, estaba en manos de un ministro de Hacienda que dependía enormemente de un Congreso con una mayoría de oposición en el cual debía buscar formas y bases consensuales para la aprobación legislativa, anclado en los análisis, estudios y propuestas ya no de dos ingenieros técnicos de la organización y gestión del trabajo, sino de un conjunto de profesionales venezolanos especializados, formados e inspirados en las acciones técnicas de la Cepal, que propugnaban la concepción del presupuesto como el pergamino que recoge y refleja las decisiones de importancia de los gobiernos que inciden de manera determinante, convirtiéndose en la bitácora de travesía para ejercicios fiscales que no son lineales sino llenos de trabas y vicisitudes.

La constancia de su pensamiento en relación con la necesidad de una política fiscal –de la cual es el presupuesto una herramienta esencial– que contribuya eficazmente al desarrollo nacional es un hecho incontrovertible.

En su conferencia dictada hace 59 años en la "Bolsa de Comercio de Caracas", la cual tiene en muchos aspectos vigencia conceptual, evidencia no solo su rol esencial en el consenso y elaboración de la "Carta Económica de Mérida", sino su conocimiento profundo del Estado, las políticas públicas que deben definirse para el logro de sus fines y cometidos, entre estas la política fiscal. Tinoco expresa que entre los lineamientos que deben informarla se pueden citar:

> Primero y en forma primordial, la necesidad de equilibrar el presupuesto. Segundo, la necesidad de reorientar el gasto público hacia fines productivos. Tercero, la necesidad también muy importante, de crear un clima de seguridad y estabilidad fiscal, evitando las

200 José Alberto Olivar, Román Cárdenas, *Biblioteca Biográfica Venezolana*, Volumen 107, El nacional/Fundación Bancaribe, Caracas, 2009, p.71.

continuas reformas a la base del sistema impositivo. Sólo teniendo un cierto grado, por lo menos relativo, de estabilidad fiscal, es que lograremos atraer la inversión de capitales y estimular el desarrollo económico. Es lógico que quien vaya a hacer una inversión recuperable a largo plazo necesite tener algún concepto el cual va a ser el gravamen fiscal al cual va a estar sometido[201].

Otro aspecto importante dentro de la actividad financiera es lo relativo a la actividad de crédito público, la contratación de deuda pública y la continua búsqueda para cumplir los compromisos adquiridos. En todas estas etapas, como analizamos en esta investigación histórica, Tinoco jugó un papel importante como ministro de hacienda, parlamentario, miembro del directorio y presidente del Banco Central de Venezuela.

En este sentido nos gustaría traer a colación, como colofón de su visión de la actividad financiera, lo expresado en la citada conferencia en torno al crédito público:

> Por último necesitamos hacer un uso racional del crédito público como un instrumento el desarrollo nacional, se usa el término de uso racional, porque hemos tenido la tendencia en la última década, de hacer un uso irracional del crédito público, para satisfacer en muchos casos gastos ordinarios del Estado y en otros, para realizar obras que no eran verdaderamente necesarias para la colectividad venezolana. En un país que tiene la riqueza intrínseca que tiene Venezuela, el crédito público puede ser un instrumento fundamental del desarrollo, pero si es usado racionalmente, es decir, si es usado con pleno conocimiento de las técnicas financieras y si los fondos logrados se dedican efectivamente hacia los fines más convenientes y que más influirán a estimular nuestro proceso de desarrollo[202].

3. EL IMPUESTO SOBRE LA RENTA SE ENRIQUECE CON LOS COMENTARIOS DE TINOCO.

Punto de partida necesario para aproximarse al conocimiento de esta dupla –Impuesto sobre la Renta y Tinoco– es la reconstrucción del

201 Pedro R. Tinoco J., *"Un programa económico... "*, op.cit, p. 16.192.
202 Ibíd., p. 16.193.

entorno dogmático e institucional existente en la década de los años cincuenta acerca de la reina de la imposición directa, su esencia y naturaleza, la opinión de los actores que hicieron posible su incorporación a nuestra estructura impositiva, así como las características del impuesto adoptado, manifestación de avance y modernización de las finanzas públicas en Venezuela.

El impuesto sobre la renta nació en Inglaterra hacia el año de 1797 por el influjo del primer ministro William Pitt (1759-1806), motivado por razones esencialmente de necesidad de cobertura de gastos, es decir, del fin primario de todo impuesto como el fin fiscal y no de justicia. Con el tiempo se convirtió, en criterio de Richard Goode (1916-2010):

> en un impuesto ampliamente reconocido como una de las mejores formas de imposición. El ingreso neto de las personas naturales [refiriéndose a la imposición a la renta de las personas naturales] es una medida comprensiva, aunque reconocida incompleta, de capacidad para contribuir al sostenimiento del Estado y a menudo se le tiene como la medida que por sí sola constituye la base imponible más adecuada. Como otros impuestos directos, el impuesto personal sobre la renta permite establecer diferencias teniendo en cuenta las cargas familiares y otras circunstancias personales del contribuyente. Un impuesto personal progresivo es un sistema de "requerir más de los que más tienen" y de reducir las desigualdades excesivas[203].

La renta o el crédito, justificaba en el siglo pasado Dino Jarach (1915-1996) –a quien el Derecho tributario y el Derecho de la Hacienda Pública deben mucho por sus aportes doctrinarios– "ha surgido como la base de la imposición más representativa de la capacidad contributiva en los Estados modernos y también como índice de la participación del contribuyente en los beneficios que deparan los servicios públicos"[204].

---

203 Richard Goode, «El impuesto personal sobre la renta en América Latina» en OEA/BID/CEPAL, *Reforma tributaria para América Latina, Problemas de Política Fiscal,* Documentos y Actas de la Conferencia celebrada en Santiago de Chile en Diciembre de 1962, Programa Conjunto de Tributación. Washington, OEA, 1964. p.239

204 Dino Jarach, *Finanzas públicas y Derecho tributario*, Editorial Cangallo, Buenos Aires, 1985, p.477.

El concepto de renta o ingreso encuentra explicación clara en la pluma de Rosas Bravo, exministro de Hacienda, quien –al analizar las dificultades para definir la renta extensiva (ampliación de la base imponible)– asienta que:

> para los efectos de la determinación de la carga tributaria tiene, en el ámbito de la hacienda pública, una larga historia, carga de propuestas y controversias algunas veces irrelevantes. Esta historia ha estado marcada por dos elementos. Primero, la puesta en práctica de la imposición personal a la renta en respuesta a la importante presión social que se manifestó a finales del siglo XIX en favor de una más justa distribución de la carga tributaria, que hasta esos momentos se sustentaba básicamente en determinadas modalidades de tributación indirecta. Segundo, la propia noción de equidad y, en particular, el postulado de la capacidad de pago que nace con los primeros fundamentos de la hacienda pública como un criterio esencial para la distribución de la carga fiscal en el ámbito personal[205].

Por consiguiente, el escenario en el que Tinoco hace su primer encuentro con la imposición directa a la renta, de la cual no se volverá a separar sino hasta el final de sus días, estuvo construido sobre las bases de un país que comenzaba a estructurar sus finanzas y construir los cimientos de la configuración de una Administración financiera, adaptándose a modelos normativos y organizacionales, con éxito en otros países, que brindaron su concurso para el logro de tales cometidos.

Un escenario levantado con los influjos de otros países, cuya preocupación, una vez terminada la Segunda Guerra Mundial, por encontrar formas más efectivas de distribución de la carga impositiva precedida por la equidad, aun cuando fueran modalidades complejas de afectar a la eficacia recaudatoria y que permitieran acompañar los esfuerzos de los gobiernos por atacar el desempleo que, si bien logrados al tiempo de la adopción, luego generó deficiencias en la articulación de las políticas públicas que incidían sobre la actividad financiera o se valían de ella para los logros de sus objetivos específicos, derivando en distorsiones,

---

205 Pedro Rosas Bravo, Flat Tax. Una respuesta radical a la crisis impositiva, Edición Personal, Madrid, 2004, p.29.

opacidad y rigideces que impusieron procesos de reforma del Estado y tributaria –aunque estas deben ser permanentes–. Este era el plano institucional en el que se desarrolla el encuentro de Tinoco con la imposición a la renta, que permitió proyectar la importancia de sus aportes a la incipiente literatura del país e ir alumbrando el recorrido de la modernización de sus finanzas públicas en la vertiente del ingreso y del gasto.

Esta especie de imposición directa se incorporó al sistema tributario venezolano a partir del 01 de enero de 1943, fecha de entrada en vigencia de la Ley de Impuesto Sobre la Renta[206]. En su alocución, al tomar posesión de la presidencia de la República, Isaías Medina Angarita –"elevado por la voluntad de la nación, expresada por el órgano legítimo del soberano Congreso Nacional, la más alta función pública, con entera y honda conciencia de la responsabilidad y de la honra que sobre mi recaen"[207]– manifestó lo siguiente:

> Tengo claro el concepto de la función eminente del Estado como organizador de la vida social sobre la base de justicia, paz, seguridad y libertad que son la causa primera del pacto político que le da vida, y por ello entiendo la administración como un servicio que por igual nos incumbe a todos los venezolanos y cuyas cargas deben repartirse en forma proporcional y equitativa. Ello implica en primer término la revisión cuidadosa de nuestro sistema tributario, no sólo para hacerlo más justo socialmente y más estable desde el punto vista fiscal, sino también para que aumentadas en su estrecha correlación la riqueza pública y la riqueza privada, pueda el Estado atender con eficacia las necesidades nacionales. La probidad administrativa y el control de los gastos, ya establecido, constituyen el paso previo para esta necesaria reforma, y por mi parte os aseguro que el peculado no existirá en Venezuela porque estoy dispuesto aplicar la dureza inflexible de la Ley a los reos de tan oprobioso delito[208].

---

[206] Gaceta Oficial N° 20.851 de fecha 17 de julio de 1942 en República de Venezuela, Ministerio de Hacienda, Compilación de Leyes, Decretos y demás Disposiciones dictadas en Materia de Impuesto sobre la Renta, Caracas, 1968., p.5.

[207] República de Venezuela, Congreso de la República, *Pensamiento político venezolano del siglo XX. Documentos para su estudio .Gobierno y época del Presidente Isaías Medina Angarita. El pensamiento Oficial (1941-1945*), N° 33, Caracas, 1987; p.73

[208] Ibíd., pp.76-7.

El proyecto de ley impositiva directa fue presentado por la Comisión de Estudios de Legislación Fiscal[209] al Ejecutivo Nacional para que este –en ejercicio de su iniciativa de ley, prevista en el artículo 79 de la Constitución de 1936– expusiera su presentación a la consideración del Congreso de los Estados Unidos de Venezuela a fin de su discusión y sanción.

En la "Exposición de Motivos del Proyecto de la Ley de Impuesto sobre la Renta de 1942" la referida Comisión expresa:

> La razón de ser de la nueva institución es, en síntesis, la misma que justificó la creación de esta Comisión, expresada con sumo acierto por el Señor Presiente de la República en su primer mensaje a los venezolanos, al señalar la revisión cuidadosa de nuestro sistema tributario como el principal requerimiento de nuestro régimen de hacienda. Que dicho sistema sea, "más justo socialmente y más estable desde el punto de vista fiscal para que aumentadas en su estrecha correlación la riqueza pública y la riqueza privada, pueda el Estado atender con eficacia a las necesidades nacionales". La comisión (...) aspira interpretar el pensamiento del Supremo Magistrado y contribuir a su cabal realización[210].

En el mensaje que el presidente Medina presentó el 27 de abril de 1943 al Congreso Nacional, "al comparecer ante la soberana representación nacional (...) en la satisfacción del gobernante que rinde legítima cuenta del deber cumplido el entusiasmo del venezolano que contempla afianzadas y seguras las instituciones republicanas de la patria"[211], en relación con la Ley de Impuesto sobre la Renta manifestó lo siguiente:

> Considero que el acto más trascendental de las finanzas nacionales desde hace muchos años, ha sido la promulgación de la Ley de Im-

---

209 Esta Comisión de expertos estaba integrada por Alfredo Machado Hernández, ministro de Hacienda que la presidía, Manuel P. Egaña, Julio Medina A., T.C. Salazar Maza, Carlos A. D'Ascoli, Pedro José González, César González, Rafael Pisani, Aurelio Arreaza, Manuel Pérez Guerrero y el Secretario, Manuel M. Márquez, hijo, quien luego fue Administrador General del Impuesto sobre la Renta (República de Venezuela, Ministerio de Hacienda, "*Compilación de Leyes, Decretos y demás Disposiciones...* ",op.cit, p.434) .

210 República de Venezuela, Ministerio de Hacienda, *"Compilación de Leyes, Decretos y demás Disposiciones..."*, op.cit, p. 407.

211 República de Venezuela, Congreso de la República, *"Pensamiento político venezolano del siglo XX..."*, N. 33, op.cit, p. 125.

> puesto sobre la Renta que tuvo lugar el 17 de junio de 1942. Esta ley constituye una revolución saludable en nuestro régimen fiscal y será el punto de partida indispensable para la renovación total de nuestro sistema impositivo, en el sentido de una distribución equitativa de los tributos y de una mejor técnica financiera. Creo sinceramente que puede ser legítimo motivo de orgullo para vosotros el haberla sancionado y para mi gobierno el haber asumido la iniciativa de ella. Su Reglamento ha sido ya dictado y alguna de las cédulas que lo integran comienza a producir rendimiento. No obstante, la carencia de datos completos acerca de la renta nacional y su distribución, la Comisión de Legislación Fiscal ha estimado el rendimiento impuesto en la cantidad de 8.285.000 bolívares, estimación muy moderada si se considera que sólo comprende alguna de las principales cédulas y que no incluye el importante ingreso que se recaudará por el impuesto global complementario[212].

Hasta 1943 el sistema tributario estaba conformado por impuestos indirectos, cuya obligación de pago era inmediata. La *causación* y nacimiento de la obligación era instantánea, tenía como supuestos de incidencia actos o hechos que evidencia consumo, siendo los más importantes el comercio internacional (importación ordinaria y por *bultos postales*) y por otra fuente ordinaria como eran los ingresos por minas y las actividades petroleras.

En función de esta última consideración, traemos a colación parte de la intervención del Diputado Clemente Ortega, hijo, en sesión del 23 de junio de 1941 en la que se efectuó la primera discusión del Proyecto de Ley de Impuesto sobre la Renta presentado y expresó:

> La conveniencia del Impuesto sobre la Renta es algo que no admite discusión. Las objeciones teóricas que se le hacían han sido barridas una a una por los argumentos irrefutables de los éxitos prácticos. Por un fenómeno harto frecuente en nuestra historia legislativa, Venezuela quizás es el único país que no cuenta entre sus ingresos públicos con el impuesto sobre la renta, no obstante haber sido Venezuela el primer país del continente americano que hizo ensayos al respecto. En efecto, en tres ocasiones se ha decretado el impuesto

[212] Ibíd. p. 138.

de la renta en Venezuela, en el año de 1811, al borde de la guerra de la Independencia; y cuando apenas hacía 11 años había sido decretado por el Parlamento inglés, en el año de 1821 fue decretado por el Congreso de Cúcuta; y en el año de 1859, en pleno fragor de la Guerra Federal. Estos tres ensayos fracasaron, como hubiera fracasado cualquier intento o cualquier reforma administrativa en un país sumido en anarquía. Después, mucho se ha hablado sobre la conveniencia de la implantación del impuesto de la renta en Venezuela. El doctor Abel Santos, en el año de 1911, en la Memoria de Hacienda, dice de la conveniencia de implantar este impuesto en Venezuela. El General López Contreras, en su programa de febrero, hurgó hondo en el problema fiscal de Venezuela y llegó a la conclusión de que la única reforma conveniente era la implantar el impuesto sobre la renta en Venezuela[213].

La parte final de la intervención parlamentaria, parcialmente transcrita, encuentra aval en la obra del académico Gabriel Ruan Santos (1945) acerca de la visión de Abel Santos (1863-1933), ministro de Hacienda y Crédito Público entre los años 1909 y 1910:

> En el punto de los impuestos, observaba [se refiere a su biografiado] que desde la Colonia la principal fuente de ingreso del Fisco venezolano eran las "contribuciones indirectas", o sea, las que no gravan directamente la renta o el patrimonio de las personas sino ciertos actos y operaciones, y no dejaba de señalar su conveniencia en resguardo de la libertad; pero señalaba que debía estudiarse la adopción futura de "un impuesto de compensación, que grave la renta en sus diferentes formas, con el fin de evitar la desigualdad con que cargan las clases menos holgadas a consecuencia de las contribuciones indirectas". Se adelantaba con esta sugerencia a lo que sería el establecimiento posterior del impuesto sobre la renta en el año de 1942[214].

Por su parte, el diputado Carlos Ramírez Mc Gregor (1903-1972) –en la misma sesión– expresó lo siguiente:

---

213 Íbid., p, 525.

214 Gabriel Ruan Santos, *Abel Santos y su tiempo. Otra cara del andinismo*, Serie Misceláneas, Academia de Ciencias Políticas y Sociales; Caracas, 2015, pp.101-2.

> No se necesita de mayores consideraciones ni de mayores esfuerzos para destacar la importancia indiscutible que tiene este proyecto. Por su índole, encaja, precisamente, dentro de la reforma tributaria que tanto urge y pide la Hacienda Nacional, ubicada hasta hoy en materia impositiva, única y exclusivamente, en el arcaico sistema de tributación indirecta.
> Otros países de América ya han establecido el régimen de tributación directa[215].

La caracterización de *precaria* del sistema tributario, adosada a la regresiva existencia casi exclusiva de la imposición al consumo, no pasó desapercibida para Rómulo Betancourt, quien en artículo –publicado el 09 de mayo de 1942– indicó:

> El sistema de tributación venezolano no merece siquiera el nombre anticuado. Pertenece a lo que podría denominarse prehistoria de la ciencia hacendaria. Descansa en el impuesto sobre el consumo, aumentando el precio de los artículos para gravar indirectamente al contribuyente. Y como quiera que en mayor o menor proporción todos los venezolanos están obligados adquirir lo indispensable para la vida normal, la existencia de este impuesto significa la consagración de una tremenda injusticia ya que corta con igual cuchilla a pobres y ricos arrojando así la casi totalidad del peso de las cargas fiscales sobre las cansadas espaldas del pueblo venezolano.
> El más elemental sentido de la justicia social impone la revisión a fondo de nuestro sistema tributario y la implantación del impuesto directo. Que cada quien tribute de acuerdo con su capacidad económica, los ricos como ricos y los pobres como pobres. Y dentro de la posición de cada individuo, la tributación progresiva de acuerdo con el monto de su renta, en su patrimonio y de sus utilidades. Esta es la razón permanente que nos asiste para exigir al Congreso que sancione el estatuto legal por medio del cual queda implantado en Venezuela el impuesto directo, para que así pueda considerarse nuestro país adscripto a los principios modernos que rigen la Hacienda Pública[216].

---

215 República de Venezuela, Congreso de la República, *"Pensamiento político venezolano... "*, op.cit, p.521.

216 Rómulo Betancourt, Artículo publicado en Acción Democrática el de mayo de 1942 en Rómulo Betancourt *Antología política*, Volumen Tercero 1941-1945, Editorial Fundación Rómulo Betancourt, Caracas, 1999, p. 330.

Aspectos olvidados de manera recurrente en debates sobre propuestas de reforma tributaria que comportan carácter principista, máxime en estos tiempos de deslave institucional que atraviesa el país como son la separación y colaboración de poderes y la necesidad de configuración de un sistema tributario democrático, tanto por la forma abierta

y oportuna de su discusión en el seno del Poder Legislativo como de la observancia de la equidad, temas complejos y presentes en toda reforma tributaria, los abordó –en ese histórico debate– el diputado Andrés Eloy Blanco Meaño (1896-1955) en referencia con la intervención d Manuel Vicente Tinoco, en la cual este solicitaba un diferimiento del Proyecto de Ley de Impuesto sobre la Renta para el período de sesiones del año siguiente –1943– y un estudio enjundioso conjuntamente con el ministerio de Hacienda[217] para discutir con mayor detenimiento la propuesta legislativa, expresó lo siguiente:

> Hace tres años estamos esperando ese Proyecto del Ejecutivo sobre impuesto directo. Es ésta, indudablemente, una aspiración democrática: hay una íntima relación entre la forma de contribución y el sentido democrático y hasta la misma política democrática. Donde las cargas del Estado están mal repartidas, injustamente repartidas, el fundamento de la democracia no existe. El Proyecto ha sido aco-

[217] Importante por conocimiento histórico traer a colación, que el diputado Manuel Vicente Tinoco, de quien no hay información disponible suficiente, siéndonos difícil, determinar si existía vinculación consanguínea con Pedro R. Tinoco J, en virtud que como nos manifestó Carlos Tinoco Tinoco, sobrino del segundo, existían dos ramas de esa familia, se separó del Partido Democrático Venezolano (PDV), soporte mediante comunicación de fecha 4 de septiembre de 1945, aparecido en el diario La Esfera al día siguiente día siguiente, derivado de sus desavenencia con la dirigencia del partido y, en especial, con Medina Angarita en el tema de la escogencia del candidato Diógenes Escalante:
Sería ese partido completo entereza y lealtad mientras constituyó mi actuación un motivo de satisfacción personal y una oportunidad para servir a mi patria a través de mis convicciones y con sujeción a las normas disciplinarias y a las bases políticas del movimiento. Lamento, pues de la manera más sincera, verme en la obligación moral de separarme del partido por la razones expuestas, las actuales circunstancias, pues la declaración señor presidente general Medina garita, porque en todo momento mantendré el más vivo reconocimiento la mejor amistad personal, constituyen, a mi modo de ver, el establecimiento de una condición inaceptable para quienes, de buena fe y con la mejor voluntad, participamos en el PDP con el deseo de servir los supremos intereses del pueblo y la democracia. (República de Venezuela, Congreso de la República, *"Pensamiento político venezolano.... "*, op.cit, pp.540-1).

gido con afecto hasta por el mismo diputado Tinoco; pero no veo yo porque temamos al tiempo para darle las tres discusiones en esta Cámara. De esta Cámara, en 20 días, puede muy bien salir este proyecto. Con motivo de otros proyectos se ha pedido aquí que se consulte a miembros del Ejecutivo, que se pida la colaboración del Ejecutivo; no se ha aceptado esto; ahora, con motivo de este proyecto, si se hace necesaria la colaboración del Ejecutivo. Creo que el Ejecutivo estará enterado de este proyecto y podrá, por intermedio de nosotros mismos, enviar las reformas que crea convenientes en el curso mismo de los debates[218].

La indicación de los antecedentes tiene como objetivo destacar los aportes doctrinarios de Tinoco y su entidad en proporción a la novedad y complejidad del impuesto sobre la renta en el marco institucional y evolución del país para el momento de la entrada en vigencia de la Ley de 1943, sus primeras reformas parciales y los primeros años de su aplicación y gestión administrativa, la importancia política y gubernativa en términos de

modernización del sistema tributario, las funciones de cobertura y de conformación progresiva del gasto público, partiendo de la premisa de la democratización de la operatividad y distribución de la carga impositiva que traducía una estructura injusta, denunciada por el Ejecutivo Nacional, los proyectistas y los integrantes del Congreso de la República.

Uno de los principios más importantes de la tributación esbozados como expresión de la seguridad jurídica es el atinente a cuando entran las leyes impositivas en vigencia y sobre todo lo referente a la transparencia normativa, es decir, a la claridad en la aplicación de la misma por parte de los operarios jurídicos –los sujetos pasivos, la Administración tributaria y el Poder Judicial al ejercer la tutela judicial efectiva sobre los actos administrativos emitidos en el desempeño de la gestión tributaria– Tinoco era consciente de ello, sabía la importancia de una interpretación dinámica de la normativa reguladora de la actividad financiera, sus eslabones y de la temática que engloba los conceptos financieros y hacienda pública –que hemos adoptado en este trabajo– apegada a

218 Ibíd., pp.532-3.

los cánones de la economía, pues el sustrato de la imposición y fuente de la cual surge todo impuesto es la renta y, por tanto, un anclaje en el fenómeno económico.

Esto resulta más importante cuando la tributación es una limitación al ejercicio del derecho de propiedad y la libertad económica.

No se puede perder de vista que estamos ante un impuesto que, por su naturaleza y por el concepto dinámico de renta adoptado por el legislador de 1943, comporta una complejidad, entre otras razones, por las exigencias de registro contable que sirven de información a terceros acerca del giro o actividad económica habitual del contribuyente, lo cual requiere formación y debida preparación en cuanto a su aplicación y determinación del impuesto; lo engorroso de los procedimientos de depuración de la renta, determinación, liquidación y pago, que exigen un nivel de preparación en un país que despertó tardíamente en los avances del siglo XX y con esa somnolencia accedió a los avances de la imposición directa a la renta, la modernización del sistema tributario y la configuración de una burocracia fiscal, diestra en el conocimiento y tratamiento de las actividades económicas e incrementos patrimoniales derivativos de la renta como magnitud gravable[219], una burocracia fiscal bien adiestrada con sistema de información y tecnología adecuados como soporte de gestión.

El primer Director de Asuntos Fiscales del Fondo Monetario Internacional, Richard Goode, señala que los requisitos previos necesarios para el empleo con éxito del impuesto sobre la renta:

> como una fuente importante de ingresos se extiende desde problemas elementales de contabilidad hasta los fundamentos de las

---

219 Esta forma de destacar la incorporación tardía de Venezuela al siglo XX, es una afirmación que corresponde al escritor merideño Mariano Picón Salas, quien aseveró:
Podemos decir que con el final de la dictadura gomecista, comienza el siglo XX en Venezuela. Comienza con treinta y cinco años de retardo. [...] Los desterrados, principalmente los jóvenes que regresan a la muerte del tirano, traen de su expedición por el mundo un mensaje de celeridad. Era necesario darle cuerda al reloj detenido; enseñarle a las gentes que con cierta estupefacción se aglomeraron a oír en las plazas públicas y en las asambleas a los nacientes partidos, la hora que marcaba la Historia. Con todos los defectos, abundancia y explicable impaciencia de los recién venidos, se escribe en los periódicos de 1936 el balance patético de nuestras angustias y necesidades. (Picón-Salas, Mariano. *Viejos y Nuevos Mundos.* Biblioteca Ayacucho, Caracas. 1983, p. 685).

posiciones políticas y la escala de valores de la sociedad. Se podrían resumir estas condiciones en la siguiente lista:

1. La existencia de una economía predominantemente monetaria.
2. Un alto nivel de alfabetismo entre los contribuyentes.
3. Existencia de un registro de contabilidad llevada en forma honesta y fidedigna.
4. Un alto grado de cumplimiento voluntario de sus obligaciones por parte de los contribuyentes.
5. Un sistema político en el cual los ricos constituyen el sector dominante.
6. Una administración honesta y eficiente[220].

La seguridad jurídica se ha tomado bien ya sea como principio y valor de un Estado de Derecho, exigiendo la certeza, la vigencia plena y efectiva de la Constitución y, específicamente, de los principios que informan un régimen impositivo. En particular, pueden expresarse en función del desarrollo del principio de legalidad en el establecimiento de los elementos configuradores del hecho imponible y es el caso del Impuesto sobre Renta, cuya definición misma es compleja desde el punto de vista de la expresión económica y del elemento escogido por el legislador para la definición de la exigencia dineraria de las economías particulares a la pública. En el pensamiento liberal, el cual comparte Tinoco, la seguridad jurídica es un valor esencial.

Es necesario, tal como lo ha sostenido el Instituto Latinoamericano Derecho Tributario (ILADT) desde 1958, pero perfectamente aplicable al momento en que entró en vigencia el Impuesto sobre la Renta en Venezuela, que:

> el ordenamiento tributario debe estar integrado por normas claras como más precisas y estables y evitar los "defectos frecuentes que conducen a la imperfección de la legislación tributaria", subrayando para tal fin "la necesidad de que los órganos legislativos utilicen para la redacción de las normas tributarias comisiones específicas constituidas por expertos"[221].

---

220 Richard Goode, "*El impuesto personal...* ", op.cit, p. 247.

221 Instituto Latinoamericano de Derecho Tributario. *Estatutos, Resoluciones de las Jornadas*, Montevideo, 2004, p.124.

Cuando se concibe la necesidad de establecer un sistema tributario justo y equitativo no se puede perder de vista que la imposición a la renta tiene un problema básico y esencial que resolver como es el relacionado al conocimiento de las magnitudes económicas que le sirven de sustrato a la coincidencia configuradora de su hecho imponible y base de imposición o cálculo del impuesto.

No existe posibilidad alguna de existencia de una estructura o sistema impositivo en el cual pueda desenvolverse y aplicarse efectivamente en el contexto general de los efectos económicos y a la inversión, si una Administración tributaria no está en condiciones de conocer o estimar, de acuerdo con los procedimientos previstos en el ordenamiento, la base de los impuestos existentes ni el contribuyente en la posibilidad de aplicar los elementos de depuración del impuesto sobre la renta para determinar su cuota impositiva a pagar, es decir, el monto de su contribución para sufragar el gasto público.

Si bien es cierto que la Ley de Impuesto sobre Renta de 1942 –vigente a partir del 01 de enero de 1943– fue el producto de una comisión de expertos nombrada para su elaboración tanto de la normativa como de su correspondiente Exposición de Motivos que, vale la pena destacar, constituye un verdadero sumario, visión somera pero concertada de este género impositivo, no es menos cierto que para aquella época no existían profesionales en materia contable–los estudios universitarios de esta carrera comienzan en 1946–, abogados –por ejemplo y como existen en la actualidad– que estuvieran formados y adiestrados suficientemente para observar las obligaciones propias de la gestión de cumplimiento por parte de los contribuyentes y de los funcionarios públicos para ejercer las funciones operativas básicas atinentes a la inspección, fiscalización y recaudación de un tributo tan complejo como el impuesto sobre la renta y aquellas calificadas como instrumentales (registro y divulgación).

Como aval de lo expuesto traemos a colación la Memoria y Cuenta del ministro de Hacienda de 1942:

> Simultáneamente y para formar un personal adecuado, el Despacho ha abierto cursillos especiales, entre cuyos alumnos podrá reclutarse buena parte del personal dependiente de aquella Administración

> [Administración General del Impuesto sobre la Renta]. Las inscripciones fueron seis veces superiores al número de plazas de alumnos para los cuales se abrieron los cursos. Pruebas eliminatorias sucesivas permitirán una selección adecuada entre sus aspirantes.
> A medida que entra en la aplicación las diferentes cédulas que requiere el Impuesto, se iría empleando el personal de la Dirección General; y en etapas sucesivas se instalará la Junta de Apelaciones, las Oficinas Regionales de Liquidación y el Cuerpo de Fiscalización. Entretanto se continuará preparando y seleccionando el personal. Se propone el Despacho abrir nuevos cursillos después de concluido los iniciales, para atender al deseo de muchas personas que, por diversas razones y sin ser aspirantes a cargos, han manifestado deseos de instruirse en la técnica de nuevos puestos en el funcionamiento de los servicios relacionados con él[222].

Tampoco existía una norma de aplicación preminente y marco referencial de la tributación que desarrollara los principios ordenadores del sistema tributario constitucionalmente consagrados, erigidos en limitaciones explicitas al ejercicio del Poder Público normativo en materia tributaria.

Es oportuno recordar, para dar más relieve a la obra de Tinoco, que el proceso de sistematización de los derechos del contribuyente en América Latina pueden ubicarse cronológicamente en 1958 cuando en el seno de las II Jornadas Latinoamericanas de Derechos Tributario celebradas en México en 1958 se recomendó y trazó como estrategia institucional intensificar la codificación, lo cual tuvo un paso icónico trascendental con la aprobación del Modelo de Código Tributario para América Latina, elaborado para el Programa Conjunto de Tributación de la Organización de Estados Americanos y el Banco Interamericano de Desarrollo (Modelo/OEA/BID) en 1967.

La preparación de personal llevó a que el ministerio de Hacienda de la época procediera a buscar la asistencia de personal especializado. En la Memoria de las actuaciones y la Cuenta del Despacho de Hacienda, correspondiente a la gestión del Despacho en el año 1942 y

---

222 República de Venezuela, Ministerio de Hacienda, "*150 años del Ministerio de Hacienda...*", op.cit, p.1061.

presentada por el ministro Alfredo Machado Hernández (1895 - 1946), se expresa lo siguiente:

> Ha sido objeto de continuada labor y de preocupación constante para el Despacho todo lo relativo a la implantación del nuevo impuesto que es, indudablemente, un primer paso en la vía hacia la modernización de nuestro régimen tributario.
> La finalidad perseguida en el particular ha sido que el nuevo tributo nazca viable y pueda desarrollarse sin taras originales que hagan su vida precaria.
> Convencido del despacho de que el éxito futuro dependerá de la organización administrativa que se le dé al iniciarse, así como la cualidad y conocimiento del personal encargado de su funcionamiento, decidió asesorarse para lo primero con verdaderos técnicos en la materia; y al efecto contrató los servicios de uno de los más competentes renombrados de la hermana República de Colombia, el profesor Manuel A. Alvarado, e hizo venir al doctor Ángel Gil, quien había realizado estudios especiales con imposición en los Estados Unidos y tiene una larga práctica en Puerto Rico. Como asesor en materia de contabilidad especial del impuesto, contrató también al señor Rafael Caballero, contador de la Contraloría colombiana[223].

En estrecha colaboración con ellos la Comisión de Legislación Fiscal continuó prestando sus excelentes servicios para llevar los últimos toques a la reglamentación y a la preparación de modelos y formularios.

En este orden de ideas, Carlos Lleras Restrepo (1908-1994) –expresidente de Colombia en el periodo 1966-1970, pero para aquel entonces ministro de Hacienda y de Crédito Público, al reconocer, en torno a la aprobación de la Ley de Impuesto sobre la Renta venezolana de 1943, que "no ha hecho la hermana República una labor de apresurada improvisación, sino que, gradualmente, va tomando uno por uno los ramos esenciales de su organización y le va dando formas nuevas que son frutos de maduradas meditaciones"[224]. aseveró lo siguiente en lo atinente al apoyo que brindó su despacho a Venezuela:

---

[223] República de Venezuela, Ministerio de Hacienda, "*150 años del Ministerio de Hacienda...*", op.cit, pp. 1060-1.

[224] Carlos Lleras Restrepo, «Prólogo» en Manuel A. Alvarado, *El Impuesto sobre la Renta. Exposición doctrinaria y Exégesis de la Ley y de sus Reglamentos*, Bogotá- Caracas, 1944, pp. IX.

> Para Colombia ha sido motivo de profunda satisfacción el que, en alguno de estos ramos, el gobierno venezolano haya utilizado los servicios de técnicos nuestros; hombres como Leopoldo Lascarro, tan experto en el ramo de control fiscal, o como Manuel Alberto Alvarado, especialista en la organización de los tributos directos, ha tenido el honor, muy insigne, de trabajar por algún tiempo al lado de los intelectuales venezolanos que han emprendido está tan ingente labor renovadora.
>
> Para la fecha de entrada en vigencia de la ley de impuesto sobre la renta existían en Venezuela además de la exposición de motivos que constituía en sí mismo un manual sobre esta manifestación de imposición directa, los libros de Manuel Alberto Alvarado y de Manuel M. Márquez hijo, quien fungió como secretario de la comisión de estudios de legislación fiscal y primeros administradores generales del impuesto sobre la renta[225].

En aquel entonces no existían cursos de posgrado en materia de gerencia tributaria, Derecho tributario o Derecho financiero, por ejemplo, como existen en la actualidad en varias universidades públicas y privadas, ni instituciones como la Asociación Venezolana de Derecho Tributario (Avdt) fundada en 1969, los Colegios de Contadores Públicos ni el ente de la Federación del Colegio de Contadores Públicos que, a través de su actividad, tiene cursos de formación permanente en materia de imposición.

Tampoco existían publicaciones especializadas como la Revista de Derecho Tributario de la Avdt, la cual es su órgano divulgativo y de alta calidad académica, sus publicaciones en la materia, las memorias de sus Jornadas Nacionales de Derecho Tributario ni la impronta doctrinal del Iladt que fue, poco a poco, extendiéndose en nuestro país con la participación de sus profesionales en las Jornadas Latinoamericanas de Derecho Tributario, ya bien como relatores, comunicantes y ponentes o como participantes, ni mucho menos un amplio catálogo de obras conjuntas, individuales o de trabajos centrados en el estudio de la imposición a la renta.

---

225 Ibíd., p. X.

3.1. El Impuesto sobre la Renta venezolano en sus inicios

El sistema de imposición escogido por el legislador de 1942 fue el producto de un análisis de Derecho impositivo comparado –que analizó la legislación de Argentina, Colombia, Chile, Estados Unidos, Francia, El Salvador, Perú y México– y de la doctrina científica de la época. El proyectista le correspondió decidir entre el impuesto sobre la renta global y los impuestos cedulares, acogiendo este último:

> Ponderadas cuidadosamente las ventajas e inconvenientes de todos estos sistemas, la Comisión ha terminado por admitir el sistema adoptado en Francia, Chile, Perú y la Argentina y en los Proyectos presentados al Congreso Nacional en 1937 y 1941, a saber: el sistema cedular consistente, según el Proyecto, en impuestos proporcionales sobre las rentas producidas por seis categorías de actividades económicas y un impuesto progresivo complementario sobre la renta global.
> Para decidirse de esta forma, la Comisión tuvo en cuenta no sólo las consideraciones ya expuestas sino además el hecho de que la opción por un método de tributación directa similar al de Colombia y Estados Unidos, habría obligado, en vista a equilibrar el sistema y a evitar las evasiones, a establecer impuestos complementarios sobre el patrimonio y exceso de utilidades que todo hace prever como poco viables en Venezuela[226].

El sistema cedular adoptado, calificado como mixto cedular global, consiste, en criterio de Jarach, en:

> Adoptar un sistema de impuestos cedulares sobre las rentas de diferentes fuentes, e integrarlo con un impuesto complementario personal sobre el conjunto global de las rentas.
> Para salvar los inconvenientes del sistema cedular (por ejemplo, la existencia de rentas no gravadas y gastos e intereses no deducibles) el impuesto complementario deberá determinar el monto imponible en forma autónoma, sin limitarlo a la suma de las distintas rentas

226 República de Venezuela, Ministerio de Hacienda, *"Compilación de Leyes, Decretos y demás Disposiciones... "*, op.cit, p.417.

sometidas a los impuestos cedulares, aun cuando éstos constituyan una base importante para la determinación de la renta global[227].

La renta, como materia imponible, fue clasificada empleando las cédulas cifradas en tipos proporcionales:

- Renta de capital inmobiliario: 2 ½ %[228].
- Renta de créditos y capitales mobiliarios en general: 3%. Excluyéndose los dividendos[229].
- Beneficios industriales, comerciales y mineros: 2 ½ %[230].
- Beneficios agropecuarios: 2%[231].
- Beneficios provenientes del ejercicio de profesionales liberales, literarias, artísticas y deportistas: 2%[232].
- Sueldos, pensiones y otras remuneraciones: 1 ½ %[233].
- Beneficios de valorización de inmuebles y ganancias fortuitas; 3%[234].

El legislador estableció exenciones de base para los enriquecimientos englobados en las rentas del capital inmobiliario, los beneficios: industriales, comerciales y mineros, agropecuarios, profesionales liberales, literarias, artísticas y deportivas, así como los sueldos, pensiones y otras remuneraciones.

El Impuesto Complementario Progresivo se definió mediante una tarifa gradual, que se iniciaba con 2% sobre las rentas que excedan de Bs. 8.000 hasta el 9 ½ sobre el exceso de Bs. 2000[235]. A los fines de evitar la doble imposición económica se excluyó el enriquecimiento derivado de los dividendos[236].

Los sujetos pasivos en calidad de contribuyentes de los impuestos cedulares son las personas naturales, las personas jurídicas y las comu-

---

227 Dino Jarach, "*Finanzas públicas...*", op.cit, p. 485.

228 Artículos 4 y 5.

229 Artículos 6, 7 y 8.

230 Artículo 9, 10, 11 y 12.

231 Artículos 13, 14, 15, 16 y 17.

232 Artículos 18 y 19.

233 Artículo 20.

234 Artículos 21, 22 y 23

235 Artículo 27.

236 Artículo 31.

nidades[237]. La sujeción pasiva en cuanto al impuesto complementario progresivo eran las personas naturales, las sociedades anónimas, las comunidades y las sociedades en nombre colectivo en comandita por acciones por los enriquecimientos obtenidos por los socios solidarios.

En lo que respecta a los coadyuvantes de la gestión administrativa, en el marco de los deberes de colaboración ajeno al de contribución, se indican como agentes de retención a los pagadores de las rentas incardinadas en las cédulas de créditos y capitales mobiliarios, sueldos y otras remuneraciones[238].

En lo atinente a las exenciones o dispensas se establecen las entidades públicas e institutos autónomos, el Banco Central de Venezuela, las instituciones religiosas benéficas y asistencia social, las indemnizaciones que reciban los trabajadores o sus beneficiarios, los intereses de las cédulas hipotecarias emitidas por los bancos cuyo capital pertenezca, por lo menos, en un cincuenta por ciento (50%) al Estado[239].

En materia de exoneraciones o dispensas otorgadas por el Ejecutivo Federal, previa autorización de la ley, se estableció como premisa de autorización general, en el primer aparte del artículo 3 de la ley, la connivencia:

> al desarrollo económico del país, los intereses de las cédulas hipotecarias emitidas al seis por ciento (6%) o menos, de conformidad con la ley respectiva, sobre los fundos agropecuarios y sobre las industrias que produzcan artículo de primera necesidad o transformen materias primas de producción nacional.
> También se faculta al Ejecutivo Federal para exonerar del impuesto, como medida de estímulo a las edificaciones urbanas, a la renta de las nuevas construcciones, en las regiones y localidades del país en que se juzgue conveniente dicha medida, y por un plazo de cinco años[240].

---

237 Artículo 1.

238 Artículos 56, 114, 118, 128 y 166 del Reglamento de la Ley de Impuesto sobre la Renta (República de Venezuela, Ministerio de Hacienda, *"Compilación de Leyes, Decretos y demás Disposiciones..."*, op.cit, p. 9 y ss.).

239 Artículo 2 Ley de Impuesto sobre la Renta de 1942.

240 Artículo 3.

Los supuestos específicos, es decir, expresamente establecidos para la procedencia de exoneración son los siguientes: las utilidades de las instituciones de ahorro, crédito y previsión social establecidas o patrocinadas por entidades públicas, las que obtengan las cooperativas de consumo y de crédito, en cuanto a las operaciones realizadas con sus socios y todas las percibidas por las cooperativas de producción, cuando el aporte de los socios esté constituido principalmente por el trabajo.

3.2. El estudio del Impuesto sobre la Renta en la obra de Tinoco

La Ley de Impuesto sobre la Renta fue sancionada por el Congreso de los Estados Unidos de Venezuela –con valor de acto legislativo conforme con las disposiciones de formación de las leyes previstas en la Constitución de 1936– el 10 de julio de 1942, refrendada por el presidente Isaías Medina Angarita el 17 de abril y publicada en la Gaceta Oficial Nº 20851 de esa misma fecha[241].

En diciembre de 1950, con apenas 23 años, Tinoco publica su obra "Comentarios a la Ley de Impuesto sobre la Renta de Venezuela". En el prólogo de este libro que, por su importancia a los efectos de destacar este aporte a la bibliografía de la imposición a la renta, el joven autor señala:

> Integran este libro, una serie de artículos, que bajo la denominación general de "Temas fiscales", he venido publicando en la prensa de esta ciudad, los que han tenido por materia problemas jurídicos del Impuesto sobre la Renta y los cuales he estudiado con miras a facilitar al contribuyente el conocimiento de sus derechos y deberes fiscales.
> He considerado práctico al presentar las conclusiones a que llego en cada caso, ofrecer también la jurisprudencia fiscal al respecto, o alguna teoría de autores de renombrada autoridad.
> En algunos casos he podido ilustrar la materia con la opinión interpretativa del despacho de hacienda.
> Al hacer esos artículos objetos del libro, digamos mejor, de compilarlos en este pequeño volumen, me guía la idea de que en materia

[241] República de Venezuela, Ministerio de Hacienda, "*Compilación de Leyes, Decretos y demás Disposiciones...*", op.cit, p. 5 y ss.

> fiscal, tenemos tan poca literatura propia, que todo esfuerzo personal que se haga en el sentido de estudiar y esclarecer nuestras leyes fiscales, por el caso que sea un verdadero aporte hasta a tal objeto, será siempre de alguna utilidad.
> En dichos artículos, en algunos casos, me he permitido insinuar algunas modificaciones que requieren, tanto la Ley de Impuesto sobre la Renta, como su Reglamento. Creo que bajo este punto de vista, también resultará útil la publicación de esta compilación.
> He ordenado la materia y la misma forma que lo está el articulado de la Ley de Impuesto sobre la Renta, y al final del libro, es formulado un índice alfabético del contenido de aquél, donde lector encontrará fácilmente, el lugar en que se haya tratado el problema que se le ofrece, si este ha sido de los contemplados en dichos artículos.
> Contribuir, aunque sea muy pequeño, al enriquecimiento de la literatura jurídica patria, creo que es un deber de todo profesional del Derecho. Ese ideal anima esta publicación[242].

Sin duda alguna, a diferencia de lo que el autor afirma, esa pequeña obra constituye un aporte fundamental para aquel entonces, un primer paso para ir construyendo una doctrina para facilitar la interpretación de la norma impositiva y resolver los conflictos que pudieran presentar los contribuyentes al momento de proceder a la determinación, es decir, el acto que determina la existencia y cuantía de la obligación tributaria, el importe que materializa el deber de contribuir con las cargas públicas.

El prólogo transcrito evidencia, además, la sólida formación que en materia impositiva tenía Tinoco.

Esta obra del joven Tinoco marca el camino por el cual un lustro después se adentrará a efectuar comentarios doctrinales, a esgrimir críticas propositivas al ordenamiento desde la óptica de un asesor empresarial, pero sin evidenciar sesgo alguno en cuanto a negar el derecho que le corresponde al Estado de establecerlos. El autor nunca abandonó los principios constitucionales como brújula en la interpretación y aplicación de la norma tributaria. Así, en el primer escrito de esta compilación de artículos –"Algunas consideraciones acerca de la inter-

---

242 Pedro Tinoco hijo, «Prólogo», *Comentarios a la Ley de Impuesto sobre la Renta de Venezuela*, Ávila Gráfica, Caracas, 1950.

pretación de leyes fiscales"– destaca la importancia dual de la legalidad y la seguridad jurídica para el contribuyente y, por consiguiente, para el Estado al referirse "a la disposición legal básica que debe servir de norma fundamental para la interpretación de toda Ley fiscal, está contenida en el artículo 45 de la Ley Orgánica de la Renta Nacional"[243] (sic), además señala que:

> La necesidad de la disposición legal comentada es indiscutible para proteger al contribuyente de las posibles interpretaciones arbitrarias de las autoridades fiscales, quienes pueden pretender, con argumentos interpretativos, pecharlos con nuevos gravámenes. El contribuyente debe estar en conocimiento, en todo momento, de cuáles son sus obligaciones para con el Fisco y el modo de satisfacerlas. La inseguridad jurídica de los particulares frente a un Fisco todo poderoso y sin limitación alguna en sus facultades interpretativas podría traer consecuencias funestas para la economía de un país, impidiendo su desarrollo y provocando la fuga de capitales a otros países de régimen tributario estable, claro y seguro[244].

Más adelante, en el segundo artículo –"Interpretación de la Ley de Impuesto sobre la Renta"– asevera que "muchas veces en la práctica, a pesar de los esfuerzos del legislador, las leyes fiscales no resultan completamente claras y pueden dar lugar a dudas acerca de las obligaciones y derechos de los contribuyentes", refiriéndose al hecho de que parecieran parte de sus disquisiciones contenidas en dictámenes o consultas evacuadas en su ejercicio profesional y que el Ejecutivo está facultado para "resolver casos dudosos o no previstos en las leyes fiscales, procurando conciliar siempre los intereses del Fisco con las exigencias de la equidad" (…) sin alterar su espíritu, propósito y razón…"[245].

Esta recopilación de sus artículos de prensa constituye el germinador de sus "Comentarios a la Ley de Impuesto sobre la Renta de Venezuela", tal como se evidencia en la revisión de su índice que constituye el temario de su segunda obra, ya más sistematizada, con referencias jurisprudenciales y ciertos toques de Derecho comparado.

243 Ibíd., p. 7.
244 Ibíd., p.8.
245 Ibíd., p.12.

En Madrid en el año 1955 –con la vigencia de la Ley de Impuesto sobre la Renta de 1948, presentándose como "Abogado de la República y Profesor de Economía Política de la Universidad Central de Venezuela"– publica la obra "Comentarios a la Ley de Impuesto sobre la Renta de Venezuela"[246], que consta de dos tomos los cuales fueron dedicados a su padre Pedro Tinoco Smith. En los texto efectúa un estudio sobre las características, naturaleza y origen de este género de imposición directa, –que fue la vedette de la tributación del siglo XIX y gran parte del XX– y sus antecedentes en Venezuela, realiza un análisis sistémico de los elementos que configuran el hecho generador del impuesto, es decir, el enriquecimiento neto gravable y los distintos aspectos que lo integran bajo un esquema de imposición muy complejo tanto para la gestión de cumplimiento como de la gestión por parte de la Administración tributaria, así como todo lo relacionado con los elementos necesarios para su compleja determinación.

En el prólogo de esta nueva obra, ampliación considerable de la anterior, Tinoco expresa:

> En el año 1950 publiqué un pequeño volumen donde someramente comenté la Ley de Impuesto sobre la Renta en Venezuela. Siempre he mantenido la ilusión de realizar un trabajo más a fondo sobre dicha Ley. He considerado, que dado su enorme influencia sobre nuestra economía en general y sobre cada una de las personas que realizan actividades productivas en el país, un estudio detenido de la Ley de Impuesto sobre la Renta, la que fundara su comentario en los elementos que formaron su estructuración, de un estudio comparativo de ella, con otra legislaciones más adelantadas, y, por último, en un análisis a la luz de los principios fundamentales de la ciencia fiscal, sería obra útil con que contribuiría nuestro acervo jurídico, que reclama el aporte de todos los estudiosos del Derecho. Haciendo tiempo dentro de mi diario atareo profesional, he llegado a terminar el trabajo interpretación de la Ley Impuesto sobre la Renta, que presento al lector en estos dos volúmenes, y me conceptuaré muy satisfecho si en realidad es de útil ayuda para resolver sus problemas al respecto[247].

246 Pedro Tinoco hijo, «Prólogo», *Comentarios a la Ley de Impuesto sobre la Renta de Venezuela*, Madrid, 1955.

247 Ibíd., p.1.

3.3. Tinoco, sus comentarios interpretativos y críticos. Una somera visión

En la fecha en que Tinoco procede a la publicación de sus "Comentarios de la Ley Impuesto sobre la Renta" en el año de 1955, al igual de lo que sucedía anteriormente a los artículos publicados cinco años atrás, la doctrina que existía en el país en torno al impuesto sobre la renta era escasa como el mismo autor reconoce en el prólogo de la compilación de 1950. A diferencia de lo que sucede en la actualidad, en aquel momento no existía –como hemos señalado– una prolija doctrina general sobre las características de la imposición o sobre temas particulares que abarcan los distintos aspectos que conforman el hecho imponible o análisis crítico jurisprudencial.

La obra de Tinoco tiene el valor de ser una de las pioneras en materia de imposición directa y que se suma a la de Manuel Alberto Alvarado Méndez, profesor colombiano de la Pontificia Universidad Católica Javeriana y de la Facultad de Jurisprudencia del Colegio Mayor de Nuestra Señora del Rosario, el texto de este último autor se titula "El impuesto sobre la renta en Venezuela", la cual contiene una exposición doctrinaria y una exégesis de las normas legales y reglamentarias con un apéndice que hace referencia, a su vez, a la exposición de motivos de la Ley de Impuesto sobre la Renta, su reglamentación y el reglamento orgánico que establecía los distintos niveles de la gestión del tributo.

Los comentarios los hizo estando en vigencia la Ley de 1948[248], que procedió a la creación del Impuesto Adicional del 50% a las rentas netas de contribuyentes que obtuvieran ingresos de la industria extractiva de la minería y de los hidrocarburos, que aplicaba en aquellos casos en que –una vez restado de la renta total– los impuestos pagados por los contribuyentes de ese sector económico con exclusión de aquellos especiales pagados por concepto de exploración e inicial de explotación[249]. Por disposición del legislador se estableció con efectos fiscales la consolidación "cuando dos o más contribuyentes estén controlados

---

248 Gaceta Oficial Nº 216 (Extraordinario) de fecha 12 de noviembre de 1948 en República de Venezuela, Ministerio de Hacienda, *"Compilación de Leyes, Decretos y demás Disposiciones... "*, op.cit, p. 125 y ss.

249 Artículo 31.

por los mismos intereses y algunos de ellos sea sujeto del impuesto adicional, serán considerados como un solo contribuyente a los efectos de este impuesto"[250].

Empleamos el ejemplar los "Comentarios a la Ley de Impuesto sobre la Renta de Venezuela" para hacer una referencia general –suerte de recensión– acerca de la importancia y naturaleza de su aporte, lejos de pretender efectuar un ejercicio de análisis crítico e interpretación de los mismos.

El primer tomo se inicia con una introducción general sobre los conceptos y la definición del impuesto, a partir de la noción de las necesidades públicas y sobre cómo el Estado realiza su actividad financiera a los fines de hacer viable su satisfacción. Lo importante de esta introducción es la forma en que va develando al lector la esencia del ejercicio del poder impositivo por parte del Estado y, específicamente, estableciendo las características propias del impuesto dentro del género tributo.

El autor desarrolla la clasificación doctrinal de los impuestos, lo cual constituye un elemento esencial para proceder a entender la naturaleza de la imposición directa a la renta y su materia imponible, aclarando su núcleo que permite acceder al conocimiento de su esencia económica y sobre la cual se construye todo el régimen impositivo correspondiente. Resultan importantes –a los fines de entender la imposición directa a la renta como complementaria al impuesto del patrimonio– las disquisiciones efectuadas por Tinoco, previa a la definición del concepto de renta, sus distintas manifestaciones y, por consiguiente, las diferentes concepciones que sobre esta magnitud se tienen para poder definir la esencia de lo que ha sido su consagratoria en nuestro ordenamiento jurídico desde el año 1943.

En este mismo capítulo introductorio, Tinoco se enfoca en la importancia de lo que representa la discriminación de las rentas a los fines del manejo de los principios propios de la imposición directa comentada, amén de aquellos consagrados en el ordenamiento que informan el sistema tributario como elemento ordenador de los distintos tributos que lo conforman. Los primeros principios sirven para el entendimien-

[250] Artículo 34 Ley de 1948.

to de la esencia y sustrato económico del impuesto necesario para su interpretación jurídica, mientras que los segundos son requeridos para analizar las disposiciones legales y evaluar, si observan o no, los límites explícitos constitucionalmente consagrados al ejercicio del poder tributario.

Tales principios son la igualdad, la capacidad de pago y el equivalente sacrificio que tienen los ciudadanos para contribuir con el gasto público, la generalidad para establecer formas de imposición –y la discriminación– más apropiadas y esquemas diferenciales que pudieran efectuarse tomando en cuenta el origen de las distintas rentas, las cuales van a constituir el hecho y base de imposición de este tributo.

En lo capítulos segundo y tercero resulta importante realzar los apuntes históricos efectuados por el autor en torno a los antecedentes y la evolución del impuesto sobre la renta en Venezuela, tomando en consideración que esta forma de imposición ha generado fuentes de grandes controversias desde su incorporación en Inglaterra y de ahí a todos los países europeos y en Estados Unidos.

En el capítulo cuarto, el autor procede a efectuar disquisiciones previas en torno al concepto de renta, su importancia y aspectos doctrinales indispensables para conocer el origen de la definición escogida por el legislador patrio, teniendo en cuenta la evolución sobre el mismo a partir del tratamiento realizado por el Comité Fiscal de la Sociedad de Naciones. De esta manera analiza el concepto de enriquecimiento neto adoptado por el legislador de 1943 y lo que representa desde el punto de vista del sentido dinámico y desde los incrementos del patrimonio, que subyace en esa materia imponible que se define de acuerdo con las exigencias propias de la legalidad tributaria.

Llama poderosamente la atención que, desde el año de 1955, Pedro Tinoco comenzaba hablar sobre la necesidad de gravar la renta neta real y no la artificial, estableciendo que es una necesidad esencial de la técnica fiscal que la materia gravada sea la renta calculada de conformidad con las disposiciones legales y no la renta neta comercial.

En estricto apego y sentido del principio de reserva legal tributaria, en la arista de la sujeción pasiva, Tinoco propugna por no dejar al libre arbitrio del contribuyente los conceptos de depuración o determinación de la materia gravable, llevando por ejemplo a atribuir la naturaleza de deducciones a conceptos que no comportan tales características.

Posteriormente, en ese mismo capítulo, Tinoco procede a dar los lineamientos esenciales y constitutivos del hecho imponible del impuesto. Concretamente en lo relacionado con el aspecto temporal que se cifra en la idea de la disponibilidad, es decir, la precisión del momento en que el enriquecimiento debe encontrarse jurídica y económicamente a disposición del contribuyente. Hace hincapié en que:

> la renta puede realizarse de dos maneras fundamentales: por separación de la fuente y por conversión de la fuente. La realización por separación de la fuente ocurre, por ejemplo, cuando el dueño de un huerto recoge sus frutos, o cuando el dueño de una casa cobra los arrendamientos. En cambio, la realización de la renta por conversión de la fuente ocurre, como por ejemplo, cuando el dueño de un bien lo vende o lo cambio por otro el simple aumento de valor de los incrementos no es gravable y constituye solamente un incremento de capital no realizado[251].

Tema crucial que cobra importancia en los últimos tiempos tomando en consideración ciertos elementos atinentes a los efectos que conlleva la devaluación, las ganancias o pérdidas en cambios, las rentas que pudieran derivar y no comportan materia gravable en el caso de las reservas técnicas de los bancos y otras instituciones financieras.

En este sentido, existe una reflexión importante por parte de Tinoco en cuanto a que:

> Las fluctuaciones de valor de cada uno de los bienes del contribuyente tendrían que ser calculadas en cada año para determinar enriquecimiento gravable o la perdida deducible. Es indudable, que para poder realizar estos cálculos con exactitud, las autoridades necesitarían utilizar los servicios de la gran cantidad de expertos cuyo salario serían quizá mayores que los nuevos impuestos recabados por este concepto. Además, las discrepancias entre el contribuyente acerca del verdadero monto de la valorización darían lugar a innumerables procesos administrativo. La renta sólo puede ser grabada

[251] Ibíd., p.128.

> cuando se encuentra realizada, para que la base del impuesto esté determinada y el contribuyente tenga a su disposición los medios para pagarla[252].

En sus comentarios en torno a este elemento esencial de la disponibilidad, de forma alguna, constituyen una interpretación exegética. Por el contrario, procede a elevar a consideración del lector una serie de críticas a la extralimitación por parte del reglamentista y de aquellos conceptos que distorsionan –por parte del legislador– la esencia de la disponibilidad, siendo causa de inconvenientes para el desarrollo de los principios de justicia y equidad de los contribuyentes frente a la tributación.

En este sentido, Tinoco expresa que "la ley venezolana, debe tratar de lograr la mayor justicia y equidad para los contribuyentes frente al tributo, debe ser reformada por el concepto disponibilidad una mayor flexibilidad que le permita atarse los procedimientos y usos comerciales de nuestra época"[253].

Siguiendo el análisis de los elementos constitutivos del hecho imponible que, pudiéramos decir, pareciera correr inserto en la unidad metodológica de análisis del hecho imponible de la obligación, tanto para el conocimiento de la obligación tributaria epicentro en la relación jurídico tributaria como para la precisión distintiva entre los diversos tipos de tributos, propuesta por Dino Jarach en su clásica obra de 1943[254]. Tinoco expresa que es:

> de gran interés el problema de la territorialidad del impuesto, especialmente en esta época que se caracteriza por el desarrollo del comercio de las relaciones internacionales de las naciones. Las actividades económicas de los individuos no conocen los límites de la frontera de los estados y por eso se presenta el problema de la doble imposición internacional[255].

---

252 Ibíd., p.129.

253 Ibíd., p.131.

254 Dino Jarach, *El hecho imponible. Teoría General del Derecho tributario sustantivo*, Abeledo Perrot, Buenos Aires, 1982

255 Pedro R Tinoco hijo, *"Comentarios a la Ley de Impuesto..."*, op.cit, p.136.

Ya desde entonces Tinoco alertaba sobre los graves problemas que presenta la globalización y la adecuación de los sistemas impositivos a los fines de no quedarse rezagado por los avances que vienen dando los contribuyentes en la forma de estructurar y ejecutar sus negocios, específicamente en materia financiera de la cual era profundo conocedor y objeto de reconocimiento por la banca nacional e internacional, en elementos sustantivos fundamentales en cuanto a una de las características esenciales de la globalización como es el financiamiento y las transferencias de los recursos financieros entre distintas jurisdicciones.

En el caso específico del sistema territorial que predominó en Venezuela hasta la reforma del año de 1999, el aspecto territorial estaba vinculado a la teoría de la equivalencia de causas, frente a la causa eficiente, objetivo de grandes controversias entre el Fisco y los sujetos pasivos lo cual, sin duda alguna, afectaba –por interpretaciones restrictivas o contenido fiscalista– la seguridad jurídica en la toma de decisiones en la opción de aspectos fundamentales de negociación internacional por parte de sectores, específicamente como las trasnacionales en materia de hierro y petróleo.

En relación con lo expuesto, Tinoco asevera lo siguiente:

> Venezuela adoptó una solución técnica y justa al fijar el alcance territorial del impuesto sobre la renta. Nuestra ley grava únicamente a los enriquecimientos netos y disponibles que se obtengan en virtud de actividades económicas realizadas o de bienes situados en el país. Las razones que tuvo el legislador para limitar el gravamen a las rentas producidas dentro del territorio nacional, están claramente expresadas en la exposición de motivos de la ley de impuesto sobre la renta, en los términos siguientes: "territorialidad ". Se atribuye una especial importancia a la titularidad del acto gravable. En cambio, no se tiene en cuenta el lugar donde esté el titular del enriquecimiento[256].

En este sentido, con respecto a este factor de conexión, el autor discurre acerca de las causas y la configuración de la eficacia normativa y, en consecuencia, del poder impositivo del Estado en relación con enriquecimientos que constituyen materia objeto de imposición.

256 Ibíd., p.138.

Afirma Tinoco, como efecto complementario de sus comentarios sobre la territorialidad, que es necesario "hacer un breve análisis de las distintas causas contempladas por el legislador, que pueden hacer que el enriquecimiento resultante sea considerado como proveniente de actividades económicas realizadas en Venezuela"[257].

Así, con apego en la doctrina de la Administración General del Impuesto sobre la Renta, procede al análisis de los distintos supuestos en que existen serias controversias entre el Fisco y los sujetos pasivos a los efectos de determinar la cuota impositiva a pagar. No solamente realiza un análisis crítico de los distintos supuestos, sino que formula propuestas importantes para futuras reformas.

En lo atinente a lo que hoy día se denomina el ejercicio del poder de no imposición, que justifica el rol del Estado Social de Derecho en la búsqueda de la orientación para equilibrar las desigualdades naturales entre los ciudadanos bajo consagración de derechos que, en realidad, se traducen en obligaciones, fines y cometidos para el Estado a través de la utilización de las dispensas de la obligación del pago de impuesto sobre la renta. Sobre este particular indica que el establecimiento de exenciones y, en algunos casos, el otorgamiento de exoneraciones se debe a las siguientes razones:

> 1. El [legislador] quiso en la medida de lo posible el principio de igualdad perfecta ante el tributo cumpliendo así el expreso mandato constitucional sobre la materia.
> 2. Sin embargo, la excesiva amplitud de la definición de la materia gravada creó la necesidad de exonerar algunas rentas del pago del impuesto y de facilitar al Ejecutivo Federal para exonerar a otras categorías de rentas, atendiendo a razones de utilidad pública o en los requerimientos del interés general[258].

Considera Tinoco que –en este aspecto– no se fue generoso en el otorgamiento de las dispensas, circunscribiéndolas a supuestos permitidos por la ley que obedecieran a la verdadera razón lógica de técnica fiscal o de interés colectivo. Probablemente nuestro comentarista, te-

[257] Ibíd., p.140.
[258] Ibíd., p.151.

niendo en cuenta la naturaleza subjetiva de las exenciones en materia de impuesto sobre la renta y a diferencia de lo que ocurre en la imposición indirecta, comenzó a hacer un análisis detallado de cada uno de los supuestos de dispensas previstos en la legislación, estableciendo claramente la naturaleza, por ejemplo, del Banco Central de Venezuela y la razón de que siendo una sociedad anónima en la cual la República es la principal accionista era objeto de exención, así como la tienen instituciones públicas e institutos autónomos a las remuneraciones recibidas por los gobiernos o las remuneraciones recibidas por los funcionarios agentes consulares de carrera por parte de sus gobiernos, lo relacionado a las instituciones religiosas, benéficas y de asistencia social y otros sujetos pasivos exentos o titulares de renta que estaban dispensadas de pleno derecho de la obligación del pago del impuesto sobre la renta.

En torno a un tema tan importante como productor de controversias, abandonado en la actualidad por su exposición a la erosión que experimenta por los efectos de la devaluación, inflación y la presencia de exigentes nuevas necesidades ante la inacción del Estado, Tinoco analiza la denominada *exención de base*, apuntando que de acuerdo con la doctrina en materia de impuestos directos:

> no debe ser gravada la parte de la renta de los contribuyentes que se considera como absolutamente indispensable para atender a las necesidades más elementales de la vida. Los impuestos personales, como el impuesto sobre la renta, para ser justos, deben tomar especialmente en cuenta la persona del contribuyente y a su verdadera capacidad tributaria[259].

Advierte que la exención en el impuesto cedular:

> es la que nuestro legislador denomina específicamente exención de base. Esta exención no es propiamente, como lo es la del impuesto complementario progresivo, una exención del mínimo de subsistencia. En efecto, ella no es una extensión de carácter absoluto, sino que desaparece cuando la renta concluyente pasa de ciertos límites máximos establecidos en la ley[260].

---

259 Ibíd., p. 189.

260 Ibíd., p. 190.

El comentarista observa que los conceptos expresados en la Exposición de Motivos de la Ley de Impuesto sobre la Renta acerca de las exenciones de base revelan que el legislador, al establecerlos, estuvo guiado por razones de carácter administrativo y por razones de equidad[261]. Es lo que se conoce en materia de política de administración tributaria como un régimen simplificado para contribuyentes de difícil control o un régimen simplificado.

Adiciona Tinoco como objetivos de la exención de base en el impuesto cedular:[262]

(i) Favorecer ciertas actividades que el legislador consideró conveniente y justo proteger.

(ii) Dejar libre a la Administración General del Impuesto de la difícil tarea de fiscalizar, inspeccionar y realizar los demás trámites indispensables a la recaudación de los tributos que tendrían que pagar esos pequeños contribuyentes.

(iii) Favorecer eximir del pago de la obligación del impuesto a los contribuyentes con pequeñas rentas, inferiores al límite fijado, los impuestos cobrados a estos que, en muchos casos, serían insuficientes para la cobertura de los gastos necesarios para sufragar la gestión del tributo. Es el clásico principio de la economía del tributo. Se gasta en la gestión si hay factibilidad de recaudar.

Ciertamente, teniendo en cuenta la evolución de los estudios y análisis doctrinarios, la jurisprudencia que se ha venido desarrollando en Venezuela a partir de la obra de Tinoco, se presenta con meridiana e indiscutible claridad el inmenso aporte que representaron para la época esas obras. En la actualidad siguen constituyendo una fuente esencial historiográfica para quien emprenda la historia del Impuesto sobre la Renta en Venezuela, teniendo como centro de atención, por ejemplo, el análisis de la migración del sistema cedular y su complejidad al sistema global, acusada mediante crítica de verificación de tal transformación y propuesta de reforma por la Misión Shoup (Estudio del Sistema Fiscal

261 Ídem.

262 Ibíd., pp.190-1.

Venezolano) en el año 1958[263]. Sin olvidar que, desde hace varios años, se está planteando como aspecto esencial de las reformas de la imposición a la renta volver al sistema cedular para garantizar la equidad y evitar, mediante una distinción de su fuente, la inequidad del impuesto.

A partir de la complejidad del sistema cedular adoptado por el legislador desde 1943, en sus comentarios Tinoco destaca que:

> la exención de base, aunque toma como fundamento la situación personal del contribuyente, sólo puede aplicarse de conformidad con la naturaleza propia de los impuestos cedulares, que son, impuestos reales. De lo contrario se llegarían a situaciones absurdas, en las cuales un contribuyente con derecho a la exención de base tendría que pagar siempre el impuesto cedular sobre una proporción grande de sus rentas[264].

En este sentido propone que:

> En una reforma futura la ley, sería conveniente y equitativo permitir la compensación de las pérdidas, a los fines del cálculo de la renta gravable por el impuesto cedular y de la determinación de la exención de base. La equidad exige que el contribuyente sea agravado tomando en consideración su verdadera capacidad tributaria, o sea, en función de la riqueza y enriquecimiento neto realmente gravado[265].

En este último análisis referido se evidencia el manejo de los principios de la imposición, establecido constitucionalmente y que informan el sistema tributario y, más específicamente, aquellos principios de imposición no explícitamente incorporados al ordenamiento sino que son formulaciones técnicas de índole diversa, que definen el régimen impositivo directo a la renta, el cual dentro del sistema optado por el legislador representa una muy grande complicación desde el punto de vista de la gestión de cumplimiento como de las gestión de su exigencia

263 Vid., República de Venezuela, Ministerio de Hacienda, Informe sobre el sistema fiscal de Venezuela, Caracas, 1960.

264 Pedro R Tinoco, "*Comentarios a la Ley de Impuesto sobre....*", op.cit, p. 197.

265 Ibíd., p. 196.

–inspección, fiscalización, recaudación y verificación– por parte de la Administración tributaria.

Sobre este particular, Tinoco señala que:

> El problema de la aplicación del impuesto cedular en el cálculo de las funciones de base correspondientes a la declaración de rentas formuladas por periodos inferiores de un año, no fue previsto por el legislador en la primera Ley de Impuesto sobre la Renta ni en su Reglamento promulgado en el año de 1943. La falta de disposición legal expresa de origen, la divergencia de opinión entre la meditación general del impuesto y los contribuyentes[266].

No deja de reconocer el autor la corrección que se realiza en el reglamento posterior, aprobado en el año de 1944, en el cual aparentemente:

> Es más equitativo ya que se calcula el impuesto en función de la renta que hubiera podido tener el contribuyente en la totalidad del ejercicio, para no favorecerlo en relación con los contribuyentes que presentan declaración de un ejercicio completo, pero sólo se cobra la porción del impuesto que corresponde a los días comprendidos en la declaración[267].

De la lectura de las observaciones y el análisis crítico, pareciera que Tinoco tenía en mente los principios de imposición de Adam Smith en cuanto a la certeza y seguridad y comodidad de la imposición, además de haber tenido la oportunidad de hacer del conocimiento de las autoridades fiscales las deficiencias que comportaba el sistema de determinación del impuesto cedular en función de la exención de base, tal como se desprende del hecho que se procedió de inmediato a su corrección. Una situación que denota la posibilidad abierta de una Administración tributaria eficiente de conocer la situación real y efectiva de los contribuyentes y el deseo de aumentar, concerniente a la determinación de la cuota impositiva anual, el deber de contribuir con las cargas públicas.

---

266 Ibíd., p.128.

267 Ibíd., p.199.

En los comentarios atinentes a la exención de base, Tinoco procede a efectuar un análisis claro, explicando su operatividad y autonomía consagratoria, por ejemplo, en la cédula de sueldos, pensiones y otras remuneraciones y en los beneficios agropecuarios.

En la parte final de este primer tomo, Tinoco analiza el Capítulo II de la Ley Impuesto sobre la Renta en el cual alude al régimen de gravamen al capital inmobiliario, la materia gravada, la alícuota o el tipo impositivo aplicable y aquellas materias imponibles específicas relativas a los cánones, pensiones o alquileres obtenidos por el arrendamiento o subarrendamiento de bienes inmuebles rurales y urbanos, distintas formas de instrumentación de negocios jurídicos documentados a través de diferentes contratos nominados de los cuales derivan los ingresos brutos que, al aplicarle la deducciones previstas en la ley, dan la magnitud de la renta bruta.

De igual forma, revisa los conceptos fundamentales relacionados con la materia gravable y el tipo impositivo de las rentas de créditos y de capitales mobiliarios en general, así como los beneficios industriales, comerciales y mineros.

El autor se dedica hacer un análisis de las normas reglamentarias y establecer los principios rectores del régimen de comprobación de las deducciones.

En el segundo tomo de sus comentarios, Tinoco examina la renta bruta, un concepto importante para la determinación del enriquecimiento neto, una magnitud económica que representa una forma instrumental y que conduce a otra sobre la cual incide y se basa el legislador para la determinación de la cuota impositiva anual de los sujetos pasivos, tomando en consideración la naturaleza y esencia del sistema cedular y la aplicación del impuesto complementario, que fue la tendencia en algunos países latinoamericanos al momento del incorporar el impuesto sobre la renta en sus estructuras tributarias.

En el tema sobre la renta bruta, el autor –centrándose en la cédula de comercio industrial– observa que:

> es conveniente tener presente que dicho enriquecimiento es una categoría fiscal y no una consecuencia del beneficio comercial logrado por el contribuyente. Se calcula no según la práctica de la

costumbre mercantil, sino de conformidad con las reglas establecidas al efecto del impuesto sobre la renta y su reglamento. Es un principio de técnica fiscal universalmente aceptada, que la determinación de la materia gravable debe quedar claramente establecida en el texto legal y no puede dejarse al arbitrio de los contribuyentes. Nuestro legislador acogió ese elemental principio y estableció en forma expresa el procedimiento a seguir para el cálculo de la renta neta gravable[268].

En esta parte de la determinación de los ingresos brutos o ingresos totales de los contribuyentes sometidos al impuesto sobre la renta, específicamente aquellos regidos por la cedula de comercio industrial, Tinoco realiza un importante análisis sobre algunas de las sentencias dictadas para aquel entonces, tales como el régimen aplicable al *good will*, a la aplicación de la ley impositiva en el tiempo, haciendo referencia específica al principio de retroactividad a partir de la jurisprudencia norteamericana y de la consagratoria del principio previsto en el artículo 2 del Código Civil acerca de lo atinente a la materia gravada por el impuesto sobre la renta, señalando que:

> no sólo incluye la renta en sentido estricto, sino también a la ganancia de capital. Estos enriquecimientos son de naturaleza diferente y lógicamente no pueden estar sometidos a las mismas reglas sin que ocurran graves divergencias de interpretación en el momento de ir a aplicar el gravamen. Nuestro legislador toma en cuenta esta circunstancia al establecer las normas para la determinación del hecho imponible en la cédula de valorización de inmuebles, donde está gravada exclusivamente la ganancia de capital[269].

En lo concerniente a los costos, Tinoco muestra un conocimiento sobre la actividad económica del contribuyente, esto es de la forma en que lleva los inventarios, la fijación y su reflejo en el costo de las mercancías o la operatividad de los contribuyentes de bienes construidos, elaborados, adquiridos o extraídos durante el período tributario o ejercicio gravable.

---

268 Ibíd., p. 327.

269 Ibíd., p. 345.

De gran utilidad para entender muchos de los elementos determinativos del enriquecimiento neto gravable es tener presente las observaciones que efectúa el autor en torno a este tópico fundamental, que resulta indispensable para comprender la progresividad del impuesto sobre la renta y las circunstancias que llevaron al legislador de 1943 a adoptar el enriquecimiento neto gravable como hecho imponible y base de cálculo para la determinación de la cuota impositiva.

Teniendo presente que no existía para la época un tratado, un manual o una guía orientadora de los principios aplicables al régimen impositivo de la renta, ni mucho menos una forma práctica para proceder a la determinación del impuesto, Tinoco efectúa consideraciones importantes alrededor del inventario, haciendo aclaratoria en cuanto a que:

> En relación con esta materia, se observa que algunos comerciantes, al entrar en vigencia el impuesto sobre la renta, se negaron a evaluar sus inventarios, el costo, alegando que, de conformidad con el artículo 39 del Código de Comercio, que es la ley que rige sus actividades, estos deben contener una descripción estimativa de todos los bienes del respectivo comerciante[270].

Luego de hacer un análisis de las decisiones de la Junta de Apelaciones del Impuesto sobre la Renta y de la interpretación de la normativa aplicable en materia de inventarios, Tinoco concluye:

> A primera vista, parece muy sencillo el sistema establecido por el legislador de evaluar el inventario al costo. Sin embargo, estudiando más detenidamente la materia se encuentran ciertos problemas al respecto. En efecto, el costo de las mercancías, aún el de la misma clase, fluctúa, y al ir a levantar inventario es imposible precisar cuál es el costo de las mercancías que no han sido enajenadas"[271].

A esta precisión del problema derivado en el tema del avalúo, el autor –con fundamento en orientaciones contables, específicamente, del autor William Patton (1889-1991), cuyo manual de contabilidad tuvo mucha influencia en nuestro medio– procede a efectuar consideraciones

[270] Ibíd., p. 371.
[271] Ibíd., p. 372.

importantes para identificar y asentar el costo de mercancías compradas o manufacturas y la forma en que debería levantarse el inventario por parte de los contribuyentes.

Sin duda alguna, los comentarios expuestos por Tinoco sobre la Ley de 1943 constituyen una fuente primaria de conocimientos para quienes se adentran en el estudio de esta imposición directa, en términos esenciales y fundamentales, como es lo relativo a la amortización de los activos permanentes, la depreciación, el agotamiento y la obsolescencia.

Términos contables de importantes implicaciones que requieren del conocimiento de su configuración en cada uno de los activos o tipo de activos para darle el tratamiento correspondiente a la deducción. La forma explicativa y claridad ejemplificativa permiten, en casos especiales, la compresión para el cálculo de determinación de la alícuota correspondiente a la representación del consumo o pérdida de valor de los activos incorporados a la producción de la renta, resultando una herramienta utilísima para entender la compleja determinación de esta contribución que se convierte, en virtud de la preeminencia de la progresividad del sistema tributario, en su eje central.

Continúa el autor –que en algunos casos pareciera dar la impresión de ofrecer un manual teórico y práctico sobre la especie impositiva relacionada con las deducciones a la renta bruta– haciendo un análisis enjundioso en lo que corresponde a la cédula de comercio industrial.

En el avance de la aplicación de las deducciones a la renta bruta para la determinación del enriquecimiento neto gravable, Tinoco hace un interesante análisis sobre las pérdidas de los activos permanentes, las deudas incobrables, el costo de las construcciones realizadas en cumplimiento de la Ley del Trabajo, disposiciones sanitarias o destinadas a incrementar la producción. Es una reflexión que aborda la justificación económica, técnica y su correspondencia con los principios ordenadores del sistema tributario.

De igual manera, Tinoco procede al análisis de los procedimientos especiales previstos para los contribuyentes del sector asegurador, transportistas de carga y pasajeros, las empresas cinematográficas por los enriquecimientos derivados de la explotación de las películas producidas en el exterior sin tener en nuestro país su objeto principal. No escapan al comentarista las dificultades para el registro contable de las operaciones para los transportistas internacionales, que derivaban del Reglamento de 1944, especialmente en lo relativo a:

> que no toma suficientemente en cuenta la unidad de dichas empresas y quiere independizar el cálculo de su renta en Venezuela del monto de su renta neta irreal. En realidad, resulta ilógico establecer un sistema de cálculo de la renta bruta mediante la deducción de una parte proporcional del costo del servicio y luego limitar las expensas a las realizadas en el país[272].

En relación con la contabilidad y comprobantes, el autor realiza una muy útil correspondencia entre la normativa especial para aquella época aún vigente por su eficacia unitaria bajo la concepción científica de la codificación del Código de Comercio y lo previsto por el legislador impositivo, así como con las normas reglamentarias para los contribuyentes de las cédulas comercio-industrial, mineras, canteras e hidrocarburos, explotaciones forestales y enajenación de inmuebles.

Realiza en el capítulo XVII una delimitación conceptual provechosa para los contribuyentes, habida cuenta que para el año de la publicación de los comentarios no existía un cuerpo normativo de procedimientos especiales de determinación –como el actual Código Orgánico Tributario– acerca de la estimación de oficio y condiciones de procedencia y sin dejar a un lado el análisis de las facultades de fiscalización.

A lo largo del texto, Tinoco efectúa un análisis de la relación jurídica entre el Fisco y los contribuyentes titulares de enriquecimientos de cada cédula prevista en la ley, indicando las particularidades de la obligación nuclear y otros deberes formales que aparecen como obligaciones ajenas o secundarias vinculadas con la gestión del tributo.

Teniendo presente la incorporación del Impuesto Adicional, el comentarista realiza un desglose de los elementos configuradores del hecho imponible que genere el pago de esta especie de sobreimposición a los contribuyentes titulares de rentas dimanantes de la industria extractiva de la minería o de los hidrocarburos, así como las reglas de su determinación, liquidación y pago. En la reflexión efectuada en torno a este impuesto se exhibe:

---

272 Ibíd., p. 523.

El sistema que debe seguir el contribuyente para la determinación de la renta gravable por el impuesto que vengo comentando no es el mismo establecido para las gravadas por los impuestos ordinarios, cedular y complementario, sino uno completamente autónomo, adaptado a la finalidad perseguida con el referido tributo. La renta neta, a los efectos del impuesto adicional, es la renta neta comercial del contribuyente, o sea, el beneficio o ganancia que aparezca en el respectivo balance, preparado según sus libros y registros y determinado mediante cualquier procedimiento de contabilidad generalmente adoptado en la industria extractiva. La renta neta no viene a ser, pues, para los fines de este impuesto, una categoría fiscal, sino el beneficio real del contribuyente, de manera que la sociedad que viene a quedar establecida entre el Fisco y las empresas explotadoras de las riquezas de nuestro subsuelo no resulte injusta e inequitativa para éstas últimas[273].

3.4. Los comentarios de Tinoco, un gran aporte al conocimiento y estudio del Impuesto sobre la Renta

Es conveniente mencionar, que las someras referencias sobre los "Comentarios de la Ley de Impuesto sobre la Renta de Venezuela" buscan destacar algunos aportes de Tinoco en el ámbito del Derecho tributario y de la Hacienda Pública, de manera concreta en la vertiente del ingreso –la política tributaria– y su divulgación.

Las menciones y referencias efectuadas a las publicaciones del año 1950 como la de 1955 cobran importancia si se tienen en cuenta las siguientes consideraciones, las cuales resumen lo afirmado con anterioridad:

1. No existía para los años de publicación de las obras de Tinoco una extensa bibliografía referida fundamentalmente a la tributación en Venezuela, salvo las memorias y cuentas presentadas por los ministros con anterioridad, las comunicaciones oficiales en torno a las reformas adoptadas en el ordenamiento del año de 1942, con todo el esfuerzo que se hizo durante la etapa comprendida entre 1900 y 1941, como fueron las reformas propugnadas por Abel Santos y Román Cárdenas, por ejemplo.

273 Ibíd., p. 654.

2. No existían especialistas en materia impositiva, mucho menos en una especie impositiva tan compleja como el impuesto sobre la renta, tal como si lo había en otros países latinoamericanos. Hasta tal punto que fueron asesores colombianos los que dieron los primeros pasos en la conformación de la Administración General del Impuesto sobre la Renta.
3. El país recién despertaba de un letargo que lo circunscribía a una sociedad rural que comenzó a experimentar, en la década del cuarenta, el mayor proceso industrial del siglo XX, un período de conformación de grandes empresas y de inversión foránea en el país, etapa en la cual tanto nuestro personaje como su padre, Pedro Tinoco Smith, fueron asesores importantes de las mismas.
4. Adicionalmente, debe rescatarse la dificultad que deriva del conocimiento y aplicación de una forma impositiva tan compleja como es el impuesto sobre la renta, teniendo en consideración que el impuesto mixto cedular y los tipos impositivos como el impuesto complementario y el adicional (verdaderas sobreimposiciones) –que se establecieron en la primera ley de impuesto sobre la renta y posteriormente con la reforma de 1948– hacían mucho más difícil la determinación de la cuota impositiva. Esto es lo que justificó, como se ha indicado, la opción de una suerte de régimen simplificado para evitar la complejidad y los costos de gestión de exigencia de cumplimiento.
5. En mérito de lo expuesto, surge –además– la dificultad de la inexistencia o insuficiencia de recursos humanos con la preparación necesaria en contabilidad fiscal para hacer frente a las exigencias de los deberes formales que conformaban la relación jurídico-tributaria, específicamente en lo relativo a la contabilidad, determinación, liquidación y pago del impuesto, que establecía regímenes especiales para cada una de las cédulas que definía la sucesión pasiva de cada uno de los contribuyentes.
6. Desde el punto de vista de la Administración tributaria, en aquella época no se contaba con los medios y herramientas –como en la actualidad se dispone de las Tecnologías de Información

de la Comunicación (TIC´s)– para que los contribuyentes reciban información, asesoría y asistencia oportuna.

7. No existía una carrera administrativa fiscal, es decir, una carrera funcionarial especializada.
8. Deficientes mecanismos de control, pues comenzaba a estructurarse la Administración tributaria.
9. No existía una cultura tributaria, la tributación no estaba en el diálogo de la sociedad que recién comenzaba a transitar su conversión de rural a urbana. Eran solo temas del alto gobierno, sectores parlamentarios y políticos. Tinoco comenzaba a enseñar a leer temas financieros, a formar una cultura tributaria, a difundir el fundamento económico del impuesto y su importancia en la definición del camino a la modernidad y a la modernización. Sería interesante hacer un análisis comparativo entre las críticas y propuestas de Tinoco a la legislación vigente y su acogida en las reformas legislativas posteriores.

Varias generaciones de *abogados fiscalistas*, por lo menos aquella en las cuales cronológicamente nos insertamos, dieron sus primeros pasos en el estudio de la imposición a la renta en sus obras, entre ellos se encuentran: Fritz Neumark (1900-1991), Richard Goode (s/d), Henry Laufenburguer (1897-|1964), Carl Shoup (1902-2000), Wilhelm Gerloff (1880-|954), H. Hinrichs (s/d), Richard Musgrave (1910-2007), Juan Roque Mullín (s/d), los Informes Meade, Neumark, Shoup (relacionado con el sistema tributario venezolano, 1958) Manuel Alvarado (s/d)[274], Manuel M. Márquez s/d)[275], José Andrés Octavio Bastidas (1919-2009) y, por supuesto, Pedro R. Tinoco.

Los comentarios de Tinoco tenían la virtud de partir de la génesis de la actividad financiera, su orientación a la satisfacción de las necesidades públicas y todos aquellos elementos de teoría económica, aspectos que determinan su objeto de estudio y destinan sus mejores esfuerzos para lograr una articulación de los satisfactores que deparan las políticas públicas para ese fin.

---

[274] Manuel A. Alvarado, *El Impuesto sobre la Renta en Venezuela,* Bogotá-Caracas.

[275] Manuel M. Márquez hijo, *El Impuesto sobre la Renta en Venezuela,* editorial "Elite", Caracas, p. 45.

Con claridad y sencillez en la exposición de sus ideas, la obra lleva de la mano a los noveles tributaristas por el empedrado camino de la imposición directa, permitiéndoles identificar los aspectos cruciales que van desde la comprensión de su fuente ontológica –la renta–,las razones que llevaron a la adopción de un concepto extensible o incremental de la base de imposición, los aspectos integradores de la referida magnitud, abordando de manera noble las razones de la indicación de los sujetos pasivos de las formas de simplificación del régimen de imposición, la esencia del sistema dual o mixto cedular, el régimen de depuración de la renta para llegar al enriquecimiento neto, los aspectos controversiales de la temporalidad –la disponibilidad de la renta–, la justificación de la imposición adicional y complementaria como expresión del *government take* sobre ciertas actividades de la cual derivó, por mucho tiempo, el financiamiento del gasto público.

La obra de Tinoco es una fuente esencial para el estudio y el emprendimiento de la labor para configurar la historia de las finanzas públicas en Venezuela y, en especial, la de la imposición a la renta.

Así las cosas, coincidimos plenamente con lo expresado por el expresidente de la Academia de Ciencias Políticas y Sociales, Humberto Romero Muci (1964) a Arráiz Lucca (1959), al referirse a la obra de Tinoco como:

> Una obra pionera en la materia con la que demostró su erudición y talento intelectual de gran jurista, expuesta en una prosa clara y contundente, como era su estilo. Hizo una descripción sistemática de este nuevo tributo en el sistema fiscal venezolano. Sus análisis vienen complementados con referencia permanente al derecho comparado y a la doctrina económica más relevante sobre la materia de aquella época, demostrando un dominio de las fuentes, particularmente de origen estadounidense y francés. Hoy por hoy, esta obra es objeto de consulta obligatoria entre académicos y profesionales tributarios para todo tipo de análisis sobre las instituciones fiscales y el impuesto sobre la renta del país. Su vigencia trasciende como una de las obras más emblemáticas del Derecho tributario venezolano[276].

[276] Rafael Arráiz Lucca, "*Pedro Tinoco...* ", op.cit, p.38.

4. TINOCO Y EL PLAN MAESTRO DE REFORMA TRIBUTARIA EN EL MARCO DEL «GRAN VIRAJE». PRECURSOR DE LA IMPOSICIÓN AL CONSUMO EN VENEZUELA

Si algo caracterizaba a Tinoco era su afán de modernizar y configurar un Estado eficiente que pudiera ser el andamiaje para la organización de la estructura para la satisfacción de las necesidades colectivas, el desarrollo de la economía y garantizar el crecimiento y estabilidad económica, traducido en la generación de riqueza del Estado la cual era medida a través de los índices macroeconómicos definidos para tal efecto y la posibilidad de estimular la función empresarial, fuente de rentabilidad y generador de bienestar.

Lo expresado se observa –como estructura monolítica en su pensamiento y acción– en las oportunidades que les correspondió actuar como parlamentario y ministro de Hacienda, presidente del Banco Central de Venezuela y de esa posición determinante como un actor fundamental y esencial, sin mayor exposición, como fue el caso de la reforma tributaria presentada como parte del ajuste económico diseñado para ejecutar los préstamos recibidos de los organismos multilaterales que contó, por igual, con el apoyo entusiasta de varios sectores y con detractores.

Hemos puesto de relieve que Tinoco tenía un conocimiento profundo, un manejo experto de las categorías e instituciones propias de la actividad financiera y del manejo de todo lo concerniente con los aspectos objetivos y subjetivos dentro de la visión tradicional de la hacienda pública, de las funciones de la actividad presupuestaria y la forma de financiamiento del gasto público, amén del tipo de tributos requeridos para cumplir esas funciones de asignación de bienes públicos, la distribución y redistribución del ingreso en beneficio de las grandes mayorías, discusión muy acentuada y relacionada con la estabilidad presupuestaria.

Seguramente, Tinoco –con varios años de anticipación– hizo suyo el aforismo adoptado por Joseph Stiglitz (1943) de la frase atribuida a Benjamín Franklin (1706-1790) conforme a la cual las cosas seguras de la vida son la muerte y los impuestos, reformulándola el Premio Nobel de Economía de 2001 como que no hay nada más seguro en la vida que la muerte y las reformas tributarias[277].

Fue un pensamiento y acción recurrente de Tinoco la modernización de la economía y del sistema tributario. En su gestión como ministro de Hacienda buscaba "disminuir su dependencia del sector externo" y "un programa de reforma destinado a equilibrar las finanzas públicas, ampliar la base tributaria, dar mayor flexibilidad al sistema impositivo y disminuir su dependencia del sector externo"[278]. Lo que buscaba era la diferenciación de la actividad económica y la ampliación de la base de imposición conjurando el efecto condicionante de ser un país monoproductor, que dependiera del ingreso del financiamiento presupuestario de la actividad de los hidrocarburos que, siendo un producto de comercio internacional, eran las empresas que imponían las condiciones de estabilidad o desequilibrio dependiendo de la evolución del mercado, sin la posibilidad alguna del Ejecutivo Nacional de poder actuar sobre esas variaciones.

En la memoria y cuenta correspondiente al ejercicio fiscal de 1971, el entonces ministro de Hacienda informaba al Congreso de la República que "se contemplaba la creación de un impuesto general a las ventas de consumo final, con carácter progresivo, de acuerdo al que será gravados en un 3% de su valor, las ventas de bienes suntuarios en un 15% y se dejaban exentos los bienes de consumo básico de la población"[279].

Esta especie impositiva –calificada como impuesto consumo de tipo general– no era un Impuesto al Valor Agregado con sus características esenciales de formación de incidencia o impacto económico en el consumidor final y con su esencia de protraslación o repercusión en todo el circuito económico mediante su esencia plurifásica no acumulativa, es decir, con un mecanismo de recuperación del impuesto soportado en la adquisición de insumos.

El informe de la Comisión de Estudios y Reforma Fiscal de 1983 –presidida por Tomás Enrique Carrillo Batalla (1921-2015) y sin

---

277 Joseph Stiglitz, «Foreword» en *World Bank Tax reform in developing countries XXII*, ***THIRSK***, *Wayne*, (Editor), Washington D.C., 1999, p. xiii.

278 República de Venezuela, Ministerio de Hacienda, "*150 años del Ministerio de Hacienda...*", op.cit, p.797.

279 Ídem.

referirse explícita y directamente a la «Propuesta Tinoco», pero siguiendo la misma concepción– recomienda:

> En general se considera que Venezuela tendrá que implantar en su debida oportunidad un impuesto sobre las ventas por razones fiscales y por lo tanto como ésta recomienda estructurarlo y tenerlo preparado para su posible implementación, así es menester, en el plazo que se estima conveniente; se comenzaría con un impuesto sobre las ventas operativamente sencillo, es decir, con una tasa baja a nivel de productor o mayorista, para luego su introducción en la colectividad y de la comunicación de mayor información referente a su efecto sobre ella, ajustar dicha tasa a una situación más cónsona con la realidad. Esta tasa inicialmente baja tendría un fin de tipo educativo al tratado de concientizar el contribuyente sobre el consumo de bienes esenciales y el consumo superfluo y suntuario juntos como una etapa posterior, es posible que a mediano plazo Venezuela pueda pasar al establecimiento de un impuesto al valor agregado, fase para la cual la implantación del impuesto general sobre la venta puede tener carácter preparatorio[280].

El establecimiento de un impuesto general al consumo tipo valor agregado solo fue posible veintidós años después de la propuesta de Tinoco de proceder a la creación de un impuesto general a las ventas, de estructura diferente y con el ánimo de ir abriendo paso a la incorporación del IVA, de suyo traumática como es por todos conocidos, el cual debe considerarse un antecedente de la Ley de Impuesto al Valor Agregado que tuvo como precedente inmediato el proyecto de Ley de Impuesto General a las Ventas y las Prestaciones de Servicio –tipo valor agregado–, presentado por la ministro de Hacienda Eglé Iturbe de Blanco (1939) a consideración del Congreso de la República en octubre de 1989, conjuntamente con un Proyecto de Reforma Parcial del Código Orgánico Tributario, una propuesta muy puntual que luego dio lugar a una actividad intensa en pos de la aprobación del Plan Maestro de Reforma Tributaria, dentro del plan de ajustes comprometido por

---

280 Comisión de Estudios y Reforma Fiscal, «*La Reforma del Sistema Fiscal Venezolano*». Informe de la Comisión de Estudios y Reforma Fiscal, 1983, p.104.

Venezuela con el FMI, bajo la modalidad de *facilidad ampliada* y con la asistencia técnica del Banco Interamericano de Desarrollo Tributario (BID).

5. LA REFORMA TRIBUTARIA DEL GRAN VIRAJE Y LA ACTUACIÓN DEL DR. TINOCO

Desde la Copre se comenzó a trabajar para alertar la necesidad de que Venezuela entrara en el grupo de países que procedieron a reformar sus estructuras tributarias. Uno de los expertos que estaba encargados de esa labor era Carlos Stark Rausseo, quien luego ingresó al *staff* del Banco Mundial. Recién iniciado el gobierno de Carlos Andrés Pérez, esa institución entró en contacto con el equipo que inició el proceso de reforma y modernización de la Administración tributaria.

Uno de los puntos importantes –sobre los cuales se hizo mayor énfasis– fue el tema de la creación del Impuesto al Valor Agregado (IVA) y de la organización de la estructura administrativa para hacer frente a las exigencias de la gestión de este tributo y, sobre todo, al largo proceso de formación de los profesionales fiscales, la divulgación de su esencia y funcionamiento a los contribuyentes.

En ese tiempo, dada las expectativas que generaba la forma cómo Venezuela iba hacer frente a su inminente crisis fiscal, el Banco Mundial y el Banco Interamericano de Desarrollo comenzaron a trazar un diseño de un "Plan de asesoría y cooperación técnica para la modernización del sistema tributario venezolano".

En conversación sostenida con Carlos Stark, reconocido como uno de los pilares de la reforma tributaria propuesta por el gobierno de Carlos Andrés Pérez, nos refirió una anécdota que evidencia la naturaleza e implicaciones del plan:

> El BID manifestó cierta extrañeza por cuanto el monto de los recursos solicitados por el gobierno de Venezuela para el plan de asistencia. Era una operación de treinta millones de dólares cuando en el resto de las operaciones con otros países superaban los cien millones de dólares. Nosotros estábamos planteando una operación de cooperación en la que interesaba la disciplina de los multilaterales.

> El objetivo no eran los recursos *per se*, era el rigor y la disciplina lo que realmente necesitábamos para trabajar, evaluar un proyecto y supervisar lo que se venía realizando. Era la seguridad de lograr los objetivos trazados.
> De esta forma fue que convencimos al directorio del BID que aprobara esta operación. Con respecto al Banco Mundial pasó algo parecido, porque tampoco entendía muy bien qué es lo que íbamos a hacer con esos recursos que estábamos pidiendo. En este último caso, si mal no recuerdo, era algo cercano a los cuarenta millones de dólares[281].

Con el desembolso de los recursos se inició el plan de asistencia técnica para la modernización y un plan de fiscalización, este último se convirtió –en opinión de Stark– "en uno de los caballos de batalla en la reforma tributaria".

Fueron dos planes que se transformaron en acciones. A a través del BID se procedió al fortalecimiento del equipo multidisciplinario de reforma tributaria, encargado de la modernización de los procesos administrativos y la elaboración de los proyectos de ley, entre esto todo lo relacionado con la implantación del IVA en Venezuela.

En lo que correspondía al Banco Mundial se diseñó y ejecutó el plan de fiscalización que, como recordaba el exministro de Hacienda, "fue altamente conocido en Venezuela porque era un plan de tipo rastrillo, o sea, que se fiscalizaba a todo el mundo, no había ninguna excepción".

El objetivo de este plan de fiscalización era instrumental: levantar la información y data requerida para determinar la verdadera situación de los ingresos ordinarios de fuente tributaria y, a partir de allí, dar forma y presentación al Plan Maestro de Reforma Tributaria, que generó un gran debate a nivel nacional.

Una discusión pública en la que participaron, sin exclusión, todos los sectores de manera abierta y con mucha pasión, tanto por aquellos asistidos por la razón técnica, el conocimiento real de la situación fiscal y de los resultados, que en otros países –sobre todo las llamadas economías emergentes– habían derivado del diseño y ejecución de planes

---

281 Conversación sostenida con el Carlos Stark Rausseo el 31 de julio de 2021.

de reforma tributaria, como por los sectores políticos que eran sordos al clamor de los técnicos, ajenos a las exigencias de los organismos internacionales, anclados en el mundo del populismo clientelar y de grupos económicos que se sentían amenazados por un Plan Maestro de Reforma Tributaria y que fue objeto de consulta abierta con todos los sectores del país en procura de bases consensuales con los actores económicos privados –instituciones gremiales y su dirigencia, los grupos económicos y factores individuales–.

Esa reforma tributaria, meditada y técnicamente bien elaborada estuvo delineada y orientada por los siguientes documentos: «Venezuela: Lineamientos para la implementación del Impuesto al Valor Agregado»[282], «Venezuela: Lineamientos para una reforma tributaria»[283] y «Venezuela: Lineamientos para una reforma de la Administración aduanera»[284], informes de las misiones de asistencia técnica del Departamento de Finanzas Públicas del Fondo Monetario Internacional (FMI) presentados el 28 de febrero y 31 de agosto de 1991, respectivamente[285].

Los lineamientos generales del informe del FMI[286], teniendo como base la necesidad de reducción de la brecha fiscal, planteaba los siguientes objetivos:

---

282 Carlos Silvani y Ernesto Pérez Urrutia, *Venezuela: Lineamientos para la implementación del Impuesto al Valor Agregado.* Dirección de Asuntos Fiscales, Fondo Monetario Internacional, 11 de Enero de 1990.

283 Milka Casanegra, Carlos Silvani, Arnold Harberger y Luis Medina, Informe de Misión. *Venezuela: Lineamientos para una reforma tributaria,* Dirección de Asuntos Fiscales, Fondo Monetario Internacional, 28 de febrero de 1991.

284 Adrien Goorman y Julio Escobar, Informe de Misión. *Venezuela: Lineamientos para una reforma de la Administración Aduanera,* Dirección de Asuntos Fiscales, Fondo Monetario Internacional, 31 de agosto de 1991.

285 El referido informe sirvió de base a las actualizaciones y propuestas asidas en él, presentadas, y no aprobadas por el Congreso de la República en mayo y julio de 1992: la Ley Habilitante de 1993 (Ramón J. Velázquez), que significó avances importantes en términos de política tributaria y la de 1994 (Rafael Caldera), más representativa, por la creación del SENIAT. Debemos hacer la salvedad salvo el Código Orgánico Tributario, que fue promulgado el 11 de agosto de 1992 por el Presidente Carlos Andrés Pérez, en medio de una profunda crisis política.

286 En el Informe principal de la Misión (28 de febrero de 1991) la misión "que tuvo en cuenta los diversos factores que pueden afectar su implementación punto ellos incluyen la posible resistencia política e institucional a los cambios, los problemas de transición entre el sistema actual y el que se propone, y los efectos de los cambios propuestos sobre la recaudación".

1. Incremento de la tributación no petrolera y reducción del déficit fiscal.
2. Establecer un sistema tributario flexible.
3. Evitar, en la medida de lo posible, que el sistema tributario distorsionara la asignación de recursos.
4. Mayor equidad del sistema.
5. Simplificación de los impuestos existentes.
6. Eliminación de aquellos cuyo bajo rendimiento y complejidad no justificaran el seguir manteniéndolos vigentes.
7. Mejorar la efectividad de la administración tributaria.
8. Reducción de los márgenes de evasión fiscal y, por consiguiente, procurar el cumplimiento voluntario de las obligaciones tributarias, lo cual incrementaba la presión fiscal.
9. Introducción del IVA.
10. Simplificación, racionalización e incremento de la recaudación del impuesto a la renta de las personas naturales. A la fecha de la emisión del informe, la recaudación representaba un 0,4% del PIB, una sensible diferencia con respecto al periodo 1983 que fue 1,2% del PIB. El número de contribuyentes que declaraban, entre 1984 y 1988, se incrementó en un 29,1% pero la recaudación disminuyó en un 42%, lo cual implicó una disminución del 67%.
11. Ampliación de la base del ISLR personas jurídicas. A la fecha la estimación de la recaudación era del 3% del PIB. La misión del FMI indica que, para el periodo 1977- 1988, la flexibilidad con respecto al PIB total fue calculada en 1,32% y lo que toca al PIB no petrolero[287] la flexibilidad fue de 1,25%.
12. Indexación de los tramos de la escala de impuesto a la renta de las personas, de las ganancias de capital y de las utilidades las personas jurídicas.
13. Reducción de las tasas marginales máximas.
14. Mejoramiento de la administración tributaria a través de la

[287] El PIB no petrolero excluye las actividades de extracción y refinación. (Milka Casanegra, Carlos Silvani, Arnold Harberger y Luis Medina, *"Informe de Misión. Venezuela: Lineamientos para una reforma tributaria... "*, op.cit., p. 11.

sistematización, mejoramiento del registro de contribuyentes e identificación de aquellos que no debían declarar y no lo hacían; procedimientos de apremios sobre los contribuyentes morosos; mejoramiento de los procesamientos de las declaraciones; mayor control de los anticipos de impuestos.

Es menester traer a colación lo que nos expresara el economista Gustavo García, destacada figura de esa propuesta de reforma y las exigencias del FMI dentro de los compromisos asumidos por Venezuela:

> La hoja de términos es donde se define el menú de opciones, por ejemplo, la característica de los instrumentos financieros y a qué se comprometía el país para que el FMI estuviera tranquilo en cuanto a que iba a haber estabilidad financiera y que la deuda se iba a poder pagar.
>
> ¿Cómo era el impacto financiero de la hoja de términos? A mí me tocaba hacer la simulación de las cuentas fiscales de la balanza de pago y eso era lo que tenía que discutir con los colegas del Fondo. El FMI hacía seguimiento en dos cosas: impacto en la balanza de pagos e impacto fiscal. El Fondo Monetario exigía que el precio implícito de los bonos no discrepara sustancialmente con el precio que tenía la deuda en el mercado secundario, que era un mercado poco líquido, tenía que reflejar una pequeña diferencia.
>
> Las condiciones fiscales del programa acordado con el Fondo Monetario Internacional fueron cumplidas, no había forma de no cumplirlo. Pero la reforma tributaria, la reforma comercial y la reforma del Estado venezolano no se cumplieron. Por ejemplo, si la ley del IVA como se tenía que aprobar no se aprobaba como se tenía pensado, el Estado tenía que abrir espacio, el Fondo entiende que muchas de esas cosas dependen del ambiente político, pero tenía que el gobierno buscar compensar lo que no obtenía. Por ejemplo, el gobierno si no lograba un IVA de 12% si no de 9%, el gobierno tenía que buscar de dónde iba a salir esa compensación, ya sea de una reducción de gastos o de un aumento por otro lado.
>
> En el acuerdo con los bancos no podía haber flexibilidad en los términos, una vez que llegaba a un acuerdo ese era el acuerdo, pero antes de firmar esos acuerdos, el Fondo y, por lo tanto, el Banco Mundial tenían que darle la bendición al programa. Una de las co-

> sas que yo hacía cuando me venía los viernes me estaban esperando para preguntarme cómo iban las negociaciones, yo tenía que mantener informado al fondo, porque el fondo era el principal apoyo del gobierno, ese era mi rol y garantizar que lo pactado por Tinoco y por Miguel [Rodríguez] fuera adaptado a los requisitos técnicos del Fondo"[288].

Siguiendo lo expuesto por Gustavo García en cuanto a la pertinencia de la ejecución de los ajustes macroeconómicos por vía de los ingresos de fuente tributaria, podemos afirmar, que la reforma tributaria propuesta por el FMI tuvo una ejecución paulatina que, dada la aprobación extemporánea, implicó distorsiones importantes y graves afectaciones en la finanzas en virtud de la debilidad institucional derivada de las intentonas de ruptura del hilo constitucional del 4 de febrero y 27 de noviembre de 1992 y sus irradiaciones desestabilizadoras posteriores.

Entre 1989 y 1993 se adelantaron los proyectos de ley impositiva que luego se transformaron en decretos leyes, así como las normas reglamentarias; se diseñaron las estructuras, manuales y procedimientos destinados a la gestión administrativa de los impuestos tradicionales y aquellas nuevas especies impositivas, todo lo cual hizo menos engorrosa la ejecución de la Ley habilitante de 1993 que procedió a reformas profundas del Impuesto sobre la renta, mejorar su recaudación mediante el control de la inflación y elementos de su determinación con la incorporación del Impuesto a los Activos Empresariales y del IVA, que permitió la creación alternativa a la tributación de fuente petrolera, marcando un avance en la estructura impositiva para la cobertura del gasto público nacional, mejorar las fuentes de financiamiento de estados y municipios, abriendo una compuerta importante para la descentralización.

Ni el gobierno de Carlos Andrés Pérez ni Pedro Tinoco –en ejercicio de sus funciones el primero, el segundo además soporte activo y silente– pudieron ver fraguada la reforma de la estructura tributaria en términos de simplicidad, equidad, neutralidad y eficiencia, que eran los postulados de lo que se denominó "la modernización del sistema tribu-

---

288 Conversación sostenida con Gustavo García Osío el 3 de junio de 2021.

tario venezolano" dentro del programa del "Gran viraje y el programa de ajuste macroeconómicos".

Como puede observarse, la reforma tributaria era un sacudón en todo sentido. Sacudía al clientelismo político instaurado por el sistema bipartidista a partir de la Constitución de 1961, que se nutría de las finanzas públicas absorbiendo recursos y generando corrupción; buscaba afanosamente borrar la opacidad de la gestión financiera del Estado; cambiar la mentalidad de un sector del empresariado y vencer el miedo a competir.

En fin, las propuestas de reformas –en el marco del «Gran Viraje»– eran un enfrentamiento no buscado pero comprensible de técnicos y especialistas contra un sector de políticos ignaros o que buscaban, con su oposición, una vindicta por las amenazas a sus privilegios y el cierre de los surtidores del populismo, una colisión de visiones edulcorada con fallas comunicacionales o actitudes poco proclives a lograrlo por esa dirigencia que no entendía o se negaba a entender los cambios y la perentoriedad de la adopción de las medidas administrativas y legales correspondientes.

Una rutina de enfrentamientos en distintos campos –el Congreso, los ministerios, las reuniones en y con el partido, en los medios de comunicación social– entre los ministros del área económica, otros altos funcionarios y con Tinoco –esencialmente– que hacía un trabajo de filigrana, con paciencia y tesón, hilvanando apoyos, una actividad primaria y subterránea de minería que buscaba la extracción de los grandes actores económicos y políticos.

En el caso del presidente del Banco Central su experticia, su desprendimiento al ofrecer su *cardex* de amigos y relacionados, individuales, corporativos e institucionales, su conocimiento profundo de las finanzas públicas y de los avances, puesto todo a ganar adeptos y vencer la resistencia a la reforma tributaria –Código Orgánico Tributario e IVA–.El partido de gobierno –Acción Democrática– se convirtió en el gestor de una oposición obstruccionista a la propuesta de reformas, especialmente la tributaria y dentro de sus propuestas la creación del IVA. Tal conversión fue expuesta por Armando Duran, precisamente por un político que era afín al equipo de gobierno:

> Fue un problema muy serio cuando se discutió lo del IVA. Me acuerdo especialmente de una reunión tormentosa en donde estaba Henry Ramos, que era el jefe de la fracción parlamentaria y quien llevaba la voz cantante en contra del IVA. Y lo hacían de una manera feroz. Él [Ramos] y Armando Sánchez Bueno eran los principales oposicionistas. Era una cosa feroz la que tenían en contra porque decían que era un impuesto regresivo que no podían aprobar, que solo estarían de acuerdo con un impuesto selectivo que se aplicara por etapas y... ¡¿qué se yo?![289]

En definitiva, la indolencia de un liderazgo político que se sentía amenazado y despreciado bajo el subterfugio de ser propuestas neoliberales, que afectaba las grandes mayorías de la población, las cuales se opusieron tercamente –sin miramiento alguno– a las distorsiones y desequilibrios que comenzaron a irrumpir por la omisión de la aprobación de las medidas propuestas, muchas de ellas condicionadas por la actuación del extinto Congreso de la Republica[290].

Por tal razón, la figura de Tinoco era útil a los efectos de la divulgación comedida del programa de ajustes, de sembrar la conveniencia en importantes agentes económicos y de invaluable orientación para el equipo económico del Gobierno del Presidente Pérez, era un puente comunicacional importante con varios sectores nacionales e internacionales en suerte de consulta informal y sin registros, pero con trascendencia. No podía actuar de manera abierta y directa, pues no era materia de las atribuciones y competencias del presidente del Banco Central de Venezuela sino del ministro de Hacienda o de aquellos al que competía la materia objeto del ajuste.

El exministro de Coordinación y Planificación Miguel Rodríguez, quien fue cercano a Tinoco, nos permitió tener una fuente testimonial para la elaboración de esta investigación, sostiene:

> Tinoco era una pieza clave del programa y su difusión, hacía el trabajo requerido bajo la mesa. Era un hombre que con su inteligencia

[289] Mirtha Rivero, "*La rebelión...* ", op. cit, pp.148-9.

[290] Vid., Pedro Rosas Bravo, «El Gran Viraje y el Programa de Ajustes Macroeconómicos puesto en práctica a partir de febrero 1989 (Anexo5)» en Gumersindo Rodríguez, *Los gobiernos de Carlos Andrés Pérez. La democracia constructiva frente a la autocracia destructiva,* OT Editores C.A., Caracas, 2013, pp.283-5.

> y conocimiento extraordinario era oído con detenimiento en todos los sectores, que quizás podían ver con incierta desconfianza a un grupo de jóvenes. Se imponía la autoridad de su experiencia y el conocimiento profundo de los términos económicos. No es exagerado decir, ni ello significa expresión peyorativa, que Venezuela le quedó pequeña al Dr. Tinoco. Era reconocido mundialmente en América Latina, y especialmente en Estados Unidos y Europa[291].

Tinoco se convertía, de esta manera, en un guía permanente, en la orientación necesaria y requerida por todos los jóvenes ministros y técnicos que conformaban los equipos de trabajo que, afanosamente, buscaban traducir en realizaciones concretas las distintas propuestas que se venían realizando para enervar la situación crítica que se venía generado en el país.

En Tinoco encontraron un soporte producto de la aleación de conocimiento, experticia, olfato político y reconocimiento para estos menesteres de ir buscando apoyo, reducir la resistencia a las reformas, sensibilizar a los actores económicos nacionales e internacionales. En él convergían el político, el abogado experto y el banquero, multiplicidad de enfoques y diversas formas de comunicación, distintitos lenguajes en función de cada interlocutor, orientado a un mismo fin: hacer posible el "Gran Viraje" que necesitaba Venezuela.

Era el estilo de Tinoco –reconocido por quienes tuvieron la posibilidad de interactuar con él– brindar su apoyo, orientación o concurso en asuntos de su competencia y no del presidente del Banco Central de Venezuela. No se podía perder la experticia en el manejo de los asuntos públicos, el conocimiento del Estado, su funcionamiento, institucionalidad, su ordenamiento y, por sobre todo, la ascendencia sobre muchos y variados sectores, amén del respeto que le profesaban. El *bancocentralista* y exministro de Hacienda, Pedro Rosas, en la reseña que nos preparó sobre Tinoco expresa:

> El cúmulo de conocimientos y experiencias, así como su bonhomía y comprensibilidad, convirtió al Dr. Tinoco en consejero permanen-

[291] Conversación con el ex ministro de Cordiplan y ex presidente del Banco Central de Venezuela Miguel Rodríguez en fecha 31 de mayo 2021.

> te. Sus oficinas, tanto en su bufete de abogados como en el propio Banco Central siempre estuvieron abiertas a quienes acudían a él en busca de consejo, orientación y ayuda, a título personal. Frecuentemente recibía a políticos de las más diferentes tendencias y jerarquías, empresarios, banqueros, líderes sindicales, altos funcionarios públicos, gente importante y gente modesta. A todos atendía. Su gran satisfacción, más que el poder político o económico, era sentirse importante y útil[292].

En la primera reunión sostenida con Rosas Bravo, ante nuestro requerimiento de conocer bajo su óptica el papel desempeñado por Tinoco en la reforma tributaria planteada en los términos y secuencia anteriormente descrita, respondió de manera directa:

> Tinoco estaba a favor de la reforma fiscal, estaba bien documentado, por ejemplo, con respecto a la reforma del Código Orgánico Tributario, la necesidad de proceder a su reforma para ajustarlos a la exigencia de la administración de un nuevo impuesto como el IVA, establecer sanciones y definir un esquema de intereses de mora, que desestimulara el incumplimiento de las obligaciones tributarias. Cuando íbamos a reuniones técnicas con los banqueros siempre estaba pendiente del tema fiscal[293].

Cualquier circunstancia era idónea, cualquier escenario propicio para avalar y patrocinar la reforma tributaria, destacar su importancia para la modernización y necesidad para el plan de ajustes económicos. Basta con recordar su discurso de incorporación a la Academia de Ciencias Políticas y Sociales, pronunciado el 10 de marzo de 1991, en el cual manifestaba que la necesidad de asentar las bases de un nuevo derecho abierto a la nuevas corrientes del pensamiento acorde con la económica competitiva sin trabas derivadas del intervencionismo exacerbado del Estado, lo cual –en su criterio– “le agrega al régimen fiscal, además de su finalidad fiscalista de proveer recursos para financiar la

---

292 Pedro Rosas Bravo, Pedro Tinoco: Reseña, elaborada por su iniciativa en fecha 30 de agosto de 2021, idea surgida en nuestra conversación del 22 de agosto de 2021

293 Conversación sostenida con el ex ministro de Hacienda Pedro Rosas Bravo el 26 de mayo de 2021.

acción del Estado, una nueva dimensión de coherencia con una política económica de apertura eficiencia y competitividad"[294].

En todo caso, la modernización del sistema tributario y la adecuación de la Administración tributaria a los requerimientos de gestión de nuevas especies impositivas como el IVA de enorme potencial recaudatorio, convertidor para la eficacia y sostenibilidad de las finanzas públicas, recogen la influencia de los aportes de Tinoco. Tales esfuerzos –tanto aquellos que de manera directa son consecuencias de sus propuestas explícitas, una actuación abierta o de una labor de soporte silente pero efectivo, imperceptible, pero con resultados concretos, iniciales, parciales, totales o, simplemente, no realizados– fueron el resultado de la energía y gestión de búsqueda de consensos de la reforma del sistema tributario. Debemos destacar la modernización, pues fue motivo del espíritu transformador de Tinoco[295], manifestado –por ejemplo– en la "Propuesta Tinoco" de reforma del Estado y, muy especialmente, en las Memorias y Cuentas de los ejercicios fiscales 1969, 1970 y 1971 presentadas al Congreso de la República, su ideario de reforma para atacar "los problemas detectados [que] pueden ser agrupados en cinco dimensiones: hipertrofia organizativa y funcional, sistema de información deficiente, inadecuación del marco legal, deterioro de la infraestructura física y de los recursos humanos"[296].

---

[294] Pedro Tinoco hijo «Discurso de incorporación a la Academia de Ciencias Políticas y Sociales (10 de diciembre de 1991)» en *Boletín de la ACIENPOL* p. 282, consultado el 4 de agosto de 2021 https://cutt.ly/3EkS2N9

[295] En su conferencia de 9 de agosto en la entonces Bolsa de Comercio de Caracas donde hizo un esbozo de "Un programa económico para Venezuela", defensa de su gran aporte como fue la Carta económica de Mérida, manifestó:

Podemos recordar que en Venezuela en el corto plazo de tres años, la Ley Fiscal Fundamental, la Ley de Impuesto sobre la Renta ha sido objeto de cuatro, y creo que hasta cinco reformas, todas ellas con un solo objetivo, el de aumentar el gravamen a los contribuyentes. Es evidente que este tipo de reforma fiscal no contribuye en nada al desarrollo económico y tiende más bien a desalentar la inversión. Es preferible hacer de una vez la reforma fiscal que verdaderamente necesita el país y luego anunciar que entramos en etapa de verdadera estabilidad y seguridad fiscal.

Necesitamos, además, un sistema impositivo que estimule el desarrollo económico. (Pedro R. Tinoco, Hijo, *"Un programa económico... "*, op.cit, p.16.193.)

[296] República de Venezuela, Ministerio de Hacienda, *La modernización del sistema tributario venezolano. El Paso que hay que dar,* Impreso en los Talleres de la Oficina Central de Estadística e Informática (OCEI), Caracas, Marzo, 1991, p. 23.

Esas fueron las premisas para proceder con el apoyo del Banco Mundial y del Banco Interamericano de Desarrollo a la propuesta de la "Modernización de la Administración tributaria" en las áreas de sistemas y procedimientos, reestructuración de la Dirección General Sectorial de Rentas, creación de la Dirección General Sectorial del Impuesto al Valor Agregado y desconcentración de la Administración Regional de Rentas de la Región Capital, adquisición de inmuebles para nuevas sedes, recuperación de instalaciones y equipos, fortalecimiento del área de recursos humanos (consolidación de la Escuela Nacional de Hacienda, programa de actualización y capacitación funcionarial, redefinición de sistemas de selección y desarrollo de personal)[297].

[297] Ibíd., p. 25,

Tinoco académico:
un nuevo Derecho para una economía competitiva orientada al desarrollo

El 10 de diciembre de 1991 fue un día especial para Tinoco, vuelve a la cercanía de los espacios que fueron testigos de su formación y conversión de *abogado de la República* como se identificó en su obra, que representa un clásico en la doctrina del Impuesto sobre la Renta en Venezuela, uno de sus varios aportes a la configuración del país moderno y de avanzada que constituyó su núcleo de acción y pensamiento. Ya no lo recorrería como estudiante, abogado en ejercicio, diputado, ministro de hacienda o presidente del Banco Central de Venezuela. Ahora su presencia, en el Palacio de las Academias, era en su condición de Individuo de Número de para aquella época casi octogenaria Academia de Ciencias Políticas y Sociales (Acienpol).

La elección de los miembros de la Academia, explica René De Sola (1919-2018), se realizaba del siguiente modo:

> debe efectuarse entre los venezolanos que hayan escrito alguna obra valiosa sobre Ciencias Políticas o Sociales, o desempañada cátedra universitaria en las mismas materias, o haber sido integrante de comisiones codificadoras o legislativas y poseer, en todos los casos, reconocida competencia científica[298].

Más adelante, el jurista precitado –quien se incorporó en el año de 1966 a la Acienpol y fue su presidente hasta 1968– complementa explicando los requisitos que debe comportar un aspirante a integrar la cimera Corporación académica:

> A lo largo de su historia, la Academia ha reunido en su seno a los representantes más destacados de las Ciencias Políticas y Sociales

298 Fundación Polar, *Diccionario de Historia de Venezuela*, Tomo A-D-, Caracas, 1988, p.14.

de cada época y ha expresado su opinión, tanto en materia legislativa como en lo referente a las grandes cuestiones internacionales que interesan a la República"[299].

El día de su incorporación refiere a destacados hechos verificados en distintas épocas y puntos de la geografía mundial, muchos –quizás por coincidencia– se corresponden con las múltiples facetas desempeñadas por Tinoco. Por ejemplo, ese día, pero de 1948, momento en el cual se gradúa de abogado en la Universidad Central de Venezuela (UCV), la Organización de las Naciones Unidas (ONU) aprueba en París la Declaración Universal de los Derechos Humanos que, desde 1950, se celebra como el "Día de los Derechos Humanos", tema basal en la formulación de las propuestas de reforma del Estado, en las reformas fiscales en las que, directa o indirectamente, intervino en la definición y ejecución de los programas de ajuste estructural en los que participó de manera decisiva por el recién electo Individuo de Número de la Docta Corporación para lograr una eficiencia y eficacia prestacional del Estado en beneficio del ciudadano y de garantizar el goce de sus derechos fundamentales.

El abogado, el político y banquero que personifica la controversia, que representó y generó polémicas enconadas, manifestaciones irracionales de adversarios que él no consideraba enemigos, el punto equidistante entre dos antípodas conceptuales y referenciales bien definidas en torno a su persona. Por un lado, una habitada por los adherentes admiradores de su formación, obra y desempeño; la otra, en las que moran sus detractores, quienes no reconocen los logros tangibles y visibles de su actuación pública y privada, muchos todavía cobijados en la manta de la crónica ideológica militante o actores afectados en algunas de las decisiones adoptadas o políticas diseñadas y ejecutadas por él o por actuaciones en las que se vio involucrado.

Resulta evidente, de acuerdo con la cita parcial efectuada a la entrada del Diccionario de Historia de Venezuela elaborada por el académico De Sola, que Tinoco cumplía a cabalidad con los supuestos de procedencia para su elección como Individuo de Número de la Acienpol.

---

[299] Ibíd., p.15.

En su discurso de contestación al pronunciado por el recipiendario, el también académico Tomas Enrique Carrillo Batalla (1921-2020) le da el recibimiento en los siguientes términos:

> Dr. Tinoco sea usted bienvenido a este cuerpo plural, donde todas las tendencias, donde todas las manifestaciones de la mente humana tienen cabida, donde las diversas concepciones ideológicas conviven en forma armoniosa, donde la política de partidos no ha logrado penetrar, no obstante, que hombres de distintas toldas políticas pertenecen a la corporación, pero donde ellos actúan como académicos, como intelectuales, no como políticos[300].

En la misma oración de bienvenida, Carillo Batalla da cuenta del cumplimiento de Tinoco de los requisitos descritos en la normativa especial que rige la Corporación en los términos siguientes:

> En el presente caso se cumplieron los requisitos y los lapsos establecidos en el artículo primero en lo referente a la declaratoria de vacante del sillón respectivo y el tiempo que deben transcurrir para proceder a la postulación; igualmente se cumplieron las condiciones para la postulación que pauta el artículo 5° del reglamento.
> Al efecto, el recipiendario es abogado de la República y ha publicado las siguientes obras:
> 1. Su manual denominado *Comentarios a la Ley de Impuesto sobre la Renta* (…)
> 2. El Estado de eficaz.
> 3. Planificación democrática.
> 4. La Carta de Mérida.
> Con estas publicaciones el Doctor Tinoco cumple con el requisito establecido por el artículo primero de la ley al haber escrito no sólo una sino varias obras, "bien reputadas generalmente, sobre Ciencias Políticas y Sociales".
> Otro de los requerimientos alternativos lo cumple nuestro recipiendario de hoy, por haber regentado la cátedra de Finanzas Públicas en la Facultad de Derecho de la UCV.

300 Tomás Enrique Carrillo Batalla, «Discurso de respuesta al de incorporación de Pedro R. Tinoco como Individuo de Número» en *Boletín de la Academia de Ciencias Políticas y Sociales*, pp. 305-6, consultado el 3 de agosto de 2021, https://cutt.ly/BEkDd3R.

> Así mismo es el relativo a haber formado parte de comisiones redactoras o revisoras de leyes. A este efecto, ha participado en varias, sobre todo una muy importante que tuvo por objeto redactar el anteproyecto de Ley de Administración Descentralizada[301].

Más adelante, el académico –que en contestación protocolar recibe en nombre del colectivo al nuevo académico– observa que:

> Cómo se puede ver el Doctor Tinoco en su obra escrita, y en su actuación en la vida pública y privada se ha inclinado hacia el ejercicio de aquellas ramas del derecho vinculadas a la economía nacional, y al cumplimiento de funciones gerenciales en instituciones financieras. La vocación por las cuestiones económicas y financieras la ha heredado nuestro recipiendario de hoy, de su padre, el doctor Pedro R. Tinoco quién es figura sumamente interesante de la historia de la República en el siglo 20[302].

Tal como sucede en la vida de los hombres que no pasan desapercibidos por el transitar de las sociedades, llega Tinoco al recinto de la Docta Corporación, figura cimera del pensamiento jurídico, observatorio del desempeño institucional del país, destino que constituye meta anhelada por quienes tienen en su haber una reconocida actuación profesional en las Ciencias Políticas y Sociales, labor docente u obras doctrinarias, así como una actuación pública destacada y digna de encomio. En palabras de Pérez Perdomo:

> El Derecho es el lenguaje de la política. De allí que juristas, en general, sean tan importantes para la operación o el funcionamiento del Estado y también para asesorar o representar a los ciudadanos ante distintos órganos del Estado, y articular sus peticiones y reclamos. De allí que el conocimiento jurídico y la política se relacionen estrechamente.
>
> El Derecho como disciplina, como conocimiento, ha elaborado un lenguaje que en gran medida ha pasado a ser parte del lenguaje político común. Naturalmente cuando decimos que el Derecho como

301 Ibíd., p. 292.

302 Tomás Enrique Carrillo Batalla, *"Discurso de respuesta al de..."*, op.cit, pp. 305-6,

> disciplina o área del conocimiento ha elaborado un lenguaje, realmente decimos que los juristas académicos lo han hecho, porque la disciplina jurídica no actúa por sí misma. Cuando en un país se aprueba una constitución, ley, decreto, sentencia, etc., el sentido de lo aprobado debe ser entendido como el aparato conceptual provisto por el Derecho[303].

Si nos tocara ser el editor de un opúsculo contentivo del discurso de Tinoco de incorporación a la Acienpol no dudaríamos en titularlo "Venezuela ante la globalización y la modernización: bases para el establecimiento de un Nuevo Derecho".

El discurso evidencia la visión de un hombre con una sólida formación en los asuntos públicos –con una experticia en los tópicos de gestión del Estado– que en la formalidad propia de un discurso pronunciado desde el púlpito de Santo Tomás con precisión y expresión lacónica, lejos de la retórica y el lenguaje característico y reservado para la ocasión, le permitió un esbozo de un *Nuevo derecho* y una defensa del programa de ajustes macroeconómicos que venía ejecutándose desde febrero de 1989 –el Gran Viraje– con las complicaciones y trabas de la dinámica política por todos conocidos y del cual él fue actor de primera línea en su concepción y puesta en práctica, amén de un gran pero discreto arquitecto de las bases consensuales en torno a las medidas previstas, tanto porque no le era dado hacerlo de manera abierta por ser presidente del máximo ente emisor, no teniendo competencias atribuidas para ello por su carácter reservado y por ser respetuoso de los funcionarios competentes y responsables del diseño y ejecución de las correspondientes políticas públicas.

El discurso de Tinoco refleja su densa formación jurídica, adaptada a las exigencias de la globalización, entendida en los términos de James Otis Rodner (1945), Individuo de Número de la Corporación que lo recibía en su seno como "el proceso dinámico de interconexión comercial, financiera, cultural, política, religiosa y técnica", caracterizado –por el propio académico– por ser un proceso dinámico de interconexión múltiple, global no internacional, nueva visión del mundo

---

303 Rogelio Pérez Perdomo, *Los juristas académicos de Venezuela. Historia institucional y biografía colectiva*, Universidad Metropolitana, Caracas, 2014, pp.185-6.

(nacionalismo planetario), producto de la iniciativa privada, que no es una ideología[304].

El discurso académico plantea la perentoria reforma del ordenamiento jurídico, el cual muchas de sus normas se han convertido en ineficaz, en expresión de un *derecho vacuo*, ajeno a la nueva realidad económica, a las formas complejas de estructuración de los negocios jurídicos, la rapidez del flujo de recursos, la avidez de los inversionistas, las competencias entre las países importadores de capitales para desarrollar el mercado de valores, el desarrollo vertiginoso de la tecnología, desregularización de la economía y un cambio en las instituciones globales que comienzan a generar un *soft law* que, años más tarde, significaría un reto a la legalidad y la soberanía de los países.

La formulación del *Nuevo derecho* propuesto por Tinoco conduce a interiorizar, como lo apunta Richard Posner (1939), que "la economía es una herramienta poderosa para el análisis de un gran conjunto de cuestiones legales" que, como ciencia, implica más que el manejo de conceptos macroeconómicos (inflación, desempleo, los ciclos económicos, déficit fiscal o consumo). Es la necesidad de incorporar en el diseño de la norma y su interpretación la esencia de la economía, concebida por el profesor de la Universidad de Chicago como: "la exploración de las implicaciones de suponer que el hombre –vocablo empleado como espacio y no como género– procura en forma racional aumentar el máximo sus fines en la vida, sus satisfacciones: lo que llamaremos su interés propio"[305].

No puede preterirse el marco delimitador de la concepción política como expresión de configuración de una reformulación del rol del Estado, un *giro copernicano* en relación con la visión de los partidos políticos y su dirigencia, no así con respecto a la orientación de la proponente hecha del conocimiento público, en forma contundente y continuada, desde la «Carta económica de Mérida» de 1964.

Tinoco llama la atención sobre la necesidad de configurar un ordenamiento proclive a la globalización, que se proyecta en el requeri-

---

304 James-Otis Rodner, *La Globalización. (Globalización de la norma jurídica),* Academia de Ciencias Jurídicas y Políticas, Serie Estudios 101, Caracas, 2012, pp.39-40.

305 Richard Posner, *El análisis económico del Derecho*, Fondo de Cultura Económica, Política y Derecho, 1998, p. 27.

miento de dar una adecuada respuesta a la aceleración de ese proceso, más evidente en aquella época, derivados de hechos acaecidos en el decenio del ochenta como la caída del muro de Berlín, la revolución iraní y establecimientos de nuevos intentos de democratización en África, Europa, Asia y América Latina. Tales eventos –en el escenario de las modificaciones originadas, por ejemplo, por las políticas económicas de corte liberal (compartidas por Tinoco) de Ronald Reagan (1911-2004) en los Estados Unidos (*reaganomics*) y Margaret Thatcher (1925-2013) en el Reino Unido– generaron cambios con repercusiones importantes a nivel mundial, acompañadas en la concentración y desarrollo del sector financiero.

La globalización, como asertivamente señala el Individuo de Numero de la Academia de Ciencias Políticas y Sociales –James Otis Rodner–, produce "una reconfiguración en la manera de regular las relaciones sociales –agregamos nosotros, en sentido lato, por la variedad de las materias alcanzadas– tanto en el espacio global como interno"[306].

En su discurso, relacionado con lo expuesto líneas antes, Tinoco manifiesta:

> En Venezuela, siguiendo una tendencia que se va haciendo universal, estamos construyendo una nueva economía. Vamos dejando atrás la excesiva acción directa intervención reguladora del Estado sobre la economía y vamos evolucionando hacia una economía de mercado, más abierta, más libre y competitiva. Esto significo abandonar el proteccionismo ultranza, abrir nuestros mercados y permitir la inversión extranjera en casi todos los sectores de la actividad económica[307].

Por tanto, se requiere un nuevo ordenamiento que legitime la nueva concepción y estructura del Estado y de la economía, buscando que la legitimidad política –a través del sufragio universal, directo y secreto que determina la configuración de la institucionalidad llamada a la reforma del ordenamiento jurídico, en aquel entonces el Congreso de la República– pudiese condicionar al régimen económico que se venía

[306] James-Otis Rodner, "*La globalización...*", op.cit, p.212.

[307] Pedro Tinoco hijo "*Discursos...*", op.cit, p.278

definiendo, rompiendo la institucionalidad orgánica y normativa de un mayor intervencionismo, mayor regulación, abierta discrecionalidad en cuanto a la definición de una política de planificación indicativa y una actividad financiera caracterizada por la opacidad, es decir, poca transparencia en el otorgamiento de incentivos y beneficios que rompían con la equidad del sistema en general y el tributario en particular, los cuales eran objetivos del programa del ajuste económico que se venía implementando desde 1989 y que, en definitiva, era lo que daba existencia a la *Nueva economía* descrita por Tinoco.

El novel académico expone a sus colegas que "esta nueva economía, más moderna en su concepción y su funcionamiento, requiere las nuevas estructuras jurídicas también modernizadas y renovadas"[308]. Es la legitimación del sistema económico mediante un ordenamiento jurídico que debe ser dictado a través de un órgano con legitimación de origen como es el Poder Legislativo, el cual él llama de manera atractiva un *Nuevo derecho*.

En la mejor y más pura concepción liberal, –que se expresa en la libertad económica en términos propios de una economía de mercado "en la cual existe una amplia libertad de acción"– Tinoco clama por una nueva legislación, un conjunto organizado de normas protectoras de la libertad de mercado y libre acceso al mismo de productores y consumidores. Esto significa asegurar la posibilidad de la multiplicidad de ofertas y prohibir los acuerdos que limita la competencia abierta"[309].

Es aquí donde se evidencia el conocimiento amplio de la materia económica y sus implicaciones, que reflejan la claridad de la importancia entre derecho y economía.

Es un reflejo de una concepción dinámica del derecho que esboza Tinoco, quien llama la atención en torno a la necesidad de una Ley Antimonopolio, la cual –dentro de las teoría institucionalista– conduce a evitar las distorsiones en el mercado mediante la configuración de un sistema regulatorio que permita una claridad de las normas de actuación, de instituciones conducidas por profesionales con buena preparación y que apliquen las medidas correctivas necesarias para evitar las

308 Ídem.
309 Ibíd., 279

asimetrías de información, las externalidades –negativas y positivas–, las formas monopólicas o monopsódicas, etc. que afectan la libertad de contratación, el libre acceso de bienes y servicios y posiciones de dominio que distorsionan la economía.

Al analizar el sólido conocimiento Tinoco sobre la Hacienda Pública, se aprecia su concepción moderna no solamente en cuanto el tema de recaudación sino al empleo de instrumentos para articular una política a largo plazo, tendente al crecimiento y la estabilidad económica.

En su discurso, al referirse al concepto de libertad en el proceso de reforma del sistema financiero, expresa lo siguiente:

> Se elimina el principio, limitativo a ultranza, de que sólo puede hacerse lo específicamente permitido y se le sustituye por una normativa más genérica y más abierta que permite la continua innovación y la utilización de los nuevos instrumentos que van desarrollando la ciencia financiera y las prácticas de los mercados. No se puede tener un sistema financiero al día si actualizado como si sólo se le permite hacer lo que se conocía hace 20 años y utilizar solamente los instrumentos que estaban en uso para la época[310].

Esa libertad en el sistema financiero tiene congruencia en cuanto al espacio global y los efectos que la expansión económica propia del proceso de internalización se viene efectuando, lo cual amerita de "una nueva actitud ante la inversión extranjera".

Abandonando la intervención y deficiente regulación, que origina la discriminación en perjuicio de la inversión extranjera de la década pasada, Tinoco alerta sobre la necesidad de que el Estado de derecho, su institucionalidad y la normativa que la rige se abra a la inversión extranjera, estimulando un flujo de capitales que permitan el desarrollo del país, que se traduzca en una producción de bienes y servicios que no estén sometidas a una regulación discrecional y excesiva, producto de normativas atributivas de facultades abiertas a los funcionarios que, lejos de garantizar seguridad jurídica, generan un cuadro que entraban en el proceso de captación de rentabilidades excedentarias de los países productores y exportadores de capital.

---

310 Ibíd., p. 280.

En la conferencia dictada en la sede de la Cámara de Comercio de Caracas en abril de 1965, en la cual se desempeñaba como miembro de la hoy centenaria institución, aborda el tema de las inversiones extranjeras en Venezuela, tópico de ocupación preferente en su agenda profesional y funcionarial, tal como señala en su discurso inaugural en su breve paso por la docta Corporación que lo recibía en su seno. En esa disertación expresa:

> ¿Cuáles son o pueden ser, la consecuencia de legislación discriminatoria contra el capital extranjero? La primera y la más grave es que generalmente aleja todo tipo de inversión. Tanto la más conveniente, la que más necesitamos y desearíamos atraer, como la menos conveniente, o hasta la inconveniente, la que preferiríamos que no viniera. Se crea a veces con ella una imagen contraria a la realidad que da la impresión de que hay un ambiente hostil al capital extranjero cuando creo que en la Venezuela de hoy la verdad es totalmente contraria.
> Hay un ambiente para capital extranjero, que se deben ir a actuar en Venezuela como factor integral a nuestro proceso de producción y como parte positiva de nuestro proceso de desarrollo económico[311].

Más adelante, manifiesta lo siguiente:

> El Estado venezolano dispone de suficientes mecanismos dentro del ordenamiento legal vigente para mediante una política coherente, de otorgación, creación o negación de estímulo, poder orientar al capital hacia aquellas zonas donde sea más conveniente para el país. El Estado tiene y ejerce amplias facultades de orientación de nuestro proceso económico. El Estado puede otorgar una serie de estímulos que orientan la inversión. Puede establecer medidas de protección de mercado, puede establecer exoneraciones de impuesto, puede dar facilidades crediticias, muchas entidades requieren de permisos o concesiones especiales, puede inclusive crear nuevos estímulos y así dirigir la inversión extranjera hacia donde se crea más conveniente para el país[312].

311 Pedro J. Tinoco, Hijo, «Las inversiones extranjeras en Venezuela» en *Boletín de la Cámara de Comercio de Caracas*, Año 72, Número 617, abril de 1965, p.17.945.

312 Ídem.

Es común preguntar, respuesta que dimos en capítulos anteriores, sobre el rol de Tinoco en el proceso del diseño y ejecución del programa de reajuste y, más concretamente, en los que a la materia tributaria se refiere. Vale decir si en la definición del Plan Maestro de Reforma Tributaria él tuvo inherencia.

Es oportuno recordar que el diseño y elaboración de las propuestas del sistema tributario que propugnaban por la equidad, la simplicidad, la neutralidad, y la profesionalización de la administración tributaria, bajo la égida de la asistencia técnica del Banco Interamericano de Desarrollo, fue el producto de un equipo de reforma tributaria que venía siendo coordinada por el ministro de Hacienda entre 1989 y 1993.

Sin embargo, a través de las conversiones mantenidas para la elaboración de este estudio con distintos actores (Miguel Rodríguez, Pedro Rosas Bravo, Carlos Hernández Delfino, Carlos Blanco, Gustavo García Osìo, Carlos Stark y Nelson Ortiz, entre otros) –que acompañaron Tinoco en el proceso de negociación de la deuda y definición del reajuste económico en virtud de los lineamientos contenidos en la «Carta de intención» con el FMI– se evidencia su proactividad, el hecho de que su actuación fue determinante y decisiva en la orientación, asesoría legal, en la búsqueda de apoyo y en la construcción de bases consensuales en función del programa de ajustes.

Tinoco, en su discurso de incorporación, propugna por un nuevo derecho tributario, un ordenamiento que "sea compatible con una economía competitiva y que favorezcan su normal desenvolvimiento"[313]. Pone de relieve un punto que fue objeto de análisis y discusión en las XXI Jornadas Latinoamericanas de Derecho Tributario –celebradas en Barcelona-Génova– en cuanto a que el régimen fiscal, además de su finalidad fiscalista de proveer recursos para financiar la acción del Estado, comporta una nueva dimensión que exige coordinación y coherencia con una política económica de apertura, eficiencia y competitividad.

En esa edición del máximo evento académico de la tributación latinoamericana se consideró:

> Que sea cual fuese la opinión que se tenga sobre la bondad y eficiencia de los beneficios fiscales como instrumentos al servicio del

313 Pedro Tinoco hijo, *"Discurso de incorporación..."*, op.cit, p. 282.

> desarrollo económico, ello en nada puede disminuir los esfuerzos dirigidos a mejorar la estructuración interna de los distintos sistemas tributarios, así como la armonía y no discriminación del trato exigibles en los ámbitos supranacionales[314].

El discurso que propugna por un nuevo ordenamiento tributario se centra en su reiterada preocupación en el desarrollo económico, atracción de la inversión extranjera, modernización, eficacia administrativa y racionalidad en la estructuración del sistema tributario para esos fines, basa la propuesta de la novedad de un giro epistemológico del Derecho, reflejo de una nueva economía, en la defensa del programa de ajustes macroeconómicos que se venía ejecutando desde febrero de 1989.

Varios ámbitos, pluralidad de políticas tributarias en función con los aspectos necesarios para la corrección de los desequilibrios de la balanza de pagos, la merma angustiante de las reservas internacionales y el creciente déficit fiscal, que reflejaban una aguda dependencia de las fluctuaciones del precio del petróleo. En lo que se refería a la reforma tributaria se buscaba la definición de una estructura impositiva ágil, moderna, neutral, insertada en las exigencias del comercio internacional, proclive a la estabilidad, a la asignación de recursos y un equilibrio presupuestario mediante la introducción del IVA en el sistema tributario. El gobierno definió la agenda legislativa inicial con la presentación de un proyecto de la reforma parcial del Código Orgánico Tributario y la reforma parcial de la Ley de Impuesto sobre la Renta, los cuales aborda el recipiendario en sus reflexiones de incorporación.

Los temas, además de la reforma tributaria, implica el redimensionamiento del Estado, la liberalización de la economía, reactivación del aparato productivo, recuperación de la demanda interna en términos de consumo de bienes intermedio o finales y la inversión que se tradujera en mayor crecimiento económico, reducción del desempleo y generación de bienestar.

En su primera exposición como académico, Tinoco detalla una orientación de la reforma tributaria que no dista de los planteamientos contenidos en la presentación de sus memorias y cuentas presentadas

---

314 Instituto Latinoamericano de Derecho Tributario, *"Estatutos... "*, op.cit, p 164.

al Congreso de la República para los ejercicios fiscales 1969, 1970 y 1971 en las cuales se denota un funcionario de alto nivel, afanado por ampliar la base de imposición o de contribuyente, de incluir impuestos al consumo para complementar el sistema impositivo y mantener de esta manera la equidad sin sacrificar la eficiencia recaudatoria a través de la combinación entre un Impuesto sobre la Renta global –adaptado a las nuevas exigencias de la globalización– y un impuesto indirecto tipo valor agregado destinado a gravar el consumo y generar incrementos en la recaudación con el fin de avalar la diversificación y fortalecimiento de las fuentes de financiamiento. Valeexpresar, fortalecer los ingresos de fuente tributaria no petrolera.

El recipiendario –en lo que corresponde a la Ley de Impuesto sobre la Renta para la época reciente aprobada, que constituía una expresión del nuevo derecho en materia fiscal– manifiesta lo siguiente:

> La rebaja de la tasa máxima empresarial del 50% al 30% tiene el claro propósito de hacer competitiva nuestra tasa de tributación en comparación con las prevalecientes internacionalmente, para que nuestra economía pueda competir en paridad de condiciones con los mercados externos. La concepción tributaria se amolda hacia los lineamientos generales de los logros económicos que persigue el país.

En lo atinente al régimen impositivo a la minería y la explotación de los hidrocarburos expresa:

> Por razonamiento similar se trasladó el régimen de gravamen a la minería del capítulo de los gravámenes aplicable a los beneficios provenientes de la explotación de los hidrocarburos al capítulo general de los gravámenes aplicables a los beneficios empresariales. En términos de tarifa, esto significa pasar a los beneficios provenientes de la minería de una tarifa del 67.5% (la petrolera) a una tarifa máxima del 30% (la general).

No abandona Tinoco los principios ordenadores del sistema tributario –a los cuales les otorgó un lugar particular, tal como se evidencia en sus “Comentarios al Impuesto sobre la Renta de Venezuela”, aporte esencial al conocimiento y divulgación del Derecho tributario– al referirse a las distorsiones que representa la inflación sin corrección alguna en el sistema impositivo, manifestando lo siguiente:

> Otro de los aspectos de mayor interés es la reciente reforma de la Ley de Impuesto sobre la Renta es la introducción de un sistema integral de ajuste por inflación, que tiene por objeto neutralizar los efectos de la inflación en su interacción con la estructura legal del impuesto. De esta forma se asegura que el gravamen incida sobre la verdadera capacidad económica del contribuyente medida en términos reales, evitando que los valores nominales que expresan las partidas de la contabilidad histórica lleven el inconveniente resultado de desviar el gravamen sobre la renta a incidir sobre capital, como otrora sucedía, impidiendo el mantenimiento del capital y la formación de recursos productivos adecuados para asegurar su rotación.

En relación con la controversial propuesta de incorporación a la estructura impositiva del IVA, Tinoco expresa que:

> es un fundamental de la reforma fiscal, que tiene por objeto la generalidad de las transacciones que se realizan en la estructura económica. En su criterio, es un elemento fundamental para darle mayor estabilidad y mayor diversificación a los ingresos del Estado. Así contribuiría de manera efectiva a ir reduciendo la excesiva dependencia actual del fisco sobre la actividad petrolera como la fuente primaria y dominante. En el momento actual el 75% de ingresos fiscales ordinario provienen del petróleo.

En su visión general del sistema impositivo hace referencia a la necesidad de la aprobación de este impuesto y la extensión de la base de imposición, habida cuenta que con la reforma del impuesto sobre la renta y la definición de un esquema de exención de base incrementada para las personas naturales resultaba necesario establecer un incremento de la recaudación no petrolera, sin estar sujeta a sus fluctuaciones, para garantizar de esta manera la estabilidad y equilibrio presupuestario. El conocimiento de Tinoco acerca de los temas de finanzas públicas, los elementos de teoría económica, hacienda pública en general y, específicamente, la esencia económica de los tributos, acusada en este ensayo, se proyecta en la necesidad de establecer un «Nuevo derecho de la Hacienda pública» que estableciera, por ejemplo, importantes modificaciones en "la Ley Orgánica de Régimen Presupuestario, proyectando crear con rango legal una cuenta especial en la contabilidad del tesoro que se denominará "Tesorería Nacional: Fondo de Estabilización Macroeconómica-FEM"[315].

En esta propuesta se debe iniciar la necesidad de articular políticas anticíclicas que permitan la anticipación y el alejamiento de mayores riesgos por la dependencia del mercado petrolero y la circunstancia de control en cuanto a que no tenía ninguna injerencia el Estado venezolano sobre el precio del *commodity*, lo cual afectaría las finanzas públicas.

No escapa de la visión propositiva de un nuevo derecho en función de una nueva economía, pues en su discurso hace referencia al proceso de descentralización que se venía efectuando con respecto a la puesta en vigencia de la Ley Orgánica de descentralización, delimitación y transferencia de competencias del Poder Público, lo cual permitió la definición de un nuevo marco referencial de distribución del Poder Público no solo en cuanto a la posibilidad de creación y fortalecimiento de la hacienda pública estadal, un marco de relaciones fiscales intergubernamentales, sino también de la generación de un nuevo esquema o estructura de poder donde la fuente principal de liderazgo político se encontraba en la provincia venezolana.

De igual modo, Tinoco destaca la necesidad de ir focalizando el ordenamiento, ese nuevo derecho con formas y contenidos remozados. En cuanto a las leyes establece que son:

> formuladoras de los principios generales que orientan y ponen límites a la acción. Dentro de ese marco normativo se deja un espacio flexible dentro del cual el Poder Ejecutivo, ejerciendo su facultad reglamentaria, puede ir adaptando la aplicación de la ley en función del progreso y los requerimientos de la sociedad. A su vez, los agentes económicos tienen la posibilidad todas con razonable libertad. Esto es indispensable en un mundo de acelerado progreso científico y tecnológico[316].

---

[315] Pedro Tinoco hijo, *"Discurso de incorporación... "*, op.cit, p. 285.

[316] Ibíd., p. 288.

Tal afirmación debe llevar, sin duda alguna, por el conocimiento profundo del derecho y la vigencia del Estado, asentado en el principio de legalidad y en el hecho de que la potestad reglamentaria debe solamente a ser ejercida en aquellos aspectos que, en definitiva, le está dada a la emisión de actos administrativos de efectos generales con contenido normativo.

No escapa a la visión de Tinoco la necesidad de un Código de Comercio que permita establecer orientaciones generales en todo aquello que haga referencia, fundamentalmente, a la regulación de nuevos contratos que darían pie a la posibilidad de mancomunidades o formas de compras, cooperación entre los agentes económicos o aquellos propios de la actividad financiera global.

Finalmente, Tinoco –como abogado integral y con una visión holística– no deja a un lado la necesidad de la tutela judicial efectiva, garantía de seguridad jurídica y un elemento fundamental en la definición y viabilidad del proceso de atracción de inversiones extranjeras.

El recipiendario, en su discurso, propugna por un *nuevo Derecho procesal* que cristalice en el Derecho y en la acción de amparo constitucionales, que garantice seguridad del sistema de libertades y derechos junto a la observancia de todos los corolarios y pilares del Estado Derecho. Ello supone no solamente poder acceder a la tutela, sino que "en forma breve, sumaria y eficaz se restablezcan las situaciones subjetivas infringidas vinculadas, al goce del ejercicio de derechos y garantías constitucionales"[317].

Este discurso reclama al país desde y por intermedio de la Academia, la fluidez y adaptación a la *Nueva economía* a través de un nuevo Derecho.

Son aportes que no solamente tuvieron eco en la docta Corporación que superó las fronteras del salón de sesiones y que se tradujo en la conciencia de la necesidad de una remoción de obstáculos institucionales, que impidieron que Venezuela se enrumbara por el camino de la modernización y el desarrollo económico.

Elevado a la máxima tribuna del pensamiento de las ciencias jurídicas, políticas y sociales –aunque lamentablemente por muy poco

---

317 Ibíd., 289.

tiempo, pues moriría 23 meses después–, Tinoco puso de relieve, además de la importancia de su propuesta de configuración de un nuevo Derecho que regule, en libertad económica y extensión de la protección del derecho de propiedad, así como los requerimientos de la mutante economía, lo siguiente:

1. Su amplio conocimiento teórico, económico, del Derecho y del Estado.
2. Ser un hombre actualizado, estaba al lado de los cambios y no a la zaga. Era consciente de la importancia de la actualización del conocimiento, del seguimiento de los avances del mundo globalizado y de los retos que enfrenta el Estado.
3. Evidencia clara conciencia de que el sistema tributario debe propender a una recaudación efectiva para que el Estado cuente con los recursos necesarios para financiar equilibradamente el gasto público, venciendo la resistencia al cambio cuando exige transferencias dinerarias sin retribución y, en consecuencia, pueda ejercer su derecho sin los óbices y distorsiones que genera la evasión, amén de la atracción de inversiones.
4. En cierta forma, Tinoco –en su preocupación por la configuración de un nuevo derecho– se adelantó en la agenda de los retos de la fiscalidad actual en tiempos de globalización y en un período de exposición de erosión institucional, incremento de las necesidades y, por consiguiente, de enfrentamiento de las externalidades en tiempos de pandemia. Nos referiremos más específicamente a ese adelanto de lustros frente a la crisis que experimenta el Estado, a las exigencias de reforzamiento del ejercicio de su poder tributario para cubrir los desequilibrios productos de las políticas erráticas o la omisión en la adopción oportuna de ellas, que conducen al incremento irracional de las alícuotas impositivas para suplir las deficiencias recaudatorias, sacrificando la vigencia de los principios constitucionales, adicionándose las exigencias propias de la globalización, el peso del rezago de la administración tributaria y el anquilosamiento del ordenamiento.

La reforma administrativa en el pensamiento y acción de Tinoco. El buen gobierno y la buena administración

De acuerdo con Javier Pérez Royo (1944), catedrático de la Universidad de Sevilla, el Estado:

> está presente en la vida de la sociedad globalmente considerada y en la de cada uno de los ciudadanos en particular como no lo ha estado ningún poder político antes en toda la historia de la convivencia humana. Y su peso en la sociedad contemporánea no ha hecho más que crecer, siguiendo la famosa «ley de la extensión creciente de la entidad pública o del Estado en todos los pueblos que progresen», que formulara Adolf Wagner a principios de este siglo. Es un dato de la realidad que el Derecho Constitucional no puede desconocer, pero que, en cuanto tal, no forma parte de su objeto de estudio[318].

Esta apreciación en torno a la definición del Estado como objeto de estudio del Derecho Constitucional resulta importante para determinar si, cuando se habla sobre la reforma del Estado, se incluye la reforma de la Administración Pública, debiendo tener presente la siguiente afirmación del referido jurista español:

> Dicho en pocas palabras: no es el estudio del Estado de una perspectiva histórica, teórica, politológica o sociológica lo que interesa en un Curso de Derecho Constitucional, sino que lo que interesa es el Estado desde una perspectiva jurídica y además desde una perspectiva jurídica limitada, en cuanto proceso de manifestación de voluntad del Estado y sus repercusiones en los derechos de los ciudadanos. Es la manifestación suprema del poder político del Estado y no el ejercicio cotidiano de su actividad de la prestación de

[318] Fernando Pérez Royo, *Curso de Derecho Constitucional*, Marcial Pons: Madrid, 2012, p.50.

servicios a la sociedad lo que nos interesa. El servicio público y la Administración que lo presta son objeto de estudio del Derecho Administrativo, no del Derecho Constitucional. A este sólo le compete estudiar cuál es la proyección jurídica de los elementos constitutivos de la definición del Estado en cuanto forma política. Ellos, pero únicamente ellos, son los que determinan el contenido del Derecho Constitucional. De ahí que sin su conocimiento no se puede saber qué es lo que ocurre en este último[319].

Así las cosas, cuando se hace referencia a los aportes de Tinoco en relación con la reforma administrativa, debemos circunscribir ese aporte al Derecho Administrativo que tiene por objeto la funcionalidad del Estado en relación con la prestación de los servicios, la racionalización del gasto y la estructura efectiva de su control para el mejor logro de los fines y cometidos que el Estado tiene, ya no como expresión de poder sino como estructura organizativa incluida en el concepto de Administración Pública en beneficio del colectivo.

Conviene traer a colación lo expresado por el profesor emérito de la Universidad Central de Venezuela y miembro de número de la Academia de Ciencias Políticas y Sociales, Allan Brewer-Carías (1939), en cuanto a que:

> normalmente se habla de la Administración Pública, esta expresión puede entenderse en dos sentidos: como una actividad que realiza el Estado (sentido material) o como un conjunto de órganos (sentido orgánico). Por tanto, no siempre la Administración Pública sugiere la presencia de un conjunto de órganos administrativos. Muchas veces, cuando se habla de Administración Pública, no se apunta a un conjunto de órganos determinados, sino a una actividad del Estado. Cuando se dice que la Administración Pública funciona mal, no se piensa que un órgano concreto de la Administración Pública actúa deficientemente, sino, en realidad, en que el conjunto de actividades del Estado es deficiente.
>
> Por tanto, la noción de Administración Pública puede ser entendida desde el punto de vista material o desde el punto vista orgánico, por supuesto, si el objeto de estudio es la organización Administrativa,

---

319 Ídem.

interesa más esta segunda división de la Administración Pública: la Administración Pública como conjunto de órganos para el cumplimiento de determinados fines[320].

La administración del Estado no solamente se refiere a los órganos administrativos del Poder Nacional, sino también se extiende a la inclusión de los órganos de administración nacionales que tienen autonomía funcional y a la Administración nacional descentralizada funcionalmente.

Por tanto, los aportes específicos de Tinoco al Derecho Administrativo y a la Ciencia de la Administración se pueden percibir en el transcurso de su actuación en la Comisión de Reforma Integral de la Administración Pública Criap (1974-1977), el objeto de este órgano asesor y prepositivo es la Administración Pública Nacional Central y la Administración Pública Nacional Descentralizada y no el Estado en su conjunto.

La reforma del Estado, dentro de la Administración Pública, es un tema tan apasionante y necesario como controversial, pues supone grandes esfuerzos para el diagnóstico, creatividad y experticia para la formulación de las propuestas y, muy especialmente, el tino conductual para venderla, logrando consensos y apoyos dentro de los diversos actores que desempeñan sus roles de índoles diversas y con intereses contrapuestos.

Esta concepción conlleva a que exista una demanda por parte de los operadores –económicos, jurídicos y políticos–como son los partidos políticos, la Administración pública, los organismos multilaterales y los ciudadanos, así como la verificación de ofertas técnicas –propuestas de reformas generales, puntuales o sectoriales– que hacen el gobierno o exigen los organismos multilaterales –en aquellos casos de auxilio– asistencia o préstamos que conducen a reajustes institucionales y macroeconómicos.

Esa concepción de la reforma como política pública permite llamar la atención de la importancia de su discusión, de su tramitación

320 Allan R. Brewer Carías, *Titulaciones del Estado Democrático Derecho. Constitución 1961.* Colección Tratado Derecho Constitucional, Tomo IV, Fundación de Derecho Público, Editorial Jurídica Venezolana, Caracas, 2015, pp. 1033-4.

y debate en el seno del Poder Legislativo, sometiéndola al contenido de la democracia representativa y participativa y, particularmente, a la legitimación de origen.

1. TINOCO COMO INSPIRADOR DE UN ESLABÓN DE LA CADENA DEMOCRÁTICA DE LA REFORMA DE LA ADMINISTRACIÓN PÚBLICA

El expresidente de la Comisión de Administración Pública de la Presidencia de la Republica, Allan Brewer Carías[321], manifestó en el informe presentado a consideración del entonces presidente de la República Rafael Caldera:

> Los esfuerzos para el mejoramiento de la Administración Pública pueden decirse que son tan antiguos como su misma existencia. Por ello, en Venezuela, a lo largo de toda la historia de su administración, múltiples intentos se han realizado para mejorarla y adaptarla a las exigencias cambiantes de todas las épocas. Dichos esfuerzos, sin embargo, generalmente consistieron en medidas aisladas, producto de acciones individuales, y nunca respondieron a un plan ni consistieron en una labor sistemática y evolutiva[322].

En mayo de 1958, Herbert Emmerich –consultor en Administración pública de la Organización de las Naciones Unidas– presentó un "Informe sobre un estudio preliminar acerca de la posibilidad de mejoras en la Administración Pública en Venezuela" en el que plasmaba el deseo del gobierno de Venezuela de acelerar el desarrollo económico y social del país:

---

321 El académico, a quien sin ninguna duda, es el gran impulsor de los estudios de Derecho Público en Venezuela, expresó:
Es por ello, que las iniciativas de reforma administrativa requieren declaraciones públicas de actores políticos y sociales, planificación previa, presupuesto, consenso nacional y decisión del primer mandatario nacional. Condiciones que en su mayoría, a criterio de Brewer-Carias, se encontraban presente en la década de los setenta para impulsar dicho proceso, pero que por falta de decisión del Presidente de la República no se pudo concretar323. (Alfredo Peña, *"Entrevistas... "*, op.cit, p.272).

322 República de Venezuela, Comisión de Administración Pública, Informe sobre la Reforma de la Administración Pública Nacional, Tomo I, Caracas, 1972, p.3.

> Los muchos programas de mejoras económicas y sociales que habrán de iniciarse, sólo podrán realizarse si se hace un esfuerzo realmente efectivo y sostenido para mejorar la capacidad de la Administración Pública de Venezuela a fin de permitirle cumplir, con eficacia, las responsabilidades que le competen, satisfaciendo así la expectativa general que ha nacido al anunciarse las reformas. De hecho, parece poco necesario extender en consideraciones que apoyen lo antedicho. Hay un consenso general en las esferas directivas para reconocer las limitaciones que hoy en día tiene la Administración Pública del país. Se acepta por todos, dentro y fuera del gobierno, que la eficiencia del sector público no va a la par de los progresos hechos en la administración y la tecnología del sector privado[323].

Con ocasión a la recomendación del informe de asistencia técnica de Emmerich, a la brevedad, la Junta de Gobierno de la República de Venezuela procedió a la creación con naturaleza del órgano asesor del Poder Ejecutivo, a la Comisión de Administración Pública (Cap) "para estudiar la organización de los métodos y procedimientos de nuestra Administración Pública, y las condiciones del funcionario público, con miras a proponer la reforma de la Administración pública del país", se indica como causa y motivación del Decreto 287 de 27 de junio de 1958[324] que:

> La labor de la Administración Pública no puede ser desarrollada sin que la moralidad sea la norma esencial de su funcionamiento y sin que los órganos de dicha Administración sean técnicamente capaces de permitir el cumplimiento de sus fines; "(...) es de urgencia revisar la organización de la Administración Pública y los métodos y sistemas que en ella se usan, con miras a mejorarlos, para hacer posible que las labores del gobierno sean más efectivas"; debiéndose "crear en el país las condiciones indispensables para que el elemento esencial de la Administración Pública, como es el funcionario público, pueda prestar con toda eficiencia sus servicios al Estado y al público"[325].

---

323 Ídem.

324 Gaceta Oficial de la República de Venezuela Nº 25.694 de 27 de junio de 1958.

325 República de Venezuela, Comisión de Administración Pública, *"Informe..."*, op.cit, p. 4.

Las elecciones que se iban a celebrar en el año de 1958 brindaron la posibilidad para realizar la construcción de bases consensuales, que permitieron dar soporte a la instauración de la República liberal democrática, expresando el expresidente Rafael Caldera:

> No queríamos, expresa el ex presidente Rafael Caldera, que se demorasen, porque el país reclamaba que se le diera un rumbo claro. Y el 31 de octubre de 1958 fue formalizado por los tres partidos, Acción Democrática, Unión Republicana Democrática y Copei, en el Pacto de Puntofijo[326].

El propio expresidente, académico y fundador de la democracia cristiana en el país –con reconocimiento continental de haber sido uno de los soportes fundamentales de la democracia– asevera también lo siguiente:

> El Pacto de Puntofijo fue acordado para un periodo de gobierno, es decir, para el quinquenio 1959-1964. Fue complementado al cierre del proceso electoral, con una declaración de principios y un programa mínimo de gobierno, suscrito por los candidatos presidenciales de los tres partidos y el Partido Comunista, a saber, Rómulo Betancourt (AD), Wolfgang Larrazábal (URD y PCV) y Rafael Caldera (Copei).
> Esa declaración de principios y ese programa mínimo son un elemento invalorable para entenderlo en su plena significación y alcance.
> Puedo asegurar, en conciencia, la rectitud de intención que nos llevó a la celebración de este acuerdo. Su mérito principal estuvo en haberse cumplido; porque cien años atrás, en 1857, se había hecho un pacto parecido por los actores de la Revolución de Marzo que derrocó al General José Tadeo Monagas, pero la diferencia estuvo en que aquél no se cumplió lealmente y al poco tiempo las desavenencias y desencuentros produjeron la crisis que abrió el espacio histórico para la Guerra Federal. El de 1958 si se cumplió en lo fundamental[327].

---

326 Rafael Caldera, "*de Carabobo a...*", op.cit, p. 121.

327 Ibíd., pp.127-8.

En el programa mínimo de gobierno se establece un acápite titulado "acción política y administración pública" en el cual se expresa:

> Elaboración de una constitución democrática que reafirma los principios del régimen representativo e incluya una carta derechos económicos y sociales de los ciudadanos. Defensa del orden constitucional y enérgicas medidas contra las actividades antidemocráticas. Reforma de leyes, reglamentos y ordenanzas para radicar disposiciones contrarias al ejercicio efectivo de las libertades públicas. Autonomía y fortalecimiento de los poderes legislativo y judicial y del Poder Municipal.
> Regularización de las relaciones entre la iglesia y el Estado.
> Reforma administrativa con el objeto de hacer más eficaz y menos oneroso el funcionamiento de los servicios públicos. Garantías para la estabilidad del empleado público. Continuidad de la obra administrativa. Lucha implacable, apoyada en una severa legislación, contra el peculado, el tráfico de influencias y todo género de enriquecimiento ilícito[328].

No obstante, lo expresado por el expresidente Caldera, los asedios y tensiones que se experimentaron en los primeros años del restablecimiento del sistema de libertades públicas estuvo sometido a los movimientos sediciosos de extremistas de derecha e izquierda que pretendían una forma alternativa no democrática de gobierno ante las aspiraciones de las mayorías de los venezolanos.

Las expectativas generadas a raíz del derrocamiento de la dictadura, la diatriba política y el esfuerzo centrado en la defensa de la institucionalidad fueron desgastando rápidamente la estructura institucional que debió sustituir, paulatinamente, el esquema de Administración Pública que no respondía a las tendencias propias de responsabilidad, rendición de cuentas y transparencia, entre otros principios que derivan de la Constitución de 1961.

El presidente Rómulo Betancourt otorgó importancia a la reforma administrativa, pues en su alocución al Congreso de la República el 29 de abril de 1960 señaló:

---

328 Ibíd., p.153.

> Mayor rendimiento en el trabajo ha de ser la consigna para todos. La Administración Pública, por su parte, requerirá de profundas reformas con arreglo al programa que ya se ha iniciado, pero activándolo en toda la medida de lo posible.
> La reorganización administrativa no es solo necesaria en los despachos ministeriales sino en mayor grado en los institutos autónomos, la mayoría de los cuales operan sobre bases anti- económicas que hacen su funcionamiento extremadamente oneroso para la Nación. Estamos conscientes de que si bien en algunos se han iniciado ciertos esfuerzos para mejorarlos, la tarea que queda por delante es tan basta como urgente. Firme propósito del gobierno es el extender el programa de reforma a todos los institutos autónomos, el cual se ejecutará debidamente en el curso del próximo ejercicio fiscal. En algunos casos se tratará de examinar su propia razón de ser. Los que no queden eliminados, serán fundidos o integrados dentro de los organismos, y en todo caso agilizado sobre bases verdaderamente económicas. Debemos contar con organismos públicos más capaces para cometer eficazmente las importantes tareas que les corresponden dentro de la realización del Plan. Para que la reorganización pueda lograr su cometido, es preciso que el personal al servicio del Estado desempeñe sus funciones con la devoción y eficacia que muestran cierto grupo de empleados quienes constituyen desgraciadamente una minoría[329].

Más adelante, el presidente Betancourt –haciendo énfasis en la necesidad de la planificación en el país como estrategia para mejorar la estructura administrativa, la actividad financiera tanto en la vertiente del ingreso como en la realización de un gasto eficiente que redundara en beneficio de la colectividad, estableciéndose de esa manera la efectividad en la actividad prestataria de servicio por parte del Estado– manifestó lo siguiente:

> Pero el Estado no lo puede todo. La Administración Pública no puede ser la nodriza que ha de amamantar la mayor parte de la colectividad. Con el Plan se aspira vigorizar el sector privado para

[329] Rómulo Betancourt, *Dos años de gobierno democrático. 1959-1961*, Imprenta Nacional, Caracas, 1961, pp. 307-8.

> que vaya adquiriendo mayor independencia frente al Estado y éste pueda derivar de él progresivamente mayores recursos. De nuevo surge el concepto de la siembra del petróleo. Cabe también aquí el esfuerzo de reestructuración como resultado de sana autocrítica por parte de los hombres, empresas y de los trabajadores[330].

Avanzada la democracia, lográndose la alternancia, asume el gobierno el presidente Raúl Leoni (1905-1972), quien en su primer mensaje al Congreso de la República el 11 de marzo de 1965 expresó:

> la disposición de su gobierno de mejorar la estructura de la organización gubernamental y de obtener una mayor eficiencia del personal al servicio del Estado, modernizando los sistemas de administración de personal y brindando a los funcionarios una mayor preparación, capacitación y entrenamiento, muestra de ello es el funcionamiento desde 1961 de la Escuela de Administración Pública, que años más tarde será un apoyo invalorable para la propuesta de Reforma de la Administración Pública Nacional[331].

El 11 de marzo de 1970, el expresidente Rafael Caldera e Individuo de Número de la Academia de Ciencias Políticas y Sociales en su primer mensaje al Congreso Nacional expresó:

> La marcha hacia el desarrollo ha reclamado y reclama una transformación de las estructuras políticas. En la organización del Estado, también el cambio es una realidad; una realidad que como dije al principio, dinámica y continua. Es un hecho reconocido el que las estructuras de la Administración Pública no responden a las circunstancias del tiempo que vivimos. Mecanismos arcaicos restan eficiencia a la acción del Estado y de los entes públicos[332].

---

330 Ibíd., p.308.

331 Carlos Eduardo Herrera M., «Dos voluntades y una decisión política: La Reforma de la Administración Pública Nacional» en *Revista de Derecho Público* N° 149/150, (2017), Editorial Jurídica Venezolana, Caracas, 2017, p. 142.

332 Ministerio de Información y Turismo, Imprenta Nacional. Primer Mensaje Anual ante el Congreso de la República: R. Betancourt, R. Leoni, R. Caldera, C.A. Pérez, L. Herrera Campins. Caracas 1980, p. 181 citado por Carlos Eduardo Herrera, *op.cit.*, p. 139.

En su segundo Mensaje al Congreso de la República, casualmente en la misma fecha, aseveró que:

> Para lograr el cambio que el país reclama y para alcanzar con mejor rendimiento las metas de la Administración Pública es necesario llevar adelante la Reforma Administrativa. Sobre su importancia vienen pronunciándose desde tiempo atrás los más variados sectores de la vida política, económica y social de la Nación.

En la Memoria y Cuenta presentada para el ejercicio fiscal de 1969, el ministro de Hacienda Pedro Tinoco hace una referencia importante sobre la situación en la que se encontraba la Administración financiera del Estado y asume la conducción de lo que fue el proceso de reforma de la Administración Pública.

Luego de hacer una serie de observaciones a las características de la Administración financiera del Estado para aquel entonces, Tinoco expresa lo siguiente:

> El Gobierno Nacional consciente de la necesidad de eliminar en el menor plazo posible dichas deficiencias [se refiere a las mencionadas en la Administración financiera], se ha comprometido en llevar a cabo todo un plan de reforma administrativa. Debido a que al Ministerio de Hacienda se le ha designado corresponsable, junto a otros organismos, de la dirección y coordinación de dicho plan, he considerado conveniente incorporar a esta memoria algunos comentarios sobre este tema, señalando las principales realizaciones durante 1969 y la reforma para la Administración Pública, en general, y las del Despacho a mi cargo en particular[333].

El discurso de Tinoco en torno a lo que corresponde al rol de la administración –desde su influencia en la preparación, discusión elaboración y divulgación de la «Carta económica de Mérida»– fue consistente en torno a concebir a la Administración Pública como un instrumento para el desarrollo económico y social del país, el cual se va midiendo a través de los indicadores económicos y financieros que dan cuenta de la importancia que tiene el sector público en Venezuela.

---

[333] República de Venezuela, Ministerio de Hacienda, *"150 años del..."*, op.cit, p. 774.

El ministro Tinoco destaca que "la organización y procedimientos, así como los criterios de racionalidad de eficiencia que deben prevalecer en la función pública no responden a los requerimientos modernos de un país en vías de desarrollo"[334].

En este sentido, describe los lineamientos generales de la reforma administrativa, señalando –entre otros– los siguientes:

a) No se trata de iniciar una reforma administrativa con el solo propósito de mejorar y lograr mayor productividad de una Administración pública tradicional, que mantenga el statu quo, sino que se trata de una Reforma Administrativa para estructurar una Administración Pública para el desarrollo. Se pretende modificar los esquemas administrativos clásicos, para construir una Administración Pública con capacidad administrativa para el desarrollo.

b) La Reforma Administrativa debe ser llevada a cabo con la participación de todas las dependencias públicas bajo las directrices de un plan general y la coordinación de una oficina asesora de alto nivel gubernamental, que garantice la conjunción de esfuerzos y decisiones hacia los propósitos establecidos.

c) Debido a que el proceso de Reforma Administrativa tiene un objetivo claramente definido y ligado al desarrollo del país, es evidente la íntima conexión que debe existir entre la planificación económica y social y la planificación administrativa. Por ello se ha calificado a la Administración Pública y su Reforma como un factor estratégico del desarrollo, ya que, en definitiva, es aquella a quien corresponde realizar las fases de la planificación y convertir en realidad las previsiones del plan, al menos en la responsabilidad que le corresponde al sector público.

d) En virtud de ello, una de las primeras medidas adoptadas por el nuevo gobierno, fue la adscripción de la Comisión de Administración Pública a la Oficina Central de Coordinación y Planificación, mediante el Decreto Nº 28 del 9-4-1969. Pero la sola vinculación de la CAP al órgano superior de planificación no era suficiente para garantizar su decidida incorporación a la

---

[334] Ídem.

nueva orientación de objetivos de la Reforma Administrativa. Fue imprescindible reglamentar la Comisión de Administración Pública.

e) En este sentido, el gobierno dictó el Decreto Nº 103 de fecha 23-7-69 reglamentando los objetivos y posibilidades de la CAP, asignándole carácter de asesor a la misma y atribuyéndole facultad para proponer al Ejecutivo Nacional planes y medidas referentes a las materias de su competencia. Por otra parte, dicho Decreto determinó la forma de la integración del Directorio de la Comisión, el cual está compuesto por el Director General del ministerio de Hacienda, por el Director General de Cordiplan y por cinco miembros, de los cuales tres son designados por el Presidente la República-uno de ellos con carácter de Presidente, uno designado por el Ministerio de Hacienda y el otro por el Jefe de Cordiplan.

f) El plan de Reforma Administrativa supone que la responsabilidad en su aplicación debe ser compartida por la CAP con todos los organismos públicos, siendo esta precisamente la orientación del Decreto Nº 103 del 23-7-69 y del Decreto Nº 141 del 17-9-69 que institucionaliza los Consejos de Reforma Administrativa y las Oficinas Coordinadoras de la Reforma Administrativa[335].

En las sucesivas memorias y cuentas (1970 y 1971) del ministro Tinoco solo se encuentran menciones a las realizaciones en materia de reforma administrativa en el ministerio de Hacienda. Así, por ejemplo, en la memoria y cuenta de 1970 expresa:

> En la oportunidad de la presentación del proyecto de presupuesto correspondiente al ejercicio de 1970, el ministerio de Hacienda presentó al congreso nacional un nuevo esquema organizativo a fin de cumplir con mayor eficacia las funciones encomendadas. De las discusiones que sufrió dicho proyecto en las cámaras legislativas, este cuerpo recomendó diferir para el próximo ejercicio fiscal la reforma integral propuesta con el propósito de estudiarla y analizarla con suficiente antelación. Sin embargo, aceptó alguna de las

[335] Ibíd., pp.774-5.

modificaciones estructurales solicitadas por considerarla necesaria para el mejor funcionamiento del Ministerio[336].

El ministro Tinoco hace mención a la restructuración de las funciones del Director General del ministerio de Hacienda, la creación del cargo de subdirector general del ministerio para que cumpliera parcialmente las atribuciones señaladas en el proyecto de reforma diferido al Director General de Servicios; la asignación del Director General de Presupuesto de las funciones programadas por el Director General de Finanzas Públicas y al Subdirector General de Presupuesto las funciones establecidas para la proyectada Dirección Nacional de Presupuesto.

Mención especial debe hacerse a la creación de la Escuela Nacional de Hacienda Pública mediante la fusión de la Escuela de Aduanas y la División de Adiestramiento, lo cual –sin duda alguna y en nuestro criterio– constituyó un elemento esencial y fundamental para todo el proceso de formación del funcionariado especializado en renta interna y en aduanas, lo cual –décadas después– permitió tenerla como eje central en la formación de los nuevos funcionarios en la visión de la Administración tributaria que se trazó durante el período 1989 y 1993, permitiendo proseguir –en una muestra de encomiable continuidad administrativa– el proceso de formación del Servicio Nacional Integrado de Administración Tributaria y Aduanera (Seniat) –en agosto de 1994– durante el segundo gobierno del presidente Rafael Caldera.

Es importante tener presente que la Comisión de Finanzas de la Cámara de Diputados, al analizar el informe del Proyecto de Ley de Presupuesto para el ejercicio fiscal de 1971, reconoció los avances en materia financiera, específicamente en la gestión administrativa, además del elemento fundamental que fue la conversión tradicional de la elaboración y presentación de un presupuesto por programas, destacó el control efectuado a los institutos autónomos y las medidas aprobadas en relación con la inversión del situado constitucional, lo cual permitió un mayor seguimiento a todo lo relacionado con los programas que se iban dando dentro del esquema de ese mecanismo compensatorio y la coordinación con los presupuestos de los Estados, Territorios Federales

336 Ibíd., pp. 805-11

y municipales que tenían la obligación de enviar la información correspondiente al ministerio de Hacienda a través del ministerio de Relaciones Interiores. En materia de Tesorería se establecieron mecanismos importantes para determinar con eficiencia los cronogramas de pago, los mecanismos de compensación de deudas intergubernamentales y los procedimientos para su pago.

En igual sentido, vale la pena destacar lo mencionado en la Memoria y Cuenta del ejercicio fiscal de 1970 en cuanto a las mejoras en la Administración de rentas, en la cual se plantea la intensificación del control fiscal, la aplicación de medidas de apremio o de cobro, especialmente en materia de derechos pendientes, la racionalización administrativa tendente a la implantación de estructuras, métodos y sistemas modernos como adecuados a los mayores volúmenes de trabajo que se venían dando en función de la actividad económica y la creación de unidades centralizadas de fiscalización, cobros, servicios administrativos y planificación de inspección administrativa.

El Ejecutivo Nacional dictó el Decreto N.º 103 del 23 de julio de 1969[337] –contentivo del Reglamento de la CAP– en el que se precisaron determinados objetivos, entre los cuales se encontraba la atribución del órgano asesor de la Administración a los fines de la promoción y la realización de la reforma administrativa. Su carácter asesor le permitía evacuar consultas al Ejecutivo Nacional sobre aspectos vinculados con la Reforma Administrativa, así como colaborar con el Ejecutivo en la elaboración de proyectos de ley, decretos, reglamentos y resoluciones relacionados con la Reforma Administrativa. Igualmente, la Cap podía proponer al Ejecutivo la realización de estudios e investigaciones relacionadas con los objetivos de la reforma[338].

Tal como lo refiere Carlos Eduardo Herrera (1956):

> Una vez diseñado la estructura jurídica de la Cap el gobierno dictó el Decreto número 170 del 16 de octubre de 1969 mediante el cual se designó el Directorio de la Cap, quedando integrada por: Allan R. Brewer-Carías (...) y por Enrique Pérez Olivares, Alfredo

337 Gaceta Oficial de la República de Venezuela Nº 28.982 del 30 de julio de 1969.

338 Carlos Eduardo Herrera M., *"Dos voluntades y..."*, op.cit, p.148.

> Rodríguez Delfino, Luis Ugueto Arismendi (hasta el 15-10-1970), Carlos Emmanuelli Llamozas (desde el 02-11-1970), Antonio Ugueto y Sergio León Morales. El cuerpo directivo estuvo integrado por Brewer-Carías en su condición de presidente; Nelson Socorro como director nacional de Organización; Teodardo Angeli como Director Nacional de Sistemas; Manuel Rachadell en su condición de Director de la Escuela Nacional de Administración Pública; Ligia Valladares de Salcedo como Directora del Centro de Investigaciones Administrativas para el Desarrollo; Armida Quintana como Consultora Jurídica y Marcelo Castro como Director de Administración[339].

Es evidente que –a comienzos del gobierno del presidente Caldera– Tinoco ejerció un ascendente importante en la materia de la reforma administrativa. Tenía la formación, la experticia y visión necesaria para ello, condiciones que han sido reconocidas por varias de las personas citadas y entrevistadas en relación con su forma organizada y tesonera de ser, su desempeño profesional, funcionarial y de estadista, lo cual queda en evidencia en la Exposición de motivos de la Memoria y Cuenta del ejercicio fiscal de 1969.

No obstante, por decisión presidencial se nombra con carácter de presidente de la Comisión de Administración Pública al joven abogado Brewer-Carías.

Al analizar las circunstancias en la Memoria y Cuenta de 1969, el ministro Tinoco da una referencia detallada acerca de los lineamientos generales de la reforma de la Administración Pública y específicos sobre el ministerio de Hacienda, ello probablemente responda a la circunstancia de la creación de un órgano especial con un carácter más elevado que el que tenía con anterioridad la Comisión creada en el año de 1958, el empuje de un joven abogado con preparación y pasantía previa en el área de la Administración y, eventualmente, las alineaciones y reacomodos del equipo gubernamental.

En este sentido, el doctor Brewer Carias expresa:

> En general la recepción fue muy buena, pero fue una labor brutal de aprendizaje y de promoción de la idea de la reforma administrativa.

339 Ídem.

> Conservo los originales de las guías para esa conferencia, porque no estaba repitiendo la misma charla, sino que la rehacía según el auditorio. La resistencia al cambio es un principio general, por eso en una parte hablaba de la reforma y en otra de contrarreforma, pero sí hubo una reacción seria, por parte del ministro de Hacienda, Pedro Tinoco. Él vio que el proceso que este joven había generado con el apoyo de Caldera, Cordiplan y toda la Administración Pública representa una especie de competencia para un ministerio que se debía encargar de las finanzas. Y más o menos se resistió a que se creara una oficina de reforma en su ministerio, pero igual se creó porque la gente si estaba de acuerdo conmigo. Llegué incluso a plantear un plan preliminar y él dijo que no podía ser[340].

Por otra parte, Sergio Dahbar, –en su narrativa sobre las conversaciones que tuvo con el citado académico y expresidente de la Cap– señala:

> Brewer-Carías buscó el apoyo de dos hombres del entorno de Caldera que lo conocían, Enrique Pérez Olivares y Nectario Andrade La Barca, quienes convocaron una reunión del gabinete para tratar el conflicto planteado con Tinoco. El presidente Caldera no está en el país el día en que se pusieron esas cartas sobre la mesa. "Hice la exposición de mi plan, y Tinoco no dijo una palabra y seguí adelante porque tenía el apoyo del resto del gabinete"[341].

Tinoco –conocedor de la dinámica, ponderando las fuerzas que se ponen en juego y en franca contraposición, aunque no necesariamente contrarias al interés nacional, siendo proclive al diálogo y a la búsqueda de consensos– deja pasar la oportunidad de liderar la reforma Administrativa que tanto había propugnado como principio de una sana Administración[342]. Son mediciones puntuales de ascendencia, convocatoria,

[340] Sergio Dahbar, *Allan Brewer-Carías, Una vida,* Madrid, 2019, p.76-7.

[341] Ibíd., p.77.

[342] En la conferencia en la Bolsa de Comercio de Caracas en la que expone un "Programa económico para Venezuela", que hemos analizado con detenimiento al momento de estudiar su aporte reflejado en la Carta económica de Mérida, Tinoco apunta que una de las premisas para que exista desarrollo económico es que existan sanos principios de administración. Este concepto de los sanos principios de administración no debe limitarse a la honestidad y pulcritud en el manejo de los fondos públicos, sino que es un concepto un

convencimiento e influencia que constituyen savia para el debate creativo interno y escenario óptimo para que el presidente de la República ejerza prudentemente su liderazgo. Es el reto de gobernar en un sistema democrático, atender el mercado político interno y luego al externo institucional a los fines de convencer acerca de las bondades del producto, es decir, lograr la adhesión y el consenso en torno a una política pública.

Lo señalado no evidencia una circunstancia inédita. Es el reflejo de la dinámica propia del desempeño de altos funcionarios en el gobierno y de su deseo de trascender a través de propuestas que vienen realizando en torno a temas específicos, en este caso en relación con alcance y contenido sustantivo de la reforma administrativa y de la figura organizativa dispuesta para tales fines. Es la energía del ejercicio del poder, es la naturaleza de quienes tienen inquietudes o visiones distintas en las cuales pueden manejarse intereses no solo externos sino endógenos en las propias administraciones y organizaciones administrativas.

La gestión de Brewer-Carías al frente de la Cap dejó un enjundioso informe con importantes anexos contentivos de proyectos y asentaba, entre otras premisas, el hecho de que la reforma de la Administración pública nacional:

> no se agota con la sola reforma a las estructuras administrativas, sino que aquella incide igualmente sobre el funcionamiento de la administración, de manera de lograr racionalizar y perfeccionar los sistemas, procedimientos y métodos administrativos, adoptándolos a las nuevas técnicas; todo ello con el objeto de obtener un adecuado funcionamiento de los diversos organismos que permitía, con mayor eficacia, el logro de los cometidos sectoriales así como también un mayor rendimiento y productividad del gasto público[343].

En todo caso, eso no desmerita el rol fundamental que en esa etapa previa jugó Pedro Tinoco como reformador ni mucho menos borra la la-

---

poco más extenso. La buena administración implica también que la inversión de los fondos públicos debe realizarse buscando lograr la misma eficiencia que tienen las empresas o los hombres del sector privado, es decir, que se logre también proseguir el mayor rendimiento al menor costo. (Pedro R. Tinoco, hijo, "*Programa económico...*", op.cit, p. 16.191.

343 República de Venezuela, Comisión de Administración Pública, *"Informe..."*, op.cit, p. XXIII.

bor trascendente, reconocida y con proyección desempeñada por Allan Brewer Carias al frente de la Comisión de Administración Pública.

2. ANTECEDENTES Y MARCO GENERAL DE LA CRIAP. LAS PROPUESTAS DE REFORMA DE TINOCO, UN APORTE CONTROVERSIAL

Los tropiezos indicados implican, a juicio de López Álvarez, que las:

> críticas hacia el Estado Democrático de Derecho fundado con la Constitución de 1961, fuera objeto de revisión desde los ámbitos políticos, económicos, sociales, jurídicos, educativos, entre otros. El órgano por excelencia que monopolizó las demandas de reforma y que tuvo una amplia promoción política en la década de los 80 fue la Copre. No obstante, anteriormente hubo intentos de reforma desde del Estado como lo fue la Comisión de Administración Pública (Cap) y la Comisión de Reforma Integral de Administración Pública (Criap). Las características de estas últimas es que fueron limitadas en su radio de acción, mientras la Copre fue un intento reformista a todos los sectores constituyentes del Estado[344].

En efecto, la Copre representó un proyecto mucho más amplio y ambicioso que buscaba "lograr una nueva relación del Estado con los ciudadanos, era necesario vencer severas resistencias; se veía procurar una buena forma de democracia, ligada a prácticas y actores inéditos"[345].

De acuerdo con Carlos Blanco, la reforma del Estado se concibió:

> como un conjunto de transformaciones políticas, económicas, sociales, administrativas e institucionales con la finalidad de lograr un Estado y una sociedad más democrática y más eficiente. Fueron

[344] Richard Orlando López Álvarez, «La COPRE la reforma parcial de la Ley del Sufragio en Venezuela: Una historia desde los diarios de debates del Congreso Nacional» (Trabajo de grado Magister en Historia, UCAB, 2016), p.18.

[345] Carlos Blanco, *un programa para el cambio. Economía para ciudadanos. Revisión y perspectivas de la reforma del Estado: el caso venezolano*, Grijalbo, Caracas, 2010, p. 44

estos los principios activos que orientaron la reforma en Venezuela, pensada como un proceso de redistribución del poder en la sociedad. Redistribución, que debía ir de «arriba hacia abajo» y del «centro a la provincia», el poder centralizado radicado en la cúpula dirigente tradicional es una forma diferente de constituirlo y ejercerlo: encaminado hacia los ciudadanos ya sea la provincia venezolana, no sólo para restituir el funcionamiento de la democracia, sino también para consagrar un Estado más eficiente.

En su discurso de toma de posesión ante el Congreso de la República el 12 de marzo de 1974, Carlos Andrés Pérez efectuó la siguiente reflexión:

> Venezuela no podrá satisfacer las exigencias mínimas del desafío que tiene por delante sin una reforma del Estado y de la Administración. Puede decirse, sin exageración, que la estructura del Estado es unas veces incipiente y otras distorsionada o abiertamente anacrónica e inservible. Los niveles de eficiencia de la Administración Pública son francamente inaceptables. El Estado está a mucha distancia del ciudadano, el cual no puede acudir a los servicios públicos o a los funcionarios administrativos para obtener de ellos la respuesta o la satisfacción oportuna de sus demandas...
> La reforma orgánica del Estado es parte de una política de modernización con efectos sobre todo el sistema político, económico y social[346].

El desaparecido periodista Alfredo Peña (1944-2016) expresó en relación con el entusiasmo de Carlos Andrés Pérez en torno a la reforma de la Administración Pública lo siguiente:

> El presidente la República, sin duda alguna, es uno de los más fervientes partidarios de la reforma administrativa. Durante su campaña electoral presentó al electorado una plataforma en la cual daba prioridad a la modificación o cambio total de la administración

346 Carlos Andrés Pérez, El Universal, Caracas, 13 de marzo de 1974 citado por Allan Brewer Carías, en *Algunas ideas para la reforma del Estado contemporáneo en Venezuela en Sobre la democracia*, Editorial Ateneo de Caracas, Caracas, 1979, p.11.

pública. En muchas de sus intervenciones o mítines el para entonces candidato presidencial de Acción Democrática, reiteraba su profunda convicción de que con el instrumento administrativo vigente sería imposible el desarrollo[347].

En su programa de acción de gobierno, recordaba Peña, Pérez puntualizaba:

> La eficacia, autoridad y prestigio de las funciones públicas, exigen un replanteamiento de la organización y funcionamiento de la Administración central y los institutos autónomos. El deterioro de la actividad de gobierno es causa de grandes despilfarros, entrabamiento e injusticias irritantes y facilita la corrupción. En tal virtud se considera la reforma de la Administración pública como una acción articulada en la ejecución de los planes de desarrollo, que elimine la dispersión de esfuerzos y recursos, dinamice el servicio público, racionalice el proceso de decisiones y dignifique sus funciones[348].

En correspondencia con su promesa electoral y con lo manifestado en su alocución inaugural, el presidente de la República nombró una comisión denominada Comisión de Reforma Integral de la Administración Pública que estuvo presidida por Pedro Tinoco. El referido órgano asesor y con carácter *ad honorem* cumplió su cometido inicial, es decir, la elaboración del proyecto en el cual se recomendaba "establecer un sistema administrativo para aquellas empresas o institutos a los cuales se les puede aplicar criterios de rentabilidad"[349].

Señalaba Alfredo Peña que:

> Harto conocido que dicha propuesta no ha contado con el consenso necesario para ser aprobada e inclusive ha propiciado una activa polémica. Tenemos conocimiento que hace algún tiempo el Gabinete Ejecutivo tiene en sus manos el informe de la Comisión de Integral de la Administración Pública. Pero, aún no se sabe nada de cuál será el destino del comentado análisis. Las opiniones que hemos obte-

347 Alfredo Peña, *"Entrevista Democracia y..."*, op.cit, pp.289-290.
348 Ibíd., p. 290.
349 Ibíd., 281.

nido nos indican que cualquier decisión será tomada por el Primer Magistrado[350].

Pedro Tinoco Jiménez fue uno de los ideólogos más destacados del movimiento empresarial venezolano, pues se dedicó a criticar y elaborar propuestas para reformar la Administración Pública tanto cuando estaba en la actividad empresarial como cuando estuvo a cargo del ministerio de Hacienda, es –quizás– "el personaje más controvertido y polémico de los últimos tiempos. A él se le atribuye una serie de poderes e influencias en diversos aspectos de la economía y las finanzas nacionales"[351].

Carlos Blanco[352], expresidente de la Comisión para la Reforma del Estado (Copre) y exministro para la Reforma del Estado, ha destacado que Tinoco en su época de Presidente de la Comisión de Reforma Integral de la Administración Pública (Criap) planteó una propuesta de cambio a partir del primer gobierno de Pérez, cuyo centro esencial consistía en asociar al sector privado con negocios del Estado con la finalidad de que el Estado se convirtiera en el financista de proyectos hechos conjuntamente con el sector privado. Recuerda que la tesis de Tinoco era, desde la "Carta de Mérida", que el sector privado tenía que desarrollarse porque no podía ser que todo del proceso económico del país fuera del Estado.

Sin embargo, Blanco afirma que la propuesta de Tinoco fue realizada en el peor momento, porque con los grandes ingresos económicos del Estado no había incentivos suficientes para hacer que el Estado fuera promotor del sector privado. Destacando que Tinoco –en los primeros gobiernos de Rafael Caldera y Carlos Andrés Pérez– fungió como el ideólogo de una nueva visión empresarial según la cual el Estado no debía ser el dueño de las empresas sino el que asistiera en el desarrollo de estas. Concluye el exministro que la idea de Tinoco era audaz debido a que nadie discutía el concepto de las empresas estratégicas y la propuesta de Tinoco parecía una transgresión al sistema económico venezolano.

---

[350] Ibíd., p. 291.

[351] Alfredo Peña, *"Entrevistas Democracia y..."*, op.cit, p.233.

[352] Conversación sostenida con Carlos Blanco el 31 de agosto de 2021.

Lo expresado por Carlos Blanco coincide con la visión expuesta por Carlos Hernández Delfino[353], el cual considera que Tinoco tenía la visión de un Estado que propiciara la mayor suma de bienestar a sus ciudadanos, que pudiera evitar o controlar sus desequilibrios y básicamente que fuera un Estado eficiente. Elementos que le permiten afirmar a Hernández Delfino que Tinoco era un hombre preocupado por la realidad social del país, desde su pensamiento liberal siempre revestido de un espíritu conciliador.

El mismo Tinoco expuso que la base principal de sus propuestas para reformar la Administración Pública radica en que –sin desconocer el papel relevante de las personas en ella– lo verdaderamente necesario para tener una buena administración es reformar sus estructuras, sistemas y procesos. Por ello manifestó que la Administración no puede moverse solo por los principios de legalidad y honestidad, debido a que no solo debe juzgarse lo que se hace sino también el costo de lo que se hace, es decir, la Administración debe tener también en cuenta criterios de eficiencia y de productividad[354].

De tal forma, para lograr que la Administración Pública internalice la eficiencia y productividad, Tinoco propuso un cambio en la planificación tradicional que guiaba a la Administración, promoviendo realizar presupuestos por programas y no por objetos, lo cual haría que se evaluaran los resultados obtenidos y no solo permitiría verificar que lo asignado se haya destinado a su objeto, así se lograría tener un gasto público que fuera directamente proporcional a los resultados y metas logradas, esto permitirá realizar un control de gestión y de mérito mucho más eficiente que el existente hasta ese momento[355].

Así mismo, Tinoco tuvo una visión crítica en lo que respecta a la Administración nacional, destacando que el Presidente de la República como Jefe de Estado, Jefe de Gobierno y Jefe de las Fuerzas Armadas no puede cumplir cabalmente sus obligaciones de supervisión directa, lo cual hacía necesario que se constituyeran puntos de supervisión intermedia, haciendo una agrupación funcional que rinda cuentas al

---

353 Conversación sostenida con Carlos Hernández vía zoom, el 27 de agosto de 2021.

354 Pedro Tinoco, "*el Estado...*", op.cit, pp. 12-25.

355 Ídem.

presidente, por ejemplo, planteaba la creación de agrupaciones ministeriales que se dividieran en política interior, exterior, defensa nacional, económica, social y secretaría general de la presidencia[356].

Así, criticó la experiencia del Estado venezolano como suplidor directo del crédito, la cual –en su criterio– había sido deficiente y con resultados negativos en virtud de responder a principios políticos transitorios y porque había una falta de supervisión en el otorgamiento de dichos créditos. Por tanto, propuso que se creara una corporación financiera que tuviera departamentos especializados por materia y que pudiera ejercer un control acertado sobre los créditos otorgados[357].

En cuanto a la actividad empresarial del Estado, destacó que esta debía estar orientada por la eficiencia y por el cumplimiento del Plan de la Nación para que pudiera contribuir con el logro efectivo de los fines económicos y sociales del Estado[358]. Debido a ello resultaba pertinente la creación de un Consejo Nacional de Empresas para elevar el control de gestión de estas, mientras que los ministerios se encargarían de fijar las políticas y las metas a alcanzar[359].

Así como propuso, también, que se revisara la escala salarial de las empresas públicas, ya que este era un elemento importante para contar con gente capacitada en la Administración descentralizada funcionalmente[360].

La propuesta de creación del Consejo Nacional de Empresas Públicas generó enconada aversión en personeros de posición política diversa, entre ellos destacaba Héctor Atilio Pujol (1930-2015), economista y exparlamentario, quien consideraba que los ministerios con competencia en la materia son los únicos que pueden ejecutar la política del ejecutivo y porque dicho consejo sería un obstáculo para que el Congreso Nacional realizara sus labores de control[361].

Por su parte, el exministro de Hacienda Luis Enrique Oberto (1928-2022) estimaba que el Consejo propuesto por su predecesor podría

[356] Ibíd. pp. 39-40.

[357] Ibíd. pp. 65-68.

[358] Ibíd. p. 71

[359] Alfredo Peña, "*Entrevistas...* ", op.cit, p. 233.

[360] Pedro Tinoco, "*El Estado...* ", op.cit, p. 71 .

[361] Alfredo Peña, *"Entrevistas... "*, op.cit, p. 252.

derivar en una facultad paralela que, en lugar de facilitar la coordinación de esos organismos, provocaría complicaciones para lograr reformar la Administración, ya que consideraba que resultaba muy delicado colocar en pocas manos la decisión del poderío económico y productivo del país[362]. Este criterio, de quien sucedió a Tinoco en el ministerio de Hacienda, pone en evidencia las resistencias al cambio –no se hacen contrapropuestas sino oponen la representatividad, pero sin ver la gestión pública– bajo criterios de eficacia y eficiencia, costos de oportunidad y rendimiento. Se cuidan parcelas de poder alegando la concentración en pocas manos. Sin ánimo de querer hacer una revisión o crítica retrospectiva, la esencia de cualquier propuesta de reforma de la Administración pública en particular o de la estructura del Estado –sus relaciones con la sociedad civil y la institucionalidad política, su intervención en la economía– debe verse en el conjunto de los corolarios del Estado de Derecho. Es necesario, por ejemplo, tener en cuenta el control y colaboración entre los órganos del Poder Público y no tener una visión aislada y singular de una propuesta.

La descentralización –como una técnica de alteración de competencia administrativa– fue comprendida por Tinoco como un proceso destinado a atribuirle capacidad de decisión en la medida, el nivel y la oportunidad precisa a la Administración y con arreglo a pautas determinadas, aspecto que implica –según Tinoco– simplemente racionalizarla y no aniquilarla. Por ello consideró necesario tener una eficaz centralización normativa que asegurara la unidad de propósitos y coordinación en la acción[363].

También identificó la discrecionalidad de los administradores como un problema a ser solventado en una reforma administrativa, lo cual implicaba reducir su discrecionalidad y, debido a ello, consideró que lo necesario era que el ciudadano conociera la extensión de sus derechos y la Administración de la extensión de sus deberes[364].

Uno de sus mayores llamados de atención fue la necesaria promulgación de un Código de lo Contencioso Administrativo que permitiera

---

362 Ibíd. p. 278.

363 Pedro Tinoco, *"El Estado... "*, op.cit,, p. 78.

364 Ibíd. p. 85.

asegurar a los administrados su derecho a dirigirse a la Administración y a recibir oportuna respuesta de esta. Sin embargo, destacó que es igual de importante el contenido de las actuaciones, porque estas deben responder a un razonamiento lógico, motivo por el cual propuso que se realizaran instructivos que guiaren al funcionario en la interpretación y aplicación de las normas[365].

El último punto abordado por Tinoco en el Estado Eficaz fue la necesidad de mejorar el proceso de selección del personal de la Administración Pública con el propósito de que ese proceso no respondiera a criterios partidistas y sectarios, sino más bien a un tema de calificación técnica. En tal sentido propuso que cada cargo tuviera una descripción de los conocimientos y experiencias que se requerirían para ejercerlos[366].

Posteriormente, en el segundo gobierno de Carlos Andrés Pérez, la influencia determinante de Tinoco se vio impresa en las ideas contenidas en el plan de gobierno conocido como "El Gran Viraje", quien en discusiones internas entre los ministros –cuando comenzaban algunos de ellos a argumentar la necesidad del énfasis social– expresaba que "la mejor política social es una buena política económica", principio que Carlos Blanco considera insuficiente para los objetivos del gobierno debido a que era un pensamiento que no tenía en cuenta que lo verdaderamente necesario para impulsar las reformas económicas era una estrategia de poder, tal "como es contar con la fuerza suficiente para imponerla, ya que una reforma de este tipo implica alterar las relaciones de poder y para alterarlas se debe contar con fuerza para hacerlo"[367].

Al igual que Tinoco, hay otros actores que se han pronunciado sobre la reforma administrativa y uno de ellos es Brewer-Carias, quien considera que dicho proceso debe tener como primera prioridad el asunto de la industria petrolera[368], coincidiendo con Tinoco en que la reforma de las empresas del Estado deben procurar que estas tengan efectividad en la ejecución de la política definida por la Administración

365 Ibíd. p. 87-93.
366 Ibíd. p. 129-133.
367 Conversación sostenida con Carlos Blanco vía zoom, el 31 de agosto de 2021.
368 Alfredo Peña, *"Entrevistas... "*, op.cit, p. 223.

central y la reforma de la Administración Pública no debe hacerse para debilitarla sino para fortalecerla[369].

Por su parte, Enrique Tejera París consideró que una de las razones principales de la situación de la Administración Pública radicaba en la escasez de formación moral del personal y en la poca información correcta que se le suministraba al público. Así mismo, expuso que en la reforma de la Administración era imperativo evitar las copias de otros países y –al igual que él– Tinoco consideraba que debían evaluarse los procedimientos administrativos para evitar que estos fuesen largos e incentivaran el soborno, lo cual le permitió concluir que si se seguían con los mismos procedimientos la situación del Estado iba a empeorar[370].

Es de destacar que muchas veces la reforma administrativa se ve como un fin en sí misma, nada más lejos de su esencia y naturaleza, por cuanto debe tenérsele como un medio o política medial que está destinada para lograr el bienestar de los ciudadanos, tal como lo consideró el exministro Arnoldo José Gabaldón Berti (1938), quien detalló que las fases de la reforma deben ser reformar las estructuras organizacionales, el cuadro de los procedimientos administrativos y el mejoramiento del capital humano. Así mismo, el exministro de Obras Públicas, del Ambiente y de los Recursos Naturales Renovables y ex presidente de la Comisión Presidencial para la Reforma del Estado concluyó que el crecimiento del Estado requería una Administración para tiempos de guerra, lo cual implicaba tomar decisiones rápidas, tener sentido de la autoridad y de la disciplina, alta movilidad, niveles de exigencia superiores a las épocas normales, consciencia sobre la labor desempeñada y objetivos claros para lograr la victoria, el desarrollo y el bienestar nacional[371].

Por último, Luis Enrique Oberto hace una reflexión importante que consiste en que el proceso de reforma no depende de una sola decisión, sino que es un proceso permanente a una situación cambiante[372].

En tal sentido, a modo de conclusión, se puede señalar que –sin importar las diferencias existentes entre los diversos actores citados– to-

369 Ibíd. p. 224.

370 Ibíd. p. 226-227.

371 Ibíd. p. 261-263.

372 Ibíd. p. 277.

dos coincidían en la necesaria reforma de la Administración Pública, la cual debe implicar un cambio en las estructuras, en los procedimientos y en los elementos que forman a la Administración Pública, todo con la finalidad de garantizar un desarrollo sostenible del Estado venezolano.

Es importante destacar que el aporte de Tinoco al proceso de reforma administrativa –entendida como política pública con una continuidad que va desde 1958 a 1998, pero que en función de su tránsito vital lo incardinamos entre 1958 y 1993– no está en el hecho de que pudieron concretarse sus propuestas, en términos de realización normativa y organizativa, sino que inició un arduo debate –que debería ser constante en la democracia– para buscar bases de consenso y de coincidencia que permitieran la restructuración permanente del Estado, su adaptación a la coyuntura y a los cambios para que pudiese dar satisfacción plena a las demandas de los ciudadanos, evitando el desgaste de la institucionalidad y la pérdida de confianza y fe en el sistema democrático. Muchas de sus propuestas son necesarios corolarios de reformas administrativas, otras son rescatables para una nueva formulación de esa política pública.

En la actividad pública y en la forma en que se proponen se realizan críticas o se propugna por cambios en el sistema de gobierno, lo importante es evitar la improvisación, la intolerancia en el trato de los disidentes o disconformes con las propuestas formuladas o la inconsecuencia de planteamientos que se hayan hecho –con anterioridad– en otros ámbitos de actuación acerca de los aspectos objeto de lo que se propone.

Si una característica resulta constante en Pedro Tinoco –reconocida por muchos de sus colaboradores, así como también de sus detractores– era su capacidad de oír, entender, comunicarse con claridad y en forma directa, sin ambages y buscando ganar adeptos a sus propuestas y, sobre todo, en lograr bases comunes de coincidencia para el éxito de su realización.

Desde 1962, señalamiento cronológico de la irrupción formal e intensa de Tinoco en el mundo público desde la arena empresarial y dado el reconocimiento que se le tiene en cuanto a su autoría de la «Carta económica de Mérida», podemos aseverar que fue consecuente, mantuvo una misma línea conceptual y de pensamiento en torno a lo que debía ser el Estado y a la definición de las relaciones entre el sector privado y la estructura institucional, específicamente del proceso constituyente que derivó de la legislatura de 1959 y que reflejó «el espíritu del 23 de enero», suponiendo –un vez derrocada la dictadura– la armonía y concordancia entre los distintos sectores.

La esencia de lo afirmado la encontramos cuando analizamos su rol de armador y componedor de los consensos, de limar las asperezas controversiales que se dieron con anterioridad a la «Carta de Mérida» y dar un ejemplo de respaldo a una gestión comprometida y expuesta a grandes riesgos para garantizar la gobernabilidad.

Podemos hacer la aserción en cuanto a la esencia de la dinámica propia del ser humano y, específicamente, de aquellos que se encuentran en posiciones de incidir, determinar y condicionar el devenir de la sociedad en función de la realización de actividades en el seno de un gobierno, siendo esto lo que llevó a Tinoco a aceptar y, en consecuencia, a dar camino libre a las propuestas que venía realizando la Comisión de Administración Pública.

Pasaron escasamente dos años cuando, de manera formal y sin ningún tipo de desconocimiento al rol que venía desempeñando, asume la presidencia de la referida Comisión asesora y elabora –teniendo en cuenta el carácter de concepción de la intervención y el desmantelamiento de las estructuras dirigistas del Estado que ahogan el ejercicio de la iniciativa privada, afectando, en algunos casos, el diseño y la ejecución de las políticas públicas, la libertad y la propiedad– una propuesta fundamental, abierta y sin ningún tipo de ambages en torno a la apertura del sector privado con el objetivo de promover la posibilidad de desarrollar actividades económicas que, dentro de esa concepción intervencionista que hemos ido analizado a lo largo de las páginas, el Estado venía ocupando en todos los sectores ajenos a la esencia de las funciones de asignación y distribución que le son propias e indelegables.

Una propuesta se convierte en aporte cuando trasciende a la discusión de los distintos actores que existen y se mueven en los predios de la institucionalidad en un momento determinado, fundamental y esencialmente en temas cruciales como es la reforma de la Administración Pública y en momentos específicos signados con el adjetivo de crisis o crítico.

Una propuesta constituye un aporte indiscutible –susceptible de ser objeto de la historiografía y de la reconstrucción de un momento histórico, la narrativa para analizar el presente y proyectar la actuación en el futuro– cuando responde a características de armonización, coordinación, sistematización y, sobre todo, el haber sido objeto de amplia discusión pública.

El denominado «Plan Tinoco» tuvo una fuerte discusión en el seno de la sociedad venezolana, factores de los sectores empresariales, militares, políticos y sociales tuvieron que ver con la reforma. Posiciones a favor o en contra, ambas cabalgando en el sistema de elites aferradas a los partidos políticos o sistema comunicacional entre el Estado y la sociedad encerrada en el sistema de partidos políticos, que pronto colapsó y se volvió inservible para hacer frente a la acelerada transformación del país.

En torno a la reforma administrativa, aseguraba el periodista Alfredo Peña, "se habían pronunciado todos los sectores. La opinión unánime en el sentido de que es imprescindible adecuar el aparato burocrático del Estado a la exigencia del desarrollo nacional. (...) Pero, al parecer, el mismo fenómeno unitario producido alrededor de la necesaria Reforma, no se mantiene a la hora de preguntarse cómo hacerla y para qué ejecutarla. A pesar de la controversia suscitada en cuanto al punto concreto de cómo concebirla como se ha manifestado, sin embargo, tu criterio que cuenta con suficiente consenso: la reforma administrativa es un proceso de transformación de la Administración pública para adecuarla a los nuevos fines del Estado, como promotor del desarrollo económico y social"[373].

Así, por ejemplo, además de los actores empresariales, políticos y sociales, se manifestólas Fuerzas Armadas Nacionales, sector sobre el cual –desde entonces– recayó una ardua polémica en torno a su participación en asuntos institucionales del sector público[374], se pronunciaron por intermedio del general Carlos Celis Noguera, quien expresó que:

---

[373] Ibíd., p. 288.

[374] Basta recordar la polémica que en torno al papel de las Fuerzas Armadas Nacionales se desarrolló en el año de 1975 entre Luis Esteban Rey, José Vicente Rangel, Pompeyo Márquez y German Lairet, el primero dirigente de Acción Democrática, los otros vinculados a la izquierda, específicamente, al Movimiento al Socialismo.

> Las Fuerzas Armadas deben contribuir al desarrollo nacional por intermedio de planes coordinados con los organismos corresponsables como contribución cada día más efectiva al desarrollo social, económico e institucional del país. Las FF.AA. han demostrado su capacidad, idoneidad y voluntad de colaborar en esta tarea, pero es obvio que sus recursos y propios valores son suficientes para cometer jornadas extraordinarias. En la medida en que deberá disponer de un presupuesto adecuado y así podrá intensificar labores dentro de su campo de acción institucional[375].

En relación con la reforma propuesta por Pedro Tinoco manifestó "que tiene valores inobjetables", comentando lo siguiente:

> La reforma debe cumplirse en corto plazo, pues, en mi opinión, ya está iniciada. Indudablemente se trata de una tarea integral, compleja, la cual abarca a todos los venezolanos; por ello considero que será el resultado de un amplio consenso en el cual participen los técnicos, los teóricos y los modelos aplicables a los funcionarios que tendrán la responsabilidad de aplicarla o resolver los problemas[376].

Vista la esencia y naturaleza del rol de Tinoco como reformador y reformista, se aprecia que anticipó la discusión de temas importantes en torno al redimensionamiento del Estado, a su circunscripción en la prestación de los servicios esenciales, sin olvidar la égida de su sentido pragmático, que el Estado debería irse adaptando, poco a poco y de manera consistente e ininterrumpida. Para lograr los objetivos en torno

---

El conocido editor Agustín Catalá, que perfectamente pudo habérsele atribuido el epíteto de «editor de la democracia», anotó:

La razón que nos lleva a coleccionar los principales materiales de esta polémica y entregarlos al público tiene su asiento en dos consideraciones. La primera, por el tema en sí. En Venezuela existe poca biografía sobre la materia militar. Por múltiples razones todo lo atinente a las FF.AA está confinado el campo histórico de la referencia académica. No se compadecen la importancia y el significado, que han tenido las FF.AA en el país, desde los albores de la República, con el escaso trabajo de investigación y análisis que sobre las mismas se han producido. Ha habido un cierto grado de inhibición para abordar políticamente el tema militar. (José Agustín Catalá (editor), José Vicente Rangel, Luis Esteban Rey, Pompeyo Márquez y Germán Lairet, *Militares y política (Una polémica inconclusa)*, Editorial Centauro, Caracas, 1976.)

375 Alfredo Peña, *"Democracia y..."*, op.cit, 287.

376 Ibíd., 287

al desarrollo económico y social, la estabilidad de la actividad presupuestaria para garantizar de forma efectiva las funciones relativas a la asignación de recursos y al crecimiento económico, condiciones indispensables para garantizar la gobernabilidad.

En este estudio hemos pretendido dar una visión general del hombre y sus circunstancias, del marco institucional de su actuación en esas condiciones generales que forman su caracterización y que constituyen, de cierto modo, un determinismo en la forma de concebir la función pública.

No escapa a nuestra visión que muchas de las propuestas formuladas por Tinoco en su paso por el ministerio de Hacienda, el parlamento y el Banco Central de Venezuela fueron rechazadas irracionalmente y sin análisis alguno bajo el prejuicio que las mismas estaban orientadas para servir a oscuros y poderosos intereses económicos nacionales y extranjeros.

Por desconocimiento o ignorancia del sujeto y por inducción interesada de los sectores que conformaban la crónica política ideologizada militante –los voceros de los sectores antidemocráticos excluidos de Puntofijo– se condenó al país a un proceso degenerativo de su tejido institucional que condujo, irremisiblemente, a ese deslave al cual ha estado sometido Venezuela en todos los aspectos. De la reforma del Estado y de la Administración Pública pasamos a la necesidad de la reconstrucción del Estado y la remoción de los escombros de la Administración[377].

---

[377] Como ejemplo simplón, en desapego a lo que es la institucionalidad, los pesos y contrapesos que ella supone en democracia, Moisés Moleiro expresa:

Al lado de esa corrupción institucional existe la de los personajes prominentes, que aprovechan los contactos para enriquecerse ellos mismos y a pasar a la categoría de empresarios. Entonces, cobran conjuntamente con quienes lo eran antes, en el momento en el cual el partido, pleno de agradecimiento, permite alguna cosilla desierta monta para quien fue generoso en el trance de luchar por la conquista el voto.

Lo que hemos relatado acerca de "Los doce apóstoles" es una culminación del proceso: de aprobarse la "Reforma Tinoco "el país entero caerá en manos de unos cuantos millonarios asociados al capital norteamericano. No sabemos si es en ese momento que éstos deciden prescindir de los servicios del partido del pueblo o de los del otro. En todo caso, marchamos hacia el control total -incluidos los medios de comunicación- de la vida de los venezolanos, haciendo que el funcionamiento normal del Estado y el Gobierno, de las Cámaras Legislativas y los propios partidos sea una mera apariencia. (Moisés Moleiro, *El Partido del Pueblo. Crónica de un fraude*, Vadell hermanos editores, Valencia, 1978, p. 288)

Las conductas erráticas y las omisiones apiramidadas por acumulación, en un efecto en cascada que repercuten e inciden negativamente en la sociedad, generando procesos contrarios a lo que representa el régimen de libertades, fuente inagotable de frustraciones, desesperanzas y resentimientos.

Estamos conscientes que todo proceso de reforma general o sectorial, integral o parcial conducen a enfrentamientos de intereses grupales y de élites que, de no contar con espacios adecuados para la discusión y la búsqueda del debate, llevan a la pérdida de oportunidad para la sociedad, generando distorsiones e inconvenientes que se van consolidando con el tiempo.

Las propuestas de Tinoco no surgieron de la nada, fueron expresión de una visión y de cierta ideología empresarial que comenzó a formarse a inicios de la década de los 60 y que tuvo su expresión en la «Carta económica de Mérida»; la visión compartida de Tinoco con el expresidente Carlos Andrés Pérez en cuanto a la conformación de grupos económicos alternos a los tradicionales para ocupar la escena económica y política del país, generando control y contrapesos metapolíticos; motivar cambios en la institucionalidad orientados por los conceptos de modernidad, eficiencia y desarrollo económico, lo cual supuso retos importantes que no fueron superados por las razones señaladas y que desvencijaron aceleradamente el soporte institucional y ético de la democracia representativa.

Una visión retrospectiva, que arranca desde 1958 hasta 1998 –etapa de la democracia representativa o de la segunda República liberal democrática, tal como algunos autores la denominan– dan cuenta que el haber diferido o preterido las reformas de la Cap, la Criap y la Copre condujeron a Venezuela a una profunda crisis, la cual –en el primer cuarto de siglo– llevó al país a situaciones límites e inimaginables. Ese suceso ocasionó una pérdida de confianza acelerada de la población

Los conceptos y principios que a continuación y sin sistematización mencionamos: modernidad, eficacia, eficiencia, oportunidad, rentabilidad, consenso, selección de los mejores, armonización, coordinación, preparación, métodos de organización o de sistematización racionales, nombramientos de políticos sin conocimiento y experiencias en la materia para cargos gerenciales y técnicos, el conocimiento extenso del ciudadano de sus derechos y de la Administración de sus deberes, la honestidad y la corrección en el desempeño público, la condena al rechazo y desprecio de las nuevas técnicas y métodos de la gerencia pública que conducen a abusos, despilfarros y merecen la reprobación de la colectividad, son conceptos e ideas que representan el pensamiento de Tinoco, los cuales constituyen su prédica y principios aún vigentes. Son corolarios de su pensamiento y representación de una democracia moderna y productiva sin olvidar el valor esencial de la solidaridad.

En este sentido, resulta pertinente destacar las premisas de las reformas propuestas por Tinoco como titular de la Comisión presidencial designada para la reforma integral de la Administración Pública en el primer gobierno del presidente Pérez, después de su paso por el ministerio de Hacienda[378].

Veamos, de manera puntual y resumida, algunos de las premisas y corolarios fundamentales de la actuación de Tinoco en la Comisión de Reforma Integral de la Administración pública:

1. No es posible en la práctica reformar simultáneamente y a la vez toda la Administración Pública. Por una parte, no se dispone del personal calificado para hacerlo y, además, no se puede olvidar que lo que se está reformando está en funcionamiento, aunque imperfectamente y no puede detenerse mientras se reforma. Esto hace la tarea más compleja y más difícil.
2. Es necesario organizar y controlar mejor la Administración descentralizada, es decir, institutos autónomos y empresas del Estado. Las diferentes naturalezas de los entes no hacen recomendable tratar de establecer un sistema que los abarque a todos ya que tienen fines muy distintos. No se pueden evaluar de la misma manera los resultados de una empresa de producción que la de un organismo de acción social.

378 Queremos hacer la aclaratoria que la síntesis del pensamiento de la reforma, premisa y orientaciones de la misma lo hacemos con fundamento a la entrevista que realizara Alfredo Peña al doctor Pedro Tinoco en el libro, que ha sido objeto de reiterada cita en virtud de recoger la opinión sistematizada de los distintos actores en temas indispensables para el debate acerca de la democracia y, en especial, a este de la reforma de la Administración Pública.

3. Es conveniente diferenciar entre los servicios que pueden prestarse con algún criterio de rentabilidad empresarial y los que deben prestarse son en función de la capacidad de pago del beneficiario.
4. Los entes autónomos y empresas del Estado pueden clasificarse en tres áreas:
   (i) Empresas de producción y de servicios a las cuales se les pueden aplicar criterios de rentabilidad empresarial, (ii) empresa de servicio gratuito o subsidiado e (iii) institutos de acción social.

Las recomendaciones efectuadas por la Criap fueron:

a) La creación del sistema Nacional de empresas del Estado.
b) La empresa es un instrumento para alcanzar un fin partiendo de la premisa conforme a la cual el proceso de desarrollo económico y social del país debe seguirse por una serie de lineamientos que establece la vinculación entre Estado y la iniciativa privada, siguiendo las siguientes orientaciones:
a) El Estado actuará a través de empresas del Estado, en los campos de la industria extractiva del petróleo y del mineral de hierro, en las industrias básicas y en algunos servicios especiales.
b) Es necesario establecer e inculcar la idea conforme a la cual el Estado debe contar con empresas que sean eficientes, capaces de gestión autónoma, con convicción de ser una compañíaen todo sentido y significación económica del vocablo, de iniciativa e innovación, para lo cual está dispuesto a cambiar sus anteriores sistemas de supervisión y control, sustituyéndolos por los que son más modernos y productivos.
c) Las empresas del Estado no pueden estar exclusivamente por el propósito de obtener mayor rentabilidad económica, pues ellas tienen que contribuir simultáneamente al logro de los fines económicos y sociales del Estado.
d) No obstante, no se puede preterir las orientaciones en cuanto a eficiencia y productividad como factores esenciales que determinan su capacidad de acción.

e) Resulta de importancia definir los mecanismos para la realización o verificación de las relaciones del Estado con los ciudadanos. Por tanto, se estima que es indispensable normarlos para que puedan funcionar eficazmente los ministerios y evitar el exceso en el margen de discrecionalidad que conduce a las corruptelas.
f) La creación de corporaciones sectoriales como primer paso a la organización del sistema nacional de empresas del Estado, la creación de mecanismos más efectivos para la seguridad social y una reforma al Sistema Nacional de Planificación, la Coordinación e inversión del Situado Constitucional, el Proyecto de Ley Orgánica de Presupuesto y otros proyectos que indiscutiblemente se centran dentro de la visión del Estado eficaz, de la gestión efectiva y de resultados importantes para garantizar el cumplimiento de lo cometidos y fines del Estado.

En definitiva, no existe duda alguna en torno al hecho de que estamos ante un aporte importante de Tinoco a las finanzas públicas, a la hacienda pública y al Derecho de la hacienda pública, todo en los términos que hemos enmarcado en el desarrollo de esta investigación.

Las propuestas formuladas acerca de la reforma a la Administración Pública abarcaban –tal como vimos en el análisis de las memorias y cuentas presentadas por Tinoco– sus observaciones y apoyo al plan de reajuste macroeconómico expresado en el programa denominado el «Gran Viraje», así como sus propuestas de un nuevo Derecho a necesidad de la efectividad y eficacia del gasto público, sin necesidad de incrementar la presión tributaria que desalienta la inversión, la capitalización y el ahorro, orientando los mismos hacia otras jurisdicciones.

Sus aportes se perciben en varias de las leyes en materia del régimen presupuestario, crédito público, coordinación e inversión del Situado Constitucional.

Apreciar el aporte de Tinoco a la democracia, a la hacienda pública, a la política fiscal, la racionalización del gasto público, al perfeccionamiento mediante la adecuación del sistema tributario a la realidad del país sin incremento de la presión tributaria para cubrir las deficiencias de la recaudación y los desequilibrios de su redimensionamiento o hipertrofia del Estado, debe hacerse en función de lo que en la actualidad se denomina como el buen gobierno o la buena administración, que se erige como derecho fundamental de nueva generación. En términos de Jaime Rodríguez Arana (1961), catedrático de Derecho Administrativo de la Universidad de la Coruña, el buen gobierno o la buena administración:

> no es sólo una característica que debe distinguir a los aparatos gubernamentales o administrativos, si no, sobre todo, un derecho que asiste a los ciudadanos, exigible ante los tribunales, de acuerdo con las características que conforman este nuevo derecho fundamental de la persona sentado en el artículo 41 de la Carta Europea de los Derechos Fundamentales de la Persona de diciembre de 2000[379].

Este derecho al buen gobierno no solamente está referido, como lo indica el citado jurista coruñés, a la tutela administrativa o judicial efectiva de los derechos, dentro de la Constitución e implicaciones del Estado Democrático Derecho, sino que también implica un control ceñido a los principios ordenados de la Administración Pública en función de la responsabilidad en el ejercicio de la función pública, entre otros, los derechos a dirigir representación, obtener oportuna respuesta, el derecho a queja, el silencio administrativo negativo o positivo, la estructura de un procedimiento administrativo sometido a requisitos esenciales, a determinaciones y condicionamientos especiales –formalidades– que son garantías no solamente para los administrados en beneficio de sus derechos constitucionalmente establecidos o por aquellos previstos en tratados o acuerdos internacionales en materia de derechos humanos sino de la propia Administración.

El mismo catedrático señala la importancia de los procesos de reforma de la Administración Pública y la configuración de una buena administración, lo cual fue preocupación permanente de Tinoco no solamente en relación con los derechos ciudadanos de manera particular sino de la sociedad, así se demostró en sus intervenciones en distintos

[379] Jaime Rodríguez-Arana, *El ciudadano y El Poder Público: El principio y el derecho al buen gobierno y a la buena Administración,* Colección de Derecho Constitucional, Editorial Reus, Madrid, 2012, p. 13.

foros empresariales y también en sus declaraciones como hombre público, ya bien sea desde del nicho del ministerio de Hacienda, de la Comisión de reforma integral de la Administración pública, desde la presidencia del Banco Central y su propuesta de un nuevo Derecho.

Así, Rodríguez Arana expresa acerca del principio de la Administración Pública que:

> su reforma ha sido, es y seguirá siendo, una cuestión esencial, un asunto que acompaña inexorablemente su existencia. La razón se puede encontrar en que es menester embridar la tendencia endogámica de la propia Administración, y sobre todo de las personas que en ella laboran. En este sentido, la reforma de la Administración pública en la democracia constituye un trabajo permanente porque es permanente la adecuación de gobierno y administraciones hacia las necesidades colectivas de los ciudadanos y muy especialmente a la generación de las mejores condiciones vitales que permitan el ejercicio de la libertad solidaria de las personas. Para ello, la reforma de la administración pública debe hacerse desde la realidad[380].

Las expresiones contenidas en la cita transcrita, que se produce en el contexto de la interpretación de los nuevos derechos fundamentales en el marco de la Unión Europea, se corresponden perfectamente con lo expresado por Tinoco en la "Carta económica de Mérida" de 1962 a la cual –con toda razón– se le atribuye su autoría, más en la definición de su actuación que hemos realizado y en sus intervenciones a favor de esa manifestación de principios de sana administración, la racionalidad de las finanzas públicas y la concepción propia del desarrollo económico visto en la compleja dinámica de las finanzas públicas.

Tinoco entendió, ahí está el tuétano de su aporte, que la vinculación entre buena administración, buen gobierno y derechos fundamentales es el gran reto que debía cumplir la democracia en función de los objetivos trazados a partir de 1958 y en el pacto de gobernabilidad que se plasmó en Puntofijo con los partidos que condujeron los primeros años de la democracia.

---

[380] Ibíd., 16.

Tinoco: el hombre de los consensos, el hombre de la búsqueda de las bases de acuerdos y de la viabilidad bajo el pragmatismo de la actuación e interpretación del momento y coyuntura, el hombre para el cual político lo era todo y que, en definitiva, puso su esencia y orientación a trascender en la huella que dejara en el aparato del Estado, es decir, en el caso específico que nos ocupa de la Administración Pública su huella tenía clara conciencia de que una buena reforma –un buen gobierno en términos de eficacia y eficiencia– era lo mejor para lograr acuerdos sencillos, base consensuales oportunas y sobre todo la elaboración y ejecución de políticas públicas que representaron compromisos reales entre los gobernantes y los ciudadanos. Era la esencia de la planificación indicativa y la esencia de tomar en consideración que el sector privado podía cubrir áreas con mayor eficiencia, mayor organización y *mejores* resultados que el sector público.

Tinoco y sus aportes al mercado de capitales

LOS APORTES DE TINOCO AL MERCADO DE CAPITALES

En los años 60 fue una preocupación el tema de la contribución del mercado de capitales al desarrollo económico del país.

En la III Reunión de Bolsas y Mercado de Valores de América[381], Ángel Mancera Galletti[382], al analizar la encuesta realizada a varios sectores acerca del problema planteado en Venezuela, reflexiona acerca de la falta de conciencia sobre el mercado de capitales, indicando los siguientes condicionantes:

a) La actitud del inversionista que estaba proclive a adquirir acciones, siempre y cuando se pudieran establecer formas adecuadas de rentabilidad en un marco de mínima seguridad.
b) La actitud de los empresarios que, si bien aceptan la conveniencia respecto a las DVD disponibilidad de fondos, prefieren mantenerse a un lado en la utilización de mercados capitales, pues optan por los préstamos de la banca comercial.

Al respecto puntualiza Mancera Galletti:

> En el curso de la década que transcurre se ha observado tímidamente, el recurso de misiones de obligaciones. Su incremento ha sido constante por parte del Estado, y la Bolsa de Valores actuado con eficacia a través de sus intermediarios, como agente de esas colocaciones. Pero esta práctica crediticia no ha brindado a sectores conservadores la acción emprendedora de ofrecer como captación

[381] Celebrada en Rio de Janeiro, Guanabara en 1968.

[382] Ángel Mancera Galleti, El Mercado de Capitales y las Bolsas de Valores en Boletín de la Cámara de Comercio de Caracas, Número 666, año 76, mayo, Caracas, 1969, p. 21.884.

del ahorro colectivo, la suscripción de nuevos títulos para compartir dichos esfuerzos y tener la empresa privada socios dispuestos a su defensa en vez de cobradores impacientes de sus obligaciones. La razón de que se practica implicaría la participación de otros en las utilidades, jamás el hecho de la ventaja real que supone la diversificación de la tenencia de acciones[383].

Otro condicionante era la tendencia de ciertos sectores del mundo empresarial, los cuales actuaban bajo la forma de grupo familiar y los llevaban a cerrarse a una minoría de accionistas, que registraban sus acciones en la Bolsa con el objetivo único de tener crédito bancario bajo la garantía de sus acciones.

Tal circunstancia condujo a dos realidades contrapuestas:

> La Bolsa ha venido vegetando a través de los años de organización, sin recibir el impulso de las corrientes de las inversiones, y celebrando sus ruedas con montos promedios mínimos que jamás traduce en el porcentaje de las negociaciones que en valores mobiliarios se celebran en Venezuela a través de las transacciones directas con el predominio de los agentes financieros y la banca hipotecaria, que compiten en la captación de esos fondos de modo absolutamente ventajoso para ellos, pues ofrece el público sus papeles en condiciones que no pueden ser igualadas en el mercado de valores, al presentar como problema, el monto de las comisiones de los corredores[384].

La competencia –por supuesto– era desfavorable, hacía vencida a la bolsa de valores desde un principio por cuantos no tenían las condiciones favorables para atraer a los inversionistas ni buscar formas de protección.

Con motivo de la pretensión de "fortalecer el mercado de capitales y su instrumento natural, la institución bursátil, en función del desarrollo económico", los participantes por Venezuela "procedieron a realizar una encuesta cablegráfica entre calificados personeros del sector privado y gubernamental".

---

383 Ídem.

384 Ibíd., p. 21.885.

Observemo algunas de las opiniones emitidas en torno a la situación del mercado de capitales, cercano a las oportunidades de las propuestas que efectuó el ministro de Hacienda Pedro Tinoco, las cuales veremos reflejadas en las citas que más adelante haremos sobre las Memorias y Cuentas por él presentadas. Incluiremos su propia opinión como dirigente empresarial[385].

Benito Raúl Losada (1923- 2017), presidente del Banco Central de Venezuela, manifiesta:

> El fortalecimiento del mercado de capitales sin lugar a dudas una de las metas necesarias para alcanzar un grado avanzado de desarrollo. Dentro de este mercado, las Bolsas de Valores son un instrumento fundamental y de allí, que todo esfuerzo que facilite su funcionamiento, redundará en beneficio de todos. Consciente de la importancia que tiene, el Banco Central de Venezuela les ha brindado y seguiría haciéndolo, su más amplia colaboración y apoyo; a título ilustrativo, baste citar que durante el año pasado, el Banco Central de Venezuela intervino, como comprador o como vendedor en el 43% del total de las operaciones en valores realizada por las dos Bolsas de Valores que operan en el país.
>
> No debe olvidarse, sin embargo, la importancia que tiene la participación del sector privado en el desarrollo del mercado de valores y la necesidad de que se busquen fórmulas mediante las cuales se utilice cada vez más este instrumento. Asimismo, el fortalecimiento del mercado de capitales involucra una serie responsabilidades sobre quienes intervienen en las bolsas ya como corredores, ya como directivos, por estar en sus manos el prestigio y la solidez de tales instituciones en la medida en que actúa con denodado esfuerzo, honestidad y responsabilidad profesional.

Aura Celina Casanova, ministro de Fomento, detalla:

> Las inversiones de capital de nuestro país y el problema de desarrollar un verdadero mercado de capitales, constituye, a mi modo de ver, requisito fundamental para continuar el desarrollo económico nacional. Un mercado de valores debidamente regulado, económicamente conforme con las necesidades para permitir la más amplia y adecuada difusión de los valores, hay que constituir un medio esencial para la inversión de los ahorros.

---

385 Ibíd., pp. 21.886-21.893.

> En Venezuela están dadas las condiciones fundamentales para el desarrollo y fortalecimiento de un mercado de esa naturaleza. Hay estabilidad política, disponibilidad de ahorros, demanda de capitales, tanto en el sector público como en el privado, intermediarios calificados que demuestren competencia para canalizar el flujo de capitales desde los ahorradores hasta los que demandan y, en fin, una eficiente Bolsa de Comercio.
> Por lo demás, la situación económica general del país, favorece el fortalecimiento ese mercado: las tendencias inflacionarias están bajo control, existen buenas reservas de oro y divisas, el bolívar goza de una sólida posición y, la tasa desarrollo económico se mantiene a nivel satisfactorios.

Leopoldo Sucre Figarella (1926-1996), ministro de Obras Públicas, señala:

> Considero el fortalecimiento del mercado de capitales y desarrollo económico venezolano como dos procesos no aislados sino interdependientes. En consecuencia, estimo necesario fortalecer los movimientos bursátiles para contribuir decisivamente ha dicho desarrollo.

José Antonio Mayobre (1913-1980), ministro de Minas e Hidrocarburos, indica:

> Es evidente que, para un país como Venezuela, es indispensable el fortalecimiento del mercado de capitales para ampliar las posibilidades de industrialización y diversificación económica. Las nuevas empresas e industrias que requiere nuestro desarrollo implican cuantiosas inversiones de capital, en las que el ahorro privado debe incorporarse en forma decidida y dinámica. Hacia este fin, las bolsas de valores deberán desempeñar un papel muy importante como mecanismos adecuados para canalizar el ahorro interno hasta sectores productivos de interés nacional.

Alejandro Osorio (incluir fechas), ministro de Agricultura y Cría, exhibe:

> Desde todo punto de vista esencial de la existencia de un mercado de capitales como instrumento capaz de impartir mayor dinamismo

en un proceso de desarrollo económico. En el caso de nuestro país, están dadas las condiciones fundamentales para afianzar el mercado de capitales, entre otras señalaremos las siguientes: estabilidad política, estabilidad monetaria, certidumbre de expectativas, liquidez, vigilancia, y control gubernamental para proteger la solvencia del mecanismo en capacidad de ahorro privado. Aparte de estos factores favorables de índole institucional, existe una organización bursátil de experiencia y tradición; además se han creado instrumentos financieros como la Central Hipotecaria que ha venido dando liquidez al enorme volumen de ahorro privado que se dedica al negocio de hipoteca, sin lograr, no obstante, la absorción sustancial de ese ahorro, que todavía fluye fuera del mercado institucionalizado.

No obstante, este cuadro favorable, deben arbitrarse fórmulas que activan el mercado de capitales en Venezuela, cuyo fin merece destacar la conveniencia de qué la corporación venezolana de fomento concluye el proyecto sobre un sistema de colocación de acciones similar a los fondos mutuales que han dado extraordinario resultado en México.

Héctor Hurtado (1918-s/d), director de la Oficina de Coordinación y Planificación –Cordiplan–, menciona:

> Considero necesario y beneficioso para nuestro país desarrollar un mercado de capitales que actúe como fuente natural de financiamiento de las empresas con respecto a nuevos proyectos, ampliaciones de las instalaciones actuales y mejoramiento de la eficiencia empresarial. Por eso me parece importante el buen funcionamiento de la Bolsa de Valores. Sin embargo, la tarea de implementar el funcionamiento fluido del mercado de valores tiene varias dificultades que es necesario superar y que requieren un gran esfuerzo que debe ser realizado.
>
> En primer lugar, deben crearse una serie de mecanismos técnicos de control, incluso por parte del propio mercado, para que esté asegurado el prestigio y la total seriedad de la institución. Estos mecanismos están referidos a las normas estrictas de publicidad, balances, asambleas, administración etc., que aseguren la tranquilidad de los inversores frente a la incertidumbre que toda operación financiera implica. A tales efectos tenemos que tener en cuenta las normas existentes en las bolsas más desarrolladas del mundo, como, por

ejemplo, la de New York, donde las reglamentaciones que deben ser cumplidas por los cotizantes son muchas y la vigilancia de su cumplimiento muy estricta por parte del mercado.
En segundo lugar, hay que tener en cuenta que la inversión de ahorros a través de la compra de valores, acciones, bonos etc. es una operación que a veces no es fácilmente comprendida por el público ahorrista, sobre todo en relación con otras maneras más simples de invertir. Es necesario entonces crear la conciencia pública de comprensión para evitar que las operaciones con valores mobiliarios sean consideradas fuera del alcance de los ahorristas. Se debe implementar la acción de divulgación respectiva complementada con determinadas normas de seguridad mínima en las etapas iniciales para que considerables masas financieras que hoy se ubican con dificultad se han canalizado hacia la industria en definitiva hacia el desarrollo del país.

Rafael Caldera (1906-1916), secretario General del partido social cristiano Copei y candidato a la presidencia la República por dicho partido, expresa:

> El fortalecimiento del mercado de capitales es una condición indispensable en el proceso de desarrollo de Venezuela. Este mercado debe ser ampliado y agilizado a fin de que se pueda canalizar y hacia la inversión el aporte de pequeños y medianos ahorristas. Las Bolsas de Valores, que son uno de los canales para llevar a cabo estos ahorros hacia las actividades productivas que el país demanda, deben estar en capacidad de prestar esta función y contribuir de este modo al esfuerzo del desarrollo nacional.

Gonzalo Barrios (1902-1993), candidato a la presidencia la República por el partido Acción Democrática, alude:

Acción Democrática asigna una gran importancia al mercado de capitales en sus planes de desarrollo económico, como el mecanismo que debe canalizar los ahorros del país hacia aquellos usos de la mayor productividad social.

Durante el régimen democrático, el uso de nuevos instrumentos de financiamiento como son las cédulas hipotecarias, ha permitido que gran parte de los recursos financieros se dedican a la satisfacción de una gran necesidad social tan fundamental como es la construcción de viviendas. Los planes de desarrollo industrial, con miras a cubrir tanto el mercado interno como el mercado internacional, y especialmente el latinoamericano, requieren muchas empresas de larga escala. Las inversiones en petroquímica, siderúrgica, y en infraestructura, por parte del Estado, demandarán cantidades y recursos financieros. Para hacer posible la inversión en muchas otras empresas de largo escala por el sector privado si es necesario un mercado de capitales que reúnen grandes masas el ahorro disperso de las numerosas unidades económicas de la actividad. De la misma manera a fin de que la inversión pueda llevarse a cabo con recursos nacionales, sin peligros inflacionarios y sin acudir a los expedientes extraordinarios de tributación, el mercado interno de capitales debe estar en condiciones de permitir al Estado y de los institutos autónomos captar recursos para el financiamiento de sus planes mediante la emisión de obligaciones. Igual expediente pueden y debe utilizar las empresas mixtas los productos intermedios de las industrias básicas.

Ramón Imery, presidente de la Cámara de Comercio de Caracas, apunta:

> El fortalecimiento del mercado de capitales y su instrumento natural, la Bolsa de Valores, es no sólo necesario sino hasta imperativo, para complementar el desarrollo económico. Se hace indispensable toda promoción conducente a reafirmarlo dentro del sistema de libre empresa. En Porlamar en mayo de 1967 la Cámara, que me honro en presidir, presentó a la Asamblea de Fedecámaras un estudio que combinaba la necesidad del desarrollo del mercado de capitales y la del régimen de pagos a fecha cierta.
>
> Mencionábamos entre otros puntos, la conveniencia de que las empresas emitieren acciones de bajo valor unitario al alcance de los ahorristas y procurando distribuidor dividendos justos. Las empresas deben tener en cuenta los intereses de los inversionistas, inscribir y negociar sus títulos en la Bolsa de Valores y remunerar justamente a los corredores.
>
> Debe llevarse al ánimo de los ahorristas mediante una apropiada, responsable, constante información la seguridad de que obtendrán

mayores proventos en sus inversiones de capital, a fin de incorporar los pequeños ahorros, que suman considerable cantidad, al volumen de operaciones útiles para movilizar y ampliar el mercado de valores.

Pedro Tinoco –hijo–, banquero y destacado líder empresarial, sugiere:

> Un mercado de capitales dinámico contribuye eficazmente a intensificar y acelerar el desarrollo. Las limitaciones del nuestro, conservando reducida dimensión, dificulta reunir los capitales de riesgo que se requieren para cometer metas industriales más ambiciosas. Hemos superado la etapa en que los recursos propios del grupo familiar satisfacían suficientemente los requerimientos de capital de la gran empresa moderna y para llegar a ella tenemos forzosamente que recurrir a los ahorros del público inversionista.

El recientemente fallecido Individuo de Número de la Academia de Ciencias Políticas y Sociales y expresidente de la Bolsa de Valores de Caracas, Alfredo Morles Hernández (1927-1920), expresa lo siguiente:

> La Bolsa cumple un papel muy discreto hasta el año de 1983. La expansión económica de los años 50, la crisis de los años 60, el boom de los años 70 y la recesión de los años 80, ocurren en el contexto de una economía profundamente estatizada y dirigida. En este período, la fuente principal de recursos financieros de mediano y largo plazo se ubica en terrenos controlados por el Estado, el cual reparte créditos blandos para las políticas sucesivas de «sustitución de importaciones», «construcción de la Gran Venezuela» y sus sustitutos, amén de exoneraciones, subsidios y preferencias que distorsiona la producción, el comercio del consumo de bienes. El recurso a fuentes financieras de mediano y largo plazo no oficiales prácticamente se convierte en excepción, por lo cual no puede extrañar el menor crecimiento relativo al mercado de capitales, el cual tiene una significación marginal dentro del contexto económico en el período que va de 1947 a 1983[386].

---

386 Alfredo Morles Hernández, *Régimen legal del Mercado de Capitales*, Universidad Católica Andrés Bello, Caracas, 2006, p. 44.

Un concepto que es importante destacar ya que puede conducir a equívocos en la actualidad con ocasión a los últimos lustros vividos, es el relativo a la identificación de la planificación indicativa, propia de la economía mixta –con la planificación democrática– que tenía la elite política y funcionarial, esta última dedicada a los aspectos técnicos, específicamente en materia económica. Este es un concepto cuyo empleo pudo derivar de la temprana formación de algunos en la teoría economía marxiana y de la adopción de la terminología en aquel momento vigente en torno a la planificación que, por ser incorporada en democracia, se le adosaba el epíteto de democrática.

La planificación centralizada, propia de la economía cerrada, que venía propulsándose dentro de la vigencia de la Guerra Fría, entre otros países, la Unión de la Repúblicas Socialista Soviéticas y los Estados que conformaban su zona de influencia luego de los acuerdos de Potsdam y Yalta.

Vale decir que la planificación democrática como tal no se corresponde con la planificación indicativa, pues la primera responde a la planificación imperativa en la cual existe una visión única del planificador, medios y controles que van desde la importación hasta los consumos finales, pasando por costos gastos y limitaciones en la retribución de la rentabilidad de los factores de producción. Por consiguiente, debe entenderse por planificación democrática, en el caso de la Venezuela de los años 60 y 70, como la planificación indicativa.

La aclaratoria viene a colación no solo por el tema que vamos a desarrollar en este capítulo, sino también para todo lo que se ha referido en torno a la importancia de un presupuesto por programas para destinar a la planificación como herramienta fundamental para lograr un control de gestión, eficiencia en el gasto público y la reinstitucionalización del Estado con características acentuadas de eficacia y eficiencia, es decir, de cumplimiento de los objetivos fundamentales para mantener y evitar, por ejemplo, las asimetrías en materia de regulación o las capturas de la renta por grupos determinados.

En la Exposición de Motivos de la Memoria y Cuenta del ejercicio fiscal de 1969, presentada por el ministro de Hacienda Pedro Tinoco se informa:

El Gobierno Nacional ha manifestado su propósito de instrumentar la planificación democrática y hacer efectiva la democracia de participación mediante la política de diálogo abierto con todos los sectores. Con este propósito ha sido creada por decretos presidenciales las siguientes comisiones adscrita al Despacho de Hacienda[387].

Entre las comisiones creadas cobra importancia, además de las comisiones Asesora de Presupuesto de la Central de Puerto, la Comisión para el estudio del funcionamiento del Mercado de Capitales en Venezuela.

La Comisión comenzó sus deliberaciones en la sesión plenaria del 16 de mayo de 1969, en la cual se estableció la metodología de trabajo y la organización de esa instancia asesora en Sub- Comisiones: Mercado de Valores, "Institutos e Instrumentos del Mercado de Capitales, "Fuentes y Usos de Fondos", "Financiamiento a la Industria de la Construcción" y la de "Mercado de Monetario"[388].

La intención del ministro Tinoco era buscar una forma alternativa de financiamiento y de atracción de la inversión extranjera no directa sino especulativa, que es lo que se denomina la *inversión golondrina.* Recuérdese que todo el sistema económico que comenzaba a globalizarse, pocos años después, se apalancó en los mercados bursátiles, es decir, transferencias de inversiones y de rentabilidades excedentarias de una jurisdicción a otra. No solamente era necesario la constitución de nuevas empresas o la inversión en las existentes para fomentar la posibilidad de lograr mecanismos alternativos de financiamiento a las empresas.

Tinoco, un hombre de finanzas, conocedor de la globalización, de la forma de pensar de los empresarios transfronterizos, de la estructuración de los negocios a nivel internacional, estaba consciente de la necesidad de la modernización de las finanzas y de la atracción de inversiones a través del fortalecimiento de mercados de capitales, que comenzaban a tomar espacios y ocupación en las agendas gubernativas y legislativas de la región.

---

387 República de Venezuela, Ministerio de Hacienda, *"150 años del... ",* op. cit., p.780

388 Ibíd., p. 782.

En este sentido, la Subcomisión de Mercado de Valores venía manejando la posibilidad de darle forma a su presentación de Proyecto de Ley de Mercado de Capitales, en el que se definieron los aspectos sustantivos y procedimentales de gestión regulatoria para garantizar los derechos de los inversionistas.

Así el anteproyecto de ley preparado, conforme con las previsiones contenidas en la memoria y cuenta correspondiente al ejercicio fiscal de 1969, presentaba el siguiente el contenido:

> Un organismo con amplias facultades para supervisar la oferta pública de valores; un nuevo tipo de sociedad mercantil que cumple con una serie de requisitos para poder disfrutar de ciertos privilegios, con el fin de alcanzar el objetivo de popularizar el capital accionario; protección a la basurita minoritarios con la posibilidad de representación en la junta directiva de la sociedad mercantiles; los informes financieros que la sociedad mercantiles deben hacer del conocimiento público; la información interna que sobre las empresas debe ser enviada al organismo ad hoc para evitar irregularidades y abuso por parte de los directivos; se faculta a la sociedad mercantiles para adquirir sus propias acciones cuando las condiciones mercados sean oportunas y aquellas lo crean conveniente, hasta la concurrencia del monto de sus utilidades no distribuidas y sus reservas libres; la posibilidad de emitir obligaciones convertibles en acciones; y un organismo que se ocupe de la transferencia o traspaso de valores mercantiles, el objeto de agilizar el mercado[389].

En lo concerniente a los Institutos e instrumentos del mercado de capitales, la Comisión especial se centró en torno a la redefinición de las bolsas de valores y la regulación de los fondos mutuales preparando un Ante-Proyecto de Ley de Sociedades de Fondo Mutuales y Compañías Administradoras de Fondos Mutuales.

Resulta preciso destacar, que el ministro de Hacienda, a través de la Comisión especial designada, se focalizó en la elaboración de un Proyecto de Ley de Reforma parcial a la Ley General de Bancos y otros institutos de crédito en lo concerniente a la sociedad de financieras con el objeto de darle mayor amplitud a su radio de acción.

---

[389] Ibíd., p. 783.

En este último aspecto cabe una consideración por parte del autor en el sentido que se desvanecen las posiciones conforme a las cuales Tinoco –como hombre de empresa, vinculado y comprometido con el sector bancario– mediatizaba la actuación de los entes públicos con el fin de favorecer los intereses por él representados que, en el caso actual, sería la intermediación financiera propia a los bancos, sabiendo que –en algunos casos y dada la dinámica y tipo de negocios– podría darse una contraposición de intereses mediante un trato preferencial y discriminatorio en beneficio de la banca.

El trabajo de las comisiones especiales se centró en buscar la modernización del sistema financiero en dos de sus tres columnas: el sector de la banca y del mercado de capitales.

En la memoria y cuenta correspondiente al año de 1970, el entonces ministro de Hacienda Pedro Tinoco reportaba lo siguiente:

> El movimiento en el mercado de capitales, visto a través de la suscripción de capitales en compañías anónimas del Distrito Federal, revela que tal mercado fue muy activo durante el año. En efecto, el monto neto de capitales suscritos fue superior en 49% al correspondiente al año precedente, y se explica por aumento la suscripción neta de capitales en todos los sectores, especialmente la industria manufacturera y la construcción, cuyos aumentos fueron del 76%, y en los servicios, que aumentaron en 79%.

En ese mismo acto que es manifestación del principio constitucional de responsabilidad en el ejercicio de la función pública, el ministro Tinoco expresa:

> Mediante el Decreto presidencial número 41 de fecha 24 de abril de 1969 se crea una Comisión ad honorem encargada del estudio del funcionamiento del mercado de capitales en Venezuela. Dicho cuerpo quedó integrado con calificados representantes de los sectores público y privado que más tiene que ver con la materia[390].

El ministro Tinoco informa que, basados en el trabajo de la Comisión especial mencionada, se presentaría al Congreso Nacional en

[390] República de Venezuela, Ministerio de Hacienda, "*150 años del...*", op.cit, p. 780.

el mes de marzo, en ejercicio de la iniciativa de ley que constitucionalmente corresponde al Ejecutivo Nacional, el Proyecto de Ley de Mercado de Capitales, el cual abarcaría las siguientes áreas:

a) El otorgamiento de incentivos fiscales para el fomento al mercado de capitales.
b) La creación de la Comisión nacional de valores y el registro nacional de valores.
c) La regulación de la oferta pública de títulos.
d) La normativa de regulación y organización y funcionamiento de las bolsas de valores.

Las opiniones de representantes de los sectores empresariales, gubernamentales, regulatorios y políticos reflejan la situación del mercado de capitales en los años inmediatamente anteriores al momento en que Tinoco asume el ministerio de Hacienda en el primer Gobierno del presidente de Rafael Caldera, así como de las Memorias y cuenta presentadas por el entonces ministro de hacienda, de las cuales se deben resaltar varios aspectos importantes:

1. El conocimiento que, como banquero y líder empresarial, tenía Tinoco sobre el tema del mercado de capitales, las falencias y debilidades que comportaba, así como una clara visión de lo que correspondía hacerse desde el punto de vista institucional, organizativo, regulatorio y el establecimiento de los deberes para garantizar la apertura, transparencia e institucionalidad del medio bursátil.
2. Su visión de Estado por encima del interés particular del banquero que, insistimos, enerva o deja sin efecto las argumentaciones conforme a las cuales Tinoco se movió en función de sus intereses, en el caso que nos ocupa, sería un contrasentido el que siendo banquero y teniendo la banca el interés de seguir captando los ahorros de pequeños y medianos actores de la economía, uno de sus representantes estuviese propugnando por la democratización del capital, el fortalecimiento de la institucionalidad bursátil y la regulación de protección y transparencia de los pequeños inversionistas.

3. No obstante, a pesar de lo señalado por Morles Hernández, consideramos que las acciones y propuestas de Tinoco –en su tiempo de ministro de Hacienda– constituyen aportes importantes que conllevaron, en poco tiempo, al establecimiento de las bases, instituciones y organizaciones reguladores del mercado y a una normativa importante que, aun reflejando el criterio intervencionista del Estado, condicionaba la inversión e iniciativa privada, trazando un avance relevante en el diseño de un moderno mercado de capitales.

Las finanzas públicas y privadas llevan su impronta. Tinoco, uno de los principales artífices de una exitosa reestructuración de la deuda

El paso de Tinoco por el sector público da cuenta de grandes de logros, muchos de los cuales, se aprecian con mayor amplitud y se valoran sus efectos positivos a medida que van transcurriendo los años. Se van conociendo los amplios vericuetos de la gestión pública, y la amplia madeja de relaciones que se tejen, el cumulo de intereses disimiles que entran en juego, que condicionan, retan y son susceptibles, una vez enfrentados o ponderados, son capaces de generar aspectos positivos o negativos para el país.

Uno u otro, será el resultado de la experticia y la destreza de la acción para convencer a los actores institucionales y de los sectores con que se interactúan, del ascendente, que solo el respeto que se inspira por formación y conocimiento despiertan en el interlocutor. Las relaciones y proyección resultan indispensables. Lo conceptual y lo pragmático son premisas básicas para resolver, y resolver bien.

El 12 de marzo de 1969 el Dr. Rafael Caldera asumía la presidencia de la República. Ese mismo día juramentó a sus ministros y entre ellos Tinoco, como nuevo ministro de Hacienda.

Una de las primeras acciones del ministro de Hacienda, fue contactar a Carmelo Lauría, recién incorporado al directorio del Banco Central de Venezuela como representante del sector privado, que a su vez se desempeñaba como segundo vicepresidente del Banco de Venezuela.

El objetivo era plantearle la posibilidad de hacer una operación financiera, muestra de su conocimiento de la banca y de su pragmatismo, que nunca abandonó. Era una creativa operación mediante la cual el Banco de Venezuela, podía hacer un sobregiro en su cuenta del Banco Central de Venezuela por el monto que el ministerio requería para hacer frente al pago de la nómina, ya que tenía un faltante de 86 millones de bolívares para poder cubrirla y se comprometía a pagar todo hasta que entrara el importe del impuesto de fuente petrolera.

El alto representante de la banca, Lauría llevó el caso a la Junta Directiva de Banco de Venezuela, la cual decidió, que se podía realizar esa operación, sólo si la solicitaba el presidente Caldera. Así se hizo, y el gobierno pudo pagar la nómina, y a los diez días procedió a honrar el sobregiro[391].

Ese era Tinoco, siempre buscaba una solución inmediata sin perder el tiempo. De esa forma, se inauguró en las lides de las finanzas públicas. Venía de ser presidente del Banco Mercantil, y además de ser socio del escritorio jurídico Tinoco, Travieso, Planchart, que era asesores principales del Chase Manhattan Bank, uno de los principales bancos de Estados Unidos de América perteneciente a la familia Rockefeller, con extraordinarias relaciones internacionales no solo en el mundo empresarial financiero. Y como vimos al analiza, su impronta durante la elaboración, discusión, aprobación y defensa de la Carta económica de Mérida, él tenía bien ganado su liderazgo y reputación entre los empresarios, que trascendía allende nuestras fronteras, repuntando su también el sector político patrio.

Gracias a la relación de Tinoco con la banca internacional logró realizar el primer préstamo sindicado para la nación, el cual fue el primero en su tipo en el país, conforme nos los expresara Carlos Hernández Delfino, pues desde el empréstito con el Disconto Gesellschaft en 1896, Venezuela había permanecido sin nuevos préstamos, a excepción de algunos que trató de hacer el ministro de Hacienda José Antonio Mayobre (1913-1980) en julio de 1958, que aunque se anunció como "un préstamo sindicado" por 230 millones de dólares[392], el mismo perdió su esencia debido a que el directorio del Banco Central de Venezuela cambió de opinión y prefirió negociar con cada banco de forma independiente.

---

391 Elizabeth Fuentes, «La salud económica de un país depende de su Banco Central, entrevista a Carmelo Lauría» en *BCV 60 años 28 testimonios*. Banco Central de Venezuela. Caracas, 2001. p.61

392 *The New York Times*, Julio 1, 1958 Page 43.

Este tipo de préstamos sindicados iban de la mano con la carrera emprendida entre el Chase Manhattan Bank y el City Bank por lograr la supremacía financiera en la región, y en especial en Venezuela, luego de la nacionalización del Canal de Suez en 1956 y la destrucción del oleoducto en Siria, que ocasionó un boom petrolero para ese momento[393].

Referente al endeudamiento producto de esos préstamos, Hernández Delfino refiere:

> En 1970 el Dr. Tinoco presentó la Memoria del Ministerio de Hacienda correspondiente al año 1969. En ese documento hace un análisis de la situación fiscal y establece la deformación estructural de las cuentas públicas, en tanto y en cuanto los ingresos ordinarios no podían cubrir los gastos corrientes del Estado. Eso significa que existía un déficit operativo en las cuentas públicas, que debía solucionarse estructuralmente, mientras que el endeudamiento era un recurso excepcional. Tinoco concluye que es necesario hacer una reforma administrativa y fiscal, fundamentado en el diagnóstico que ha hecho de la Administración Pública. Toca temas muy importantes como producto de ese análisis, en el que apunta al déficit de la gestión que se financió mediante la disminución de las reservas del Tesoro, con un endeudamiento muy marginal, porque hasta 1969, y este es un tema muy importante, Venezuela no había contratado otro empréstito con el objeto de financiar gasto corriente del fisco desde el año 96 del siglo XIX, cuando lo hizo con el Disconto-Gesellschaft, que era un banco alemán, accionista del Gran Ferrocarril; en aquel caso, el empréstito cubrió el pago de la garantía de rendimientos a la compañía del Gran Ferrocarril[394].

The New York Times, en su edición del primero de abril de 1970, daba cuenta del otro préstamo sindicado firmado por el ministro de Hacienda, Pedro Tinoco, y el primer Vicepresidente del Banco Central de Venezuela, Carlos Rafael Silva, por la cantidad de 100 millones de dólares americanos. El acto de la firma tuvo lugar en las oficinas principales del Chase Manhattan Bank, que encabezaba el grupo de

---

393 Nomi Prins, *All the president's bankers. The hidden alliances that drive American power*, Nation Books, New York, 2014, p. 222.

394 Carlos Hernández Delfino. Entrevista realizada el 22 de diciembre de 2020.

16 bancos[395]. En esa misma nota, se hacía mención de que el primer préstamo se había otorgado en agosto de 1969 por la cantidad de 85 millones de dólares.

Con relación a este tipo de préstamos, la prensa venezolana de la época no los registraba con agrado, probablemente por desconocimiento de la operación, tendiendo en cuenta, la especialización que las finanzas internacionales venían experimentando para la época. Se desconocía u obviaba, que un préstamo sindicado era la forma sencilla de diluir el riesgo crediticio de la banca internacional, para lo cual se unían varios bancos, bajo la dirección de uno de ellos, fijaba a través de un consenso, los montos de capital a ser prestado por cada banco.

En enero de 1971, el diario *The New York Times* publicó un artículo intitulado "Revés en Venezuela" en el cual indicaba, que Tinoco como ministro de Hacienda, había enfrentado un déficit de 200 millones de dólares en 1970, y la resolución adoptada fue simple: recaudar impuestos e imponer otros nuevos a los artículos de lujo, como un impuesto del 15% sobre el licor importado y los automóviles, que se venden por más de 6.000 dólares[396]. Aun sin finalizar enero de 1971, el 25 de ese mes, el mismo diario publicaba otro artículo, en el cual reconocía el esfuerzo de Tinoco en tratar que el país no dependiera de la renta petrolera, a través de un programa fiscal coherente, este plan parecía haber avanzado un buen trecho en la discusión y aceptación en los ámbitos político e institucional y político, pero cuando la difícil situación internacional del Medio Oriente iba cobrando fuerza e hizo, que comenzara a elevarse el precio del petróleo, los partidos políticos abandonaron la adopción de este tipo de medidas[397].

José Vicente Rodríguez Aznar, en su testimonio escrito, para el día de las exequias de Tinoco[398], al cual hemos hecho referencia, manifestó:

> Su labor como Ministro de Hacienda fue elogiada por los más diversos sectores políticos, gubernamentales, empresariales y laborales.

[395] *The New York Times*, April 1, 1970 Page 61.

[396] *The New York Times*, January 17, 1971, p. 183 y 193

[397] *The New York Times*, January25, 1971p. 56.

[398] José Vicente Rodríguez Aznar. Documento inédito facilitado para este trabajo por su hijo José Vicente Rodríguez López

> Reordenó y modernizó el sistema fiscal y la administración tributaria; profundizó la implementación del presupuesto por programas, logrando darle vigencia legal en 1971, lo cual deseábamos desde el año 1961 en el cual se inició la implantación de este sistema; predicó y practicó la prudencia y racionalidad en el uso de los fondos públicos e hizo del Ministerio de Hacienda el organismo piloto de la Reforma Administrativa iniciada en ese período de Gobierno, dotándolo de una estructura organizativa moderna y ágil[399].

Tinoco hacía todo lo que estaba a su alcance para poder modernizar las finanzas públicas, y hacer más fluida y directa su relación con el sector empresarial, facilitando la adopción de bases consensuales, minimizando la distancia con el sector público, lo cual era menos propenso al enfrentamiento.

El día 26 de abril de 1971 participó, como Ministro de Hacienda, en el foro organizado por la Asociación Venezolana de Ejecutivos, que llevaba por nombre "Foro la oferta y la demanda de fondos en el Mercado de Capitales", en su participación comenzó agradeciendo a la asociación para "presentarle a la opinión informada del país el proyecto de Ley de Mercado de Capitales presentado para su consideración del Congreso Nacional" e hizo "una breve relación del esquema fundamental de ingresos del sector público. Los ingresos tributarios y no tributarios"[400].

Su exposición fue muy breve y se centró en explicar la tendencia positiva que había tenido el ahorro público, como consecuencia del ingreso y el gasto corriente del Estado. Al final hizo una rápida referencia a la participación directa del Estado en el Mercado de Capitales e indicó que el Estado era el mayor aportador y tomador de fondos ya que para el año 1970 colocó bonos por valor de 578 millones de bolívares.

En esa misma ocasión, expresaba, que el Banco Central de Venezuela tenía en sus cuentas títulos del Mercado de Capitales por 960 millones de bolívares, de los cuales 916 millones de bolívares eran en

---

399 Ídem.

400 *Foro la oferta y la demanda de fondos en el Mercado de Capitales* organizado por la Asociación Venezolana de Ejecutivos celebrado en Caracas del 26 de abril al 6 de mayo de 1971. P-19.

títulos públicos y apenas 44 millones de bolívares eran títulos privados. Finalizó su exposición diciendo:

> La acción del Estado que ha faltado en el mercado de capitales, la cual aspiramos proponer este año (1971) como instrumentación y complementación de la Ley de Mercado de Capitales, es la creación de una institución financiera que tenga como finalidad promover el mercado, hacer el mercado, darle movimiento al mercado y servirle de elemento de estabilización para el mercado de valores[401].

La Ley de Mercado de Capitales fue aprobada por el Congreso de la República el 16 de mayo de 1973 e incluía la creación de la Comisión Nacional de Valores que tenía por objetivo la promoción, regulación, vigilancia y supervisión del mercado de valores. La ley sufrió modificaciones en 1975. Por decisión de sus accionistas, en 1976, la Bolsa de Comercio de Caracas pasó a llamarse Bolsa de Valores de Caracas.

El economista José Toro Hardy describe como "fondos prestables" aquellos capitales que provienen de las economías: doméstica, de las empresas y del gobierno y que son los capitales producto del ahorro o que otros denominan capitales excedentes. Sin embargo, hay que diferenciar los fondos que proceden de apartados o reservas de aquellos que constituyen ahorro neto[402].

En 1971, la economía giraba normalmente y el libre acceso a las divisas era la norma, no había ningún tipo de restricción. Eso permitía que el ahorro del que hablamos pudiera ser fácilmente transado en bolívares o en otro tipo de monedas. Eso significaba una relación de libre mercado de capitales con acceso internacional.

Cuando Tinoco hablaba del proyecto de Ley de Mercado de Capitales, no imaginaba la dimensión, que iba a adquirir el movimiento bursátil pocos años después. Así como grupos económicos tradicionales comenzaban a emprender proyectos de inversión de gran envergadura, que no hubieran sido posibles con los niveles de ahorro antes de 1975, otros grupos emergentes también hacían lo mismo. Las condiciones es-

---

401 Ibíd. P-23.

402 José Toro Hardy, *"Fundamentos... "*, op.cit, p. 109.

taban dadas debido al incremento sustancial de los ingresos petroleros, la fortaleza del bolívar y la libre convertibilidad de la moneda. La inversión extranjera iba y venía sin más limitación que las que imponían las leyes en cada sector. Había libre mercado.

Entre los grupos emergentes van a figurar especialmente dos que comenzaron sus actividades industriales en los años 40. Estos grupos eran el de Cervecería Polar de Mendoza Fleury y la Organización Cisneros de Diego y Antonio Cisneros, este último manejado por sus hijos Gustavo, Ricardo y Oswaldo Cisneros a partir de los años 70. Ese grupo se relacionó muy estrechamente con Tinoco, quien se convirtió en su consejero y abogado. Pero así, como estos grupos se destacaban, figuraban otros emergentes como el de Pinturas Montana (Corimon) de Hans Newman, Central Medeirense de las familias portuguesas Macedo y Abreu, o tradicionales como el Grupo 1BC de Bottome, Phelps y Granier, Grupo de Materiales Mendoza de Eugenio Mendoza, Grupo de Sivensa de Machado Zuloaga, Grupo de la Electricidad de Caracas capitaneado por las familias Zuloaga y Machado, amén de los grupos, que conformaban el "alto Comercio"[403] formados en el siglo XIX con las casas comerciales como el Grupo Vollmer, Grupo Blohm, Grupo Boulton, entre otros.

Todos estos grupos nombrados a título ejemplificativo, actores esenciales de la historia económica y empresarial del país, lograban apalancamientos, a través de la banca internacional, para sus actividades e inversiones, además se beneficiaron de la modernidad, que representaba la nueva Ley de Mercado de Capitales.

Según un estudio publicado por la Bolsa de Valores de Caracas[404], sus autores indican, que el comportamiento del ahorro y la inversión en Venezuela permite distinguir cuatro etapas para el período comprendido entre 1968 y 1986:

1. La primera de 1968 a 1973, donde el cuadro macroeconómico se caracterizaba por un rápido crecimiento económico equili-

403 "Alto Comercio" es un término que se atribuye a la historiadora e Individuo de Número de la Academia Nacional de la Historia Catalina Banko, empleado para identificar a los dueños de las casas comerciales del siglo XIX.

404 Roxana Lattanzi, Francisco Vivancos, Luis Zambrano, *Sistema financiero, mercado de capitales y mercado bursátil en Venezuela*, Bolsa de Valores de Caracas, Caracas, 1988. P. 11

brado con la balanza de pagos moderadamente superavitaria y el ahorro bruto crecía 14,5% interanual[405].

2. La segunda etapa desde 1974 a 1978, donde hubo cambios profundos en la economía por el volumen de ingresos petroleros y el cambio en la estructura de su distribución doméstica[406].
3. La tercera desde 1979 a 1982, donde la balanza de pagos se hace deficitaria pese a un repunte de las exportaciones petroleras y la combinación de profundos desajustes internos y externos con una caía de la actividad económica. Por último, la cuarta etapa el período que va desde 1983 a 1986 en el cual se inicia un desequilibrio cambiario sin precedentes, una caída en los ingresos petroleros y presiones externas por el pago del servicio de la deuda.

Estas cuatro etapas las vivió Tinoco y en especial la primera que corresponde a su período como ministro de Hacienda. Es la etapa más equilibrada, sin embargo la siguiente es la que mayores beneficios económicos generó al sector privado.

Los desequilibrios económicos, producto de la adopción de decisiones erráticas en el manejo de las finanzas públicas se hizo visible el 18 de febrero de 1983, conocido como el famoso "viernes negro", que condujo al establecimiento de un sistema de control de cambio con tasas preferenciales, y a la creación de un Régimen de Cambio Diferencial (Recadi), órgano de control para el manejo de las asignaciones de montos en divisas. Esas diferencias en las tasas de cambio para determinadas actividades o sectores de la economía, hicieron de Recadi una oficina que se prestaba para ser considerada como un centro de corrupción administrativa.

En la entrevista, sostenida con el exministro de Cordiplan, Miguel Rodríguez Fandeo, esgrimió una razón para entender la el desenvolvimiento de la economía del país. Venezuela en 1981, era un país acreedor neto y no deudor neto de la banca internacional, debido a que poseía en bancos extranjeros a través del Fondo de Inversiones de Venezuela,

---

405 Ídem.

406 Ibíd., p. 16 y 20.

reservas internacionales por el orden de 12.000 millones de dólares, a través de Petróleos de Venezuela, Pdvsa, de aproximadamente 10.000 millones de dólares, y el Banco Central de Venezuela, con reservas de aproximadamente 14.500 millones de dólares, la deuda externa total no superaba la suma de esos montos.

En 1982 el presidente del BCV de aquella época convenció al presidente de la república, Luis Herrera Campins, de la necesidad de agrupar todas las reservas en el instituto emisor, pero la caída de la economía, las tasas de interés bajas con respecto a las de países desarrollados, el descontrol de los altos ingresos petroleros más este movimiento de reservas; desató la más grande fuga de capitales que ha tenido algún país latinoamericano. Una fuga de capitales, realizada de forma legal, en virtud de que existía libre convertibilidad de la moneda y sin restricciones de montos. Fue un simple cambio de bolívares por dólares, pero de unos dólares que estaban en el BCV. Cuando se decidió parar la fuga, el "viernes negro", ya Venezuela había pasado de ser un acreedor neto a un deudor neto de la banca internacional[407].

La Superintendencia de Bancos, en su informe anual de 1970, sometido a la consideración del ministro de Hacienda, Pedro Tinoco, destacaba el impacto de la reforma hecha a la Ley de Bancos en la cual se establecían disposiciones especiales y prohibiciones para aquellos institutos bancarios en cuyo capital social la participación extranjera superaba el 20%. Dicha reforma afectaba enormemente al Banco Mercantil y Agrícola (hoy Banco Mercantil) ya que el Chase Manhattan Bank poseía el 49% de las acciones e impactaba también al City Bank ya que era un banco totalmente extranjero. Hay que hacer notar que no prohibía la participación por encima del 20%, solo que aquellos que la sobrepasaran se les resultaba difícil operar por las prohibiciones y disposiciones especiales.

Esta reforma la catalogó el diario The New York Times como un "problema del naciente nacionalismo en Venezuela". La respuesta del Chase Manhattan fue inmediata, en la primera semana de abril procedió a vender a inversionistas venezolanos suficientes acciones para bajar su

[407] Miguel Rodríguez Fandeo, conversación del 31 de mayo de 2021.

participación al 20%[408]. El City Bank optó por reducir el ritmo de sus operaciones en Venezuela.

El 12 de abril de 1972 Tinoco dejó el Ministerio de Hacienda, y regresó a sus labores profesionales en su escritorio y en el Banco Mercantil y Agrícola.

En la presidencia del Banco Mercantil y Agrícola, se encontraba Alfredo Machado Gómez (1920-1985), quien había desempeñado la presidencia del Banco Central de Venezuela entre 1961 y 1968, y sustituyó a Pedro Tinoco en 1968 por decisión de la asamblea de accionistas. Al regresar Tinoco del ministerio de Hacienda, su recibimiento fue reseñado por la revista Banca y Seguros, en su edición correspondiente al segundo semestre de 1972, de la siguiente manera:

> Con evidente contentamiento y singular agrado fue recibida la reincorporación, a la Junta Directiva, del Dr. Pedro R. Tinoco, Vicepresidente del Instituto y profesional distinguido, vinculado cercanamente a la actividad bancaria nacional. Viene el Dr. Tinoco de ocupar –con lujo de aciertos y competencia– la alta función de Ministro de Hacienda, en el gabinete del Presidente Caldera. Posición que renunció para reincorporarse a las actividades de su bufete jurídico y del ejercicio económico bancario"[409].

Al año siguiente Tinoco decidió participar como candidato a las elecciones presidenciales y publicó un opúsculo intitulado "El Estado Eficaz", mediante el cual daba a conocer su visión, como vimos en capítulos anteriores, de lo que debía ser la reforma de la Administración Pública, en general, y detalles de cómo debía manejarse las finanzas públicas, en particular.

En una entrevista con Sofía Ímber y Carlos Rangel definió su participación así:

> Yo soy el candidato del Movimiento Desarrollista. Yo he contribuido a fundar y promover un movimiento político que tiene como bandera la causa del desarrollo integral en Venezuela, en todos sus órdenes y en toda su gente. Desarrollo económico, desarrollo so-

408 *The New York Times*, April 18, 1971, p-57 y 59.

409 *Revista Banca y Seguros*, 2do semestre 1972 P. 76. Editor Miguel Ángel García e Hijo, Caracas, Nro. 183, septiembre 1972, p. 76.

cial, desarrollo cultural, científico, tecnológico... Todo lo que hace que un país progrese[410].

Su participación política le costó el puesto en la junta directiva del Banco Mercantil y Agrícola, banco liderado por la familia Vollmer. Pocos meses más tarde los accionistas del Banco Latino Americano de Venezuela, fundado en 1950 como Banco Francés-Italiano, le ofrecieron la presidencia de la institución y participación accionaria, la cual aceptó el 29 de abril de 1974. Adicionalmente el presidente Carlos Andrés Pérez lo convocó para que participara, con carácter ad-honorem, como presidente de la Comisión de Reforma Integral de la Administración Pública, tal como también lo referiremos al analizar sus aportes como reformador y su visión, siempre lineal, en torno al rol que debe asignarse al Estado y a las relaciones que deben mantener con el sector privado.

A partir de la incorporación de Venezuela en el Pacto Andino, en febrero de 1973 y el nombramiento de Nelson Rockefeller, en diciembre de 1974, como vicepresidente de Estados Unidos de América nombrado por el Presidente Gerald Ford quien asumió la presidencia por la renuncia de Richard Nixon, los Rockefeller tomaron la decisión de vender sus propiedades en Venezuela y entre los activos figuraba la red de supermercados CADA, Compañía Anónima Distribuidora de Alimentos, con 48 tiendas, más de dos mil trecientos

empleados y una facturación cercana a los 300 millones de dólares al año[411], dicha red le fue vendida al Grupo Cisneros, un grupo empresarial exitoso al que ya hemos hecho referencia y que contaba con varias empresas importantes, entre ellas: las embotelladoras del refresco Pepsi Cola, Helados Tío Rico y el canal de televisión Venevisión. Como asesor de los Rockefeller, Tinoco forjó un nexo muy importante con la familia Cisneros, al punto que fue nombrado presidente de la empresa CADA. Rodman Rockefeller, hijo de Nelson Rockefeller, consideraba a Tinoco como "un buen amigo y uno de los individuos más brillantes de Venezuela[412]" El Grupo Cisneros logró tener el 3,5% de las acciones

---

410 Entrevista en el programa *"Buenos días"* con Sofía Ímber y Carlos Rangel. 11/05/1973. https://cutt.ly/eEkJhT5

411 Pablo Bachelet, *Gustavo Cisneros un empresario global*, Editorial Planeta, España, 2004, p. 54.

412 Ibíd.p 53.

del Banco Latino, a Tinoco lo consideraban como un tutor y le llamaban dentro del grupo: Buda[413].

Entre los consejos que siempre daba Tinoco a sus allegados o asesorados estaba que "siempre hay que pagar puntualmente a los bancos y avisarles con anticipación sobre cualquier problema"[414].

Para establecer la importancia de cada banco en determinado período en la economía del país, se puede crear una tabla de escalas tomando en consideración los depósitos del público en la banca y lo que estos representan en términos porcentuales del Producto Interno Bruto, siendo un "**súper banco**" aquel que logra exceder al 1% del PIB, pero midiéndolo a través de una escala en cuanto al porcentaje que maneja de los depósitos totales del público.

En virtud de la "bancarización[415]", ese porcentaje, por promedio para el último cuarto del siglo XX, se ubica en 8% del total de los depósitos del público en la banca para cada punto del PIB, mientras que un banco grande sería aquel que no llega al punto porcentual del PIB pero excede el medio punto y así sigue la clasificación hasta llegar al banco incipiente pasando por el mediano y el pequeño. La tabla propuesta[416] es como sigue:

Cuadro Nro. 1

Calificación según % del total de los depósitos del público
No incluye depósitos del gobierno
SUPER BANCOS + de 8%
GRANDES entre 5 y 7,99%
MEDIANOS entre 3 y 4.99%
PEQUEÑOS entre 1 y 2,99%
INCIPIENTES menos del 1%

413 Ibíd., p 42

414 Ibíd., p 62.

415 Término que se usa para indicar el porcentaje de habitantes con cuentas o instrumentos bancarios.

416 Material inédito que nos fuera gentilmente suministrado para este trabajo por su autor, Gerardo Antonio Tirado Yepes, historiador de la banca en Venezuela.

Al aplicar esta escala podemos observar un panorama más esclarecedor de la actividad bancaria en Venezuela para determinados años relacionados con la vida de banquero de Pedro Tinoco, hijo.

En primer lugar, podemos afirmar que el Banco Francés-Italiano (1950), luego Banco Latino Americano de Venezuela (1968) y finalmente Banco Latino (1974), no era un banco pequeño, como afirman algunos autores. Cuando Pedro Tinoco pasó a ser su presidente y accionista, el banco ocupaba el quinto puesto en depósitos del público en un sistema bancario conformado por 27 instituciones y que según la escala antes señalada sería un banco grande, ya que superaba el medio punto porcentual del PIB para 1974. En ese año, según la escala citada, existían solamente 3 súper bancos (Venezuela, Unión y Nacional de Descuento), seguido de 3 bancos grandes (Mercantil, Industrial y Latino Americano de Venezuela), luego 6 bancos medianos (Ítalo-Venezolano, Maracaibo, Caribe, Caracas, Provincial y Consolidado),11 bancos pequeños (City Bank, Venezolano de Crédito, De la Construcción y de Oriente, Banco Royal, Metropolitano, Comercio, Occidental de Descuento, La Guaira, Exterior, República, Fomento Com. de Venezuela) y 4 bancos incipientes (Comercial de Maracaibo, Holandés Unido, Occidente y Lara).

Durante la gestión de Tinoco en lo que restaba de la década de los setenta, el Banco Latino abrió 20 agencias distribuidas en el territorio nacional. Cerró diciembre de 1979 con 3.664 millones de bolívares en depósitos totales (el equivalente a 852 millones de dólares aproximadamente), de los cuales 210 millones de bolívares pertenecían a las cuentas del gobierno, es decir; era receptor del 1,87% de los fondos oficiales que en este caso representaban casi 49 millones de dólares. Según la tabla que ya hemos indicado, para ese año todavía mantenía la posición de banco grande y no súper banco. Aunque sus números eran muy satisfactorios y mostraban un nivel elevado comparado con otras instituciones. Los depósitos oficiales en los bancos privados eran muy comunes y además se usaba como instrumento de políticas monetarias ya que ese factor, aunado a los encajes, le permitía al Banco Central de Venezuela controlar parte de la liquidez. Tomando los números que nos arrojan los informes de la Sudeban la evolución del Banco Latino referente a los depósitos oficiales para el período 1979-1983 fue así:

Cuadro Nro. 2

Evolución de la participación del Banco Latino en cuanto a los depósitos totales y oficiales En millones de bolívares					
	1979	**1980**	**1981**	**1982**	**1983**
Banco Latino					
Depósitos del Público	3.454	3.778	4.588	4.756	5.636
Depósitos Oficiales	210	323	580	857	963
Depósitos Totales	3.664	4.101	5.168	5.613	6.599
Banca en General					
Depósitos del Público	55.643	65.538	76.094	79.474	98.273
Depósitos Oficiales	11.253	12.660	13.533	10.425	11.085
Depósitos Totales	66.896	78.198	89.627	89.899	109.358
Participación en %					
Sobre totales banca					
Depósitos del Público	**6,21%**	**5,76%**	**6,03%**	**5,98%**	**5,74%**
Depósitos Oficiales	1,87%	2,55%	4,29%	8,22%	8,69%
Clasificación de Gerardo Tirado	Grande	Grande	Grande	Grande	Grande
Fuentes: Informes de la SUDEBAN.					

Como se observa el Banco Latino todavía en el año de 1983 mantenía su condición de banco grande y su participación como receptor de fondos oficiales y/o gobierno se duplicó en 1982, durante el gobierno del presidente Luis Herrera Campins. Si se observa el cuadro Nro.2 vemos que el Banco Nacional de Descuento dejó de ser un súper banco en 1983, por ser un banco intervenido, y los bancos Mercantil y Provincial ese año se convirtieron en súper bancos acompañando al Unión y al Venezuela en esa categoría.

El 16 de marzo de 1983 se efectuó la inauguración del Centro Financiero Latino, su nueva sede en la Avenida Urdaneta. El diario El Nacional[417] hizo la reseña social del evento al que asistió el presidente Luis Herrera y entre los invitados fotografiados, además de directivos del banco como Pedro Tinoco, Siro Febres Cordero, Rodolfo Palenzo-

417 Banco Latino 1950/1990, Gerencia de Información y Prensa, Vicepresidencia de Mercadeo, Banco Latino, Caracas, 1990 p-120.

na, también se podían observar a personalidades de otros bancos y del acontecer social como los señores José Álvarez Stelling, Gustavo Marturet, Oscar de Guruceaga, Carlos Beracasa, Sam Pariente, Armando Scannone y la co-anfitriona de la velada, la esposa del Dr. Tinoco, la señora Carmen Montilla, entre otros. Por supuesto no faltaron amigos y políticos. Apenas habían pasado 28 días de aquel viernes negro, el 18 de febrero, que marcó un antes y un después de la economía venezolana debido al sistema adoptado para devaluar al bolívar, aunado a la caída de los ingresos petroleros, la fuga de capitales y sobre todo al gran peso que suponía pagar la deuda externa contraída durante los gobiernos de Carlos Andrés Pérez y Luis Herrera.

Ya en 1989 el Banco Latino formaba parte del club de los súper bancos y como hemos explicado esa clasificación en nada tiene que ver con los depósitos oficiales y/o gubernamentales, sólo depósitos del público. Los cinco súper bancos eran: Provincial, Venezuela, Latino, Mercantil y Unión, siendo ese el orden en el ranking bancario para ese año.

En su existencia, el Banco Latino nunca llegó a ser el primer banco del país en cuanto a los depósitos del público, sin embargo, desde 1989 se mantuvo entre los tres primeros, muy de cerca, con el Provincial y el Venezuela.

El éxito del Banco Latino residía en Tinoco porque era un reformador nato. Como muestra; fue nombrado el 29 de julio de 1974 como presidente del banco y en diciembre de ese año le cambió el nombre a Banco Latino. Cambió el concepto tradicional que se tenía del presidente y le dio mayor importancia eliminando la figura del director gerente[418].

A su llegada modificó todas las actividades e impulsó un desarrollo sin precedentes, creó nuevas gerencias por actividades, en especial el departamento agropecuario debido al Decreto Presidencial del 09 de septiembre de 1975 tendente a impulsar la actividad agropecuaria y se fijaban porcentajes de créditos del total de la cartera hasta un máximo del 22%[419]. Un característica es que siempre estaba pendiente de la capacitación del personal bancario. En 1963 siendo presidente de la

[418] Ibid., p-90.

[419] Ibid., p-93.

Asociación Bancaria fundó conjuntamente con el INCE y el sindicato del sector bancario, el Instituto de Capacitación Bancaria (Insbanca), que tenía como objetivo capacitar al personal bancario, tanto del sector público como el privado, sin importar el nivel que desempeñaba cada empleado dentro de cada institución.

El Banco Latino reportó al cierre del primer semestre de 1975 un incremento del 42,9% de los ingresos alcanzados sobre el saldo obtenido en el primer semestre de 1974 y en cuanto a las utilidades acusó un incremento del 28,68%. Tinoco en la asamblea correspondiente a ese semestre anunció la apertura de 8 nuevas agencias, 4 en la Zona Metropolitana de Caracas y 4 en el interior del país[420].

La junta directiva del banco estaba integrada por Pedro Tinoco, hijo como presidente. Cristóbal Blohm, Alfredo D´Ambrosio, Giuseppe De Stefano, Siro Febres Cordero, Robert Genin, Armando Palenzona, Antonio J. Sucre, Uccio Zecchini como directores principales y Omar Erminy, Arturo Pérez Briceño, Félix D´Ambrosio, Silvio Velandia, Edgar Espejo, Mario Satta, Rodolfo Palenzona, Luis Augusto Vegas Benedetti, Ricardo París, Rosendo Lozada Hernández, Enzo Palenzona y Giovanni Serventi como directores suplentes[421]. El día a día del banco lo llevaba él como presidente y Antonio Ugueto Trujillo como Gerente General, además de varias gerencias. Ugueto había sido conjuntamente con José Rodríguez Aznar sus colaboradores en el Ministerio de Hacienda.

Su afán por la modernización y actualización de la banca siempre estuvo presente. En una entrevista para el periodista Luis Guerra Fortique de *El Nacional* con motivo de su participación como presidente del Sexto Congreso Panamericano de EFT (Transferencia Electrónica de Fondos por sus siglas en inglés), realizado en el Hotel Tamanaco en Caracas, el día 27 de abril de 1987 dijo:

> Las instituciones financieras y el comercio venezolano están conscientes de la necesidad de lograr una mayor efectividad en el manejo del dinero y del tiempo y están aplicando soluciones que, aunque sean parciales, tienden a reducir el papeleo y las colas" y luego

420 *Revista Banca y Seguros*, 1er semestre 1975, Caracas, 1975, p.64.

421 *Revista Banca y Seguros*, 1er semestre 1975 p.70.

añadió: "En mi condición de presidente del Consejo Bancario Nacional, me he propuesto promover este concepto de tal manera que en Venezuela se logre poner en práctica, en el corto plazo, el principio de cooperación y estandarización bancaria[422].

Con respecto a la evolución de los depósitos oficiales del Gobierno mostramos el siguiente cuadro:

Cuadro Nro. 3

DISTRIBUCIÓN DE LOS DEPOSITOS OFICIALES EN LA BANCA COMERCIAL (En % de total de depósitos oficiales)							
	1969	1974	1983	1989	1990	1991	1992
Venezuela	11,84%	16,12%	3,45%	6,93%	8,49%	7,42%	3,16%
Provincial de Venezuela	2,71%	2,05%	7,21%	9,84%	9,93%	9,09%	9,40%
Latino	3,89%	4,37%	5,88%	6,28%	8,56%	6,81%	9,99%
Mercantil y Agrícola	1,30%	3,43%	3,68%	4,73%	6,43%	4,48%	5,15%
Industrial de Venezuela	20,07%	18,91%	8,96%	15,86%	17,51%	24,18%	25,32%
Italo - Venezolano	2,30%	3,28%	1,03%	9,66%		6,41%	4,36%
Unión	6,24%	6,36%	3,57%	8,10%	7,17%	5,58%	6,98%
Consolidado	1,57%	1,59%	0,74%	1,70%	2,17%	0,65%	1,38%
Caribe	6,87%	3,47%	1,20%	1,37%	1,62%	2,36%	1,13%
Caracas	0,63%	1,24%	0,23%	2,27%	1,36%	0,90%	0,50%
Venezolano de Crédito	0,39%	0,75%	0,04%	0,09%	0,04%	0,03%	0,08%
Oficiales *	1.104,00	3.849,07	16.390,00	28.937,00	52.930,00	75.776,00	92.696,00
Del Público*	7.641,00	18.920,91	98.274,00	356.885,00	597.748,00	953.592,00	1.159.106,00
Depósitos Totales*	8.745,00	22.769,98	114.664,00	385.822,00	650.678,00	1.029.368,00	1.251.802,00
(*) En millones de Bolívares							

Fuente: Informes de la Suprintendencia de Bancos
Autor: Gerardo Antonio Tirado Yepes

En el cuadro que antecede podemos observar que los bancos Provincial y Latino fueron aumentando hasta desplazar al Banco de Venezuela como el gran receptor de los fondos públicos al igual que el Banco Unión en algún momento, pero es importante resaltar que la vez que el Latino tuvo su mayor porción de los depósitos oficiales fue en el año 1992, año en que Tinoco ya se había retirado producto de su convalecencia por una fatal enfermedad. En el caso del Banco Mercantil se puede observar que siempre mantuvieron un promedio del 5% aproximado.

422 *Diario El Nacional*, Economía, 28 de abril de 1987.

Es el año 1989 cuando Tinoco llegó a la presidencia del Banco Central de Venezuela y se puede observar que la recepción importante de los fondos públicos estaba entre los bancos Provincial, Unión, Venezuela, Italo-Venezolano y Latino en quinto lugar. Para 1992 el Banco Latino pasa a ser el primer receptor de estos fondos al alcanzar el 9,99%, seguido muy de cerca por el Banco Provincial con 9,40%. En los tres años que estuvo de presidente del Banco Central de Venezuela procuró que no aumentasen los depósitos oficiales y que el Banco Latino no ocupara la posición de líder en ese rubro, sin embargo, la medición que hace Sudeban al cierre de 1992 cuando, como hemos indicado, ya Tinoco se había retirado de toda la vida profesional pública y privada por lo que esa posición en el ranking no es de su gestión.

En la elección para la presidencia de la república realizada en diciembre de 1988, resultó ganador Carlos Andrés Pérez, lo que sería su segundo mandato. Pérez venía en esta oportunidad con la mejor disposición de codearse con gente muy capaz para hacer salir de la crisis económica que se vivía, a raíz de los pagos que debían hacerse por el monto de la deuda pública externa. Entre las personas que figuraban en su plan estaba Pedro Tinoco, hijo, a quien nombró de presidente del Banco Central de Venezuela, nombramiento que no fue muy bien recibido por algunos sectores ya que se decía que podía haber conflicto de intereses debido a su condición de ser presidente de un banco comercial. Según sus propias palabras:

> Entré a participar en las actividades del Consejo Bancario Nacional y fui designado por dos períodos miembro del directorio del Banco Central de Venezuela al encabezar la terna presentada por el Consejo. Luego fui electo presidente del Consejo Bancario Nacional, cargo que ejercí hasta mi designación como presidente en el Banco Central de Venezuela[423].

Como se observa Tinoco tenía tiempo relacionado con el directorio del Banco Central de Venezuela por lo que pudiéramos pensar en que no había espacio para aludir a un conflicto de intereses, al contrario, se

423 Juan Carlos Zapata, Semanario El Capital, semana del 4 al 10 de abril, Artículo "De mi puño y letra", 1993.

estaba colocando al frente del instituto a alguien de su mismo directorio, lo que resultaba en una ventaja para el manejo de las políticas, como banco central, que debía emprender el nuevo gobierno.

El presidente Pérez se refería a este asunto de la siguiente manera: "…en todas partes del mundo, por lo regular, los presidentes de los bancos centrales son banqueros o ex banqueros, gentes relacionadas con el mundo financiero"[424].

Pedro Rosas Bravo, quien trabajó en el Banco Central de Venezuela, tanto en las conversaciones sostenidas, y especialmente, en la reseña que deferentemente nos preparó para avalar lo expresado en esas reuniones telemáticas, apunta:

> Fue precisamente allí en el Directorio del Banco donde comenzó mi amistad con el Dr. Tinoco, que desempeñaba la posición de miembro principal del Directorio en representación del Consejo Bancario Nacional. Debo resaltar un hecho singular, del cual fui testigo: el Dr. Tinoco se retiraba de la sala del Directorio, que se reunía semanalmente, cuando se entraba a considerar la política de redescuentos, asistencia bancaria especial y anticipos, inclusive los casos de instituciones bancarias con problemas de liquidez o cobertura del encaje legal. Regresaba al recinto, solo cuando el gerente de Operaciones Monetarias e Inversiones concluía del todo su exposición al cuerpo de directores y autoridades del BCV. Era evidente que el Dr. Tinoco se ausentaba para mantenerse al margen de decisiones que regularmente tomaba el Instituto respecto a sus operaciones de crédito con la banca, que pudieran prestarse a un evidente conflicto de intereses dada su posición de representante de la comunidad bancaria y presidente de una institución bancaria de mediana actividad[425].

Del artículo "De mi puño y letra", del periodista Juan Carlos Zapata para el semanario económico "El Capital"[426] extraemos lo que le expresó Tinoco:

---

424 Ramón Hernández, Roberto Giusti, *"Carlos Andrés Pérez…"*, op.cit,p. 405.

425 Pedro Rosas Bravo, Reseña que nos fuera remitida.

426 Juan Carlos Zapata, Semanario El Capital, semana del 4 al 10 de abril, Artículo "De mi puño y letra", 1993.

Al asumir la presidencia del BCV plantee el siguiente plan de trabajo: Medidas financieras de urgencia que requerían acciones inmediatas. 1. Restablecer la caja en dólares del BCV, pues las reservas líquidas estaban casi agotadas. Se utilizó el primer tramo de nuestra posición en el Fondo Monetario Internacional. Se negoció un acuerdo con el F.M.I., por el cual se nos abría una facilidad crediticia a mediano plazo de más de 6.000 millones de dólares. Se obtuvo un préstamo a corto plazo del Banco de España (El Banco Central del estado español) por $500 millones. Se obtuvo un apoyo crediticio a corto plazo del tesoro de los Estados Unidos. Se obtuvo de los más de 320 bancos acreedores de la deuda pública externa del país un diferimiento de los pagos de capital. 2. Se celebró un nuevo convenio cambiario con el Ejecutivo Nacional para: Terminar el Régimen de Cambios Diferenciales (Recadi) y sustituirlo por un régimen de cambio único y flotante. Organización y entrenamiento del personal para la Mesa de Cambios. Asesoría del Banco de España y del Fondo Monetario Internacional. Se estableció la normativa para el otorgamiento de dólares preferenciales a las cartas de crédito emitidas bajo el régimen de Recadi y pendientes de pago por un monto aproximado de US$ 6.500 millones, abiertas para la importación de mercancías con la autorización de Recadi. 3. Se modificó el régimen de fijación de las tasas de interés para que ellas puedan estar determinadas por el mercado, lo que permite al ahorrista recibir intereses reales positivos. Esta medida era indispensable para estimular el crecimiento del ahorro interno (en el país hay más de 7 millones de ahorristas) y estimular el retorno de capitales al país. A partir del año 1990 se comenzó a sentir en forma sustancial ese retorno de capitales. 4. Se inició la política monetaria de carácter restrictivo para limitar el circulante al volumen requerido para el funcionamiento normal de la economía, evitando así presiones inflacionarias por la expansión de la demanda agregada. Normas sobre encajes, emisión y subasta "0" cupón, mesa de dinero. 5. El arranque de una política global para contener la inflación, la cual implica disciplina fiscal, contención monetaria y competencia en el mercado[427].

Para lograr poner en marcha todo lo expuesto en el párrafo anterior, se necesitó la concurrencia de personalidades de primer orden, que

[427] Ídem.

dominaran la materia, tuvieran prestigio y que se desenvolvieran con la soltura necesaria para alcanzar metas y objetivos preestablecidos y además que contaran con una agenda de contactos con la banca internacional.

Una de esas figuras importantes fue Tinoco, quien estuvo acompañado por un grupo de profesionales, muchos de los cuales habían sido beneficiarios de las becas de la Fundación Gran Mariscal de Ayacucho para estudiar en las principales universidades del mundo, es decir estaban muy bien preparados. Podemos citar especialmente a Miguel Rodríguez Fandeo, a quien el presidente Carlos Andrés Pérez le encomendó la tarea de dirigir Cordiplan, a Carlos Hernández Delfino, Pedro Rosas Bravo, Gustavo García Osío, Moisés Naim, Ricardo Haussman, Edgar Leal, Fernando Martínez Mottola, Carlos Stark Rausseo, Nelson Ortiz, entre otros.

Para entender la importancia de las medidas que debían tomarse en 1989 para paliar la crisis financiera que afectaba a Venezuela es preciso retroceder por lo menos 16 años. Algunos historiadores sitúan los orígenes de la crisis financiera en octubre de 1973 cuando tuvo lugar la guerra conocida como la Guerra del Yom Kipur producto de un ataque sorpresa de Siria y Egipto a Israel. Esta guerra duró 19 días y salió victorioso el Estado de Israel. Los países árabes decidieron aplicar un embargo petrolero contra los países de occidente por su apoyo a Israel durante la guerra. Este embargo, que se levantó en marzo de 1974, ocasionó que el precio del petróleo subiera de 2,90 a 11,90 dólares por barril. La banca internacional, en especial la estadounidense con City Bank a la cabeza, llena de petrodólares a partir del embargo petrolero, se fijó en América Latina como objetivo de préstamos, centrándose específicamente en economías como Brasil, México y Argentina, otros banqueros hicieron lo mismo para prestarle a países como Venezuela y convertirlos en una fuente de fáciles ingresos, ya que estos países aceptaban altas tasas de interés por el atractivo de plazos mayores a lo establecido en aquella época, por ejemplo; pasaron de créditos de ocho años a quince años[428]. El caso de Brasil fue emblemático ya que solamente los préstamos otorgados por el City Bank pasaron de 1.000 millones a 5.000 millones de

[428] Nomi Prins, "*All the president's bankers...*", op. cit., p. 293.

dólares en sólo seis años[429]. El endeudamiento de estos países continuó debido a que el precio del barril de petróleo alcanzó los 35 dólares en 1980 pero inició una caída vertiginosa a partir de 1981 con consecuencias muy funestas para las partes, bancos acreedores y países deudores.

La situación era complicada, tal como se desprendían de informes de la institución norteamericana FDIC (Federal Deposit Insurance Corporation), "para octubre de 1983, 27 países que debían $ 239 mil millones habían reprogramado sus deudas con los bancos o estaban en proceso de hacerlo... Dieciséis de las naciones eran de América Latina"[430].

Según las cifras publicadas por la Cepal[431], en millones de dólares corrientes, la deuda externa venezolana se ubicaba en 26.963 en 1980 llegando a 31.611 en 1983. Lo que significaba un peso muy grande para una economía que dependía casi totalmente de los ingresos por exportaciones petroleras y que los mismos estaban en pronunciado descenso.

Durante el gobierno del presidente Jaime Lusinchi, se produjeron algunos acuerdos para renegociar la deuda externa. El 12 de marzo de 1987 le anunciaba al país, en cadena nacional de radio y televisión que:

> Los términos acordados el 27 de febrero último establecen la ampliación a trece años y medio (18 meses más que el convenio anterior) para la amortización del capital, empezando por pagar 250 millones de dólares este año y concluyendo con 2.338 millones en 1999; la rebaja a 7/8% del margen aplicable para las tasas libor (precio del dinero en el mercado interbancario de Londres) al igual que para los intereses fijos; sin años de gracia y la promesa de futuros préstamos… Respecto a diferir los mayores pagos al futuro, dijo que si su Gobierno no había contraído ese endeudamiento, que tampoco fue destinado para financiar el desarrollo, "no era justo que lo pagáramos todo nosotros". En compensación subrayó la posibilidad de una apertura de nuevos, créditos externos para Venezuela[432].

Los acuerdos se hicieron inviables para pagar, debido a la caída de los precios del petróleo. La deuda externa alcanzaba según la Cepal

---

429 Ídem

430 Ibíd. p. 332.

431 "Estadísticas e indicadores", CEPAL, consultada 31 de octubre de 2020, https://cutt.ly/bEkJTO0

432 Reportaje de Ludmila Vinogradoffen https://cutt.ly/7EkJSk6.

30.815 millones de dólares corrientes para finales de 1986. En entrevista de Sofía Ímber con Carmelo Lauria[433], realizada el 25 de abril de 1989, en el programa "Buenos Días" transmito por Venevisión, el exministro se refirió a un titular de prensa, aparecido en 1989, luego de dejar la presidencia Jaime Lusinchi:

> El presidente no dijo nunca que lo engañaron, el presidente lo que dijo fue que en el sistema de relaciones con los bancos, que también cambió, se trabajó sobre un supuesto engañoso –y las palabras tienen su mérito y tú lo sabes– y además un supuesto que antes eran las reglas de juego, que si tú le pagabas a un banco, tú cumplías con un banco y los bancos te restituían los flujos financieros. Lo que pasa es que también cambió el sistema de relaciones con la banca internacional porque esas no eran las reglas del juego Sofía, y eso fue lo que dijo el Presidente, lo que pasa es que sacaron un titular que dice que el Presidente dijo que la Banca nos engañó. Fíjate que una de las cosas que hay que aprovechar ahorita, a mí me da miedo que en este momento también estemos sobre la base de conversando con absoluta buena fe con los bancos, con absoluta buena fe con los organismos internacionales y con los gobiernos, y que de una u otra forma nos alegan una circunstancia especial y después no nos cumplan y esa es una cosa que nosotros tenemos que tener en cuenta, y eso es lo que pasa en los gobiernos yo te quiero insistir en eso porque a mí no me gusta, Sofía, y tú lo sabes, justificar conductas, porque eso no tiene ningún sentido, eso no es positivo, a mí no me gusta.

No era nada fácil la labor que tenía ante sí el equipo económico que había nombrado el recién electo presidente Carlos Andrés Pérez para darle vida a lo que se había denominado la política de el «Gran Viraje».

Antes de tomar posesión del cargo como presidente, Carlos Andrés Pérez había anunciado que su Plan Económico Global de corto plazo, suponía aumentos en el precio de la gasolina y de todos los servicios públicos, además de negociar con el Fondo Monetario Internacional.

---

[433] Entrevista Sofía Ímber y Carlos Rangel https://cutt.ly/KEz6lL5

Las diligencias previas se hicieron con mucha anterioridad. Según nos narra el propio Miguel Rodríguez, en la entrevista realizada para este trabajo[434]. Él había regresado de realizar su doctorado en economía en la Universidad de Yale, en el año 1983 y comenzó a dar clases en el IESA. Criticó duramente las políticas económicas del gobierno del presidente Luis Herrera a través de trabajos escritos en 1984, que llevaban por título "Verdadero origen del endeudamiento de Venezuela" y "Mitos y realidades del endeudamiento externo Venezolano", se hicieron muy famosos y los publicaron varios medios impresos del país. Gumersindo Rodríguez le recomendó al expresidente Carlos Andrés Pérez para que los leyera.

En esos trabajos se puede revisar con lujo de detalles lo que ya explicamos referente a la fuga de capitales y cómo Venezuela de acreedor neto se convirtió en deudor neto de la banca extranjera. El hecho es que en 1987 Miguel Rodríguez participó en un concurso para entrar al Peterson Institute for International Economy, el más prestigioso de investigaciones económicas en Estados Unidos. Ganó el concurso y se fue a Washington desde abril de 1987 hasta noviembre de 1988. Durante ese tiempo Carlos Andrés Pérez iba a Washington todos los meses a visitar a una de sus hijas que estaba enferma y aprovechaba y se reunía con Miguel Rodríguez.

Es en esa época, el exministro de Cordiplan, escribió un trabajo intitulado "Hacia una renovación del crecimiento no inflacionario en Venezuela en la década de los noventa. Un «*blueprint*» de política macroeconómica para la nueva administración", el cual ya lo había leído el presidente Carlos Andrés Pérez, y cuando Rodríguez regresó en noviembre de 1988, lo tradujeron como "El Gran Viraje. Los lineamientos de política económica del Octavo Plan de la Nación", por supuesto nunca lo pudo publicar.

Miguel Rodríguez, se incorporó a las reuniones de la campaña presidencial que organizaba Reinaldo Figueredo y ahí comenzó su relación estrecha con Pedro Tinoco, quien ya se sabía que iba como presidente del Banco Central de Venezuela y no como Ministro de Hacienda porque ese puesto había sido acordado con Acción Democrática para Eglée Iturbe de Blanco, quien era viceministro de ese mismo despacho.

---

[434] Entrevista con el Dr. Miguel Rodríguez. Conversación el 31 de mayo de 2021.

Una vez que se ganaron las elecciones, y ya estaba el cierre del año 1988, Eglée de Blanco le informó al equipo de Pérez, que había un problema en puertas, ya que se debían pagar 2.000 millones de dólares en cartas de crédito, y analizando los números, Tinoco y Rodríguez se percataron, que además el gobierno de Lusinchi, había pagado 4.500 millones de dólares por año, y que ese año 1989 había que pagarlo también. Es así como solicitaron la ayuda a dos grandes amigos, que trabajaban en el Banco Central de Venezuela para poder aclarar los números, ellos fueron José Vicente Rodríguez Aznar y Pedro Rosas Bravo.

Por tanto, resultó que el monto del problema de las cartas de crédito llegó a 6.500 millones de dólares y el servicio de la deuda era de 4.500 millones de dólares, es decir que en el año 1989 había que pagar 11.000 millones de dólares y según las cifras publicadas en el Banco Central de Venezuela sólo había 300 millones de dólares para los pagos.

Entre las primeras diligencias estuvo un viaje a Washington donde debía darse una primera reunión con el Fondo Monetario Internacional para tratar lo inherente al pago de la deuda ya que Venezuela estaba incumpliendo con los pagos programados. Tinoco acompañó al Ministro de Cordiplan, Miguel Rodríguez en todas las reuniones, y todavía no eran ni ministro ni presidente del Banco Ventral de Venezuela, ya que Pérez no había tomado posesión del cargo.

En aquella época el problema de la deuda de los países latinoamericanos era de gran preocupación debido a que los países de economías grandes estaban impedidos de pagar sus compromisos. Ya había habido un intento por aliviar la carga de la deuda a través de lo que se llamó el Plan Baker, anunciado por el Secretario del Tesoro de Estados Unidos de América en la reunión anual del FMI y del Banco Mundial, en Seúl en octubre de 1985.

Este plan estaba más enfocado en alargar los plazos de pago, pero por primera vez ya se hablaba de que el problema era global y no simplemente de la banca y los países deudores[435]. No fue suficiente. El presidente del Bank of America declaró, en junio de 1987, donde ponía de manifiesto que el banco podría perder más de 7 mil millones de dó-

435 Carlos Hernández Delfino "El plan Baker", Prodavinci, consultado el 3 de agosto de 2021 en https://prodavinci.com/el-plan-baker-para-la-deuda/

lares si los países de economías más grandes de América Latina (México, Brasil y Venezuela) incumplieran, la firma registró una pérdida de mil millones en el primer trimestre[436]. Previamente, según la periodista norteamericana Nomi Prins, el 21 de mayo de 1987, habiendo decidido que el gobierno no se estaba moviendo lo suficientemente rápido como para ayudar a los bancos privados a contener la creciente crisis, John Reed, presidente del Citicorp anunció que agregaría 3.000 millones de dólares a sus reservas para pérdidas por préstamos contra préstamos del tercer mundo, acumulando una pérdida trimestral de 2.500 millones de dólares[437].

A mediados del año 1988 el presidente de Estados Unidos de América, Ronald Reagan, anunció la renuncia del Secretario del Tesoro, James Baker e hizo el nombramiento de Nicholas Brady. Baker pasó a ser jefe de la campaña de George Bush, quien ganó las elecciones y tomó posesión del cargo el 20 de enero de 1989.

El 7 de marzo el Secretario del Tesoro, Nicholas Brady, anunció que el Tesoro americano intentaría crear nuevos incentivos para que los bancos comerciales y los países deudores negocien la reducción voluntaria de la deuda. Los incentivos incluían cambios en las regulaciones bancarias y el uso de recursos del FMI y del Banco Mundial para respaldar las propuestas de titularización de deuda[438].

Conocedores de toda la temática financiera, Tinoco y Rodríguez tuvieron las primeras reuniones a principios de enero y tenían definido que debían buscar 1.500 millones de dólares a través de las fuentes de financiamiento y no con la banca privada pero no por un crédito «*standby*» de un año sino de una facilidad ampliada de al menos tres años. Se reunieron con el Tesoro Americano, bajo el planteamiento en que ya el nuevo gobierno estaba conteste de ir a un programa masivo de reformas con el Fondo Monetario, el Banco Mundial y el Banco Interamericano de Desarrollo, lo que había llamado el economista John Williamson, del Instituto Peterson, donde había trabajado Miguel Rodríguez, el Consenso de Washington.

---

436 Nomi Prins, *All the president's bankers. The hidden alliances that drive American power*, Nation Books, New York, 2014, p. 343.

437 Ibid. p. 343.

438 Ibid. p. 349.

Williamson incluía diez amplios grupos de recomendaciones políticas relativamente específicas[439]:

1. Disciplina en la política fiscal, enfocándose en evitar grandes déficits fiscales en relación con el Producto Interno Bruto;
2. Redirección del gasto público en subsidios («especialmente de subsidios indiscriminados») hacia una mayor inversión en los puntos claves para el desarrollo, servicios favorables para los pobres como la educación primaria, la atención primaria de salud e infraestructura;
3. Reforma tributaria, ampliando la base tributaria y la adopción de tipos impositivos marginales moderados;
4. Tasas de interés que sean determinadas por el mercado y positivas (pero moderadas) en términos reales;
5. Tipos de cambio competitivos;
6. Liberalización del comercio: liberación de las importaciones, con un particular énfasis en la eliminación de las restricciones cuantitativas (licencias, etc.); cualquier protección comercial deberá tener aranceles bajos y relativamente uniformes;
7. Liberalización de las barreras a la inversión extranjera directa (IED);
8. Privatización de las empresas estatales;
9. Desregulación: abolición de regulaciones que impidan acceso al mercado o restrinjan la competencia, excepto las que estén justificadas por razones de seguridad, protección del medio ambiente y al consumidor y una supervisión prudencial de entidades financieras;
10. Seguridad jurídica para los derechos de propiedad.

Venezuela, por instrucciones del presidente Pérez, ofrecía que iba a hacer su mejor esfuerzo para cumplir con casi todas las recomendaciones. Era enero de 1989, y estaban en las primeras aproximaciones del tema.

A través de varias gestiones, Tinoco y Rodríguez, lograron obtener la aprobación para 1.500 millones, los cuales estaban conformados por

---

439 John William, *What Washington means by Policy Reform*. April 1990. Peterson Institute for International Economy. En https:/www.iee.com/publications/papers/paper.cfm?

500 millones del Tesoro Americano, 500 millones del Banco de España y 500 millones de dólares de un desembolso rápido que tenía a su favor Venezuela en el FMI. Con esos 1500 millones de dólares más lo que diera la producción petrolera y los 300 millones de dólares que había en el Banco Central es que iban a pagar las cartas de crédito. Según Rodríguez, se armó un lío enorme cuando se le dijo al sector privado que no íbamos a pagar completas las cartas de crédito y la estructura que se logró acordar fue que aquellos que tenían más de seis meses de haber sido emitida la carta de crédito no recibirían nada, los de 5 meses recibirían el 20%, los de 4 meses el 40%, los de 3 meses el 60%, los de 2 meses el 80% y los de un mes el 100%. De esta forma Tinoco y Rodríguez redujeron la deuda a la mitad[440].

Lo que faltaba ahora era resolver el pago de la deuda externa. Tinoco tenía un plan de renegociación a 15 años con 7 años de gracia con tasa de interés sin premium, y Rodríguez tenía el plan que se amparaba en la nueva política que estaba desarrollando el Tesoro Americano con México que era el Plan Brady. Una noche antes de reunirse con el Fondo Monetario Internacional, el economista Gustavo García, que había estudiado en la Universidad Central de Venezuela y trabajaba para ese instituto le informó Rodríguez y a Tinoco que el Fondo tenía una política que era que no financiaban a los bancos porque no iban a permitir un «*bailout*», que quiere decir que "yo asumo el costo" y reforzaba la idea de ir a un plan como el que se estaba hablando que era el Brady[441].

Tinoco era un banquero con grandes relaciones con la banca internacional, se conocía a todos los presidentes de los bancos americanos con relación de amistad, por ejemplo, entre ellos John Reed del Citibank quien hablaba perfecto español. Tinoco hablaba varios idiomas sin acento.

Luego de una semana en Washington en reuniones con Camdessus, presidente del FMI y otras personalidades, Rodríguez y Tinoco viajaron a New York a una reunión concertada con la banca internacional. Esa reunión tuvo lugar en el auditórium de la sede del Chase Manhattan Bank con casi 1.500 banqueros, en la que Tinoco los conocía a

---

440 Entrevista con Miguel Rodríguez.

441 Entrevista con el Economista Gustavo García.

casi todos, según Miguel Rodríguez. Fue en esa reunión donde Tinoco permaneció callado y habían acordado que el orador iba a ser Miguel Rodríguez. El momento era de gran tensión, por cuanto ahí se le dijo a la banca internacional que este año, 1989, Venezuela no iba a pagar los intereses y mucho menos el capital, vamos a renegociar con ustedes, dijo Rodríguez. La respuesta fue inmediata, todos los presentes se pararon y se retiraron del salón. Es importante acotar que la mayoría de los préstamos que se tenían con la banca internacional eran sindicados, del mismo tipo en los que Tinoco se había iniciado cuando fue Ministro de Hacienda a finales de la década de los 60.

De regreso se fueron a Washington, y el FMI ya tenía una respuesta si Venezuela firmaba una carta de intención, en la que se comprometía a un plan de reformas, prácticamente las indicadas por Williamson. Del FMI se podían recibir 5.000 millones de dólares, del Banco Mundial 2.500 a 3.000 millones de dólares para esos cinco años, y el BID ofreció igual cifra de 2.500 a 3.000 millones de dólares.

Como se ha señalado, la mayoría de los países latinoamericanos eran deudores de la banca internacional a través de préstamos sindicados, lo que significaba una relación crediticia con muchos bancos y de muchos países. En el caso de Venezuela el saldo de la deuda externa de ese tipo alcanzaba la cifra de 20.600 millones de dólares aproximadamente[442].

La crisis que estaban viviendo los bancos amenazaba con quebrar a muchos de ellos por la cesación de pagos de los países deudores y es en ese momento que surge la genialidad del Plan Brady, que consistió en que el Tesoro Americano garantizaría los préstamos que tenía la banca internacional con los países latinoamericanos, siempre y cuando se utilizaran préstamos de los organismos multilaterales como el Fondo Monetario Internacional, el Banco Mundial y el Banco Interamericano de Desarrollo para que con nuevos recursos pudieran llegar a acuerdos de reconversión de deudas que implicaban una reducción de la misma y se alejara de esa forma el fantasma de la quiebra que tanta preocupación causaba a los acreedores. Este plan implicaba que los organismos multilaterales no iban a hacer el trabajo de los países deudores de tener

[442] José Esteves, *Diccionario de Banca y Bolsa*, Editorial Panapo, Caracas, 2008, p. 146.

que hablar banco por banco, no, cada país debía iniciar conversaciones tendientes a renegociar el monto de sus deudas para reducirlas a través de varios mecanismos que iban a estar garantizados por el Tesoro Americano a través de sus «bonos de cero cupón» con un plazo promedio de 30 años. Para el Tesoro Americano era muy conveniente el uso de esos instrumentos en virtud de ser bonos a largo plazo, sin intereses, o incluidos los mismos al vencimiento, su valor en el mercado secundario estaba por debajo del 10% de su valor facial, debido a una sencilla lógica de traer el monto al vencimiento al valor presente neto.

Lo que se buscaba era que a través de esta operación todos los préstamos sindicados pasaran por una reconversión de titularización para que de ese modo la deuda de los países latinoamericanos, con origen en préstamos sindicados, pudiera entrar en el torrente de valores negociables en los mercados secundarios y democratizar la tenencia de los nuevos títulos ya que así cualquier banco acreedor podía deshacerse de esas deudas en el momento que lo creyera conveniente. Para Tinoco, "el Plan Brady era la apertura más importante que había ocurrido en materia de deuda externa y Venezuela la iba a aprovechar al máximo"[443] y así se hizo.

La presencia de Tinoco infundía un máximo respeto, tenía conocimiento total de la economía y la banca central, fueron a la segunda reunión con los banqueros en New York, y esa vez, en la que habló, dijo que Venezuela iba a un programa de reestructuración económica y todos lo aceptaron. Se firmó la Carta de Intención el día 27 de febrero de 1989 y según nos relató del Miguel Rodríguez, no sabían de lo que estaba pasando en Venezuela. Disturbios conocidos hoy como "El Caracazo". El presidente Pérez los envió a buscar al día siguiente y en el gabinete del primero de marzo les dio las instrucciones para que hablaran especialmente con el Congreso y explicaran el plan. Después de la firma se nombró a Hernández Delfino para que pusiera en blanco y negro todo lo que se había firmado. Él fue nombrado negociador de la deuda externa con los bancos.

---

443 Diario El Universal, *El Banco Central seguirá con su política a pesar de los planteamientos jurídicos*, 19 de marzo de 1989, primera página del 2do cuerpo.

Según Hernández Delfino, nombrado Embajador Plenipotenciario para la negociación de la deuda externa, esa negociación tuvo tres etapas, La primera comenzó a principios del año 1989 y llegó hasta noviembre la cual estuvo a cargo del Dr. Edgar Leal, para la reorganización del Comité de Bancos. Entre noviembre de 1989 y marzo de 1990 estuvo a cargo de Tinoco, Rodríguez y Hernández Delfino para convenir con los bancos una estructura básica para negociar y la tercera cuando se negociaron todos los acuerdos con la banca que duró hasta mediados de 1992[444]. Dice Hernández Delfino:

> En el año 90 existían cerca de 450 bancos acreedores de la República y otros entes, por eso se creó el Comité Asesor de Bancos. En ese Comité estaba representada cada colectividad de bancos por uno, dos o más bancos importantes, de tal manera que en vez de entenderse con 450 bancos la negociación se entabló con algo más de dos docenas de personas[445].

La negociación con el Comité Asesor de Bancos no fue sencilla, cada colectividad respondía a intereses diferentes y los bancos acreedores estaban distribuidos en casi todo el mundo.

El New York Times, en su artículo publicado el dos de marzo de 1989, reseñaba que mientras los discursos de cocieron a fuego lento, el nuevo Ministro de Hacienda, Eglé Iturbe de Blanco y su presidente del banco central, Pedro Tinoco, fueron a Washington para firmar la carta de intenciones y que se reunirían con funcionarios del Tesoro para finalizar el préstamo puente.

El seis de marzo de 1989 el diario *El Universal* reseñaba que la misión negociadora de la deuda integrada por Pedro Tinoco, Miguel Rodríguez y Edgar Leal, anunciaron tener asegurados unos 11.900 millones de dólares para los próximos cinco años[446].

El diez de marzo de 1989 en su discurso ante el Comité de la conferencia de la deuda de los países del Tercer Mundo, en Bretton Woods, el Secretario del Tesoro, Nicholas Brady, hizo público su plan que

---

[444] Elizabeth Fuentes, Historia imprescindible, entrevista con Carlos Hernández Delfino, en Varios autores. *"BCV 60 años 28..."*, op.cit, p.51.

[445] Entrevista con Carlos Hernández Delfino. Fecha: 22 de diciembre de 2020.

[446] Diario *El Universal*, miércoles 7 de junio de 1989. pp. 2-4.

refirió como un programa de cooperación global que hace énfasis en la reducción de deuda y de grandes esfuerzos para atraer capitales para resolver las crisis. En esa conferencia se hablaba de lo sucedido en Venezuela con la muerte de cientos de personas por protestas violentas por las medidas adoptadas del Fondo Monetario Internacional[447].

Como se observa Venezuela era uno de los primeros países en adoptar el Plan Brady.

Venezuela estaba en el tapete y estaba saliendo airosa de sus compromisos. El presidente Carlos Andrés Pérez estaba eufórico con los resultados, realizó una gira de cuatro días por EE. UU, habló con el presidente George Bush y propuso en las Naciones Unidas una reducción de la deuda exterior latinoamericana en un 50%.

Aunque era genial el Plan Brady y se le atribuye su concepción al banquero David Mulford, también era complejo porque había legislaciones en varios países que no permitían un reducción de la deuda y había que adaptarse para lograr ese objetivo rebajando las tasas de interés y observar la reducción a través del valor presente neto ya que al rebajar a la mitad el interés aplicado hay una reducción en los egresos pero no se toca el capital[448]. Es así que entre los acuerdos firmados se logró establecer un menú de opciones para que los bancos, en base a sus legislaciones en sus países de origen, pudieran tener alternativas.

Este menú comprendía cinco opciones. 1) La recompra de deuda en el mercado secundario, 2) El canje de bonos con reducción de capital, 3) El canje de bonos con reducción de intereses, 4) La reducción temporal de intereses y 5) El otorgamiento de nuevos préstamos.

Cada una de esas opciones del menú tenía sus condiciones. En lo que es recompra de deuda Venezuela debía comprar títulos de deuda con descuentos no menores al 60%, en el canje de bonos con reducción de capital se estipulaba una sustitución de títulos vigentes por bonos emitidos por la República, en el canje de bonos con reducción de intereses, era eso reducir los intereses y crear nuevos títulos, lo de nuevos préstamos era para que los bancos acreedores pudieran escoger

---

447 Nomi Prins, *"All the president's bankers..."*, op.cit, p. 349.

448 José Tomas Esteves, *"Diccionario de..."*, op.cit, p. 146 y ss.

nuevos títulos equivalentes al 20% de la deuda vigente. Como se observa era un trabajo de filigrana financiera.

Todavía para los meses de julio y agosto la prensa americana hablaba de la renuencia, por parte de la banca, de aceptar una reducción de la deuda de un 50% y es que todavía había bancos que no se habían sentado a negociar. Tinoco hizo su parte gracias a sus relaciones con los banqueros para que se dirigieran a coordinar las reuniones con el negociador de la deuda el Dr. Carlos Hernández Delfino, pero no interfería en ellas ni imponía recomendaciones, actuaba con la consideración que lo caracterizaba[449].

En el informe económico del Banco Central de Venezuela para el año 1990, los resultados finales de toda la negociación se puede resumir en que a través de la recompra la deuda fue reestructurada con un descuento de 55% sobre el capital, la República emitió nuevos bonos, garantizados por el Tesoro Americano con vencimiento a 30 años a tasas fijas menores que las del mercado, los bonos con descuento de capital igualmente garantizados por el Tesoro Americano tenían un vencimiento de 30 años pero con un descuento del 30% con una tasa de interés Libor[450] +13/16. Los bonos de reducción temporal de intereses se cambiaron por nuevos bonos con tasas de interés fijas los primeros cinco años y vencimiento a 17 años con 7 años de gracia[451] (esto coincidía en cierta medida con lo que Tinoco tenía en mente antes de iniciar todo el proceso) y por último los bonos de reconversión de deuda a través de nuevos préstamos serían iguales a los anteriores pero con una tasa de Libor + 7/8. En definitiva el saldo de la deuda pública externa con la Banca Comercial, con préstamos sindicados, había pasado 21.702 millones de dólares en diciembre de 1988, antes del inicio del segundo gobierno de Carlos Andrés, a 813 millones de dólares al cierre de diciembre de 1989, producto de la reconversión de las deudas. La deuda en bonos había pasado de 2.680 millones de dólares en diciembre de 1988 a 19.758 millones de dólares a diciembre de 1989[452]. En otras palabras;

[449] Entrevista con Carlos Hernández Delfino.

[450] Libor viene de la expresión London Interbank Offered Rate, que es la tasa de interés en que se prestan los bancos en Londres entre ellos.

[451] José Tomas Esteves, *"Diccionario de..."*, op.cit, p. 146 y ss.

[452] José Esteves, *"Diccionario ..."*, op.cit, p. 148.

se había logrado el objetivo de reducir el monto de la deuda, aunque en las cifras no se observe a simple vista, ya que como hemos explicado la reducción se logró a través de las condiciones de cada nuevo bono o título negociable en el mercado secundario siguiendo los lineamientos del Plan Brady. Cualquier lector desprevenido al comparar las cifras de un año a otro y no observar una reducción significativa puede pensar que no hubo tal rebaja.

Con respecto a la libre convertibilidad de la moneda era imprescindible que se desmontara Recadi ya que al estar controlado el cambio de las divisas se impedía que se pudieran realizar las transacciones de bonos de deuda libremente, en los mercados secundarios. Es así que entre las resoluciones dictadas por el directorio del Banco Central de Venezuela se observa el Convenio Cambiario Nro. 1 de fecha 13 de marzo de 1989, publicado en la Gaceta Oficial de la República de Venezuela Nro. 34.177 de la misma fecha. En él se elimina Recadi y se decretó el régimen de cambio único y flotante. Apenas habían transcurrido cinco meses, desde noviembre de 1988, aun sin saber a ciencia cierta si Pérez iba a ser reelecto presidente, cuando el equipo que iba a manejar las finanzas públicas y todos los aspectos macroeconómicos debatía el tema cambiario, según nos refiere el Dr. Pedro Rosas[453], quien para ese momento trabajaba dirigiendo el departamento de Estudios Económicos del Banco Central de Venezuela. La discusión se centraba en la idea de utilizar el mecanismo denominado «crowling peg», que lo define el Fondo Monetario Internacional como sistema de cambio que se ajusta periódicamente en pequeñas cantidades a un tipo fijo y que obedece a cambios de ciertos indicadores como la inflación, pero al aplicarse podía limitar algunas políticas monetarias. Al final se decidió, por lo que más tarde se plasmó, en marzo de 1989, ya citado.

Durante el primer año de gestión de Pedro Tinoco, como presidente del Banco Central de Venezuela, su directorio aprobó 40 resoluciones, casi todas tenían que ver con la política monetaria y la paulatina elevación de las tasas de interés hasta hacerlas positivas a objeto de hacer atractiva la inversión en Venezuela y fomentar el ahorro. Entre las

---

453 Pedro Rosas.

resoluciones del día 30 de marzo de 1989 figuró la venta de las acciones de los bancos Italo-Venezolano y el Banco Occidental de Descuento, instituciones que eran propiedad del Banco Central de Venezuela. Esto estaba en línea con los planteamientos de la Carta de Intención recién firmada el 27 de febrero de ese año. Entre otras resoluciones de corte de política monetarista figuraban las que tenían que ver con la fijación de los encajes de la banca.

La economía venezolana estaba atravesando una crisis de menudeo severa por que la moneda metálica había desaparecido del comercio; debido a que su contenido en níquel valía más que el valor facial. El Dr. Tinoco siempre tan pragmático ordenó la emisión de billetes de 1 bolívar y 2 bolívares, de tamaños pequeños que pudieran ser usados para paliar la crisis mientras se mandaban a acuñar nuevas monedas con otro tipo de aleación que no pudiera repetir ese episodio. Fue el 05 de octubre de 1989 que el directorio aprobó la emisión de esos billetes que medían 11,5 por 5,5 cms. Estos billetes pasaron a la historia numismática del país como "Los Tinoquitos".

Tinoco fue un hombre que daba la confianza a los inversionistas extranjeros porque era garante, en su posición de presidente del Banco Central de Venezuela, de un buen manejo de la economía que permitiera a través de las políticas monetarias un equilibrio en el valor del bolívar y su libre convertibilidad. Tanto es así que el ex presidente de la Compañía Anónima Teléfonos de Venezuela (Cantv), el Dr. Fernando Martínez Mottola nos informó en la entrevista[454] sostenida para este trabajo, que en su labor para privatizarla Tinoco tuvo un papel fundamental al asesorar a los encargados del proceso y dar confianza a los posibles inversionistas. Significativo fue el hecho que el proceso de la subasta se llevó a cabo en el Auditórium del BCV.

La disciplina de Tinoco en el manejo de las finanzas públicas y en especial con los acuerdos contraídos, era su norte, había que cumplir. El presidente de PDVSA en 1990 era el Dr. Andrés Sosa Pietri, quien refiere que en septiembre de ese año PDVSA debía depositar en el Fondo de Estabilización Monetaria la cantidad de 1.200 millones de dólares a más

[454] Fernando Martínez Mottola.

tardar el 31 de diciembre, pero esos fondos ya habían sido trasferidos al Fisco por la vía del impuesto sobre la renta y que era éste el que debía ser el responsable del depósito. Para resolver el problema se reunió con Pedro Tinoco, este escuchó atentamente y le dijo que había un gran problema ya que era necesario depositar al Fondo de Estabilización esa cantidad ya que de no hacerlo el Fondo Monetario Internacional ese organismo multilateral le retiraba el apoyo al programa. PDVSA solo pudo depositar 850 millones de dólares como apoyo y Tinoco buscó la forma de completarlo, lo cual se logró en febrero de 1991[455].

Todo marchaba viento en popa. Hasta el presidente Carlos Andrés Pérez fue invitado a una cena en la Casa Blanca, que se realizó el 26 de abril de 1990, la cual estuvo muy amena ya que Pérez había dicho que sin querer inmiscuirse en la política de Estados Unidos, que él ya tenía a su candidato. El ambiente era de mucha cordialidad ya que el que el presidente George Bush calificó la cena como la celebración por la democracia y la libertad y la presencia de Carlos Andrés Pérez y sus logros jocosamente la llamó la "Pereztroika"[456].

Entre los asistentes figuraban por Venezuela, Carlos Andrés Pérez y su esposa, Reinaldo Figueredo Planchart, ministro de asuntos exteriores, Simón Alberto Consalvi, embajador de Venezuela, Celestino Armas, ministro de energía y minas, Miguel Rodríguez Fandeo, ministro de Coordinación y Planificación, Octavio Lepage, presidente de Comité de Política Exterior del Senado, José Rodríguez Iturbe, diputado, Pedro Tinoco, presidente del Banco Central de Venezuela, Sonia Pérez, hija del presidente venezolano, José Alvarez Stelling, presidente de la Asociación Bancaria, Julio Sosa Rodríguez, ex embajador de Venezuela, Alberto Vollmer y Christine de Vollmer, Gustavo Cisneros y su esposa Patricia de Cisneros por la firma Highgate Properties, Carolina Herrera y su esposo Reinaldo Herrera por la firma Carolina Herrera Ltd, entre otros. Como se ve el clima de una Venezuela ya enrumbada se podía sentir a flor de piel.

Tinoco, como presidente del banco central, un año más tarde presentó al Congreso de la República 7 proyectos de leyes relacionadas

455 Andrés Sosa, *Petróleo y Poder*, Editorial Planeta, 2da edición, Caracas, 1993, p. 158 y s

456 The Washington Post. April 27, 1990 p. 14.

con la Reforma del Sistema Financiero, entre ellas la reforma de la Ley de Banco Central, Fogade, Ley de Fondo de Crédito Industrial, Ley General de Bancos, Ley de Superintendencia de Bancos, entre otras.

Para concluir, la periodista Sofía Ímber le dijo a Pedro Tinoco en una de sus entrevistas que "Tinoco es María porque cuando hay un problema se llama a María"[457].

457 Entrevista Sofía Ímber, programa Buenos días. Venevisión 03/07/1991.

Una entrevista imaginaria con Tinoco, a modo de conclusión

"Quiero que durante siglos se continué discutiendo lo que fui, lo que pensé, y lo que he querido"

Charles Maurice de Talleyrand- Périgord
a su amiga la Condesa de Kielmansegg.

En ocasiones hemos creído que las conversaciones imaginarias con personajes históricos mantenidas por los escritores, hombres de trayectoria o cualquier persona que tenga inquietud intelectual son el resultado de un lento proceso de discusión interna, que involucra diferentes pasos en torno a la decisión de efectuar o no ese difícil ejercicio de intelectiva. Desde ensayar la aproximación, el inicio de la conversación, la forma de romper la fina pero fuerte película que hace someter a bajas temperaturas las primeras oraciones que se articulan a modo de saludo y arranque de la tertulia. Es convencerse que se pueda superar *el síndrome catedral*, es decir, el silencio que impone la majestuosidad y el aire que arropa ese regocijo, la intensidad espiritual del momento, el respeto y el miedo a lo Divino.

Entablar la conversación con personajes de otras épocas que son centro de nuestra atención, admiración y –por qué no decirlo– el patrón de conducta que muchos desean seguir o que, simplemente, quieren aproximarse a sus logros. Quizás, sin coincidir con su proceder ni reflejarnos en su trayectoria o formas de actuación, incursionar en sus vidas sea un medio para acercarnos a los factores desencadenantes de procesos a los que estuvieron ajenos o en los cuales jugaron un papel preponderante.

No es un ejercicio nuevo, no es algo inédito en nuestro país, puesto que se han dado varias conversaciones, confidencias y entrevistas imaginarias, siendo una de las más conocidas las confidencias imaginarias que hiciera Juan Vicente Gómez al historiador y expresidente de la República interino Ramón J Velásquez[458] (1916- 2014); las que hiciera

[458] Ramón J. Velásquez. *Conferencias imaginarias de Juan Vicente Gómez*, 8va edición, Ediciones Centauro, Caracas, 1981.

el también expresidente de la República Rómulo Betancourt a Alfredo Tarre Murzi (Sanín)[459]; la entrevista que, imaginariamente, el líder socialdemócrata concediera a Antonio Ecarri Bolívar[460], así como la serie Grandes entrevistas imaginarias que el Suplemento Cultural del diario *Ultimas Noticias* publicaba en la década del setenta.

La biografía es una forma de asomarse a la historia, es un método muy íntimo para descubrir aquellos personajes que nos interesan, nos atraen o que simplemente sus realizaciones nos guían y sirven de vademécum para nuestras actuaciones, cualquiera sea el ámbito y formato en el que se desarrolle el trabajo historiográfico.

Años atrás tuvimos la oportunidad de leer la entrevista imaginaria que hiciera Tinoco al controversial personaje de la historia francesa, Maurice Charles Talleyrand, la lectura de este trabajo, adornado con las caricaturas de su esposa Carmen Montilla, había quedado[461] almacenado en pasillos remotos de nuestra memoria. Posiblemente se hubiera perdido si no es porque tropecé hace poco buscando novedades bibliográficas, en este género que nos cautiva con la biografía, recientemente publicada, de Pedro Rosas Bravo[462]: "Talleyrand. El Poder en la sombra", que se nos presenta no solo como destacado economista sino ahora como biógrafo.

De inmediato recordamos la conversación de Tinoco con el formidable sujeto de la historiografía. Un personaje condenado por muchos, desconocido por otros pocos, reivindicado en los últimos tiempos, que han pretendido ir analizando su obra, enervando las formas oscuras de descripción y de rechazo a la actuación de un hombre que, sin duda alguna, tuvo la oportunidad de desempeñarse en diferentes gobiernos y regímenes. Coincidencias factuales con Tinoco.

En esa entrevista se percibe admiración y reconocimiento al genio político francés, su conocimiento profundo de los hombres, los silencios oportunos, el tesonero trabajo para obtener los logros previamente

---

459 Sanín, Rómulo *Betancourt cuenta su vida*, Vadell Hermanos, 1984.

460 Antonio Ecarri Bolívar, *Conciudadano Betancourt una entrevista imaginaria*, Ipapedi, 2015.

461 Pedro Tinoco, hijo «Grandes entrevistas imaginarias Talleyrand, entrevista con Pedro R. Tinoco hijo», *Ultimas Noticias,* pp. 5 y 8, 13 de octubre 1968.

462 Pedro Rosas Bravo, *Talleryrand el poder en la sombra,* Rubric, 2020.

trazados, el estar encima o al lado de los hechos pero nunca a su saga, la experticia y elegancia en la negociación, las vicisitudes de la infancia, el trazado de su educación, la distancia del hogar, la frase pensada y construida que determina o marca las conversaciones, la devoción a la circunstancia, en fin muchas cualidades que denotan la personalidad de nuestro gran aportante a las finanzas públicas y privadas, a la hacienda pública en todos sus aspectos y etapas, a la política fiscal –tributaria y de administración tributaria–, el gran reformador y reformista. Un punto de encuentro entre el entrevistado y el entrevistador: ambos tenían cualidades de estadistas.

En ese trabajo, Tinoco nos describe ligeramente cómo se generó la conversación, la situación en que se encontraba el príncipe –su estada en el castillo lujoso del renacimiento– y el dialogo de inicio:

> Príncipe, le digo, nadie niega su esclarecido papel en la historia y el brillo fulgurante de su personalidad. Pero como principal defecto le atribuye un fondo, una fundamental en constancia, sus libertades, pues pasó de los Borbones a la revolución, transitó con desenfado por el directorio y el consulado, sirvió el imperio y, al declinar este, fue factor fundamental para el regreso de la vieja monarquía; y cuando ésta se tambalea está usted, fres y remozado, al lado de Luis Felipe de Orleans".

Luego de ese pasaje por las distintas formas, estilos y gobernantes que tuvieron como eje y personajes central a Talleyrand, el histórico entrevistador no quiso quedarse en el pasado sino que necesitaba el tiempo necesario para ir escudriñando dentro de límites inimaginables, polos temporales de largo recorrido, qué opinaba el príncipe en relación con Henry Kissinger (1927), "el nuevo mago de la diplomacia norteamericana, y biógrafo de su rival Metternich".

Describe Tinoco, imaginándose –sin duda alguna– en la estrecha cercanía del pequeño salón, sentado a un lado de uno de sus personajes favoritos, que este le responde –con una ligera sonrisa medida– el "fruto de su generosidad", escuchó la respuesta a su pregunta:

> Veo en él, un extraordinario entendimiento de la globalidad de los factores y relaciones en juego. Tiene objetivos claros, pues entiende

> que el supremo bien es la paz y la estabilidad, elementos esenciales para el progreso y el bienestar de la humanidad. Tal como lo sabemos me tenéis y yo comprendo que regímenes y concepciones diferentes tiene que consistir en paz en función de sus diversos intereses mundiales.

En un principio, dentro del rigor metodológico de un trabajo como este, quisimos formular en una serie de conclusiones la cobertura de los objetivos de la convocatoria como son los aportes en materia financiera y hacienda pública de Pedro Tinoco.

Sin embargo, el reencuentro con la entrevista efectuada en el año de 1978 a Talleyrand, que pudimos encontrar en el desván de la mente por el alumbramiento de la obra de Rosas Bravo, quien compartió y estuvo muy de cerca con Tinoco, nos hizo cambiar el formato de presentación de las conclusiones –sin prescindir de ellas– y nos percatamos que nos entusiasma la idea de hacer una entrevista imaginaria al doctor Pedro Tinoco.

Imaginándonos sentados en el viejo y largo mesón de caoba del Despacho del Ministro de Hacienda, ubicado en el Edificio Norte del Centro Simón Bolívar, en su desempeño como jerarca de la Hacienda Pública durante la gestión del presidente Caldera y en los espacios del modernismo representativo de los años 70, en las oficinas del presidente del Banco Central de Venezuela o, quizás, en la Sala de protocolo del Hemiciclo de la Cámara de Diputados del extinto Congreso de la República o en el mesón redondo de noble madera de estilo clásico –propio de las firmas de abogados tradicionales–, degustando ese fuerte café que él preparaba apenas abría las puertas del escritorio, en la mesa redonda donde compartió con sus socios y trazó junto con Miguel Rodríguez y Pedro Rosas lo que fue el verdadero programa de gobierno de Carlos Andrés Pérez.

El objeto de la entrevista es claro: escudriñar el origen y desarrollo de lo que son sus aportes.

Este sería nuestro cuestionario o las materias objeto de la entrevista:

1. La metodología empleada para abordar, en los comienzos de su segunda década de vida, la realización de unos comentarios (1950) –en forma de artículos de prensa– que sirvieron posteriormente a la

conformación de una obra más elaborada, con mayor fundamentación y recurrencia a la doctrina científica, administrativa y jurisprudencial de un impuesto que, para aquel entonces, resultaba novedoso para una Venezuela que comenzaba a ser urbana y que representaba la gran *vedette* de la imposición. En fin, conocer el proceso de elaboración de este aporte doctrinal.

2. Cuáles serían, en su criterio, las razones que pudieron llevar al legislador a establecer el impuesto mixto cedular en el año de 1942 para, luego, abandonarlo en el año de 1966. Seguramente, con lujo de detalles nos hubiese dado un paseo extraordinario por los principios generales ordenadores del sistema tributario, con un sentido crítico de su insuficiente adopción por la jurisprudencia de aquellos años. Así, como la explicación de la renta extensiva y el futuro ante las nuevas formas de imposición que se conocen en el presente –flat tax, la imposición a la economía digital, la imposición verde–.

3. La «Carta económica de Mérida», la gran expresión de su talento, la ascendencia y liderazgo, así como el conocimiento del Estado –aun siendo muy joven– que lo convirtió en el gran ideólogo del capitalismo, pero con un sentido pragmático en cuanto a la viabilidad de las finanzas que dieran gobernabilidad al esfuerzo de reinstauración del sistema de libertades públicas.

Sin duda alguna, sería pregunta obligada para conocer la forma en que gestionó el consenso interno en esa difícil XVIII asamblea anual de Fedecámaras de 1962, donde se discutió y aprobó el pronunciamiento que, aún hoy día, constituye uno de los elementos historiográficos más importantes para la historia económica y empresarial en Venezuela.

Lo abordaríamos en relación con la forma en que se adminiculó de manera consensual las posiciones contrarias en torno a la apreciación y valoración del gobierno que se encargaba en el año de 1959, escasos dos años antes de esa icónica asamblea del organismo empresarial cupular, sobre todo tratando de conocer la forma en que se mantuvo el equilibrio entre la visión de los intereses geopolíticos de los Estados Unidos con aquellos propios de las expectativas de los empresarios venezolanos. Sin olvidar reconocer el trabajo maravilloso del embajador norteamericano en nuestro país, Teodoro Moscoso, conocer su apreciación y valoración en torno a este mítico político demócrata.

4. Uno de los puntos sobre los cuales insistiríamos es conocer el origen de las causas de cada una de las propuestas que fue formulando y de las cuales insistió en el ministerio de Hacienda para cumplir con uno de los cometidos insolutos de la democracia que desde 1958 se venía planteando y que retomó el presidente Caldera, tal como era lo relativo a la reforma de la Administración Pública.

Sabemos que dentro de las visiones contrapuestas que pueden eventualmente plantearse –lógicas, naturales y a veces hasta deseables– en los equipos gubernamentales, se dio paso a la visión de la Comisión de Administración Pública que, sin duda, hizo un extraordinario trabajo propositivo.

No obstante, en muy corto tiempo pudo volver a liderar un proceso de reforma, abiertamente discutido y controvertido a través de la Comisión de Reforma Integral de la Administración Pública.

Insistiremos en este punto, en lo relacionado con la visión de integración entre el Estado interventor que –con la reforma– pretendía reducir sus espacios conforme con los postulados de la "Carta de Mérida" para dar posibilidad de actuación a la iniciativa privada, conociendo cuáles hubiesen sido los resultados –gestión financiera, eficiencia del gasto, inversiones directas e indirectas, así como las relaciones del Estado con los agentes económicos– si la propuesta de llevar la responsabilidad del sector privado en la conducción de las empresas del Estado y en las clasificaciones definidas en el informe por él elaborado.

5. No perderíamos la oportunidad de preguntarle sobre los inconvenientes y vicisitudes que se presentaron para convertir la formulación, elaboración y presentación tradicional del presupuesto en aquella que, desde finales de la década del cincuenta, se venía trazando para efectuar en aras de la planificación y la mejor gestión el presupuesto por programas.

Sin duda alguna, una de las grandes realizaciones que lideró en la tarima del conocimiento, la experticia y la propuesta de un equipo de extraordinarios técnicos del ministerio Hacienda con información adquirida en escenarios internacionales.

6. Como ideólogo del capitalismo, tal como expresan quienes reconocen su trayectoria o aquellos que desde la trinchera de la crónica ideológica militante le atribuyen, nos gustaría conocer sobre el trabajo

de filigrana que se venía haciendo con anterioridad a su gestión y que luego tomó un impulso importante durante ella en cuanto a la definición de un régimen institucional, dogmático de derechos y del catálogo de obligaciones bajo la figura especializada de regulación en materia de mercado de capitales.

7. Por supuesto, un punto fundamental sería analizar las circunstancias coyunturas y visión que tuvo como ministro de hacienda para proponer un impuesto general a las ventas, estructura monofásica y con tipo alícuotas diferenciales –incrementadas para el consumo suntuario– que iba a financiar el presupuesto del año de 1971 y que, lamentablemente al no aprobarse, retrasó de manera importante la modernización del sistema tributario, llevado en la carreta de dos ejes de la imposición directa e indirecta, de manera equilibrada y sin incremento de la presión fiscal.

8. Como él mismo decía –al momento de realizar su entrevista imaginaria con Talleyrand– esas conversaciones debían efectuarse en varias sesiones para no cansar al interlocutor, dispondría del tiempo suficiente para dedicarnos exclusivamente a analizar el marco referencial previo a la situación crítica que tuvo que enfrentar el presidente Pérez al momento de asumir el gobierno en el año de 1989 y la consistencia del plan de reajuste macroeconómico denominado el "Gran Viraje" del cual formó parte.

Seremos muy minuciosos en tratar de conocer esa experticia y habilidad que tuvo para llevar adelante parte de la estrategia de financiamiento, la utilización del Plan Brady, la forma inteligente de negociación anclada en el conocimiento, respeto y reconocimiento de los banqueros a su persona y en la redacción de los términos de referencia en que pudo lograrse la exitosa restructuración de la deuda.

Le preguntaría cuál es el sentido que se le debe dar a la expresión utilizada por Moisés Naím en aquel momento en que se bautizó la biografía que auspició la Docta Corporación –en la cual se integró en el año de 1991– en cuanto que había realizado un favor a Venezuela al prestar su libreta de contactos.

9. Conociendo que era un hombre parco, de llevar una agenda de minutos, que le gustaba más escuchar que hablar, trataría de llevar la discusión a que nos diera su visión como hombre versado en materia

de finanzas públicas, conocedor de los impuestos, de la estructuración de negocios en los mercados globales, del Plan Maestro de Reforma Tributaria que, sin duda alguna, tal calificación deriva del hecho de que tenía una visión integral de las finanzas públicas, propugnando por su simplicidad, la neutralidad, la eficacia y eficiencia en la gestión de los tributos mediante la opción de parámetros de armonización y coordinación para ser mucho más productivo el gasto público.

10. Abordaríamos su disertación de incorporación a la Academia de Ciencias Políticas y Sociales, centrada en la necesidad de establecer un nuevo Derecho, el cual no solamente se concentraba en los aspectos de su experticia y especialidad, sino que se extendía a todas las otras ramas del Derecho. Al igual que él hizo con Talleyrand, trayendo a colación en su conversación a Henry Kissinger, traeríamos a colación la situación actual de planificación centralizada y del Estado Derecho para conocer cuál sería –a partir de sus aportes durante toda su amplia y lamentablemente truncada carrera profesional en el sector público y privado– el plan de reinstitucionalización del país en todos aquellos temas en los cuales actuó o en aquellos otros que, con su conocimiento e información de estadista, pudiera perfectamente dar aportes con la experiencia de haber sido proponente y ejecutor de una reforma de la Administración pública que, seguramente, pudo haber sido extendida a una reforma integral del Estado, tal como lo hizo la Copre.

En el detalle del propulsor de las reformas y no de la visión truncada de algunos de sus opositores, inquiriremos sobre los principios básicos que conformaban su propuesta de Estado eficaz y la mejor forma de articular la Administración financiera del Estado.

11. Hombre de mente financiera, conocer de las necesidades de los distintos ámbitos que conforman el amplio sector de las finanzas privadas, cuál sería su estrategia en plan de reinstitucionalización del país en banca y mercado de valores a los fines de recuperar el primero, consolidar y proyectar el segundo, habida cuenta su impronta en ambos subsectores del sistema financiero privado.

Referencias Bibliográficas

Alvarado, Manuel. *El Impuesto sobre la Renta en Venezuela*. Bogotá-Caracas, s.f. Arráiz Lucca, Rafael. *Venezolanos (de la A a la Z).* Caracas: FUNDAVAG , 2013. Asobanca. *Asobanca.* s.f. https://cutt.ly/qEkEQWx (último acceso: 19 de mayo de 2021).

Asociación Venezolana de Ejecutivos. "Foro la oferta y la demanda de fondos en el mercado de capitales." *Asociación Venezolana de Ejecutivos.* Caracas, 1971. 19-23.

Aurell, Jaume, y Peter Burke. «De entresiglos a la década de los setenta: la reacción frente al positivismo.» En *Comprender la historia. Una historia de la escritura y el pensamiento histórico*, de Catalina Balmaceda, Peter Burke y Felipe Soza, 274. Madrid: Ediciones Akal, 2013.

autores, Varios. *BCV 60 ños 28 testimonios.* Caracas: Banco Central de Venezuela, 2001. Aveledo, Ramón Guillermo. *Curso de Derecho Parlamentario.* Caracas: UCAB, 2018.

Bachelet, Pablo. *Gustavo Cisneros un empresario global.* España: Planeta, 2004.

Baptista, Asdrubal. *Bases cuantitativas de la economía venezolana. 1830 -2008.* Caracas: Fundación Artesanogroup, 2011.

Bautista Urbaneja, Diego. *La renta y el reclamo. Ensayo sobre petróleo y economía política en Venezuela.* Caracas: Editorial Alfa, 2013.

Becco, Horacio. *Discursos Académicos 1949-1961.* Caracas: Academia Venezolana de la Lengua, 1983.

Bédarida, Francois. *Churchill.* México: Fondo de Cultura Económica, 2002.

Betancourt, Rómulo. *Antología política, Volumen Tercero 1941-1945.* Caracas: Fundación Rómulo Betancourt, 1999.

__________. *Antología Política. Volumen Séptimo.* Caracas: UPEL, 2007.

__________. *Dos años de gobierno democrático. 1959-1961.* Caracas: Imprenta Nacional, 1961. Betancourt, Rómulo. «Entendimiento con Estados Unidos no debe ser entrega a Estados Unidos.» En *Antología Política Volumen II*, de Rómulo Betancourt, 518. Caracas: Fundación Rómulo Betancourt, 1995.

__________. *Venezuela, política y petróleo.* México: Fondo de Cultura Económica, 1956.

Blanco Muñoz, Agustín. *Acción Democrática. Memorias de una contradicción. Habla Gumersindo Rodríguez.* Caracas: UCV, 1989.

__________. *La conspiración cívico-militar: Guairazo, Barcelonazo, Carupanazo y Porteñazo.*

Caracas: Ediciones FACES/UCV, 1981.

__________. *Venezuela 1962. El Carupanazo. La chispa que no encendióla pradera.* Caracas:Cátedra UCV Pío Tamayo, 1994.

Blanco, Carlos, entrevista de Carolus Mauritius de Talleyrand-Périgord. *Conversación sostenida con Carlos Blanco* (28 de agosto de 2021).

__________. *Un programa para el cambio. Economía para ciudadanos. Revisión y perspectivas de la reforma del Estado: el caso venezolano.* Caracas: Grijalbo, 2010.

Brewer-Carías, Allan. *Algunas ideas para la reforma del Estado contemporáneo en Venezuela en Sobre la democracia.* Caracas: Ateneo de Caracas, 1979.

__________. *Titulaciones del Estado Democrático de Derecho. Constitución de 1961.* Caracas: Editorial Jurídica Venezolana, 2015.

Buttó, Luis Alberto. «Nuevo profesionalismo militar de seguridad interna e intervención política de militares populistas y radicales en Venezuela.» En *Militares y poder en Venezuela. Ensayos históricos vinculados con las relaciones civiles y militares venezolanas*, de Domingo Irwing y Fréderique Langue, 152. Caracas: UCAB, 2005.

Caballero, Manuel, y Rómulo Betancourt. *Leninismo, revolución y reforma.* México: Fondo de Cultura Económica, 1997.

Cáceres, Alejandro. *Londres en Caracas y la Haya en Maracaibo. Retos empresariales de Royal Dutch Shell en la industria petrolera venezolana entre 1943 -1956.* Caracas: Academia Nacional de Historia/ Fundación Bancaribe, 2018.

Caldera, Rafael. *De Carabobo a Puntofijo. Los causahabientes.* Caracas: Biblioteca Rafael Caldera-Cyngular, 2016.

__________. *Molde para la fragua .* Caracas: Biblioteca Rafael Caldera-Cyngular, 2016. Cámara de Comercio de Caracas. *Boletín Número 583, Año XLI*, 1962: 16.193. Cámara de Comercio de Caracas. *Boletín Número 586*, 1962: 16.187.

__________. *Evolución de la restricción de la garantía económica de 1960 a 1985.* Caracas: Cámara de Comercio de Caracas, 1988.

Carrera Damas, Germán. *Aviso a los historiadores críticos: "...tantos peligros como corre la verdad en manos del historiador..." Andrés Bello.* Caracas: Ediciones GE, 1995.—. *Historia de la Historiografía venezolana, Tomo I.* Caracas: Biblioteca de la Universidad Central de Venezuela, 1996.

Carrillo Batalla, Tomás Enrique. «Discurso de respuesta al de incorporación de Pedro R. Tinoco como individuo de Número.» *Boletín de la Academia de Ciencias Políticas y Sociales.* 1991. https://cutt.ly/BEkDd3R (último acceso: 3 de agosto de 2021).

Carrillo Batalla, Tomás Enrique, and Rafael Crazut. *Análisis y ordenación de la obra económica de José Joaquín González Gorrondona, Tomo II.* Caracas: ACIENPOL, 1993.

Carthay, Gehard. *Caldera y Betancourt, constructores de la democracia.* Caracas: Dahbar, 2017.

Casado, Luis. «La pespectiva presupuestaria en el Derecho Venezolano.» En *Libro homenaje al profesor Antonio Moles Caubet, Tomo II.*, 698. Caracas: UCV, 1981.

__________. *La preceptiva presupuestaria en el derecho venezolano en el libro homenaje al profesor Antonio Moles Caubet, Tomo II.* Caracas: UCV, 1981.

CEPAL. *Estadisticas e indicadores.* s.f. https://estadisticas.cepal.org/cepalstat/tabulador/consultaintegrada.asp?idindicador= 861 (último acceso: 31 de octubre de 2020).

Colm, Gehard. «Proyección del presupuesto, El presupuesto del Estado, el Plan financiero y el presupuesto de la economía nacional.» En *Tratado de Finanzas*, de Wilhem Gerloff y Fritz Neumark, 229. Argentina: Librería El Ateneo, s.f.

Comisión de Administración Pública. «Informe sobre la reforma de la Administración Pública Nacional , Tomo I.» Caracas, 1972.

Comisión de Estudio y Reforma Fiscal. *La Reforma del Sistema Fiscal Venezolano.* Informe de la Comisión de Estudios y Reforma Fiscal, Caracas: Comisión de Estudio y Reforma Fiscal, 1983.

Comisión Económica para América Latina. «El presupuesto fiscal como instrumento de programación de desarrollo económico (versión provisional).» *CEPAL.* 25 de abril de 1959. https://cutt.ly/yEkIvt0 (último acceso: 30 de agosto de 2021).

Conde, Javier. *La conjura final. Octavio Lepage: 60 años de lucha política.* Caracas: Alfa, 2012.

Congreso de la República de Venezuela. *Pensamiento político venezolano del siglo XX. Documentos para su estudio. Gobierno y época del Presidente Isaías Medina Angarita. El pensamiento oficial (1941-1945). Nro. 33,38,45.* Caracas: Congreso de la República, 1987.

Conindustria. *Conindustria 30 años: la estrategia de Venezuela en la industria* . n.d. Consalvi, Simón. *Manuel Pérez Guerrero el 18 de octubre, el 24 de noviembrede 1945/1948.*

Un documento que (no) hizo historia, pero es historia. Caracas: Fundación Rómulo Betancourt, 1998.

Dahbar, Sergio. *Allan Brewer-Carías, una vida.* Madrid, 2019.

Darnton, Robert. *El diablo en el agua bendita o el arte de la calumnia de Luis XIV a Napoleón.* México: Fondo de Cultura Económica, 2014.

Deluca, Maria Elena. *Los comerciantes de Caracas. Cien años de acción y testimonio de la Cámara de Comercio de Caracas.* Caracas: Cárama de Comercio de Caracas, 1994.

Diario El Universal . "El Banco Central seguirá con su política a pesar de los planteamientos jurídicos." *Diaro El Universal* , 1989: segundo cuerpo.

Duno, Pedro. *Los doce apóstoles. Proceso a la degradación política.* Valencia: Vadell Hermanos Editores, 1975.

Ecarri, Antonio. *Conciudadano Betancourt una entrevista imaginaria* . Ipapedi, 2015.

Escovar, Ramón. *Los demonios de la democracia.* Caracas: Los Libros del Nacional, 2006. Esteves, José. *Dicccionario de Banca y Bolsa.* Caracas: Panapo, 2008.

Fedecamaras. «Fedecamaras.» *Carta de Mérida.* 1962. https://cutt.ly/OEz0lWC (último acceso: 20 de junio de 2021).

Fedecámaras. *Fedecámaras.* s.f. https://cutt.ly/AEka3oy (último acceso:16 de abril de 2021).

Fischer, Bernardo, entrevista de Carolus Mauritius de Talleyrand-Périgord. *Conversación sostenida con Bernardo Fischer* (1 de junio de 2021).

Fischer, Bernardo, entrevista de Carolus Mauritius de Talleyrand-Périgord. *Conversación telefónica sostenida con Bernardo Fischer* (28 de mayo de 2021).

Fischer, Bernardo, et al. *BCV. 60 años 28 testimonios.* Caracas: Banco Central de Venezuela, 2021.

Fisichella, Domenico. «Tecnocracia.» En *Diccionario de Política, l-z*, de Norberto Bobbio, Nicola Matteucci y Gianfranco Pasquino, 1554. México: Siglo veintiuno editores, 2000.

Fundación Polar. *Diccionario de Historia de Venezuela Tomo E-O.* Caracas: Fundación Polar, 1988.

___________. *Diccionario de Historia de Venezuela, Tomo A-D.* Caracas: Fundación Polar, 1988.

García, Gustavo, entrevista de Carolus Mauritius de Talleyrand-Périgord. *Conversación sostenida con Gustavo García Osío* (3 de junio de 2021).

Gerencia de Información y Prensa. «Banco Latino 1950/1990.» 1990: 120.

González, Javier, entrevista de Carolus Mauritius de Talleyrand-Périgord. *Conversación sostenida con Javier González* (26 de julio de 2021).

Goode, Richard. «El impuesto personal sobre la renta en América Latina.» En *Reforma tributaria para América Latina, Problemas de Política Fiscal, Documentos y Actas de la Conferencia celebrada en Santiago de Chile,* de OEA/BID/CEPAL, 239. Washintong: OEA, 1962.

Goorman, Adrien, y Julio Escobar. *Venezuela: lineamientos para una reforma de la Administración Aduanera.* Informe de Misión, Fondo Monetario Internacional, 1991. Guerra, Alfonso. *Una página difícil de arrancar. Memorias de un socialista sin fisuras.* Madrid: Editorial Planeta., 2013.

Hernández Delfino, Carlos. En *Venezuela: República Democrática,* de Félix Otamendi Osorio y Tomás Straka, 510. Barquisimeto: Grupo Jirajara, 2011.

Hernández Delfino, Carlos, entrevista de Carolus Mauritius de Talleyrand-Périgord. *Conversación sostenida con Carlos Hernández Delfino* (17 de diciembre de 2020).

Hérnandez, Carlos, entrevista de Carolus Mauritius de Talleyrand-Périgord. *Conversación sostenida con Carlos Hernández Delfino* (2021 de agosto de 27).

Hernández, Ramón, y Roberto Giusti. *Carlos Andrés Pérez: Memorias proscritas.* Caracas: El Nacional, 2006.

Herrera, Carlos. "Dos voluntades y una decisión política: la Reforma de la Administración Pública Nacional." *Revista de Derecho Público,* 2017: 142. "III Reunión de Bolsas y Mercado de Valores de América." Guanabara, 1968.

Instituto Latinoamericano de Derecho Tributario. *Estatutos, Resoluciones de las Jornadas.* Resoluciones, Montevideo: ILADT, 2004, 124.

Jarach, Dino. *El hecho imponible. Teoria General del Derecho Tributario sustantivo.* Buenos Aires: Abeledo Perrot, 1982.

Jarch, Dino. *Finanzas públicas y Derecho Tributario* . Buenos Aires: Cangallo, 1985.

John F. Kennedy Presidential Library and Museum. *John F. Kennedy Presidential Library and Museum.* 18 de mayo de 1964. https://cutt.ly/IEz0snf (último acceso: 5 de julio de 2021).

Judt, Tony. *El refugio de la memoria.* Madrid: Taurus, 2011.

Lattanzi, Roxana, Francisco Vivancos, y Luis Zambrano. *Sistema financiero, mercado de capitales y mercado bursátil en Venezuela.* Caracas: Bolsa de Valores de Caracas, 1988.

Lleras, Carlos. «Prologo.» En *El impuesto sobre la Renta. Exposición doctrinaria y Exégesis de la Ley y de sus Reglamentos*, de Manuel Alvarado, IX. Bogotá-Caracas, 1944.

López, Richard. *La COPRE la reforma parcial de la Ley del Sufragio en Venezuela: Una historia desde los diarios de debates del Congreso Nacional.* Caracas: Trabajo de Magister en Historia, UCAB, 2016.

Lucca, Rafael Arráiz. *Pedro Tinoco: epicentro y cambio* . Caracas: ACIENPOL, 2021.

Ludmila. *El Pais.* s.f. https://cutt.ly/7EkJSk6 (último acceso: 5 de enero de 2021). Magallanes, Manuel. *Los partidos políticos en la evolución histórica venezolana.* Caracas, 1977.

Malavé, Héctor. *Formación histórica del antidesarrollo de Venezuela.* Caracas: Liceduka, 1980.

Malavé, Hector. *Los extravíos del poder. Euforia y crisis del populismo en Venezuela.* Caracas: Ediciones de la Biblioteca, UCV., 1987.

Mancera, Angel. «El mercado de Capitales y las Bolsas de Valores.» *Boletín de la Cámara de Comercio de Caracas*, 1969: 21.884.

Marcano, Luis. *La política exterior del gobierno Rómulo Betancourt 1959 -1964.* Caracas: Academia Nacional de Historia, 2009.

Márquez, Manuel. *El Impuesto sobre la Renta en Venezuela.* Caracas: Elite, n.d.

Martínez Mottola, Fernando, entrevista de Carolus Mauritius de Talleyrand Périgord. *Conversación sostenida con Fernando Martínez Mottola* (8 de junio de 2021).

Mcmahon, Robert. *La guerra fría. Una breve introducción.* Madrid: Historia/ Alianza Editorial, 2009.

Ministerio de Hacienda República de Venezuela. *150 años del Ministerio de Hacienda. Exposiciones de motivos de las memorias del despacho durante el periodo 1830- 1980, Tomo IV, Tomo V 1947-1980.* Caracas: Presidencia de la República, 1982.

__________. *Compilación de Leyes, Decretos y demás disposiciones dictadas en materia de Impuesto sobre la Renta.* Caracas: Ministerio de Hacienda, 1968.

Ministerio de Hacienda República de Venezuela. *Informe sobre el sistema fiscal de Venezuela.* Caracas: Ministerio de Hacienda, 1960.

__________. *La modernización del sistema tributario venezolano. El paso que hay que dar.* Caracas: OCEI, 1991.

Moleiro, Moisés. *El partido del pueblo. Crónica de un fraude.* Valencia: Vadell hermanos, 1978.

Mondolfi, Edgardo. «La relación Venezuela Estados Unidos durante el último medio siglo.» En *Venezuela y Estados Unidos a través de 2 siglos*, de Tomás Polanco Alcántara, Simón Alberto Consalvi y Edgardo Mondolfi Gudat, X. Caracas: Cámara Venezolana Americana de Comercio e Industria, s.f.

Morales, Otoniel. «Venezuela y los Estados Unidos de América durante la Política de Guerra Fría entre 1954-1992.» En *Venezuela y la Guerra Fría*, de Alejandro Cardozo, 182. Caracas: Editorial Nuevos Aires-Universidad Simón Bolivar, 2014.

Moreno, Maria Antonia, Santiago Sosa, y Luis Zambrano Sequín. «Reglas fiscales: estado del arte e inferencias para el caso venezolano.» En *Reglas fiscales para Venezuela; en la búsqueda de disciplina, estabilidad y sostenibilidad en las finanzas públicas*, de Maria Antonia Moreno, Santiago Sosa y Luis Zambrano Sequín, 47. Caracas: AB Editores, 2021.

Morles, Alfredo. *Régimen legal del mercado de capitales.* Caracas: UCAB, 2006.

Muci Abraham, José. «Presentación.» En *Obra jurídica de Joaquín Sánchez Covisa* , de Contraloría General de la República de Venezuela, 9. Caracas: Contraloría General de la República, 1976.

Naím, Moisés. *El fin del poder. Empresas que se hunden, militares derrotados, papas que renuncian y gobiernosimpotentes: cómo el poder ya no es lo que era.* Caracas: Libros El Nacional, 2014.

Naím, Moises. *Universitas.* 3 de marzo de 2021. https://cutt.ly/tEj5Lcc (último acceso: 11 de septiembre de 2021).

Nixon, Richard. *La verdadera guerra. La tercera guerra mundial ha comenzado...* Madrid: Planeta, 1980.

__________. *Líderes. Perfiles y recuerdos de los hombres que han forjado el mundo moderno.* Barcelona: Editorial Planeta, 1982.

Olivar, José Alberto, y Román Cárdenas. *Biblioteca biográfica Venezolana, Volumen 107.* Caracas: El Nacional/Fundación Bancaribe, 2009.

Ortíz, Nelsón, interview by Carolus Mauritius de Talleyrand Périgord. *Conversación sostenida con Nelson Ortiz* (mayo 22, 2021).

Pacinis, Feliciano. *51 años al servicio de Venezuela.* Caracas: El Cojo, 1970.

Peña, Alfredo. *Entrevistas. Democracia y Reforma del Estado.* Caracas: Editorial Jurídica Venezolana, 1978.

Peñalver, Thays. *La conspiración de los 12 golpes.* Caracas: La hoja del Norte, 2016.

Pérez Royo, Javier. *Curso de Derecho Constitucional, Decimotercera edición.* Madrid: Marcial Pons, 2012.

Pérez, Fernando. *Curso de Derecho Constitucional.* Madrid: Marcial Pons, 2012.

Pérez, Rogelio. *Los juristas académicos de Venezuela. Historia institucional y biografía colectiva.* Caracas: UNIMET, 2014.

Pettina, Vanni. *La Guerra Fría en América Latina.* México: El Colegio de México, 2018. Picón-Salas, Mariano. *Viejos y Nuevos Mundos* . Caracas: Biblioteca Ayacucho, 1983.

Planchart, Gustavo, entrevista de Carolus Mauritius de Talleyrand-Périgord. *Conversación sostenida con Gustavo Planchart Pocaterra* (28 de mayo de 2021).

Plazas Vegas, Mauricio. *El Frente Nacional.* Bogotá: Temis, 2013.

Posner, Richard. *El análisis económico del Derecho.* Fondo de Cultura Económica, Política y Derecho, 1998.

Prins, Nomi. *All the president´s banker. The hidden alliances that drive American Power.* New York: Nation Books, 2014.

Progreso, Alianza Para el. «Declaración a los pueblos de América y a la Carta de Punta del Este.» *Memoria Política de México.* agosto de 1961. https://cutt.ly/QEz16a4 (último acceso: 3 de septiembre de 2021).

Rangel, Domingo. *El paquete de Adán y Jaime.* Valencia: Vadell Hermanos, 1984.

__________. *La oligarquía del dinero. Tercer Tomo de Capital y desarrollo.* Caracas: Fuentes, 1972.

__________. *Los andinos en el poder. Balancede historia contemporánea 1899 -1945.* Caracas: Vadell Hermanos, 1974.

Rangel, José Vicente, Luis Esteban Rey, Pompeyo Márquez, Germán Lairet, y José Agustín Catalá. *Militares y política (una polémica inconclusa).* Caracas: Centauro, 1976.

Real Academia Española. *Diccionario de la Lengua Española, A-G, vigésima primera edición.* Madrid: Espasa Calpe, 1992.

Rey, Juan Carlos. *El futuro de la democracia en Venezuela.* Caracas: UCV, 1998.

Riutort, Matías, y Sequín Zambrano. «Volatilidad de la política fiscal en Venezuela.» *Temas de conyuntura*, 1997: 7.

Rivero, Mirtha. *La Rebelión de los náufragos.* Caracas: Editorial Alfa, 2010.

Rodner, James-Otis. *La Globalización. (Globalización de la norma jurídica).* Caracas: ACIENPOL, 2012.

Rodríguez Aznar, José Vicente. *El sistema de presupuesto por programas y su aplicación en Venezuela.* Caracas: Ministerio de Hacienda, 1965.

__________. *Elementos de economía presupuestaria.* Caracas: Ministerio de Hacienda, 1973. Rodríguez Aznar, José Vicente. *Testimonio sobre el Dr. Pedro R. Tinoco hijo (Inedito).* Caracas: Copia suministrada por el Dr. Pedro Rosas Bravo, 2021.

Rodríguez Cedeño, Víctor, Milagros Betancourt Catalá, y María Torres Carzola. *Diccionario de Derecho Internacional.* Caracas: Libros el Nacional, 2011.

Rodríguez, Miguel, entrevista de Carolus Mauritius de Talleyrand-Périgord. *Conversación sostenida con el ex ministro de Cordiplan y ex Presidente del Banco Central de Venezuela* (31 de mayo de 2021).

Rodríguez, Miguel, entrevista de Carolus Mauritius de Talleyrand-Périgord. *Conversación sostenida con Miguel Rodríguez* (31 de mayo de 2021).

Rodríguez-Arana, Jaime. *El ciudadano y el Poder Público: el principio y el derecho al buen gobierno y a la buena Administración.* Madrid: Reus, 2012.

Romano, Ruggiero. *Braudel y nosotros. Reflexiones sobre la cultura histórica de nuestro tiempo* . México: Fondo de Cultura Ecómica , 1997.

Romero Ibarra, María Eugenia. "La historia empresarial." *Historia mexicana*, 2003: 806.

Romero Muci, Humberto. *ACIENPOL.* 2 de febrero de 2021. https://cutt.ly/DEkrf9w (último acceso: 4 de junio de 2021).

Rosas Bravo, Pedro . *Talleyrand el poder en la sombra.* Rubric, 2020.

Rosas Bravo, Pedro, entrevista de Carolus Mauritius de Talleyrand-Périgord. *Conversación sostenida con Pedro Rosas Bravo* (26 de mayo de 2021).

Rosas Bravo, Pedro. «El Gran Viraje y el Programa de Ajustes Macroeconómicos puesto en práctica a partir de febrero de 1989 (Anexo 5).» En *Los gobiernos de Carlos Andrés Pérez. La democracia constructiva frente al autoritarismo destructivo* , de Gurmersindo Rodríguez, 283-5. Caracas: OT editores, 2013.

__________. *Flat Tax. Una respuesta radical a la crisis impositiva.* Madrid: Edición personal, 2004. Rosas Bravo, Pedro, interview by Carolus Mauritius de Talleyrand-Périgord. *Pedro Tinoco: reseña elaborada por su iniciativa* (agosto 22, 2021). «Exposición de motivos del proyecto de Ley 230 de 2002.» En *Sostenibilidad Fiscal. Aspectos jurídicos y económicos*, de Gabriel Rosas Vega, Mauricio Plazas Vega y Sergio Bernar Castro, 23. Bogotá: Instituto Colombiano de Derecho Tributario, 2013.

Ruan Santos, Gabriel. *Abel Santos y su tiempo. Otra cara del andinismo.* Caracas: ACIENPOL, 2015.

Salcedo, Gustavo. "Divididos sobre el petróleo. Estados Unidos y la política petrolera nacionalista del gobierno de Betancourt." *Politeia*, 2014: 53.

Sanín. *Los adecos al poder* . Caracas: Publicaciones Seleven, 1983.

__________. *Los muertos de la deuda o el final de la Venezuela Saudita. Segunda edición.* Caracas: Centauro/89, 1989.

__________. *Rómulo Betancourt cuenta su vida.* Valencia: Vadell, 1984. "Sección Econonomía." *Diario El Nacional*, 1987: 1.

Silvani, Carlos, and Ernesto Pérez Urrutia. *Venezuela: Lineamientos para la implementación del Impuesto al Valor Agregado.* Fondo Monetario Internacional, 1990.

Silvani, Carlos, Milka Casanegra, Arnold Harberger, y Luis Medina. *Venezuela: lineamientos para una reforma tributaria.* Informe de Misión, Fondo Monetario Internacional, 1991.

Sosa, Andrés. *Petróleo y Poder.* Caracas: Planeta, 1993.

Stark, Carlos, entrevista de Carolus Mauritius de Talleyrand-Périgord. *Conversación sostenida con Carlos Stark* (31 de julio de 2021).

Stark, Dr., entrevista de Carolus Mauritius de Talleyrand-Périgord. *Segunda conferencia telefónica con el Dr. Stark* (25 de agosto de 2021).

Stiglitz, Joseph. «Foreword.» En *World Banck Tx reform in developing countries XXII*, de Wayne Thirsk, xiii. Washington D.C: World Bank, 1999.

Straka, Tomás. «El nacimiento de la Venezuela Contemporánea.» En *Venezuela: República Democrática*, de Félix Otamendi Osorio, 52-3. Barquisimeto: Jirajara, 2011.

Tanzi, Vito. *Párametros de política fiscal en la formulación de presupuestos* . Washintong: FMI, 1988.

Tinoco, Pedro. *Comentarios a la Ley de Impuesto sobre la Reneta de Venezuela.* Caracas: Ávila Gráfica, 1950.

__________. «Discurso de incorporación a la Academia de Ciencias Políticas y Sociales.» *Boletín ACIENPOL.* 10 de diciembre de 1991. https://cutt.ly/3EkS2N9 (último acceso: 4 de agosto de 2021).

__________. *El Estado Eficaz.* Caracas: Italgráfica, n.d.

Tinoco, Pedro, entrevista de Sofía Ímber y Carlos Rangel. *Entrevista de Sofía Ímber y Carlos Rangel a Pedro Tinoco en RCTV* (11 de mayo de 1973).

Tinoco, Pedro. "Grandes entrevistas imaginarias Talleyrand." Últimas Noticias, 1968: 5-8. Tinoco, Pedro. "Las inversiones extranjeras en Venezuela." *Boletín de la Cámara de Comercio de Caracas*, 1965: 17.945.

Tinoco, Pedro. "Un programa económico para Venezuela." *Boletín de la Cámara de Comercio de Caracas*, 1962: 16.187.

Toro Hardy, José, entrevista de Carolus Mautius de Talleyrand-Périgord. *Conversación sostenida con José Toro Hardy* (21 de mayo de 2021).

__________. *Fundamentos de Teoría Económica. Un análisis de la política económica venezolana.* Caracas: Panapo, 2005.

Torrealba, Víctor. *Monedas de Venezuela.* 24 de agosto de 2019. https://cutt.ly/OEkTTGr (último acceso: 23 de abril de 2021).

Tse-Tung, Mao. *Obras escogidas, Tomo II.* 39: Platina, 1959.

Velásquez, Ramón. *Conferencias imaginarias de Juan Vicente Gómez, 8va edición.* Caracas: Centauro, 1981.

William, John. «What Washintong means by policy reform.» *IEE.* april de 1990. https:/www.iee.com/publications/papers/paper.cfm (último acceso: 24 de junio de 2021).

Zapata, Juan. *De mi Puño y Letra.* El Capital, 1993.

__________. *Dr. Tinoco. Vida y muerte del poder en Venezuela.* Caracas: Alfa, 2008.

CPSIA information can be obtained
at www.ICGtesting.com
Printed in the USA
LVHW100458021222
734355LV00008B/611

9 789804 160523